东北大学“百种优质教材建设”立项教材

地学空间信息建模与数字矿山建设

主　编　车德福　马保东

副主编　王　植　徐忠印　张胜军

东北大学出版社

·沈　阳·

图书在版编目（CIP）数据

地学空间信息建模与数字矿山建设 / 车德福，马保东主编. — 沈阳：东北大学出版社，2021.12
ISBN 978-7-5517-2883-6

Ⅰ. ①地… Ⅱ. ①车… ②马… Ⅲ. ①空间信息技术—研究②煤矿企业—信息化建设—研究—中国 Ⅳ. ①P208②F426.21-39

中国版本图书馆 CIP 数据核字（2021）第258944号

出 版 者：东北大学出版社
地址：沈阳市和平区文化路三号巷 11 号
邮编：110819
电话：024-83683655（总编室）　83687331（营销部）
传真：024-83687332（总编室）　83680180（营销部）
网址：http://www.neupress.com
E-mail: neuph@neupress.com
印 刷 者：沈阳市第二市政建设工程公司印刷厂
发 行 者：东北大学出版社
幅面尺寸：170 mm×240 mm
印　　张：18.5
字　　数：362千字
出版时间：2021年12月第1版
印刷时间：2021年12月第1次印刷
策划编辑：孟　颖
责任编辑：郎　坤
责任校对：杨　坤
封面设计：潘正一

ISBN 978-7-5517-2883-6　　定　价：69.00元

前言 PREFACE

自我国学者吴立新教授首次提出数字矿山概念以来，数字矿山技术不断取得进展，为数字矿山建设奠定了基础。从实践来看，尽管有的矿山企业已逐渐从数字化建设转型至智慧矿山建设阶段，但多数矿山并未完成完整的数字化建设。例如，由于断层、复杂巷道等特殊情形的存在，精细的三维地质建模面临很多问题。相应地，建模不精细、不完整，会直接影响采矿企业的生产安全和经济效益。因此，数字矿山建设仍面临着繁重的任务。

从人才培养的角度看，拥有传统矿业优势学科的院校在数字矿山教学与科研方面仍占有重要地位。在测绘地理信息等技术日新月异发展的时代背景下，数字矿山建设的技术支撑不断得到加强。无论从知识的更新程度，还是从学生的成长环境来看，数字矿山技术相关课程的教材都有更新的必要。大多数高等院校数字矿山技术的课程开设在本科高年级，此时学生已经具备测绘专业基本知识和采矿相关专业知识，也学习过矿山测量的基本知识，对数字矿山技术的学习属于拔高、综合。本教材在编写过程中充分考虑了上述背景。

本书共分为10章。首先，通过绪论阐述了数字矿山和智能矿山的概念，介绍了矿山空间信息数据获取的手段。然后，介绍了地学空间三维建模基础，逐步深入到复杂巷道和断层的三维精细建模、露天矿地表倾斜摄影和激光雷达扫描三维建模、矿区地表生态环境要素遥感监测和地物状态遥感识别。最后，介绍自主研发的两款三维建模软件，以案例形式帮助读者熟悉数字矿山技术的应用。

吴立新教授作为数字矿山概念的提出者，他在数字矿山的科学研究和人才培养上不遗余力，为本书的编写提供了智慧源泉，特别向他表达崇高的敬意和感谢。本书摘录了本团队部分研究生学位论文中的成果，在素材组织与编辑过程中，本团队的研究生投入了大量时间和精力，在此一并表示感谢。

本教材适用于测绘地理信息工程、采矿工程等专业领域的高年级本科生、研究生和工程技术人员。作为智能矿山建设的基础，数字矿山建设承接过去与未来，是未来矿业发展的基础性工程。希望本教材能为培养数字矿山建设的优秀人才贡献力量。书中不足、不妥之处，请各位读者不吝指教。

编　者

2021年10月

目录 CONTENTS

1 绪 论

1.1 数字矿山的基础知识

1.1.1 数字矿山的源起

数字地球和数字中国战略的提出，以及数字农业、数字海洋、数字交通、数字长江、数字城市等一系列数字工程的实施，不断激励广大矿业科技工作者去做关于矿山信息化和传统矿山创新发展的思考。

受数字地球与数字中国概念的启发，在矿山GIS（Mine Geographical Information System，MGIS）研发与矿山信息技术推广应用的基础上，吴立新等一批中国学者开始形成了数字矿山的理念与设想。1999年11月，在北京召开的“首届国际数字地球会议”上，吴立新教授率先提出了数字矿山的概念，并围绕矿山空间信息分类、矿山空间数据组织、矿山GIS等问题进行了分析和讨论。何谓数字矿山？简而言之，数字矿山是“对真实矿山整体及其相关现象的统一认识与数字化再现，是一个硅质矿山，是数字矿区和数字中国的一个重要组成部分”，如图1-1所示。

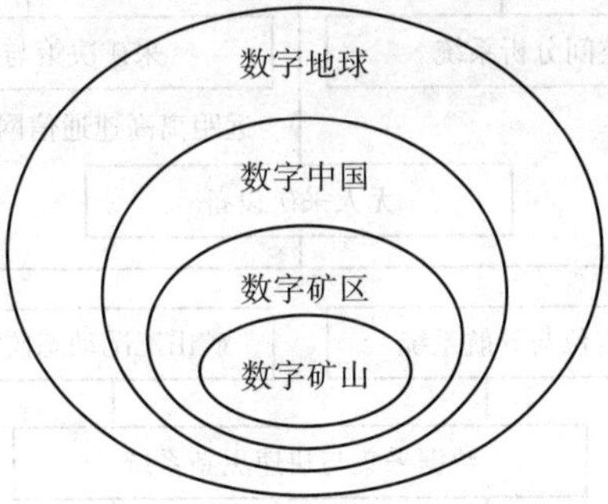

图1-1 数字地球、数字中国、数字矿区与数字矿山的关系

1.1.2 数字矿山的概念

数字矿山的定义为：基于统一时空框架的矿山整体环境、采矿活动及其相关现象的数字化集成与可视化再现，是一种“硅质矿山”。如图1–2所示。

（a）井巷工程与地层、矿体的数字化集成　　（b）井巷内部的可视化再现

图1–2　矿山数字化集成与可视化再现

据此分析可见，数字矿山概念的本质可概括为：以地测采、资安环、信系决为学科基础，以遥测遥控、网格GIS和无线通信为主要技术手段，在统一的时空框架下，对矿山地上地下整体、采矿过程及其引起的相关现象进行全面监控、统一描述、数字表达、精细建模、虚拟再现、仿真模拟、智能分析和可视化决策，保障矿山安全、高效、绿色、集约开采和多联产，实现采矿自动化、智能化以至无人矿井，推动采矿科学与技术的创新发展。

数字矿山最终表现为矿山的高度信息化、自动化和高效率，以至无人采矿和遥控采矿。设想未来数字矿山的基本模式如图1–3所示。

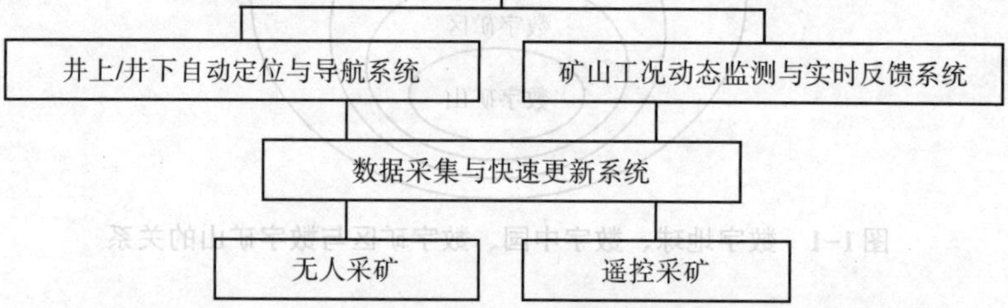

图1–3　未来数字矿山的基本模式

1.1.3 数字矿山的特征

为帮助理解和加深认识，可以参照智能交通体系的模式（如图1-4所示），形象地描述和概括数字矿山的六大基本特征：以高速企业网为“路网”，以组件式矿山软件为“车辆”，以矿山数据与模型为“燃油”，以3DGM与数据挖掘为“过滤”，以数据采集与更新为“保障”，以矿山GIS为“调度”。

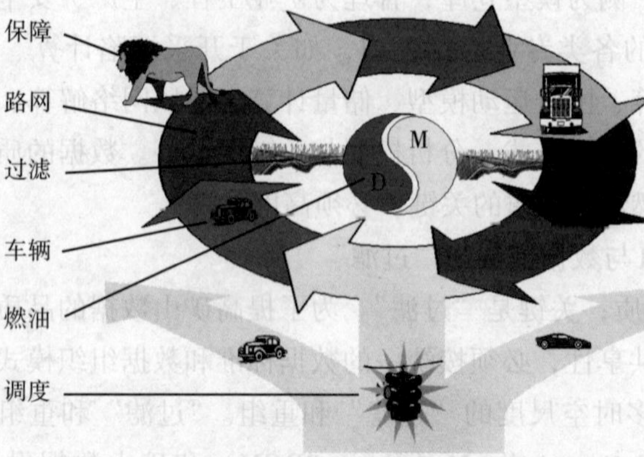

图1-4 数字矿山的六大基本特征

（1）以高速企业网为“路网”

要想信息化，就得先修“路”。数字矿山的建设与矿山信息化运行以高速企业网（Intranet）为基础，高速企业网是数字矿山的基础设施。在矿山现有通信网的基础上改造提升，并与因特网（Internet）对接，逐渐建立宽带、高速和双向的通信网络，是实施数字矿山和确保海量矿山数据在企业内部、外部快速传递的前提。该项工作要注意与NSDI及数字中国建设相协调，以利于矿山产品、经营、管理等社会经济化信息在Internet上的快速传递，促进矿山产品的市场营销和参与国际竞争。

（2）以组件式矿山软件为“车辆”

有“路”应有“车”，“车”型多样化。为满足不断扩展的矿山信息化需求和确保软件模块的复用性，必须采用组件式软件开发思想，针对不同问题开发适合不同用户、具有不同功能的矿山应用软件，即需要制造多品种、多型号、多用途的“车辆”，如采矿CAD（MCAD）、虚拟矿山（VM）、采矿模拟（MS）、工程计算（如矿山有限元、离散元、边界元和有限差分模型等，统称EC）、人工智能（AI）和科学可视化（SV）等软件工具。利用这些软件系统，不仅可对采矿活动造成的地层环境影响进行大规模模拟与虚拟分析，对矿工进行虚拟岗前培训提高矿工的安全意识和防灾减灾能力，而且可根据多样化需要随时组合、调整和强化矿山软件系统的功能。

(3) 以矿山数据与模型为“燃油”

“车子”要想跑，全靠“燃油”好。软件的运行和发挥作用离不开数据，MSDW构成数字矿山的核心。数字矿山的数据仓库由两部分组成，就像人的左右心室：一侧为数据仓库，管理矿山实体对象的海量几何信息、拓扑信息和属性信息；另一侧为模型仓库，管理为矿业工程、生产、安全、经营、管理、决策等服务的各类专业应用模型，如关于开采沉陷计算、开采沉陷预计、顶板垮落计算、围岩运动模型、储量计算、通风网络解算、瓦斯聚集分析、涌水计算等的计算公式、分析模型与关键参数等。数据的质量和模型的可靠性是确保“燃油”品质的关键，必须高度重视。

(4) 以3DGM与数据挖掘为“过滤”

“燃油”分品质，关键是“过滤”。为了提高矿山数据的品质，提升矿山数据的集成度和共享性，必须按统一的数据标准和数据组织模式对多源异质的矿山数据进行多时空尺度的“过滤”和重组。“过滤”和重组的关键是真3D地学建模（3D Geoscience Modeling，3DGM）和矿山数据融合与数据挖掘。3DGM是基于钻孔数据、补勘数据、地震数据、设计数据、开挖揭露数据及各类物探、化探数据等，来建立矿山井田、矿体与采区巷道及开挖空间矢栅整合的真三维集成模型。在此基础上进行数据挖掘和知识发现，揭示隐藏的规律与信息，并进行矿床地质条件评估、地质构造预测、精细地学参数半定量分析、深部成矿定位预测、矿产资储量动态管理、经济可采性动态评估、开拓设计、支护设计、风险评估及开采过程动态模拟等，从而辅助矿山决策，确保矿山安全和投资回报。

(5) 以数据采集与更新为“保障”

“燃油”有保障，系统运行才高效。多源异质和动态变化是矿山数据的基本特点。必须依靠矿山测量（遥感、全球定位系统、数字摄影测量、常规地面测量和井下测量等）、地质勘探（钻探、槽探、山地工程、地球物理物探、化探等）、工业传感（指各类接触式与非接触式矿山专用传感与监视设备/仪器采集系统，如应力传感、应变传感、瓦斯传感、自动监测、机械信号与故障传感、工业电视等）和文档录入（法规、法令、文件、档案、统计数据等）等综合手段，建立精确、动态和全面的矿山综合信息采集与数据更新系统。只有实现了矿山数据的动态采集与快速更新，才能源源不断地为数字矿山系统提供高质量新鲜的、充足的“燃油”，从而保障数字矿山的高效运行。

（6）以矿山GIS为“调度”

系统要高效运行，“调度”指挥不可少。在统一的时空框架下，调度、指挥和控制各类“车辆”的有序运行，以及“燃油”的采集、更新与过滤，是确保数字矿山系统高效运行的关键。矿山GIS（MGIS）作为矿山信息化办公与可视化决策的公共平台，作为各类矿山软件集成和各类模型融合的公共载体，贯穿于矿山业务流的全过程，可以担任总“调度”的角色，是数字矿山的总调度系统。面向数字矿山的MGIS系统，应该是一个能为采矿业提供海量矿山信息组织管理、采矿过程动态模拟、复杂空间实体分析，以及可视化决策支持的真三维GIS。

1.1.4 数字矿山的框架结构

数字矿山是一个复杂巨系统。基于数字矿山基本特征和数字矿山核心架构，可按数据流和功能流对数字矿山的基本框架进行同心圆层次剖分，如图1-5所示。数字矿山的框架结构由5部分组成，由外向里依次为：数据获取系统、集成调度系统、工程应用系统、数据处理系统和数据管理系统。

（1）数据获取系统

负责数据的采集、处理与更新，包括测量、勘探、传感和设计（含文档数据）4大类矿山基础数据。

（2）集成调度系统

MGIS作为矿山信息化办公与决策的公共平台与各类矿山软件集成和各类模型融合的公共载体，负责矿山实体对象的拓扑建立与维护、空间查询与分析、矿山制图与输出等GIS基本功能，并进行数据访问控制，调度和控制各类“车辆”的运行、“燃料”的采集、更新与过滤等。

（3）工程应用系统

工程应用系统是各种专业应用软件的集合，包括采矿CAD（MCAD）、虚拟采矿（VM）、采矿模拟（MS）、工程计算（EC）、人工智能（AI）和科学可视化（SV）等，为矿山业务流程和决策所需的各类工程计算与应用分析提供功能服务。

（4）数据处理系统

负责多源异质数据的集成、融合和质量控制，通过集成和融合多源异质矿山数据，进行真3D空间集成建模，并通过数据过滤与重组机制进行数据挖掘和知识发现。

（5）数据管理系统

负责统一管理矿山数据和应用模型，由矿山时空数据库和矿业应用模型库两个子系统组成，是数字矿山的心脏或“油库”。

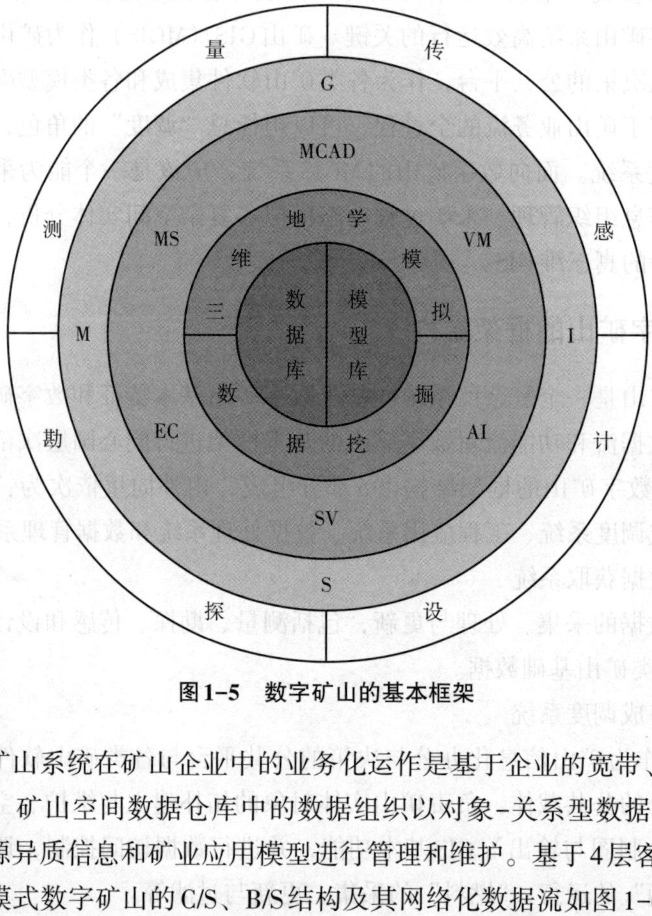

图1-5　数字矿山的基本框架

数字矿山系统在矿山企业中的业务化运作是基于企业的宽带、高速网络来实现的。矿山空间数据仓库中的数据组织以对象-关系型数据库为核心，负责对多源异质信息和矿业应用模型进行管理和维护。基于4层客户机/服务器的网络模式数字矿山的C/S、B/S结构及其网络化数据流如图1-6所示。服务器端由GIS服务器、功能服务器和数据与模型服务器3层组成。客户端、GIS服务器、功能服务器和数据与模型服务器分别对应用户界面、GIS应用程序逻辑、矿业功能模块调用逻辑、数据存储与矿业模型访问逻辑等任务。

以数字矿山的服务端组成、用户端层次结构为例，一个矿山级的数字矿山典型组织架构如图1-7所示。

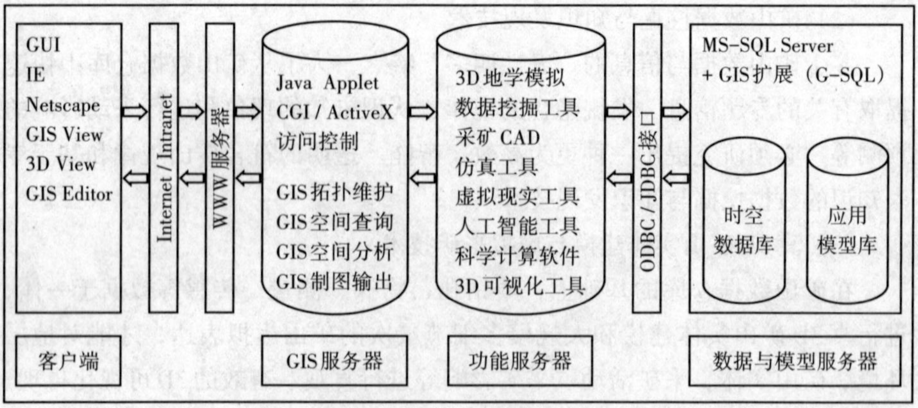

图1-6　数字矿山的网络架构

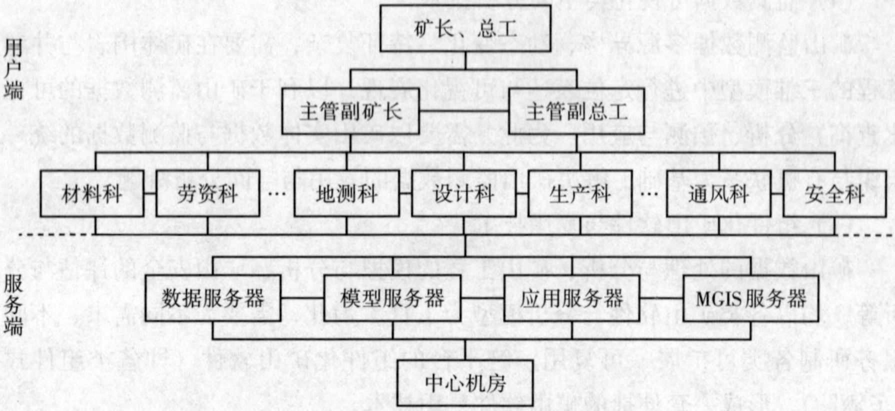

图1-7　矿山级的数字矿山典型组织架构

1.1.5　数字矿山涉及的关键技术

基于数字矿山理念、内涵、功能与体系，以及中国矿山信息化现状和数字矿山建设目标，分析认为：现阶段实施数字矿山战略，需要围绕以下10项关键技术进行研究和攻关。

（1）矿山数据仓库与数据更新技术

针对矿山数据与信息的“五性四多”（复杂性、海量性、异质性、不确定性和动态性，多源、多精度、多时相和多尺度）特点，为在统一的时空框架下组织、管理和共享矿山数据，必须研究一种新型的矿山数据仓库技术，包括矿山数据组织结构、元数据标准、分类编码、空间编码、高效检索方法、高效更新机制、分布式管理模式等，以及便捷的数据动态更新（局部快速更新、细化、修改、补充等）技术。

（2）矿山数据挖掘与知识发现技术

鉴于矿山数据与信息的“五性四多”特点，为了从矿山数据仓库中快速提取有关的专题信息、发掘隐含的规律、认识未知的现象和进行采动影响的预测等，必须研究提出一种更为高效、智能、透明的符合矿山规律和基于专家知识的数据挖掘与知识发现技术。

（3）真3D矿山实体建模与虚拟采矿技术

在矿山数据仓库的基础上，集钻孔、物探、测量、传感等数据于一体，进行真3D矿山实体建模和大规模多细节层次的矿山虚拟表达，才能对地层环境、矿山实体、采矿活动、采矿影响等进行直观、有效的3D可视化再现、模拟与分析。

（4）监测数据可视化与空间分析技术

矿山监测数据多源异构、动态变化、特征复杂，需要在矿体围岩与井巷工程的三维模型中进行定位表达与可视化展现，以利于矿山监测数据的可视化查询、分析、预测与应用。为此，需要以矿山实体数据与监测数据的统一组织与有机联系为基础，解决矿山监测数据的效用与空间分析难题。

（5）组件化矿山软件与复用技术

矿山数据的处理与分析、矿山工程的模拟与分析、矿山安全的评估与分析等，均以各类矿山软件与分析模型为工具。为此，需要为不同需求、不同服务研制各类可扩展、可复用、跨平台的组件化矿山软件（即各类组件式“车辆”），形成一套便捷的矿山软件复用技术。

（6）可视化矿山Office技术

为实现全矿山、全过程、全周期的数字化与可视化管理、作业、指挥与调度，需要基于矿山空间数据仓库与数字矿山基础平台，并无缝集成自动化办公（OA）和指挥调度系统（CDS），开发可视化矿山Office系统（Mine Office），为矿山日常工作提供一个全新的生产管理、安全监控与决策指挥的协同办公平台。

（7）井下快速定位与自动导航技术

基于GNSS的露天矿山快速定位与自动导航问题已基本解决，而在卫星信号不能到达的地下矿井，除传统的陀螺定向和初露端倪的激光扫描与影像匹配技术之外，尚没有足以满足矿山工程精度和自动采矿要求的地下快速定位与自动导航的理论、技术与仪器设备。

（8）灾变环境下井下通信保障技术

在矿井通信方面，除井下网络、无线传输之外，如何快速、准确、完整、清晰、双向、实时地采集与传输矿山井下各类环境指标、设备工况、人员信息、作业参数与调度指令，尤其是在矿山灾变环境下如何保障井下通信系统继续发挥作用，以便支持救灾救援工作，是亟待研究的关键技术。

（9）智能采矿机器人技术

采矿机器人技术是无人采矿与遥感采矿的关键，需要从采矿设备与作业流程的自动控制、自适应调整、自修复的角度，去研究和设计新型的智能采矿机器人。

（10）井下无人采矿系统技术

在矿山自动化方面，要突破采矿机器人的个体概念，从矿山系统与采矿过程的角度研究、设计和开发井下无人采矿系统技术，如采矿机器人协同配合技术、采矿机器人“班组”作业技术等。

1.2 数字矿山与智能矿山

1.2.1 现代矿山的智能化需求

国内外矿山存在着工业化水平的差异，集中表现在装备水平、管理模式等方面。因而，在矿山数字化、智能化的问题上，国内外采用不同的形式来表达现代信息技术与采矿工业之间的技术融合与应用拓展，但是最终都统一到了矿山企业的智能化建设这一核心问题上，包括资源管理数字化、技术装备智能化、过程控制自动化、生产调度可视化及生产管理科学化等矿山企业生产、经营与管理等方面的诸多内容。

（1）我国矿业在数字化和智能化建设方面存在的问题

与国际先进矿山相比，我国矿业在数字化与智能化建设方面还普遍存在以下问题。

① 矿山的自动化系统主要以远程监视为主、遥控操作为辅，重点在人工干预，无法实现设备的全面自主运行以及作业无人、少人化。

② 各个系统的应用仍出现局部性和条块性。其中最为突出的是矿业软件应用的局部性问题，表现在初步实现了可视化地质资源展示，但没有可视化管理，更没有可视化设计。

③ 矿山生产过程数据的采集与集成应用成为瓶颈。一方面，现有矿山自动化系统的数据采集采用自动和人工录入相结合的方式，在自动控制信息采集不及时的情况下，录入工作量大，数据的准确性也难以保证；另一方

面，矿山的自动化系统仍具有单体系控制、非集群化协同的特征，集成平台没有实现全面接入。因此，导致集成平台无论在工业数据提供还是在系统集成上，都无法满足生产管理的要求。

④ 数据的后续分析与利用问题。现场实时采集的生产过程与设备状态数据还主要应用于报表管理和基础的经济分析，没有被深层次地挖掘与应用，更没有通过集成化的信息加工处理和统一的信息服务平台，全范围地服务于企业的生产经营智能分析诊断与决策，导致底层的生产过程自动化与管理经营层面之间出现断层，投入大量精力建设完成的各个自动控制系统没有充分发挥出其建设优势，在矿山整体上没有形成更为显著的效率提升与成本优化控制。

(2) 我国矿业面临的新的形势与需求

我国经济已由高速增长阶段转向高质量发展阶段，正处在转变发展方式、优化经济结构、转换增长动力的攻关期，矿业亦面临着诸多新的形势与需求。

① 矿山普遍面临着更为恶劣的新生产条件和更加沉重的生产任务。易采资源被迅速消耗，多数矿山逐渐进入深部开采阶段，生产条件恶化；生产规模不断扩大，井下的生产组织日益复杂，施工单位众多且技术装备水平不一，安全保障压力加大等。

② 新技术的广泛应用带来了新的生产模式。随着工业4.0、物联网、大数据、人工智能等新平台、新技术、新工具与矿山的结合越来越密切，矿业生产模式不断更新：采矿工业向规划化、集约化、协同化方向发展，采矿工程迈入遥控化、智能化乃至无人化阶段；选冶过程全面实现自动化，逐步拓展到智能化阶段；从勘探数据到储量数据，从产量数据到运营数据，矿山大数据也正逐渐展露出强大的生产力。

③ 生产经营的不确定性对于矿山生产经营效果的影响尤为突出。矿产品市场的不确定性使矿山面对外部市场波动时相对被动。资源接续吃力，资源的不确定性已经使常规挖潜增效手段很难产生较大的效果，等等。

④ 管理理念与管理水平的提升需求。先进的管理理念、匹配的数字化管理模式、精练高效的组织机构，以及广泛普及的安全与生产企业文化，是现代矿山企业改变与革新的具体支撑。这些标志着矿山软实力、发展潜力以及企业可持续性的因素，决定着先进的技术装备能否在矿山的生产与经营中运转并发挥最大效能。更为重要的是，管理水平的提升与方法革新不但复杂、涉众性广，而且是一个动态的、长期的、与生产方式紧密耦合的过程，

必须随着企业的数字化与智能化革新、生产方式的变革、先进技术装备的引进同步提升。

当前，全球矿业正经历着一场新的革命，全面进入了以资源全球化配置为基础，以企业国际化经营为保障，以跨国合作为手段，以绿色、生态、智能、和谐为目标的全新历史阶段。这一现状加深了矿山企业对数字矿山的依赖程度，同时对数字矿山提出了新的智能化要求。矿山企业需要在现有建设成果的基础上，立足于解决当前出现的问题，科学应对面临的形势与困难，充分考虑矿山未来的发展，进一步展开智能化建设，对数字矿山从智能化的角度加以提升优化。

1.2.2 数字矿山的智能化提升途径

智能矿山是一种发展中的概念，是现代信息技术持续应用于矿山企业所带来的矿山运作模式不断升级，是矿山信息化发展的新阶段。因此，从本质上说，智能矿山是数字矿山的智能化提升。提升的方式主要体现在两个层面：一是生产环节中的各个部件的自主化和智能化运转，二是矿山的整体运营的自主调节与智能优化。与之相对应，产生不同主题的智能化提升方向与建设侧重，前者重点表现在自动化与远程控制，后者则是实现管理与决策优化。由此可见，从数字矿山到智能矿山的提升，可以从三个方面加以描述，即生产、管理和决策的全面智能化提升，如表1-1所示。

表1-1 数字矿山的智能化提升途径

智能化提升内容	数字矿山的建设成果	智能化提升内容
智能生产	基础网络 生产自动化 固定设施的在线监测与远程操控 设备状态在线采集	智能采集：无人少人化、设备自主运行 智能控制：智能控制算法 智能运输：泥石流可视化 智能安全：智能识别与预警
智能管理	矿山生产管理信息系统 办公自动化系统 矿山经营管理系统 生产运营的统计、评价与分析	生产任务智能分配 可视化设计与智能排产 生产跟踪与实时调节 生产运营评价与智能反馈
智能决策	积累大量的生产运营数据 数据库与数据仓库的建立 优化模型与算法	大数据分析 数据挖掘 人工智能 模型的自学习

1.2.3 智能矿山的建设定位

矿山企业的智能化建设该如何开展，是当前矿业界讨论的热点问题。作为传统的资源开发与加工型企业，矿山长久以来被视为高消耗、高投资、高危险、高污染、劳动密集的生产型企业。矿山在完成传统企业的现代化转变过程中，其自身的生产流程、加工工艺、作业对象、市场与原料等方面存在着诸多特殊性、不可知性和不可控性，使得矿山企业的智能化建设在定位和目标上尤其难以把握。这主要决定于我国矿山的信息化建设现状：一方面，我国的矿山企业信息化建设起步较晚，在地质资源的数字化、生产过程的自动化以及生产经营与决策的智能化等方面，与矿业发达国家的矿山具有较大的差距；另一方面，由于信息技术的迅猛发展，矿山企业尤其是现代矿山企业直接面对信息技术发展的前沿技术和最新的管理理念，但这些先进的技术和理念与我国矿山企业的融合却成为最大的瓶颈。由此可见，硬件系统、自动控制系统、网络系统等可以快速与国际接轨，而软件系统、系统集成与规划、管理理念的提升与管理过程的规范化则仍需要做大量的工作。所有这些都决定了我国矿山智能化建设内容复杂，架构庞大，规划相对困难，但同时反映出国内智能矿山的高起点、新技术、先进设备等一系列特征。

两化融合为解决这一问题提供了一个新的思路。两化融合是指以信息化带动工业化、以工业化促进信息化，是信息化和工业化的高层次深度结合。推动两化深度融合是党中央、国务院做出的重大战略决策，在两化融合的指导思想下，新兴工业化的进程融入了信息技术的推进作用，而信息技术的发展使得工业生产发展在更为高效安全的同时，弥补了大规模的投资和大量资源消耗所带来的高消耗、低效益等。因此，两化融合与智能矿山息息相关，可以说，将信息化与工业化深度融合、用信息技术改造传统矿业，是打造智能矿山的智力支持；而智能矿山是矿山技术变革、技术创新的一种必然，是两化融合战略在矿业的具体体现。

2015年，国务院正式印发了我国实施制造强国战略第一个十年的行动纲领《中国制造2025》，其后工业和信息化部、财政部于2016年联合制定了《智能制造发展规划（2016—2020年）》。“中国制造2025”、德国“工业4.0”以及美国的“工业互联网”实际上是异曲同工，都是以信息技术和先进制造业的结合，或者说“互联网+先进制造业”的结合，来带动整个新一轮制造业发展，发展的最大动力还在于信息化和工业化的深度融合。

我国矿山企业正处于全面转型的关键时期，无论是矿业自身的发展，还是更好地融入“中国制造2025”，智能矿山建设都是大势所趋。制造业智能化是全球工业化的发展趋势，也是重塑国家间产业竞争力的关键因素。结合矿业发展来看，两化融合为智能矿山建设与“中国制造2025”搭建起了良好的桥梁，契合“中国制造2025”规划，只有将数字化、智能化等新的工具手段引入传统的矿山企业，将信息化和工业化这两个现代企业不可忽视的发展方向相互融合、相互推进，使它们一体化地在矿山企业的生产、经营、管理中发挥作用，才可以真正地实现跨越式发展，对建设以“生产要素智能感知、生产设备自主运行、关键作业无人少人、生产系统自我诊断、生产经营智能决策”为核心内涵特征的智能矿山具有重要意义。

2 矿山空间信息获取

2.1 矿山空间信息的采集平台

矿山的空间信息是指在矿山勘查、设计、建设和生产经营的各个阶段所涉及的矿区地面与地下空间、资源和环境及其变化的信息，其采集过程通过矿山测量工作完成。传统的矿山空间信息采集主要通过常规测量技术实现，采用水准仪、经纬仪、全站仪等仪器设备及相应的测量方法，效率和精度都有待提高，且所采集的数据最终输出多为二维结果，无法满足矿山数字化建设要求。因此，需要借助新的平台和技术提升矿山空间信息的采集效率。

2.1.1 卫星平台

（1）GNSS卫星

随着全球导航卫星系统（GNSS）和实时动态差分（RTK）技术的发展，卫星测量仪已成为矿山空间信息采集的重要设备。目前，卫星测量仪在矿山测量中，主要用于矿区地表移动监测，水文观测孔高程监测，矿区控制网建立或复测、改造等，实现对目标物的实时、动态监测。

卫星测量系统主要由三部分组成：设置在具有较高精度控制点的基准站、数据传输系统以及收集数据的流动站。基准站接收卫星发送的数据后，将相关数据通过数据传输系统快速传递给流动站。流动站不仅要接收基准站数据，还要接收同一卫星发出的卫星观测数据，对观测的数据进行精细化处理后，最终根据相对定位原理，通过计算机实时计算，显示出目标物的三维坐标和测量精度。

运用卫星测量仪对矿区进行空间信息采集，可以得到每一个测点的三维坐标，形成采集点的数据库，并采用数据、图形和位置等不同的表现形式反映到不同的应用环境中。通过对数据库数据格式的转换、编辑，采用管理软件可以形成地形图、管理工矿设施坐标及对已知坐标进行放样，对于图形的数字化管理和使用也起到了促进作用。

卫星测量不仅具有全天候、高精度和高度灵活性的优点，而且与传统的测量技术相比，无严格的控制测量等级之分，不必考虑测点间通视，不需造标，不存在误差积累，可同时进行三维定位，因此在外业测量模式、误差来源和数据处理方面，是对传统测绘观念的革命性转变。

（2）遥感/雷达卫星

20世纪70年代，美国成功发射第一枚地球资源卫星，标志着卫星遥感时代的到来。随着传感器技术的不断革新，以遥感技术为基础的雷达遥感测量仪在矿山地质测绘方面扮演着越来越重要的角色。

遥感依据不同物体电磁波特性的不同来探测地表物体对电磁波的反射和发射，从而提取这些物体的信息，完成远距离物体识别，得到的遥感图像具有直观性、宏观性、综合性、真实性的特点，是一种成本低、反应灵敏且信息收集量大的信息采集方式。

应用遥感测量仪，可以得到瞬时的遥感成像，获取矿区实时、动态、综合的信息源，从而获得大面积矿区真实可靠的地形地貌、矿区实况以及地质构造，为区域地质分析、地质构造机理研究、矿产勘探、灾害预测等提供实时、丰富的信息。

遥感地质调查从宏观的角度，着眼于由空中取得的地质信息，即以各种地质体对电磁辐射的反应作为基本依据，结合其他地质资料及遥感资料的综合应用，分析、判断一定地区内的地质构造情况。与传统的地质调查方式相比，采用遥感资料进行大面积、多幅联测方式，在岩性识别、断裂解译、侵入单元、超单元划分及中新生界地质研究方面都显示出优势，提高了地质调查的数字化与智能化水平。

矿产资源调查方面，由于遥感影像中所观测的目标地物不同，其所反射或发射的电磁波信号强弱也存在一定的差异，在矿山环境中，矿产资源、非矿产资源两类地物所辐射的热度也不同，借助雷达遥感测量仪可以敏感地获取并区分这种差异，并将其差异以图像的形式直观体现出来。因此，借助遥感技术可以高效地获取大面积范围内、可达性较差的矿山区域中矿产资源的分布情况，并以像素（栅格）为单元，以像素值为目标地物的辐射亮度值，直观表达矿产资源在遥感成像时间内的矿产资源空间分布状况；通过遥感测量仪进行电磁波信号的不断采集，可以反映长时间序列下的矿山矿产资源时空演变情况。

在地表沉降监测与分析方面，结合合成孔径雷达差分干涉测量技术

（D-InSAR）和高分辨率卫星遥感技术以及地质调查，通过区域监测可以分析由于采矿干扰和不同岩体下陷速度加快或延缓导致的区域差异沉降特征，从而实时监测地面沉降，提高地表形变信息获取技术及信息处理的智能化水平。

2.1.2 飞机平台

由于矿山涵盖的空间范围较小，无人机平台应用较多。无人机航测技术，即无人机航空摄影测量与遥感技术，是指通过无线电遥控设备或机载计算机远程控制飞行系统，利用搭载的小型数字相机作为遥感设备，使无人机在一定的空域内飞行，获取高分辨率的数字航片的测绘技术。

我国对无人机航测的研究起步较晚，直到20世纪末，我国的第一架无人机才由中国测绘科学院牵头研制成功，并完成无人机的关键性试验，随后逐步引入到矿山的环境监测、测绘、地质地形建模、储量动态监测等工作中，能够实现矿山的地形信息提取、地理高程建模、高分辨率正摄影像获取、宏观场景查看等。

采用无人机进行矿山空间信息采集的工作流程主要包括影像数据采集和内业数据处理两部分。无人机在经过飞行技术设计之后，进行航拍测绘获取图像数据，回到地面后将图像导出。由于导出的是一系列的单张图像，需由地面工作站进行业内图像数据处理、质量检查等流程，最终完成模型构建与成果输出。

无人机以在云下低空飞行的能力，弥补了卫星光学遥感和普通航空摄影易受云层遮挡影响的缺点，具有巨大的应用潜力。无人机航测具有体积小、成本低、机动灵活、成像分辨率高、响应快速等特点，可在恶劣环境、危险性高的矿山开采区域开展作业，结合现代化数据通信技术、卫星定位技术、遥测遥控以及传感技术等手段，可实现矿山空间信息的智能化采集，特别是与三维扫描技术和SLAM技术（即时定位与地图构建技术）相结合，能够更好地实现三维点云数据采集，并将无人机航测应用于无卫星导航信号的矿山井下作业环境中。

2.1.3 地面平台

常规的测绘设备多数都需架设在地面的三脚架等平台上。地面平台便于仪器设备的架设和操作，运行成本较低，比较适合矿山尺度的测绘作业。同时，地面平台对通视条件要求较高，在地形起伏较大的矿区常面临困难。

2.1.4 井巷平台

矿山三维地质建模中常用的地质数据包括钻探数据、地质图等，工程数据包括井巷数据、硐室数据、石门数据、竖井数据等。这些数据是基于井巷平台通过勘探或测量手段获取的，可分为以下三类。

(1) 钻孔数据

数据源一般为钻孔施工记录手簿和设计图纸，主要分为井上钻孔和井下钻孔两类。其中井上钻孔是为勘探资源在地表开孔并向下钻探的钻孔。井下钻孔则有两种：一种是为瓦斯抽排放而在煤层中钻探产生的，孔深及孔径相比井上钻孔更小；另一种是为揭露煤层位置开孔的钻孔簇。井上钻孔数据一般包含两个部分：钻孔孔口数据和地层信息数据。孔口数据记录钻孔的平面坐标、孔口标高、钻孔类型、孔径、深度等；地层信息数据描述地层深度、类型（直孔/斜孔）、名称以及地层的主层和亚层编号等。

(2) 地球物理探测数据

地球物理探测数据是指运用地球物理探测手段，如高分辨率三维地震勘探技术获取到的地质数据，简称物探数据。该类技术比传统地面钻探方法经济、快捷，且获取的数据地质信息丰富、地质结构方向控制严密，在我国煤田勘探中有着广泛的应用。但受投入生产时间尚短、矿山地层物性条件复杂的限制，其原始数据空间信息精度尚未得到验证，经过解释可获得更可靠的平/剖面图数据。

(3) 井巷测量数据

数据来源于矿山井下测量工作，主要包括岩巷、煤巷以及竖井测量导线数据。该类数据精度高，可作为其他数据记录过程的参照（如绘制工作面回采地质素描图）和建立井巷工程三维模型的基础数据。

2.2 测绘仪器介绍

常规的测绘仪器包括水准仪、经纬仪、全站仪等，经过规范操作可以获得离散点的坐标方位等信息。除此之外，陀螺经纬仪、三维激光扫描仪和倾斜摄影测量仪等仪器的出现，在作业效率提升和作业范围拓展方面起到了显著的促进作用。限于篇幅，对常规的测绘仪器在此不做详细介绍，仅介绍陀螺经纬仪、三维激光扫描仪和倾斜摄影测量仪等三款仪器。

2.2.1 陀螺经纬仪

（1）概述

陀螺经纬仪是将陀螺仪和经纬仪结合的仪器。由于它不受时间和环境的限制，同时观测简单方便、效率高，而且能保证较高的定向精度，因此是一种先进的定向仪器。就矿山而言，它完全可以取代国内矿山测量沿用百年之久的几何定向法，克服了几何定向法要占用井筒而造成停产，耗费大量人力、物力和时间等缺点。

陀螺经纬仪在矿山测量中的应用如下。

① 为井下每一水平进行定向。

② 控制导线测量方向误差的积累。在导线测量工作中可以在适当地点加测一陀螺方位边，既可发现测量水平角的粗差，又可有效减少方向误差的积累。

③ 矿山及地下工程大型巷道贯通定向。

④ 在荫蔽地区，线路、管道、隧道等工程的定向。

⑤ 与光电测距仪配套使用，可用极坐标法测设新点和敷设高精度的光电测距——陀螺定向导线。

（2）陀螺经纬仪的基本结构

目前上架悬挂式陀螺经纬仪的型号很多，在国际上比较有代表性的有GAK-1、Gi-C_{11}、TK_4等，我国则有JT_{15}、FT_{90}等。虽然在具体的构造上各有特点，但在总体结构上却基本类似。这里以JT_{15}为例，说明陀螺经纬仪的基本结构。JT_{15}陀螺经纬仪是由陀螺仪、经纬仪、便携式陀螺电源箱及三脚架等四部分组成。陀螺仪的基本结构如图2-1所示。陀螺的核心是陀螺马达，它装在密封的充氢的陀螺房中，通过悬挂柱由悬挂带悬挂起来，用两根导流丝和悬挂带及旁路结构供电。在悬挂柱上装有反光镜。它们共同构成了陀螺灵敏部。

与陀螺仪支承壳固连在一起的光标线，经反射棱镜、反光镜反射后，再通过物镜成像在目镜分划板上，从而构成了反射式光学系统。光标像在目镜视场内的摆动反映了陀螺灵敏部的摆动。反射式光路系统有以下优点。

① 可减少因经纬仪整平不好而引起的方向误差。

② 可进一步提高光标像运动的平稳性。

③ 使光标像运动速度加快，相应地提高了跟踪灵敏度。

转动仪器外部的手轮，通过凸轮带动锁紧限幅机构的升降，使陀螺灵敏部托起（锁紧）或下放（摆动）。

仪器外壳内壁和底部装有磁屏蔽罩，用于防止外界磁场的干扰。

陀螺仪和经纬仪的连接靠经纬仪上部的桥形支架及螺纹压环的压紧来实现。

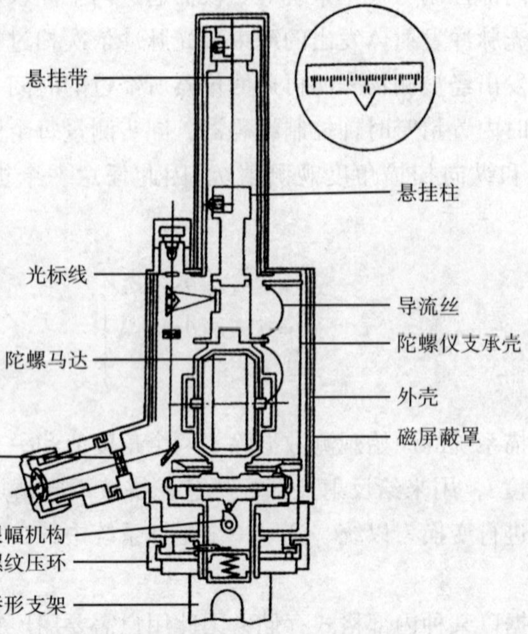

图2-1 JT_{15}陀螺仪的基本结构图

2.2.2 三维激光扫描仪

三维激光扫描技术又被称为实景复制技术，是测绘领域继GNSS技术之后的一次技术革命。它突破了传统的单点测量方法，具有高效率、高精度的独特优势。三维激光扫描仪是无合作目标激光测距仪与角度测量系统组合的自动化快速测量系统，在复杂的现场和空间对被测物体进行快速扫描测量，直接获得激光点所接触的物体表面的水平方向、天顶距、斜距和反射强度，自动存储并计算，获得点云数据。点云数据经过计算机处理后，结合CAD等软件可快速重构出被测物体的三维模型及线、面、体、空间等各种制图数据。

点云坐标测量原理如图2-2所示。

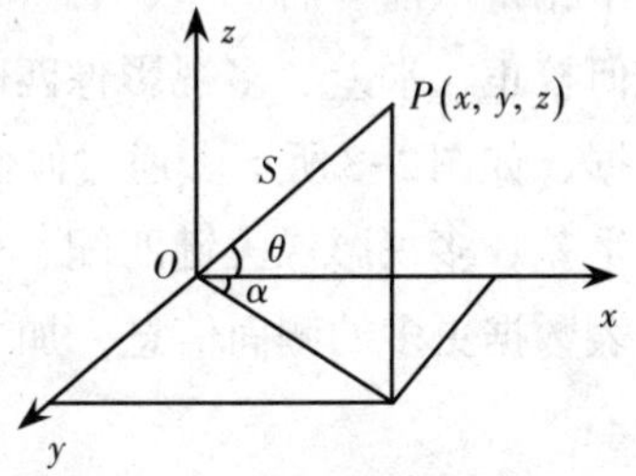

图2-2 点云坐标测量原理

被测点云的三维坐标在三维激光扫描仪确定的左手坐标系中定义，xOy面为横向扫描面，z轴与横向扫描面垂直。

地面三维激光扫描系统主要由三部分组成：扫描仪、控制器和电源供应系统。激光扫描仪本身主要包括激光测距系统和激光扫描系统，同时集成CCD和仪器内部控制与校正系统等。仪器通过两个同步反射镜快速而有序地旋转，将激光脉冲发射体发出的窄束激光脉冲依次扫过被测区域，测量每个激光脉冲从发出经被测物表面再返回仪器所经过的时间（或者相位差）来计算距离，同时内置精密时钟控制编码器，同步测量每个激光脉冲横向扫描角度观测值α和纵向扫描角度观测值θ，因此任意一个被测云点P的三维坐标为：

$$\left.\begin{aligned} x_P &= S\cdot\cos\theta\cdot\cos\alpha \\ y_P &= S\cdot\cos\theta\cdot\sin\alpha \\ z_P &= S\cdot\sin\theta \end{aligned}\right\} \tag{2-1}$$

激光扫描系统的原始观测数据除了两个角度值和一个距离值，还有扫描点的反射强度I，用来给反射点匹配颜色。拼接不同站点的扫描数据时，需要用公共点进行变换，以统一到同一个坐标系统中，公共点多采用球形目标或黑白标靶。

点云数据以某种内部格式存储，因此用户需要用厂家专门的软件来读取和处理，一款优秀的点云数据处理软件应具有三维影像点云数据编辑、扫描数据拼接与合并、影像数据点三维空间量测、点云影像可视化、空间数据三维建模、纹理分析处理和数据转换等功能。

2.2.3 倾斜摄影测量仪

倾斜摄影测量技术是国际测绘领域近些年发展起来的一项高新技术，它颠覆了以往正射影像只能从垂直角度拍摄的局限，通过飞机或无人机搭载5个相机从前、后、左、右、垂直五个方向对地物进行拍摄，再通过内业的几何校正、平差、多视影像匹配等一系列的处理得到具有地物全方位信息的数据，如图2-3所示。通过倾斜摄影数据加工的关键技术，比如多视影像联合平差、多视影像关键匹配、数字表面模型生产和真正射影像纠正等，得到地表数据更多的侧面信息，加上内业数据处理，得到数据的三维模型。

图 2-3 倾斜摄影采集示意图

2.2.3.1 倾斜影像采集

倾斜摄影技术不仅在摄影方式上区别于传统的垂直航空摄影，其后期数据处理及成果也大不相同。倾斜摄影技术的主要目的是获取地物多个方位（尤其是侧面）的信息并可供用户通过多角度浏览、实时量测、三维浏览等获取多方面的信息。

倾斜摄影系统分为三大部分：第一部分为飞行平台——小型飞机或者无人机；第二部分为人员——机组成员和专业航飞人员或者地面指挥人员（无人机）；第三部分为仪器部分——传感器和姿态定位系统。

倾斜摄影的航线设计采用专用航线设计软件进行，其相对航高、地面分辨率及物理像元尺寸满足三角比例关系。航线设计一般采取30%的旁向重叠度，66%的航向重叠度。航线设计软件生成一个飞行计划文件，该文件包含飞机的航线坐标及各个相机的曝光点坐标位置。实际飞行中，各个相机根据对应的曝光点坐标自动进行曝光拍摄。

2.2.3.2 倾斜影像加工

数据获取完成后，首先要对获取的影像进行质量检查，对不合格的区域进行补飞，直到获取的影像质量满足要求；其次进行匀光匀色处理，在飞行过程中存在时间和空间上的差异，影像之间会存在色偏，这就需要进行匀光匀色处理；再次进行几何校正、同名点匹配、区域网联合平差；最后将平差后的数据（三个坐标信息及三个方向角信息）赋予每张倾斜影像，使得它们具有在虚拟三维空间中的位置和姿态数据。至此倾斜影像即可进行实时量测，每张斜片上的每个像素对应真实的地理坐标位置。具体包括以下内容。

（1）多视影像联合平差

多视影像不仅包含垂直摄影数据，还包括倾斜摄影数据，而部分传统空中三角测量系统无法较好地处理倾斜摄影数据，因此，多视影像联合平差需充分考虑影像间的几何变形和遮挡关系。结合POS系统提供的多视影像外方位元素，采取由粗到精的金字塔匹配策略在每级影像上进行同名点自动匹配和自由网光束法平差，得到较好的同名点匹配结果。同时建立连接点和连接线、控制点坐标、GPS/I辅助数据的多视影像自检校区域网平差的误差方程，通过联合解算，确保平差结果的精度。

（2）多视影像密集匹配

多视影像具有覆盖范围大、分辨率高等特点。因此如何在匹配过程中充分考虑冗余信息，快速准确获取多视影像上的同名点坐标，进而获取地物的三维信息是多视影像匹配的关键。

由于单独使用一种匹配基元或匹配策略往往难以获取建模需要的同名点，因此近年来随着计算机视觉发展起来的多基元、多视影像匹配逐渐成为人们研究的焦点。目前在该领域的研究已取得很大进展，例如建筑物侧面的自动识别与提取。通过搜索多视影像上的特征如建筑物边缘、墙面边缘和纹理来确定建筑物的二维矢量数据及影像上不同视角的二维特征可以转化为三维特征，在确定墙面时，可以设置若干影响因子并给予一定的权值，将墙面分为不同的类，将建筑的各个墙面进行平面扫描和分割，获取建筑物的侧面结构，再通过对侧面进行重构，提取出建筑物屋顶的高度和轮廓。

（3）数字表面模型生成

多视影像密集匹配能得到高精度高分辨率的数字表面模型（DSM），充分表达地形地物起伏特征，已经成为新一代空间数据基础设施的重要内容。由于多角度倾斜影像之间的尺度差异较大，加上较严重的遮挡和阴影等问题，基于倾斜影像的DSM自动获取存在新的难点。

可以根据自动空三解算出来的各影像外方位元素，分析与选择合适的影像匹配单元进行特征匹配和逐像素级的密集匹配，并引入并行算法，提高计算效率。在获取高密度DSM数据后，进行滤波处理，并将不同匹配单元进行融合，形成统一的DSM。

（4）真正射影像纠正

多视影像真正射纠正涉及物方连续的数字高程模型（DEM）和大量离散分布粒度差异很大的地物对象，以及海量的像方多角度影像，具有典型的数据密集和计算密集特点。因此多视影像的真正射纠正，可分为物方和像方同时进行。在有DSM的基础上根据物方连续地形和离散地物对象的几何特征，通过轮廓提取、面片拟合、屋顶重建等方法提取物方语义信息，同时在多视影像上通过影像分割、边缘提取、纹理聚类等方法获取像方语义信息，再根据联合平差和密集匹配的结果建立物方和像方的同名点对应关系，继而建立全局优化采样策略和顾及几何辐射特性的联合纠正，同时进行整体匀光处理，实现多视影像的真正射纠正。

2.2.3.3 倾斜模型生成

倾斜摄影获取的倾斜影像经过影像加工处理，通过专用测绘软件可以生成倾斜摄影模型，模型有两种成果数据：一种是单体化的模型，一种是非单体化的模型数据。

单体化的模型成果数据，利用倾斜影像的丰富可视细节，结合现有的三维线框模型（或者其他方式生产的白模型），通过纹理映射，生成三维模型。这种工艺流程生产的模型数据是对象化的模型，单独的建筑物可以删除、修改及替换，其纹理也可以修改。

非单体化的模型成果数据采用全自动化的生产方式，模型生产周期短、成本低，倾斜影像经过匀光匀色等步骤，通过专业的自动化建模软件生成三维模型。这种工艺流程一般会经过多视角影像的几何校正、联合平差等处理流程，可运算生成基于影像的超高密度点云，并以此生成基于影像纹理的高分辨率倾斜摄影三维模型。

3 地学空间信息三维建模基础

3.1 矿山地形的三维建模

3.1.1 概述

数字地形模型（Digital Terrain Model，DTM）是针对地球表面几何形态——地形地貌的一种三维数字建模过程，其建模的结果通常是一个数字高程模型（Digital Elevation Model，DEM）。DTM的原始定义如下：以任意坐标场中选择的大量已知坐标点（x，y，z）对连续地面进行简单的统计表示，或者说，DTM就是地形表面的简单数字表示。DTM在测绘、土建、规划、地质、矿山、农林、军事等领域得到广泛应用。地形三维建模有多种方法，可以区分为物理模拟和数字模拟两大类。数字模拟又分为数学描述和图形描述两类，其中不规则三角网（Triangulated Irregular Network，TIN）、规则格网（Grid）和等高线地形图就是3种典型的图形描述方法，如图3-1所示。

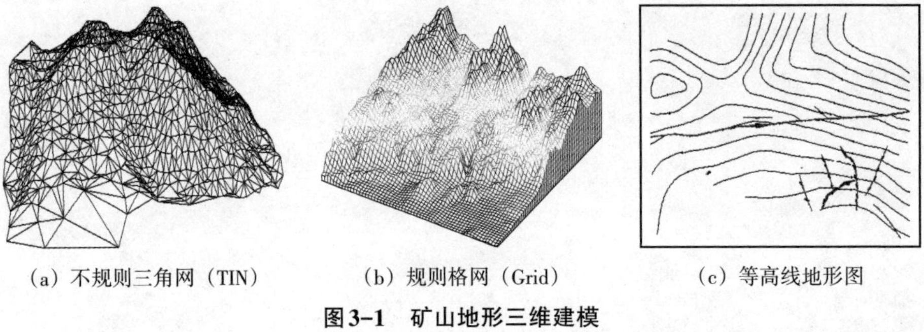

（a）不规则三角网（TIN）　（b）规则格网（Grid）　（c）等高线地形图

图3-1　矿山地形三维建模

等高线是对离散采样点经内插、光滑等处理后得到的一种表达地面高程与地形特征的抽象方式，是一种传统的地图制图方法。用等高线来表达地形表面的起伏可以追溯到18世纪，因其方便性和直观性，被认为是制图学的一项最重要的发明，一直沿用至今。在等高线地形图上，所有的地形信息都正交地投影在水平面上，用线划或符号来模拟表示缩小后的地物，而地物高度和地形起伏的信息则有选择地用等高线来进行模拟表达。有时，为了可视化的需要，可以在两条相邻等高线之间进行均匀分割，将等高线左右两侧区域内所有点的高程视同该等高线的高程值，进而用同一种灰度或彩色来表示该区域。几种典型的数字地形图形描述方法对比如表3-1所示。其中，TIN和Grid因其直观易用、更新方便，在矿山地形的三维建模中得到应用。

表3-1　数字地形图形描述方法分类

特征	基于点	基于等高线	三角形	格网	混合式
数学描述	$z = a_0$	$z = a_0$	$z = a_0 + a_1x + a_2y$	$z = a_0 + a_1x + a_2y + a_3xy$	前面二者或二者以上的结合
表面性质	平面	平面	一次线性	双线性	
连续性	非连续	非连续	连续	连续	
采样点	任意离散	相对均匀	任意离散	先做均匀内插	
优点	简便	直观	很好地顾及特征线	数据规则	灵活

3.1.2　矿山地形的不规则三角网建模

2D平面域内任意离散点集的TIN是一种最基本的网络，既适合于规则分布的数据，也适合任意不规则数据；既可通过对TIN的内插产生规则格网，也可根据TIN建立连续或光滑的内插表面。因而，TIN是GIS数据表达、管理、集成和可视化的一项重要内容，也是地学分析、计算机视觉、表面目标重构、有限元分析、道路CAD等领域的一项重要的应用技术。可以通过不同层次的分辨率来描述地形表面，也可以通过插入特征点、特征线、结构线等来精确逼近地表形态。

TIN的产生方法有多种，根据数据源的不同和产生过程的差异，可以将这些方法分类，如表3-2所示。本节主要介绍Delaunay三角网（D-TIN）、约束Delaunay三角网（CD-TIN）和基于等高线构建D-TIN。关于基于规则格网构建D-TIN和基于混合数据构建D-TIN的方法可查阅相关文献。

表3-2　TIN的产生方法分类

<table>
<tr><th colspan="2">基于离散采样点</th><th colspan="3">基于规则格网</th><th>基于等高线</th><th>基于混合数据</th></tr>
<tr><td rowspan="5">静态</td><td>三角网生长算法</td><td colspan="2">格网分解法</td><td>重要点法</td><td rowspan="2">等高线的离散点直接生成法</td><td rowspan="6">将格网DEM分解为TIN，再插入特征线，构建D-TIN</td></tr>
<tr><td>分治算法</td><td rowspan="2">单格网</td><td>单对角线</td><td>地形骨架法</td></tr>
<tr><td>凸包算法</td><td>双对角线</td><td>地形滤波法</td><td rowspan="2">加入特征点的TIN优化法</td></tr>
<tr><td>辐射扫描算法</td><td rowspan="2">多格网</td><td>单对角线</td><td>层次三角网法</td></tr>
<tr><td>改进层次算法</td><td>双对角线</td><td>试探法</td><td rowspan="2">以等高线为约束的特征线法</td></tr>
<tr><td>动态</td><td>逐点插入法</td><td></td><td></td><td>迭代贪婪插入法</td></tr>
</table>

3.1.2.1　Delaunay三角网（D-TIN）

令$P=\{p_1, p_2, \cdots, p_n\}$为平面域（$\mathbf{R}^2$）上的$n$个离散点的集合，有多种方法实现点集$P$的三角剖分。为此，人们提出了多种2D三角剖分的优化原则，如最大-最小距离原则、圆原则、最大-最小内角原则、总边长最小原则、最大-最小高原则、Thiessen原则等。1934年俄国数学家Delaunay证明：必然存在且仅存在一种剖分算法，使得所有三角形的最小内角之和最大。后人将这种三角形称为Delaunay三角形，简称D-TIN。

（1）D-TIN的基本概念

D-TIN实质上是一种互相邻接且互不重叠的三角形的集合，其中的每一个三角形的外接圆均不包含其他三角形的顶点。围绕D-TIN还有一些重要概念，如形态比、角度特征向量、凸集、插入区域等。

① 形态比：指三角形的内切圆半径与外接圆半径之比。TIN中所有三角形的形态比的平均值称为平均形态比。D-TIN是所有TIN中平均形态比最大的。

② 角度特征向量：将平面离散点集剖分出的所有三角形的角度按由小到大排队，所构成的向量。

③ 凸集（Convex）：每两点相互可视的平面点集。设S为平面上的点集，则：如果S中的两点A、B可视，则A、B之直线连线位于S中；如果点X为S的观察点，则X与S中的每一点均可视；凸集中每一点均可以是观察点。

④ 插入区域：外接圆包含待插入点的三角形的集合。

以图3-2为例，在一个已有Delaunay三角形△123中插入4号点。由于4号点位置的不同，根据4号点与△123的关系和Delaunay法则，将产生不同的构TIN结果。其中图3-2（c）所示为4号点位于△123的外接圆上，两种构TIN结果都是有效的。但是，若按“总边长最小原则”，则以短对角线的三角网为最佳选择。

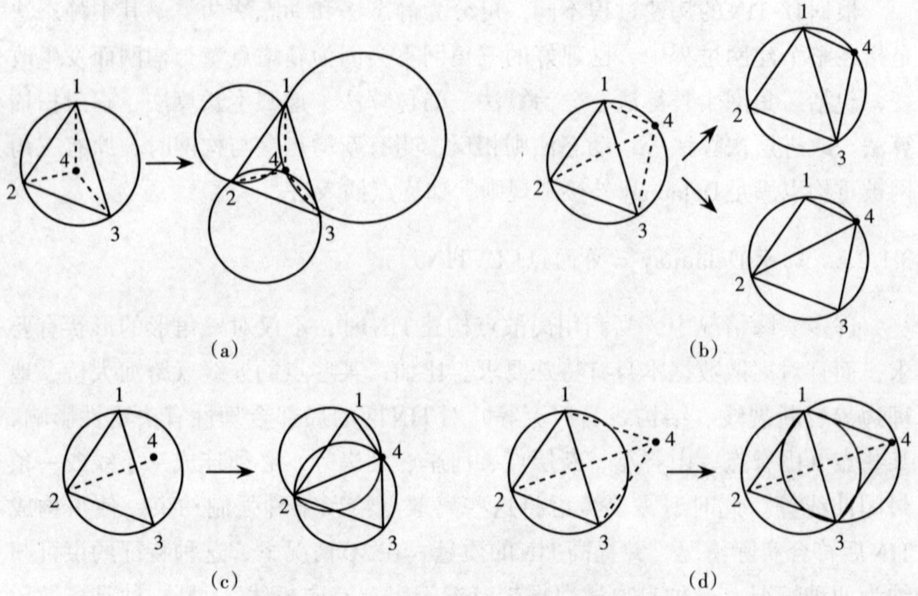

图3-2 插入点与D-TIN之间的可能关系

后来，国外学者Lawson根据“最大-最小内角原则”提出了局部优化方法（Local Optimization Procedure，LOP）来建立局部几何形状最优的TIN，即通过交换凸四边形的对角线来获得等角性更好的TIN。其应用实例如图3-3所示。

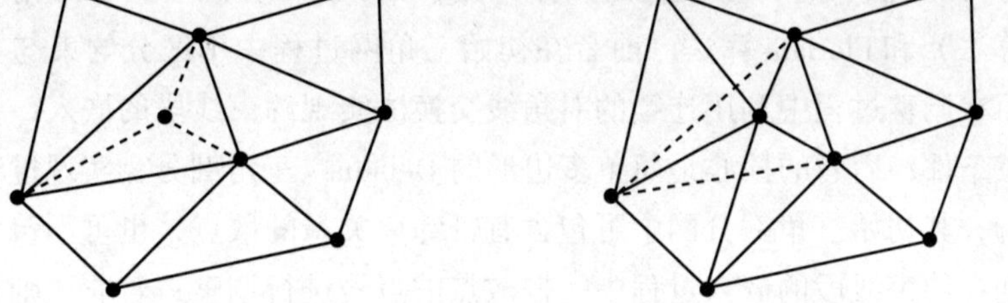

图3-3 LOP对角线交换示例

（2）D-TIN构建算法

根据离散点域的数据分布特征和约束条件，三角剖分还可分为约束三角剖分和无约束三角剖分。在无约束域下的Delaunay三角剖分称为常规Delaunay

三角剖分，所形成的TIN即为D-TIN；在约束域下进行的Delaunay三角剖分称为约束Delaunay三角剖分（Constrained Delaunay Triangulation），所形成的TIN称为约束Delaunay三角网（CD-TIN）。

根据D-TIN的构建过程不同，可分为静态法和动态法两类。其中静态法是指在整个建网过程中，已建好的三角网不会因为新增点参与构网而发生改变，包括三角网生长算法、分治算法、凸包算法、递归生长算法、辐射扫描算法、改进层次算法等；动态法则相反，当有新增点参与构网时，原有三角网被重构以满足Delaunay外接圆规则，如逐点插入法。

3.1.2.2 约束Delaunay三角网（CD-TIN）

许多实际情况中，当利用离散点构建TIN时，不仅对三角形的形状有要求，而且对离散数据本身有特殊要求。比如，某些点的连线（跨河大桥、地理边界、断裂线、结构线、河流等）对TIN网的局部合理性有决定性影响，某些点（山脊点、山谷点、断层点、河岸、湖岸等）必须连成一条线或一条封闭曲线等。此时，需要考虑将这些离散点给以某种强制约束，使得构成TIN后符合实际情况，并提高TIN的质量。在2D情况下，这种特征约束可归纳为两种情况：一种是离散数据带有若干组“有向折线”，另一种是离散数据带有若干组“封闭多边形环”。通常，将上述问题称为基于矢量的有约束条件的离散数据构TIN。

基于矢量的有约束的TIN构建方法有多种，代表性的有“两步法”。两步法的实质是：首先对约束数据集建立非约束D-TIN（初始三角网），然后在其中嵌入约束线段并调整初始D-TIN。根据引入约束条件的过程与方法的差异，“两步法”有许多不同的具体算法，如Bernal算法（又称对角线交换循环算法）和Floriani算法。前者在初始三角网过程中不区分约束与非约束点，而在调整过程中利用连续的对角线交换法实现约束线段的嵌入，使之满足约束条件；后者的核心是简单多边形的Delaunay三角剖分，实现过程是递归执行，其初始三角剖分网中可包含有带约束关系的散点，也可不包含，若是，则在约束线段的嵌入过程中，按散点的点号进行调整；若非，则首先插入散点，然后调整约束关系。

以Bernal算法为例，其基本原理是：首先，不考虑约束条件而构建初始D-TIN；然后检测约束边所经过的所有三角形（其集合称为该约束边的影响域，影响域的每一条三角形边称为对角线）；从约束边的起始点出发，按一定的规则逐步交换对角线，最终使起始点和目标点相连。该算法的关键是从起始点出发，要对遇到的每条对角线做可交换性判断。可交换就交换，不可交换就判断下一条。第一轮交换结束后，从头再来，开始下一轮。直到所有约束边均作为三角形边加入到TIN网中。图3-4为一典型实例，图中虚线14为待嵌入的约束线。

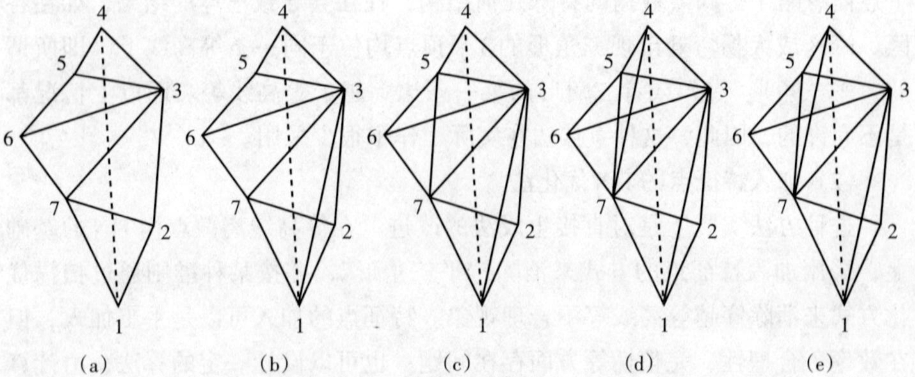

图3-4 对角线交换循环算法实例

(a)—开始；(b)—边27的两个端点2、7与起始点1、对点3所构成的△123、△173的面积分别为正和负，则交换27为13；(c)—边73的两个端点7、3与起始点1、对点6所构成的△176、△136的面积均为正，则令7为起点；边36的两个端点3、6与起始点7、对点5所构成的△735、△765的面积分别为正和负，则交换36为57；(d)—边35的两个端点3、5与起始点1、对点4所构成的△134、△154的面积分别为正和负，则交换35为14；(e)—边37的两个端点3、7与起始点1、对点4所构成的△134、△174的面积分别为正和负，则交换73为14，结束

由此可见，基于矢量方式的约束TIN构建的大量计算、判断初始Delaunay三角形的边是否相交，当约束线较长（其上的约束点较多），而且整个格网的数据量较大时，此过程将很花时间。因此，有人提出另一种方法，即直接考虑约束线上的点来生成D-TIN，而不是通过对角线交换来不断修正。限于篇幅，不赘述。

3.1.2.3 基于等高线构建D-TIN

由于等高线难以直观地表达地形的起伏变化与地形特征，非专业人员在阅读和利用等高线图时往往存在一定困难。随着计算机应用技术和GIS技术的发展，人们已乐于使用TIN或格网模式来模拟和表达地面高程特征。在很多情况下，已经不再保留原始采样数据，而只有等高线图或数字化的等高线数据。如何利用等高线数据来构建TIN，尤其是构建高质量的TIN，是GIS的一项重要任务。从等高线生成TIN一般有3种方法，即等高线的离散点直接生成法、加入特征点的TIN优化法和以等高线为特征约束的特征线法。

（1）等高线的离散点直接生成法

该法直接将等高线上的点离散化，即按一定间距从等高线上重采样（因此也可称为等高线重采样法），或从CAD等软件系统所管理的等高线文件中读取离散点数据，然后基于重采样点（或离散点）构建D-TIN。由于仅考虑了点而忽略了等高线数据的特殊几何结构，往往会导致很坏的结果，如在谷区、峰区或大拐弯处出现三角形的3个顶点均位于同一条等高线上（即所谓的“平三角形”），或者三角形的某一条边穿越了等高线等。而以上情况都是不允许的，因此，这种直接法在实际工作中很少采用。

（2）加入特征点的TIN优化法

这种方法实质上是对直接生成法的改进。在等高线离散点构TIN的基础上，采用加入特征点的方式来消除“平三角形”，并按某种准则通过扫描优化方式来消除穿越等高线等不合理现象。特征点的加入可以是手工加入，但在效率、合理性、完整性等方面存在问题；也可以设计一定的算法，由计算机来自动提取特征点，算法的原理主要是基于原始等高线的拓扑关系。

（3）以等高线为特征约束的特征线法

该法的核心思想是：每一条等高线必须当作特征线或结构线，而且线上不能有三角形生成，即三角形不能跨越等高线。无论是基于等高线图，还是基于数字化的等高线数据，该法均有一个数据预处理的过程。预处理的主要内容包括：数据数字化、离散化，离散数据点分布均匀化，地形特征点（即地面曲率变化点和坡度变化点，如峰点、谷点、鞍点、变坡点等）与特征线（山脊线、山谷线或流水线等）的加入，以及地形突变线（断层、陡坎、悬崖等）与突变区（陷落柱、岩溶柱、孤峰、洼地等）的加入等。

根据是否加入地形特征点与特征线，以及是否加入地形突变线与突变区等，可以将基于等高线构建TIN的算法分为有约束和无约束两种基本模式。显然，以等高线为特征约束的特征线法要求所构建的三角形不可跨越等高线，即等高线本身就是约束条件，因此从本质上说，以等高线为特征约束的特征线法属于约束条件下离散点的三角剖分。

3.1.3　矿山地形的规则格网建模

2D平面域内的DEM是一种基本格网，适合于规则分布的数据。如果原始数据本身就是规则格网数据，则只需按建模要求对原格网数据进行简化或内插；若原始数据不是规则格网数据，如离散采样点、等高线，则需要先将不规则数据内插形成规则格网数据。按内插方法不同，Grid式DEM的建模方法可按表3-3进行分类。本节主要介绍基于离散点和等高线构建格网DEM的方法。

表3-3 格网DEM的产生方法分类

<table>
<tr><th colspan="4">基于细格网</th><th colspan="2">基于离散采样点</th><th colspan="2">基于等高线</th></tr>
<tr><td rowspan="5">简单筛选</td><td>隔行重采样</td><td rowspan="5">内插采样</td><td>最近点法</td><td rowspan="3">离散点直接内插法</td><td>逐点法</td><td colspan="2">等高线离散法</td></tr>
<tr><td>隔n行重采样</td><td>双线性法</td><td>局部法</td><td rowspan="2">等高线内插法</td><td>预定轴向法</td></tr>
<tr><td rowspan="3">沿对角线重采样</td><td rowspan="3">局部曲面法</td><td>整体法</td><td>最大坡降法</td></tr>
<tr><td rowspan="2">TIN内插法</td><td>平面内插法</td><td colspan="2" rowspan="2">等高线构TIN法</td></tr>
<tr><td>曲面内插法</td></tr>
</table>

（1）基于离散采样点构建格网DEM

基于离散采样点构建格网DEM有两种方法，即离散点直接内插法和TIN内插法。

离散点直接内插法原理是：根据某种规则，利用已知采样点的高程值内插求出格网点的高程值。根据内插规则的不同，离散点直接内插法又分为逐点内插、局部内插和整体内插3种。其中，逐点内插法是对每一格网点均建立一个内插模型，使用格网点周围的若干已知采样点来进行计算，常用内插模型有距离加权平均法和移动拟合法；局部内插法是先将研究区域划分为若干小区域，根据已知采样点对每个小区域分别建立一个内插模型（二次多项式），利用该模型来计算此范围内的所有格网点的高程值；整体法是利用所有采样点建立一个整体内插模型（如趋势面），所有格网点均用该模型进行计算。

对TIN进行格网内插的原理是：先根据离散采样点建立一个D-TIN，然后在此D-TIN的基础上内插出所有的格网点高程值。可以有两种内插方法，其一为找出每一格网点所在的三角形，用该三角形进行平面内插；其二为找出每一格网点的所在三角形及其边邻近、角邻近三角形串，并将该三角形串拟合为一个曲面，再用该曲面进行内插。

（2）基于等高线构建格网DEM

如果原始数据为等高线，则可以选择等高线离散法、等高线内插法来生成格网DEM。

等高线离散法的原理是：首先按一定规则（如等间距采样）将等高线进行离散，然后用离散点直接内插的方法来构建格网DEM。与利用等高线构建

TIN一样，由于没有等高线的自身特点，所构建的格网DEM可能会出现一些异常偏离情况。

等高线内插法的原理是：充分照顾等高线自身的线性特征，以等高线为采样约束进行格网点内插。一种方法为轴向法：通过选择1、2或4条预定轴（可以与格网线重合，也可以是45°夹角），通过考察以待求格网点为中心、沿预定轴方向的相邻两条等高线上的点的情况，进而选择简单平均或距离加权平均的方法计算该格网点的高程值，如图3-5所示。另一种方法为最大坡降法：首先搜索待求格网点的两条相邻等高线上沿最大坡降方向上的两点，进而选择线性内插计算该格网点的高程值。该法的关键为最大坡降点的选择，可从4条预定轴与相邻两条等高线的8个交点中选取，也使用4条相邻等高线上的4个点来进行非线性三次多项式内插，这4个点分别为最大坡降方向的上方和下方各2个点。

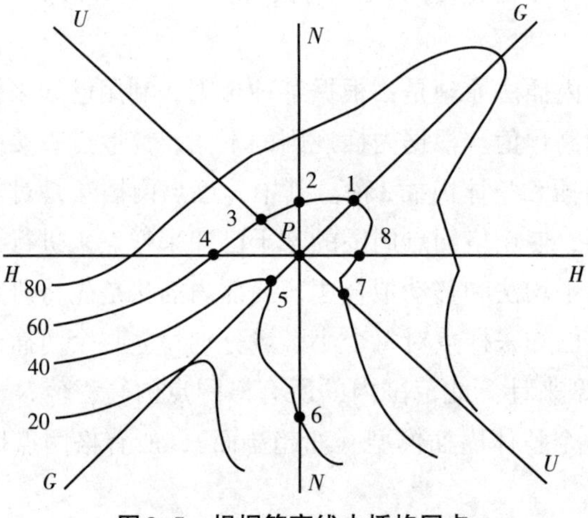

图3-5　根据等高线内插格网点

3.2　矿山地质的三维建模

矿山地质三维建模包括矿床建模和环境地层建模两类，前者仅对矿床本身进行建模，后者要对矿床及其环境地层（如煤层的底板、上覆岩层，乃至表土层）进行整体建模。其中，矿床模型是借助于计算机、地质统计学等技术建立起来的关于矿体的分布、空间形态、构造以及矿山地质属性（如品位、岩性等）的数字化三维矿化模型，它是实现储量计算、计算机辅助采矿设计、计划编制、生产管理以及采矿仿真的基础；环境地层的三维数字模型是矿山开采设计、采动影响分析、矿山安全评价的数字化基础环境。矿山工程是一项不断获取、分析和处理数据的过程，具有工程隐蔽性、地质条件复杂多变性等特点，需要对工程的勘察、设计和施工过程中获取各种各样的数据和信息进行快速处理、可视化建模和分析，以便指导采矿规划、设计与开采活动。

3.2.1 三维地质建模的模型分类

由于地质空间对象分布的不连续性、复杂性及不确定性，适合于规则、连续、相对简单及确定性空间对象的三维空间建模方法并不能够完全适合3D地质空间建模。自20世纪60年代初出现了块段（Block）模型迄今，对地质三维建模理论与技术的研究已有五六十年的历史，由地矿领域提出或由其他领域提出但适合于地矿领域应用的空间建模方法有20余种。可将上述空间模型按单元维数分为面元模型（Facial Model）、体元模型（Volumetric Model）两大类，建模方法则分为单一的三维建模（Single 3D Modeling）、混合三维建模（Compound 3D Modeling）和集成三维建模（Integral 3D Modeling）三类。据此，可将三维地质空间模型分类如表3-4所示。

表3-4 三维地质空间模型分类

<table>
<tr><td colspan="4">单一构模</td><td>混合构模</td><td>集成构模</td></tr>
<tr><td colspan="2" rowspan="2">面元模型</td><td colspan="2">体元模型</td><td rowspan="2">混合模型</td><td rowspan="2">集成模型</td></tr>
<tr><td>规则体元</td><td>非规则体元</td></tr>
<tr><td rowspan="2">表面模型（Surface）</td><td>不规则三角网（TIN）</td><td>结构实体几何（CSG）</td><td>四面体格网（TEN）</td><td>TIN+Grid混合</td><td>TIN+CSG集成</td></tr>
<tr><td>格网（Grid）</td><td>体素（Voxel）</td><td>金字塔（Pyramid）</td><td>Section+TIN混合</td><td>TIN+Octree集成（Hybrid模型）</td></tr>
<tr><td colspan="2">边界表示模型（B-Rep）</td><td>针体（Needle）</td><td>三棱柱（TP）</td><td>Wire Frame+Block混合</td><td></td></tr>
<tr><td colspan="2">线框（Wire Frame）或相连切片（Linked Slices）</td><td>八叉树（Octree）</td><td>地质细胞（Geocellular）</td><td>B-Rep+CSG混合</td><td></td></tr>
<tr><td colspan="2">断面（Section）</td><td>规则块体（Regular Block）</td><td>非规则块体（Irregular Block）</td><td>Octree+TEN混合</td><td></td></tr>
</table>

表3-4（续）

单一构模			混合构模	集成构模
面元模型	体元模型		混合模型	集成模型
	规则体元	非规则体元		
多层DEM		实体（Solid）		
		3D Voronoi图		
		广义三棱柱（GTP）		

注：斜体部分为栅格模型。多层DEM当采用TIN建模时为矢量模型；若采用Grid建模，则为栅格模型；其他为矢量模型或矢栅混合、矢栅集成模型。

3.2.2 基于面元模型的三维地质建模

面元模型有多种实现形式，除了地形建模常采用的等高线模型、表面模型（Grid模型、TIN模型）之外，还有线框模型、序列断面模型和多层DEM模型等多种方式。面元模型侧重于地质体的表面表示，如矿体表面、地质层面、断层面、褶曲面等，所模拟的地质体表面可能是封闭的，也可能是非封闭的，视地质体的空间形态而定。在地质建模时，表面模型也称曲面模型，是由若干块小曲面单元（格网或三角形曲面元素）拼接而成，能够满足面面求交、线面消隐、明暗色彩图等可视化需要，但模型的内部属性及模型的内外关系不清楚，不能进行地质统计和空间分析。

（1）线框模型

线框（Wire Frame）模型利用约束线来建立一系列解释图形，如线段、曲线、多边形，以表达矿体边界。其实质是把矿体轮廓上两两相邻的采样点或特征点用直线连接起来，形成一系列多边形；然后拼接这些多边形面形成一个多边形格网来模拟矿体外部轮廓。某些系统则以TIN来填充线框表面以生成体表面，并避免面定义的模糊性，如英国的DataMine采矿软件系统。当采样点或特征点沿环线分布时，所连成的线框模型也称为相连切片（Linked Slices）模型，或连续切片模型，如图3-6所示。

线框模型输出的图形是线条图，符合工程图习惯，适合于从任何方向得到三视图、透视图；数据结构简单，数据存储量小，对硬件要求不高，易于掌握，便于修改。但是，由于线框模型只有离散的空间线段，所构图形含义不确切，不能进行物体几何特性（体积、面积等）计算，不便于消除隐藏线，无法表示实体拓扑关系。

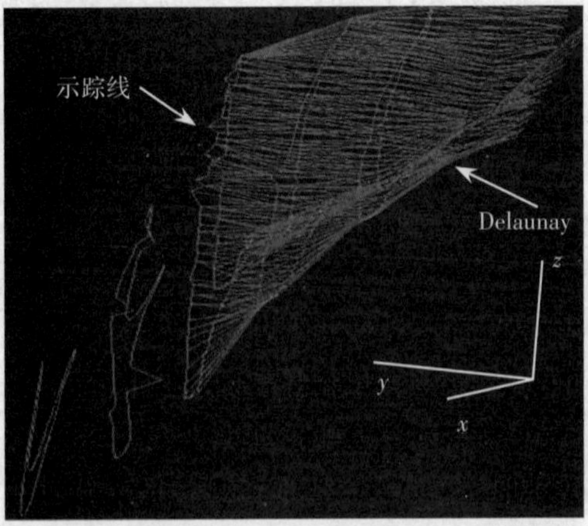

图3-6 相连切片模型

（2）序列断面模型

传统地质制图的手工方法是用一系列平面或剖面图模拟矿床，序列断面（Series Sections）模型的实质正是传统地质制图方法的计算机实现，即通过平面图或剖面图来描述矿床，记录地质信息，如图3-7所示。其特点是将三维问题二维化，地质描述方便，实用性强；但是，断面建模难以完整表达三维矿床及其内部结构，往往需要和其他建模方法配合使用。此外，由于采用的是非原始数据而存在误差，其建模精度一般难以满足工程要求。

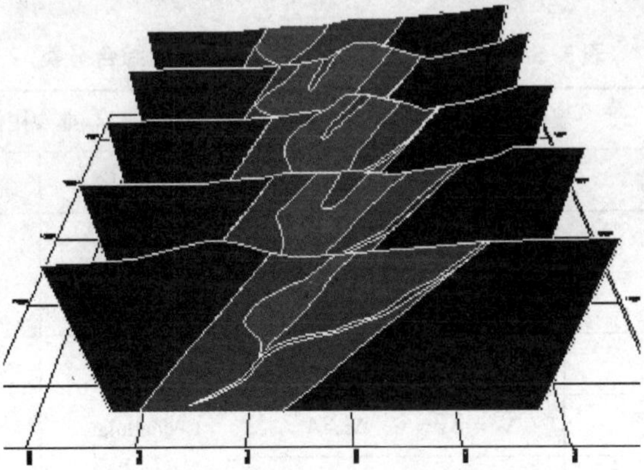

图3-7 序列断面模型实例

（3）多层DEM模型

多层DEM（Multi-DEMs）模型原理为：首先基于各地层（尤其是控制性地层或关键地层）的界面点按DEM的方法对各个地层进行插值或拟合；

然后以断层为约束，根据各地层的属性对多层DEM进行交叉划分处理，形成空间中严格按照岩性（或土层性质）进行划分的三维地层模型的骨架结构，如图3-8（a）所示；考虑各层的厚度变化，可以得到各地层的上、下层面的DEM，将上、下层面之间的侧面封闭，即可得到地层体模型，如图3-8（b）所示。

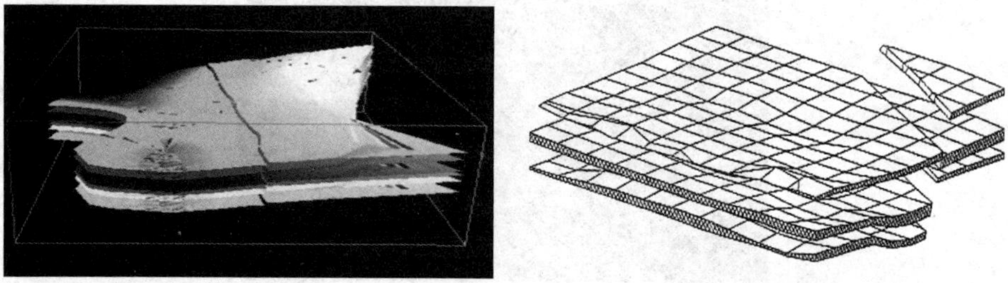

（a）骨架结构　　（b）地层体模型

图3-8　多层DEM建模实例

3.2.3　基于体元模型的三维地质建模

体元模型是一种基于三维空间的体元分割的真三维实体表达方式，体元的属性可以独立描述和存储，因而可以进行三维空间操作。体元模型可以按体元的表面单元数分为四面体（Tetrahedron）、五面体（Pentrahedron）、六面体（Hexahedron）和多面体（Polyhedron）共4种基本类型。也可以根据体元的规整性分为规则体元和非规则体元两个大类，见表3-5。

表3-5　三维地质空间建模体元模型的综合分类

面数	规则体元		非规则体元	
	模型名称	数学描述	模型名称	数学描述
4	—		TEN	$Node_i(x_i, y_i, z_i)$
5	—		Pyramid，TP	
6	Voxel	$\Delta x = \Delta y = \Delta z = C$	Geocellular	$\begin{cases}\Delta x = \Delta y = C \\ \Delta z = V_{ij}\end{cases}$
	Needle	$\Delta x = \Delta y = C$；$\Delta z = V_{ij}$		
	Octree	$\Delta x = \Delta y = \Delta z = 2^n \cdot C$		
n	Regular Block-I	$\Delta x = C_1$；$\Delta y = C_2$；$\Delta z = C_3$	Irregular Block	$\begin{cases}\Delta x = V_1 \\ \Delta y = V_2 \\ \Delta z = V_3\end{cases}$
	Regular Block-II	$\Delta x = C_1$；$\Delta y = C_2$；$\Delta z = V_k$		
	Regular Block-III	$\Delta x = V_i$；$\Delta y = V_j$；$\Delta z = V_k$		

表3-5（续）

面数	规则体元		非规则体元	
	模型名称	数学描述	模型名称	数学描述
			Solid，OO-Solid	$Node_i(x_i, y_i, z_i)$
			GTP	
			3D Voronoi图	$Center_i(x_i, y_i, z_i)$

注：i，j，k分别为体元的行、列、层号；C为常数；V为变量；n为整数变量（$n \geq 3$）；*Node*为非规则体元的边界节点；*Center*为3D Voronoi体元的中心点

（1）规则体元模型

规则体元包括结构实体几何（CSG）、三维体素（Voxel）、针体（Needle）、八叉树（Octree）和规则块体（Regular Block）共5种模型，如图3-9所示。通常规则体元用于水体、污染和环境问题建模，也可用于地下油矿床建模。

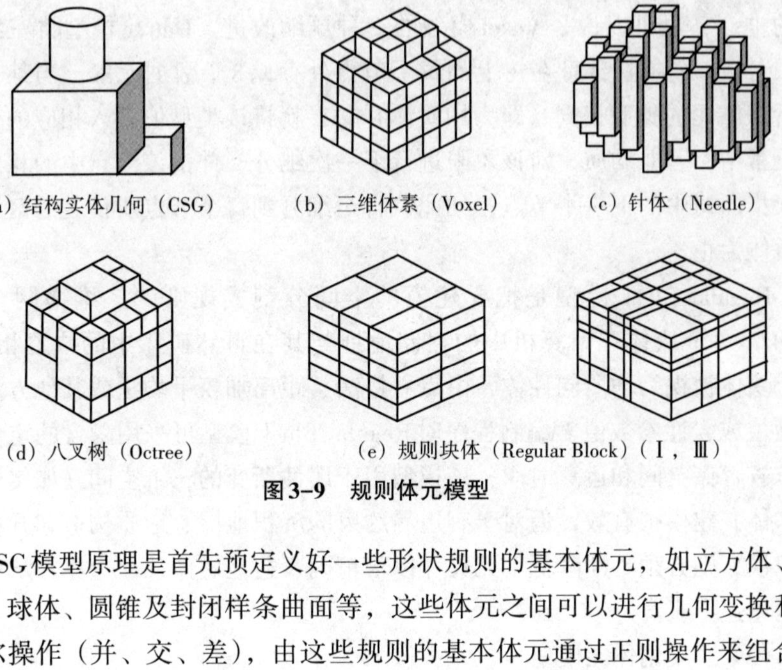

（a）结构实体几何（CSG）　（b）三维体素（Voxel）　（c）针体（Needle）

（d）八叉树（Octree）　（e）规则块体（Regular Block）（Ⅰ，Ⅲ）

图3-9　规则体元模型

CSG模型原理是首先预定义好一些形状规则的基本体元，如立方体、圆柱体、球体、圆锥及封闭样条曲面等，这些体元之间可以进行几何变换和正则布尔操作（并、交、差），由这些规则的基本体元通过正则操作来组合成一个物体。CSG模型描述结构简单的三维物体时十分有效，在CAD/CAM领域已形成了产业规模；但对于复杂不规则三维地物尤其是地质体，CSG模型很不方便，效率大大降低。

Voxel模型的实质是2D Grid模型的三维扩展，即以一组规则尺寸的三维

体素来剖分所要模拟的空间。基于Voxel的建模法有一个显著优点，就是在编制程序时可以采用隐含的定位技术，以节省存储空间和运算时间。该模型虽然结构简单，操作方便，但表达空间位置的几何精度低，且不适合于表达和分析实体之间的空间关系。当然，通过缩小Voxel的尺寸，可以提高建模精度，但空间单元数目及储量将成3次方增长。

Needle模型的原理类似于结晶生长过程，用一组具有相同截面尺寸的不同长度或高度的针状柱体对某一非规则三维空间、三维地物或地质体进行空间分割，用其集合来表达该目标空间、三维地物或地质体。该模型的特点是适合对单一地质体进行三维建模，可以很准确地逼近形体边界。与Voxel相比，相当于在Z方向对Voxel的单元数进行压缩，即根据所模拟的空间对象来决定单元的起始位置与终止位置，因而可以节省单元数，同时减少存储量。

Octree则是对Voxel、Needle模型的进一步改进，即在X、Y、Z这3个方向同时对Voxel单元数目进行压缩。Octree既可以看成四叉树方法在三维空间的推广，也可以说是Voxel模型的一种压缩改进。Octree模型将三维空间区域分成8个象限，且在树上的每个节点处存储8个数据元素。当某一象限中所有体元的类型相同（即为均质体）时，就将该类型值存入相应的节点数据元素中；若非均质，对该象限进行下一次细分，并由该节点中的相应数据元素指向树中的下一个节点；如此，直至细分到每个节点所代表的区域都是均质体为止。

Regular Block模型是把要建模的空间分割成规则的三维格网，称为Block，每个块体在计算机中的存储地址与其在自然矿床中的位置相对应，每个块体被视为均质同性体，由克立格法、距离加权平均法或其他方法确定其品位或岩性参数值。编制程序时Regular Block模型可采用隐含的定位技术以节省存储空间和运算时间。该模型用于属性渐变的三维空间（如侵染状金属矿体）建模很有效，但对于有边界约束的沉积地层、地质构造和开挖空间的建模，则必须不断降低单元尺寸以求精确表达地质体几何边界，从而引起数据急速膨胀。

（2）非规则体元模型

常用的非规则体元包括四面体网络（TEN）、金字塔（Pyramid）（为Pentrahedron的特例）、三棱柱（Tri-Prism，TP）、地质细胞（Geocellular）、不规则块体（Irregular Block）、实体（Solid）、3D Voronoi图和广义三棱柱（Generalized TP，GTP）等8种模型，如图3-10所示。这些非规则体元模型均是有采样约束的、基于地质地层界面和地质构造的三维空间模型。

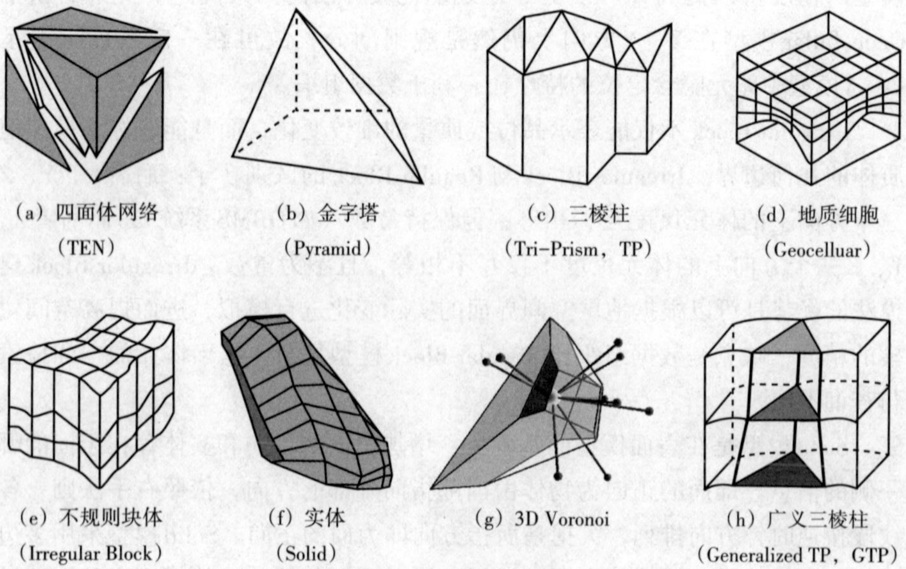

(a) 四面体网络（TEN） (b) 金字塔（Pyramid） (c) 三棱柱（Tri-Prism，TP） (d) 地质细胞（Geocelluar）

(e) 不规则块体（Irregular Block） (f) 实体（Solid） (g) 3D Voronoi (h) 广义三棱柱（Generalized TP，GTP）

图3-10 非规则体元模型

TEN模型是在3D Delaunay三角化研究的基础上提出的，是一个基于点的四面体网络（Tetrahedral Network，TEN）的三维矢量数据模型。它以四面体（Tetrahedron）作为最基本的体元，将任意一个三维空间对象剖分成一系列邻接但不交叉的不规则四面体，是不规则三角网（TIN）向三维的扩充。其基本思路是对三维空间中无重复的散乱点集用互不相交的直线将空间散乱点两两连接形成三角面片，再由互不穿越的三角面片构成TEN。其中四面体都是以空间散乱点为其顶点，且每个四面体内不含有该点集中的任一点。

Pyramid是五面体（Pentrahedron）的特例（五面体的另一个特例是三棱柱），即由4个三角面片和1个四边形封闭形成。Pyramid模型建模原理类似于TEN模型，由于其数据维护和模型更新困难，一般很少采用。

TP模型是一种较常采用的简单三维地学空间建模技术。由于TP模型的3条棱边垂直平行，因此要求采样钻孔必须垂直。这在钻孔较浅和地质条件比较简单的情况下是近似成立的，但在实际钻探过程中，由于地质条件的作用和特殊施工要求，钻孔的偏斜是不可避免的。

Geocellular模型的实质是Voxel模型的变种，即在*XY*平面上仍然是标准的Grid剖分，而在*Z*方向则依据数据场类型或地层界面的不规则变化进行实际划分，从而形成逼近实际地质界面的三维体元空间剖分。因此，Geocellular模型的精度得以提高，可以更好地处理地质界面的约束问题。此外，由于Geocellular模型在*X*、*Y*方向上仍然是规则剖分，故可在一定程度上继承Voxel模型中体元隐含定位的特性，有利于数据组织。

Irregular Block不仅能表示品位或质量的细致变化，而且能较好地模拟地质体的几何边界。Irregular Block与Regular Block的区别在于：后者*X*、*Y*、*Z*三个方向上的体元尺度互不相等，但保持常数（如OBMS系统）；而前者*X*、*Y*、*Z*三个方向上的体元尺度不仅互不相等，且不为常数。Irregular Block建模法的优势是可以根据地层空间界面的实际变化进行模拟，进而提高空间建模的精度；缺点是数据组织比Regular Block模型复杂，基于体元的空间检索与查询不便。

Solid模型是在表面模型的基础上，增加了面的方向和实体存在于面的哪一侧的信息。即面的正向为物体由内部指向外部的方向，依照右手法则，各线段按逆时针方向排列，大拇指所指方向即为面的正向。Solid模型采用多边形格网来精确描述地质体和开挖边界，同时采用传统的块体模型来独立地描述形体内部的品位或质量的分布，既可保证边界建模的精度，又可简化体内属性表达和体积计算，适合于矿体结构分析、体积运算、立体显示和经济评价。加拿大Lynx系统中提供的三维元件建模（3D Component Modeling）以相邻剖面中同一地质体轮廓线的相应连接，自动或交互式地模拟生成地质体分表面（Sub-Surface）或开挖边的界面，组合构成三维地质形体，称作元件（Component）。相邻元件相连成组即为一个地质或开挖单元，其实质就是一种Solid模型。Solid模型“所见即所得”，适合描述复杂断层、褶皱和节理等精细地质结构。

3D Voronoi图是2D Voronoi图的三维扩展。3D Voronoi图模型的实质是基于一组离散采样点，在约束空间内形成一组面-面相邻而互不交叉（重叠）的多面体，用该组多面体完成对目标空间的无缝分割。3D Voronoi图模型最早起源于计算机图形学领域；近年，人们开始研究其在地学领域中的可行性，试图在海洋、污染、水体及金属矿体建模方面的应用，如图3-11所示。

GTP模型建模原理为：用GTP的上下底面的三角形集合所组成的TIN面来表达不同的地层面，然后利用GTP侧面的空间四边形面来描述层面间的空间邻接关系，用GTP柱体来表达层与层之间的内部实体。GTP建模的基本单元如图3-12所示，其中黑粗的柱体代表钻孔，三角形代表TIN面，由于由上、下不平行的两个TIN三角形面和三个侧面空间四边形面（不一定是平面）所组成的空间单元与TP近似，但又不是TP（TP的侧面是平面），故称为GTP。

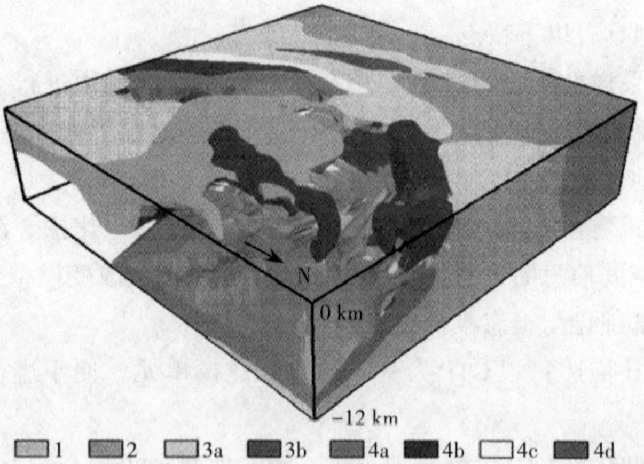

图3-11 基于3D Voronoi图的地质模型

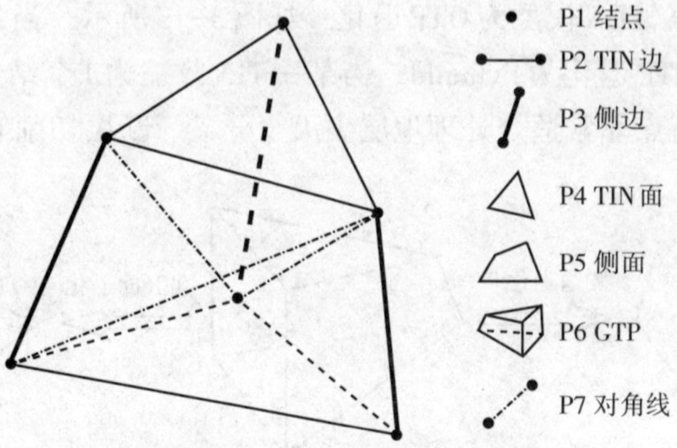

图3-12 GTP单元的组成要素

GTP建模单元由6类基本元素组成：结点（Node，P1）、TIN边（TIN-Edge，P2）、侧边（Side-Edge，P3）、TIN面（TIN-Face，P4）、侧面（Side-Face，P5）和GTP（P6）。此外，为了空间操作方便，在GTP建模单元中还引入了对角线（Diagonals，P7），其目的是在空间切割与计算时将一个GTP切割为3个四面体。因此，一般情况下，一个GTP包含：3个上结点、3个下结点、3个上TIN边、3个下TIN边、1个上TIN面、1个下TIN面、3条侧边、3个侧面和3条对角线。

由于钻孔偏斜，侧面的4个结点不一定共面。引入对角线就是为了处理这种情况：对角线将每一侧面分割为2个三角形，并将一个GTP单元切割为

3个四面体，从而便于空间操作和空间分析，包括体积计算、空间剖切、包含查询及地质统计分析等。为了减少数据冗余，对角线数据并不在数据库中存储，只是当需要进行空间操作与空间查询时动态生成。

GTP模型具有以下特点。

① 基于采样数据：直接利用钻孔采样数据，而无须进行空间内插，即可通过钻孔采样数据以TIN的形式来模拟和表达地层界面的基本空间形态，可最大限度地保障三维地学建模精度。

② 开放式建模：当有新的钻孔数据或通过物探、化探、测量等手段获得新的地层空间信息时，只需局部修改或扩充，无须改变模型整体结构，使得GTP的局部细化与动态维护很方便。

③ 有拓扑描述：以GTP为基本的体元建模单元，便于进行三维拓扑描述与表达。

④ 基于TIN的2.5D建模为其子集：同一地层GTP集合的上下界面为TIN结构，因此基于TIN的2.5D建模可以看成基于GTP的3D建模的一个子集。

⑤ Pyramid、TEN模型为GTP退化：如图3-13所示，当某一侧边收缩为一个结点时，GTP退化为Pyramid；当某一TIN收缩为1个结点时，GTP退化为四面体。该特点非常适合处理地层尖灭、分叉、断层切削等复杂情况。

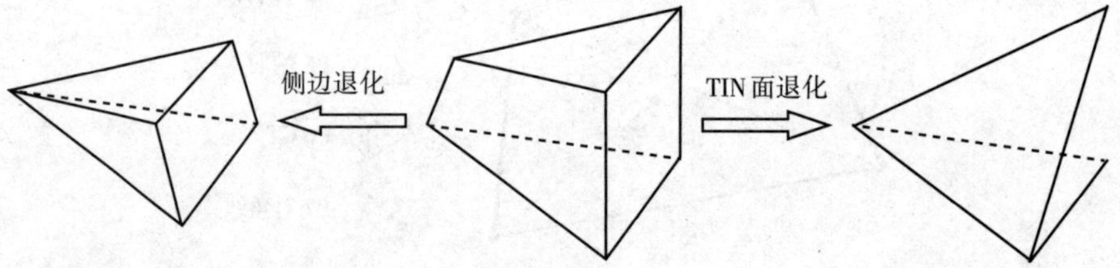

（a）Pyramid　　（b）GTP　　（c）Tetrahedron

图3-13　GTP的两种退化模式

基于GTP的三维地学构模过程如图3-14所示。图中，结点代表由钻孔揭露的地层界面点，为初始的0D要素；TIN边和侧边分别为连接沿界面或界面之间结点的1D要素；TIN面和侧面则为由TIN边和侧边闭合而成的2D要素；TIN面、侧面封闭形成三维要素GTP。一组具有相同属性的GTP组合在一起（侧面相邻和/或TIN面相邻），生成1个地质体如地层、矿体、地质结构等。若干地质体组合起来，即形成研究区域的三维复杂地质模型。

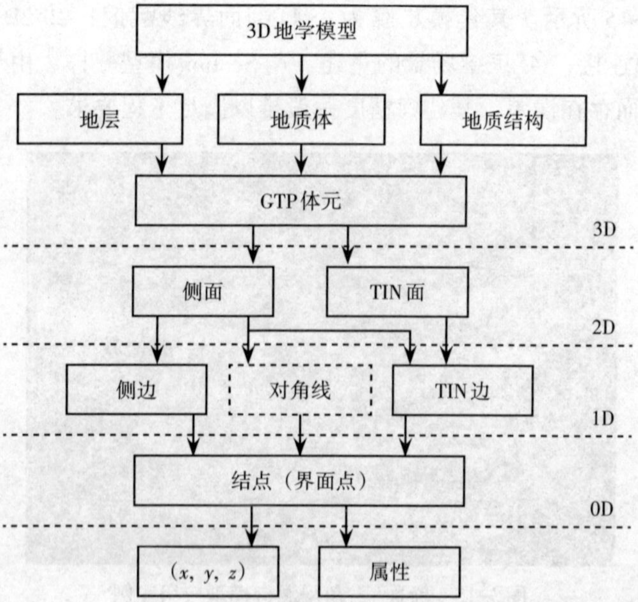

图3-14 基于GTP的三维地学构模过程

3.2.4 基于混合模型的三维地质建模

基于矢量的面元模型虽然精度较高，但不能解决矿（岩）体品位、岩性等内部非均匀的非几何属性描述问题；体元模型可以存储非几何属性，表面描述精度也较高；栅格数据能进行逐点处理和块操作，具有较强的空间分析和操作能力，但无法满足精度要求。混合三维模型的目的是综合利用两种以上的面元模型和/或体元模型来对同一地质空间实体进行三维建模，以便综合两种模型的优点，取长补短，更完整地描述矿体形状、更好地表达矿体的空间结构，如用两种面元模型、两种体元模型、一种面元模型加一种体元模型，或者利用面元模型来描述地质体的几何轮廓、用栅格模型来存储地质体的非几何属性，从而使得数据结构具有很强的灵活性和适应性。典型的有断面-三角网混合模型（Section+TIN）、线框-块体混合模型（Wire Frame+Block）和八叉树-四面体混合模型（Octree+TEN）。

（1）断面-三角网混合模型

断面-三角网（Section+TIN）混合模型的原理为：在2D的地质剖面上，主要信息是一系列表示不同地层界线的或有特殊意义的地质界线（如断层、矿体或侵入体的边界），每条界线赋予属性值，然后将相邻剖面上属性相同的界线用三角面片（TIN）连接，这样就构成了具有特定属性含义的三维曲面，如图3-15所示。其建模步骤为：① 剖面界线赋值；② 2D剖面编辑；③ 相邻剖面连接；④ 三维场景的重建。与Section模型一样，由于采用的是非原始数据而存在误差，其建模精度一般难以满足工程要求。

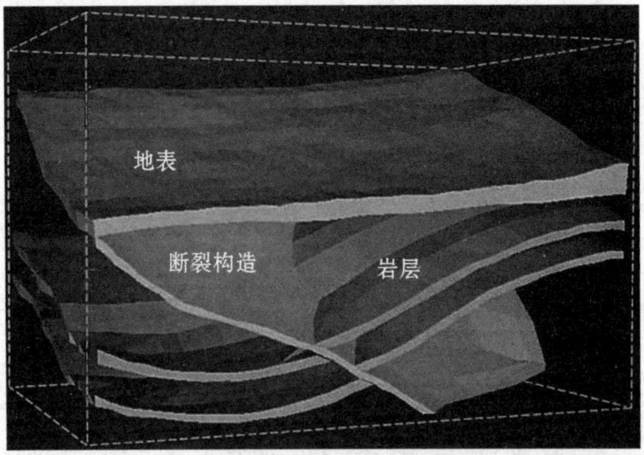

图3-15 断面-三角网混合模型应用实例

(2) 线框-块体混合模型

Wire Frame+Block混合模型进行三维地质空间建模的原理为：以Wire Frame模型来表达目标轮廓、地质或开挖边界，以Block模型（当该Block为规则化、正则化的立体单元时，就成为三维栅格，即Voxel）来填充其内部。为提高边界区域的模拟精度，可按某种规则对Block进行细分，如以Wire Frame的三角面与Block体的截割角度为准则来确定Block的细分次数（每次可沿一个方向或多个方向将尺寸减半）。该模型实用效率不高，即每一次开挖或地质边界的变化都需进一步分割块体，即修改一次模型。

(3) 八叉树-四面体混合模型

八叉树模型虽然具有结构简单、算法简单、操作方便等特点，并能够表示地质对象内部属性的空间变化，但随着空间分辨率的提高，八叉树模型的数据量将呈几何级数增加，且八叉树模型始终只是一个近似表示，原始采样数据一般也不保留；四面体模型则可以保存原始观测数据，具有精确表示目标和表示较为复杂的空间拓扑关系的能力，但其模型较八叉树复杂，不便于详细描述地质对象内部的属性变化。对于一些特殊领域，如地质、海洋、石油、大气等，单一的八叉树或四面体模型均很难满足需要，例如在描述具有断层的地质构造时，断层两边的地质属性往往是不同的，需要精确描述。因此，可以将两者结合起来，建立八叉树-四面体混合模型。

该模型以八叉树作整体描述，以四面体作局部细化描述。八叉树一般采用低分辨率，这样就可以大大减少八叉树的数据量，而对于需要精确描述的部分，如地质对象的边界，以单个八分体为单位，建立局部的四面体模型，图3-16所示是一个简单实例。

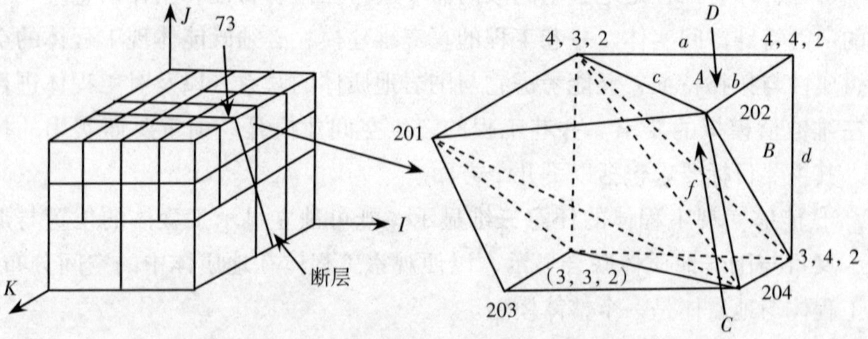

图3-16 八叉树-四叉树混合模型实例

3.3 井巷工程的三维建模

3.3.1 井巷工程特征与三维建模要求

井巷工程是指在地下进行各种采矿活动所形成的开挖实体，如立井、斜井、井底车场、巷道、硐室等。井巷工程与自然地质体一样都是三维的，在空间上都占有一定的位置与范围，具有一定的形态和属性，并与自然地质对象紧密联系。此外，井巷工程一般都是按照预先设计的要求在地质体中施工形成的，因而其空间特征、属性特征和空间关系特征等方面有独自的特点。

空间特征又称几何特征或定位特征，表示空间对象所处的空间位置与空间分布形态。井巷工程的几何形状一般比较规则，空间位置描述也比较精确。如巷道类似于一个柱体，其空间位置的数据获取和描述方法是先沿纵向测定剖面中心或底顶板的空间坐标，然后每隔一定距离测出柱体横断面特征点的坐标。而地质体的形态通常是不规则的，也难以详细、精确地描述其空间位置。

属性特征表示井巷工程的各种性质特征，如工程体的开掘方式、支护形式、用途，以及开挖前工程体内的地质体特性（岩性、含水性、力学强度）等。工程体的这种属性特征与其掘进的地质体属性密切相关。

空间关系特征表示空间实体之间存在的与空间特性有关的关系，如拓扑关系、度量关系、顺序关系、方向关系等。工程开挖体的空间关系主要是拓扑关系和度量关系，如工程开挖体之间及工程开挖体与围岩地质体之间的相邻、相离、包含关系等。

可见，井巷工程是地下空间域内需要进行几何、属性和拓扑信息统一表达的一类特殊空间实体。井巷工程的真三维建模，必须既能体现工程体的空间、属性与拓扑特征，又能考虑它与围岩地质体的联系，以及对工程体进行真三维数值模拟的要求。井巷工程的三维空间建模是一项重要而实用的技术，其主要目标要求包括以下几个方面。

① 能够实现工程体的任意三维显示，既可独立显示工程体的位置与形状，又可与围岩地质体联合显示，以便观察工程体在地质体中的空间分布，即工程体与地质体是一个整体模型。

② 能够进行工程体内部的虚拟漫游，观察工程体开挖揭露的地质体情况，即工程体模型与地质体模型真实切割。

③ 能够进行相关计算与分析，如工程体开挖量计算、工程开挖对周围地层环境的影响等，即工程体模型必须具有支持有限元数值模拟分析的能力。

④ 要求工程体模型与地质体模型具有拓扑一致性，能够进行拓扑查询，如工程体处于什么地层内，工程体沿上下前后左右前进一定距离会遇到什么地质体，掘进头距离透水岩体多远等。

3.3.2 井巷工程三维建模方法

由于井巷工程体形状一般比较规则，可以采用传统的CSG、Wire Frame模型，也可以引用管线几何模型，来进行井巷工程建模与可视化表达。

（1）CSG与Wire Frame模型方法

CSG用于井巷工程建模的缺点是开挖体的点、边、面等边界几何元素隐含在CSG体素中，不利于空间分析和显示。

Wire Frame可进行较精细、准确的地下巷道和硐室建模，如图3-17所示，但Wire Frame不能将井巷工程的几何模型与模型属性相关联，且不存储拓扑关系，不能进行相关结构分析、体积计算与剖面切割。根据地质剖面图对隧道三维建模及可视化时，也可对巷道内壁进行真实感纹理处理，如图3-18所示。但是，这种模型只能满足可视化要求，巷道内部表现的不是真实穿越的地层情况，不能进行巷道与围岩的相关分析。

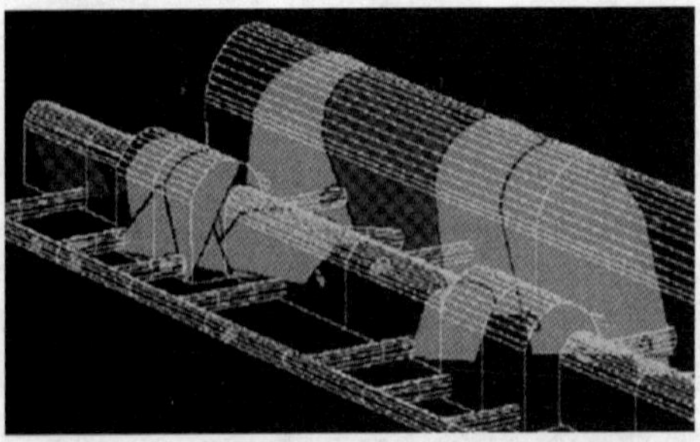

图3-17 井巷工程的Wire Frame模型

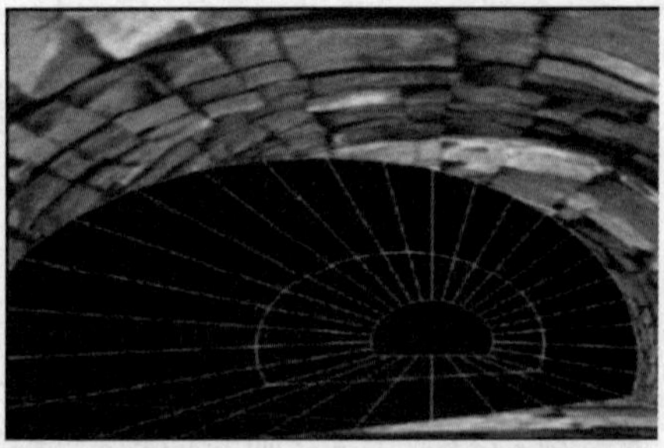

图3-18 井巷工程纹理渲染

（2）管线几何模型方法

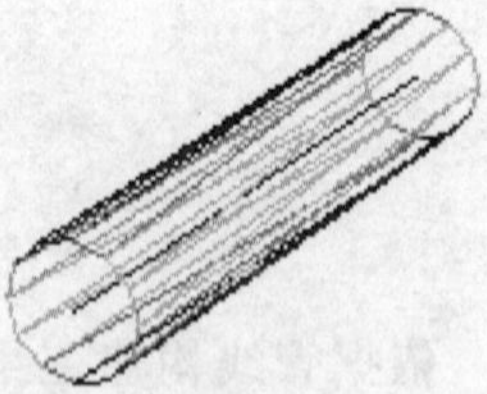

图3-19 管线体面三角剖分

管线几何模型采用管线断面与体面三角剖分拟合的方法重构管线及管件，如图3-19所示。设S为垂直于管线中心线的断面，T为体面剖分三角形，则管线的三维可视化模型可以由一系列断面和体面剖分三角形共同构成，表示为$\{S_i \bigcup T_j | i, j = 1, 2, \cdots\}$。管线有直管、弯管、变径管、三通、四通等多种类型。直管最简单，其中心线为一条空间线段，直管模型唯一地由起点断面与终点断面确定，中间没有变化，其建模过程可分解为局部坐标系计算、中心线的生成、管线断面数据计算、断面数据构建等过程。弯管的中心线为一条空间折线，可以内插为一条近似连续的曲线，如图3-20所示，弯管模型由起点断面、中间断面和终点断面共同构建，弯管线也可视为首尾相连的直管线集合，其建模步骤主要包括弯曲管线中心线插值计算、断面数据计算、弯管模型构建等。变径管线可以看作一种管径变化的直管，具有两个端口口径和多个变径点，如图3-21所示，变径管线三维模型构建主要包括变径点插值计算、断面数据计算和变径管线模型构建。三通、四通管建模的关键是交叉点建模，这也是管线建模的技术难点，要通过局部坐标系计算、交叉点处断面位置确定、交叉点断面处理、交叉点断面构

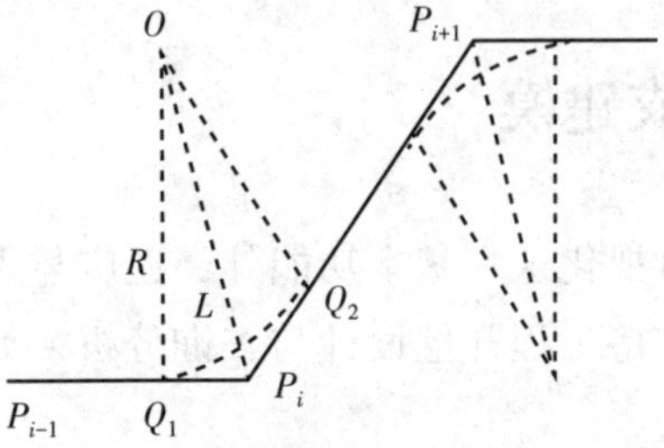

图3-20 弯管中心线内插拟合

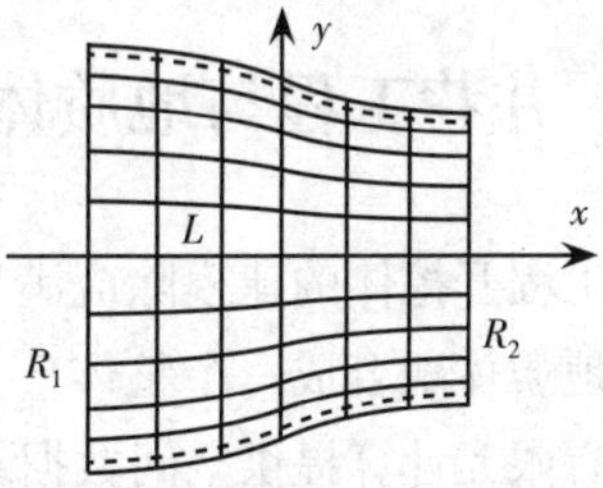

图3-21 变径管示意图

建等复杂过程来实现。

可将管线模型扩展应用到井巷工程建模，区别仅在于断面类型不同。管线的断面多为圆形，而巷道的断面多为拱形（如图3-22所示）。设拱形半径为R，起拱高度为H，拱形剖分拟合数为n，则断面拟合计算公式为：

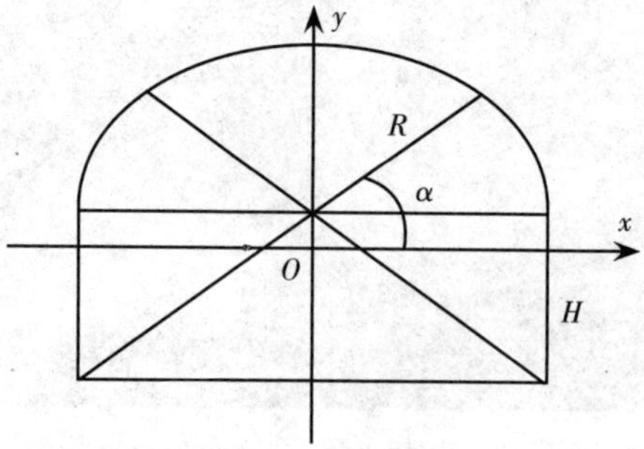

图3-22　巷道断面图

$$\begin{cases} x_i = R\cos(\alpha i) \\ y_i = R\sin(\alpha i) \quad \left(其中\alpha = \pi/n\right) \\ z = 0 \end{cases}$$

依据管线构建三维模型的算法及原理构建的各类巷道断面如图3-23所示。

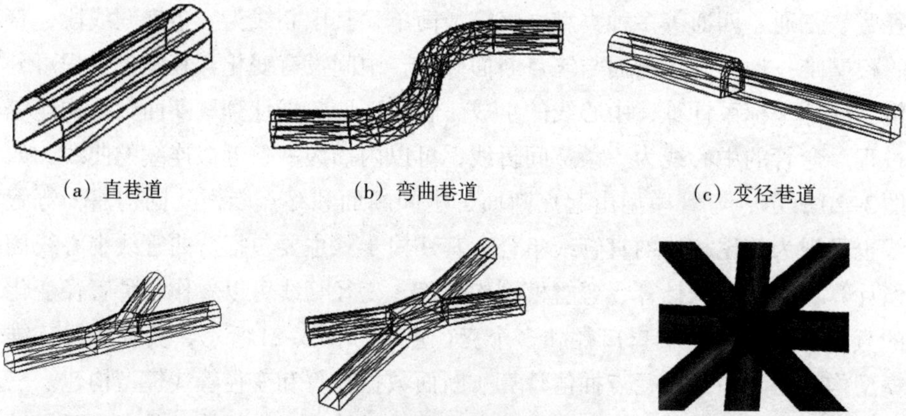

（a）直巷道　（b）弯曲巷道　（c）变径巷道

（d）三向交叉巷道　（e）四向交叉巷道　（f）八向交叉巷道透视效果

图3-23　基于管线模型的巷道模型图

3.4　井巷工程与地质体的集成建模

工程开挖体的建模除应满足自身可视化这一基本功能外，还应与周围岩层和地质体融合成一个整体，一方面支持工程开挖设计与查询分析，另一方面为有限元计算提供空间数据支持。

3.4.1 集成建模的一般方法

迄今为止，国内外学者研究提出了多种地质体与采掘工程的集成建模方法，包括以下几种。

（1）基于四面体的集成建模

首先采用3D Grid模型对地层进行建模，然后剖分成非结构化格网TEN。井孔和隧道则以六角形柱体段进行三维建模，以钻井、隧道等工程体的外围轮廓作为约束条件，将轮廓上关键约束点逐点插入到地层TEN中，进而按3D Delaunay法则局部细化成TEN，以保持地层和工程体的几何一致性，如图3-24所示。这种建模主要用于有限元模拟，如井孔和隧道周围气体和水流的有限元模拟。其建模过程是静态的，工程体并不与地层真实切割，并且也不存储拓扑关系，不能进行拓扑空间查询与分析。

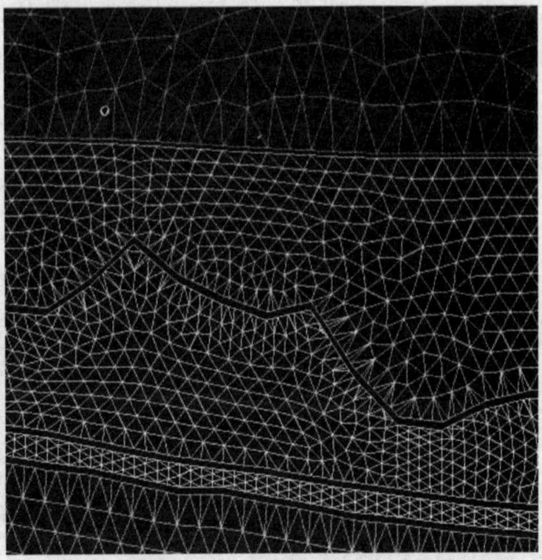

图3-24　基于TEN的地质体与采掘工程集成建模

（2）基于TP的集成建模

在地质体TP建模的基础上，以5个平面围成隧道周边，模拟在地层中进行开挖，并显示开挖后的隧道及其内部地层分布，如图3-25所示。这实际上只是隧道的简化表示，没有拓扑关系，只能满足简单可视化要求。

（3）基于不规则3D Grid的集成建模

采用不规则3D Grid（实质为Irregular Block）对开挖体和围岩进行集成建模，并将建模结果输出到有限元进行模拟分析，如图3-26所示。3D Grid模型虽然对有限元前处理有利，但数据存储量大，采样数据需要经空间内插，精度有损失，且实体之间不建立拓扑关系。

图3-25　基于TP的地质体与采掘工程集成建模

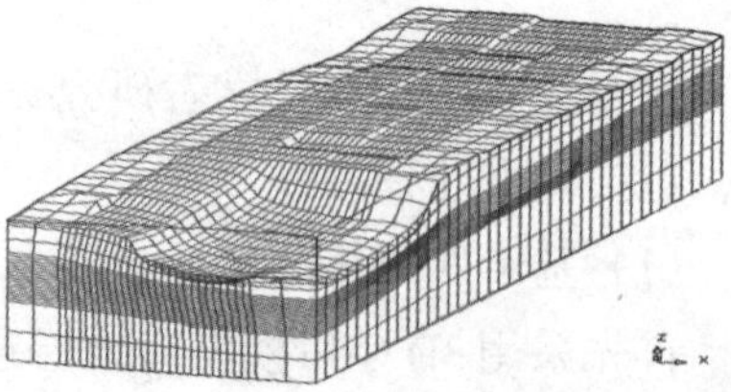

图3-26　基于3D Grid的地质体与采掘工程集成建模

（4）基于Solid的集成建模

首先，以剖面加中心线的方式完成隧道的几何建模，并采用交互式建模技术以Solid模型进行地层建模；然后，进行隧道模型与地层模型的体体求交运算，求出隧道穿越地层的位置及相应位置的岩性。这种建模方式开挖体与地层真实切割，可计算开挖量和进行有限元模拟，但开挖体与地层不存储拓扑关系，无法进行拓扑空间查询。或者，先基于钻孔和测井曲线用Solid模型对地层建模，然后用序列Section模型对隧道进行初始化并转化为不规则3D Grid模型，以便用于三维有限元分析，如图3-27所示。缺点是同样没有描述拓扑关系。

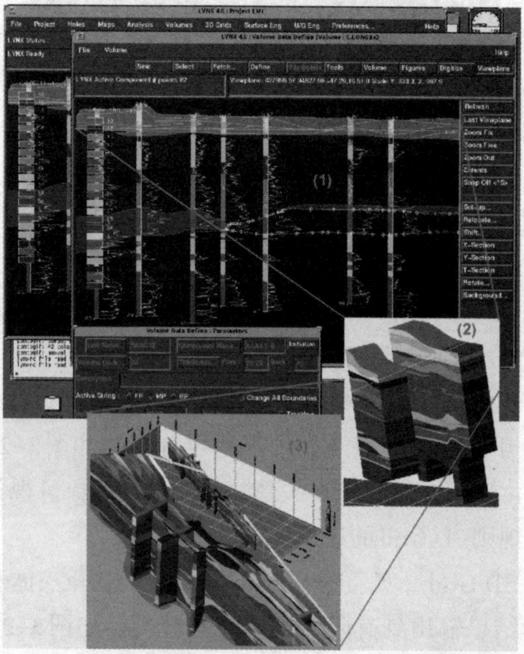

图3-27　基于Solid的地质体与采掘工程集成建模

（5）基于似直三棱柱（Analogical Right Tri-Prism，ARTP）的集成建模

将工程开挖体比拟成地层，认为巷道和地层是一个整体，建模时有机结合。将巷道底板看作一个曲面，除底板以外的其他各个面看作另一个曲面。因此，巷道就和地层相对应，由上、下两个曲面组成，如图3-28所示。然后选取巷道的形状控制点与钻孔点求并集，统一进行似直三棱柱剖分。该模型虽然能实现巷道建模与地层建模的静态耦合，相互之间可以进行拓扑查询，但难以进行巷道动态开挖模拟，离工程实用还有较大距离。

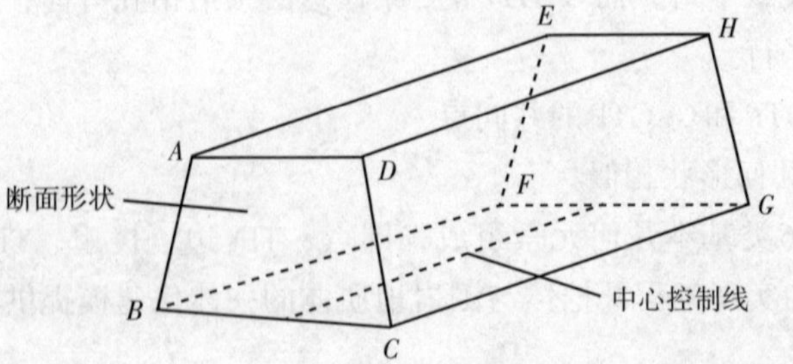

图3-28 基于ARTP的地质体与采掘工程集成建模原理

3.4.2 集成建模的GTP方法

工程开挖体的建模不仅要与周围岩层和地质体融合，产生整体可视化效果，而且应保持几何无缝和拓扑一致，即实现地质体与工程开挖体的几何无缝集成和拓扑一致性集成。针对地下工程开挖体的基本特征及其真三维几何无缝集成建模要求，在广义三棱柱（GTP）模型的基础上进行扩展，提出采用工程GTP（Engineering GTP，E-GTP）模型来构建地下工程开挖体的真三维模型。通过与其围岩地质体的GTP（Geological GTP，G-GTP）模型的耦合，实现了基于GTP的围岩地质体与工程开挖体的一体化真三维几何无缝集成空间建模。该模型将地下三维空间实体抽象为点、线、面、体4类几何对象，通过结点、TIN边、侧边、TIN面、侧面和GTP体元共6个构造元素进行统一表达。

3.4.2.1 E-GTP建模原理

地质体的G-GTP以真实偏斜钻孔所揭露的地质资料为数据源，沿钻孔方向作为棱边构建GTP；而E-GTP则是对GTP模型的一个拓展。

（1）E-GTP与G-GTP的区别

① 数据来源不同：E-GTP的数据主要来源于工程测量和设计，是一些

精确的约束性控制数据，数据分布比较规范；而G-GTP数据来源于真实钻孔，控制数据少且分布不规则。

② 建模精度不同：E-GTP表达的工程体比较精细，通常需要cm级的精度；而G-GTP则一般为dm级和m级。

③ 空间尺度不同：E-GTP 3条棱边距离很有限，一般不超过10m级；而G-GTP的3条棱边相距一般很远，有时可达km级以上。

④ 空间分布不同：E-GTP的3条棱边可以按工程体控制中心线的方向任意与地层相交或平行；而G-GTP的3条棱边必须沿钻孔方向，且只能与地层相交而不能平行。

（2）E-GTP和G-GTP的共同点

① 基本几何形状相似。

② 均由6类基本几何元素组成，即点、TIN边、棱边、TIN面、侧面和GTP体。这为实现工程开挖体与围岩地质体的一体化建模提供了理论与技术保障。

3.4.2.2 E-GTP建模方法

（1）横断面形状不变的开挖体建模

对横断面形状不变（尺寸可能改变）的工程开挖体，采用E-GTP建模方法比较简单。其过程如下。

① 根据测量和工程体建模需要，每隔一定距离选取一个特征横断面。

② 根据横断面的形状确定控制中心线点，并沿其周边选取若干形状约束点。

③ 将这些形状约束点两两相连形成工程体横断面的外围轮廓多边形。

④ 多边形顶点与控制中心线点相连形成横断面的三角形簇。

⑤ 将两个横断面的三角形簇的对应顶点相连，形成构成工程体的E-GTP簇。

以图3-29所示横断面为圆形的一段隧道为例：O_1、O_2分别为前后断面的圆心；R_1、R_2分别为前后断面圆形半径（两者可以不等）。在O_1所在断面圆周上等间距取n个形状控制点，两两相连后分别与O_1连接，则形成n个三角形面将断面剖分成n个三角形。由于前后断面形状相同，同样可将O_2点所在断面剖分成对应的n个三角形。两两连接对应三角形的对应顶点，即构成了一个E-GTP体。将两个断面上n个三角形顶点分别对应相连，则可得到n个这样的E-GTP体，其外侧平面相连则构成工程体近似表面，即工程开挖体与地质体切割的平面集合。

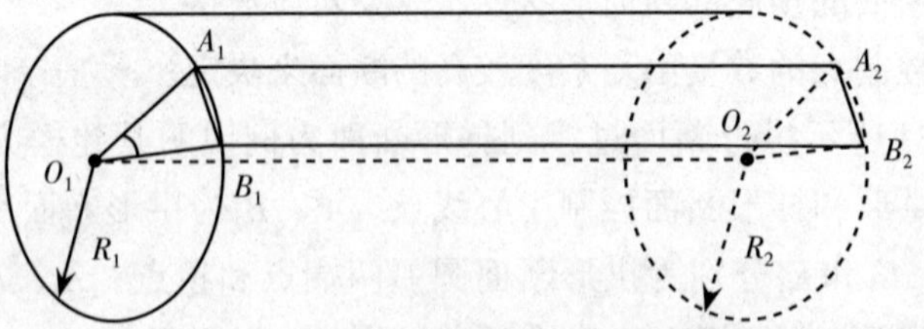

图3-29 圆形隧道的E-GTP建模原理

工程开挖体横断面的形状除圆形外，还有拱形、矩形和梯形等多种形状。断面走向控制线的测定在实际施工放样中有的沿断面形状中心，有的沿断面顶板、底板和两侧，甚至有的沿顶底板和两侧混合量测，即断面走向控制线点的位置并不确定。对此，首先要根据横断面形状重新确定一致的走向控制线，该线的选取既要有利于横断面三角剖分，又要有利于测量数据向其换算。图3-30（a）所示拱形断面，控制中心线点应选在顶面弧段所在圆的圆心，上半部圆弧断面的三角剖分与圆形断面相同，下半部断面则剖分成3个三角形；图3-30（b）所示矩形断面，控制中心线点选在其对角线交点，断面剖分成4个三角形；而图3-30（c）中梯形断面，控制中心线点选在中位线与上下边平分线的交点，断面也剖分为4个三角形。这种经过换算后选取一致性控制中心点的好处是：在可视化过程中，当显示比例尺缩小到一定程度，即可用控制中心线来代替隧道、井巷等走向分布较长的工程体，从而加快图形显示，有利于多细节层次（LOD）构模的实现。

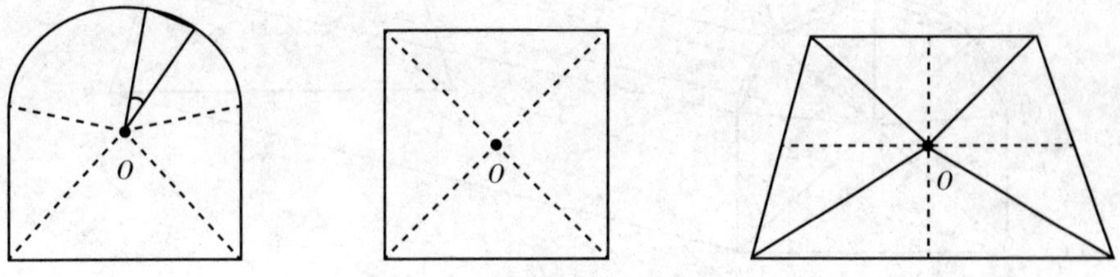

（a）拱形断面　（b）矩形断面　（c）梯形断面

图3-30 不种形状工程开挖体断面的三角化

（2）横断面形状变化的开挖体建模

实际工程开挖，横断面的形状可能因围岩地质条件约束或支护设计需要而改变，如由圆形断面过渡到拱形断面、拱形断面过渡到梯形断面等。此类开挖体建模的关键是段的分割及分段建模。原则如下。

① 要在断面形状发生显著改变处进行分段。

② 两相邻断面控制中心线要相互连接。

③ 相邻断面的顶底部断面形状控制点要对应连接。

④ 形状控制点的数量由复杂度较高的断面来决定。

以图3-31所示拱形断面过渡到梯形断面为例说明其建模方法。图中O_1和O_2分别为拱形和梯形断面控制中心线点，A_1、B_1为拱形断面底部两个形状控制点，C_1、G_1和E_1分别为拱形断面圆弧两端点和顶点；A_2、B_2、D_2、F_2为梯形断面4个顶点。根据上述建模原则，将O_1、O_2相连，A_1、B_1与A_2、B_2对应相连。对拱形断面C_1、D_1两点，由于在梯形断面没有对应连接点，而其所在断面复杂度高于梯形断面，因此以C_1、D_1两点距离底板的高度相应确定梯形断面的辅助控制点C_2、D_2，然后对应连接。如此，将A_1、B_1、C_1、D_1与O_1点相连，A_2、B_2、C_2、D_2与O_2点连接，则将该过渡段的拱形断面和梯形断面的下部分别剖分成3个三角形。对于拱形断面与梯形断面的上部，由于形状不匹配，拱形断面顶点E_1在梯形断面上没有对应的连接点，可根据控制点连接以高复杂度断面控制低复杂度断面的原则，由E_1点确定梯形断面顶端中心辅助控制点E_2。同时，为拟合拱形断面上部弧段形状，可在弧段上等间距增加两个辅助控制点D_1、F_1，分别与梯形断面D_2、F_2点相连。显然，下部3个E-GTP的剖分方式是固定的；上部4个E-GTP体的剖分虽然是不固定的（可根据精度需要选择剖分精度），但E_1与E_2两点的连接是不变的。

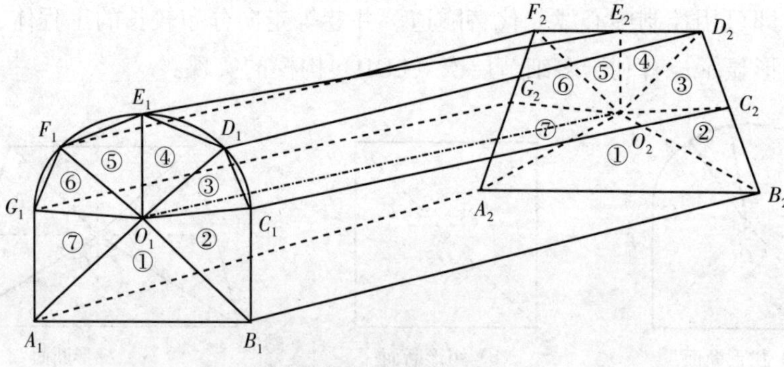

图3-31　一段断面形状变化的隧道E-GTP建模实例

此建模方式可扩展到其他断面过渡方式，如：拱形断面向矩形断面过渡时，矩形断面可看作梯形断面的特例；圆形断面向拱形断面过渡时，圆形与拱形的下部建模类似于拱形与梯形的上部建模。

（3）工程体转弯连接处建模

除直线段外，实际的非直线状工程体还存在如图3-32所示的转弯处的圆弧连接（如隧道、巷道转弯连接处等），图3-32（a）所示为两个圆弧段的反向连接，图3-32（b）所示为单个弧段连接。此类工程建模的关键是横断面的划分。可根据圆弧中心和连接处断面的特征，将内外圆弧平均分为n段，内外圆弧对应点连线即为工程体划分横断面所在位置，工程体各横断面延伸线交于圆弧中心，如图3-32（c）所示。此时，所剖分的E-GTP体的两个TIN面是不平行的。

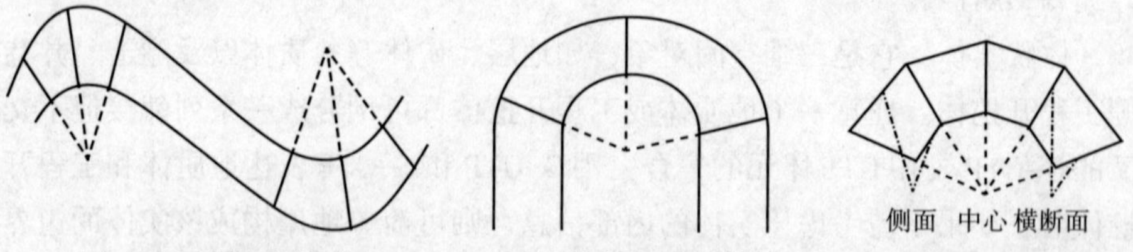

（a）反向两个圆弧段连接　（b）单个圆弧段连接　（c）圆弧段横断面划分

图3-32　工程开挖体转弯连接处断面分割

3.4.2.3　基于GTP集成数据模型

为有效表达三维地学空间对象及其拓扑关系，可采用面向对象思想，从几何学角度将地质三维空间对象抽象为点、线、面和体等4种表达地质体和工程开挖体基本实体，并通过构建G-GTP与E-GTP的6类构造元素，即点、TIN边、棱边、TIN面、侧面和G-GTP（E-GTP）体元来表达这4类实体。其一体化数据模型如图3-33所示。

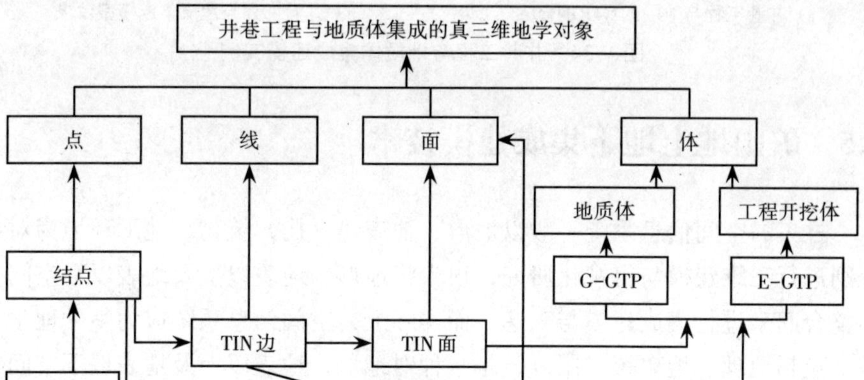

图3-33　面向对象的井巷工程与地质体集成数据模型

点状实体：它是零维（0D）空间对象，如钻孔点、断面形状控制点等。

点状实体对应结点元素，有相应的属性编码和属性表，具有空间位置信息，即（x，y，z）坐标。

线状实体：它是一维（1D）空间对象，如断裂线、钻孔迹线、轮廓线等，由G-GTP或E-GTP的一系列TIN边与棱边构成。

面状实体：它是二维空间对象，如层理、地层界面、不整合面、工程体横断面等，可用G-GTP或E-GTP的TIN面与侧面来表达，面状实体也有属性编码和属性表。

体状实体：它是三维空间对象，如地层、矿体等地质体以及隧道、井巷等工程开挖体。任意一个地质体或工程开挖体都可剖分成一系列邻接但不交叉的G-GTP或E-GTP体元的集合。用G-GTP和E-GTP表达地质体和工程开挖体时，如果不需考虑该实体的内部信息，则可简单地用构成该实体的边界来表达。体状实体作为一个整体带有属性描述信息，它所对应的G-GTP或E-GTP体也可有自身的属性描述信息。基于以上原理，即可实现基于GTP地质体和工程开挖体集成建模，如图3-34所示。

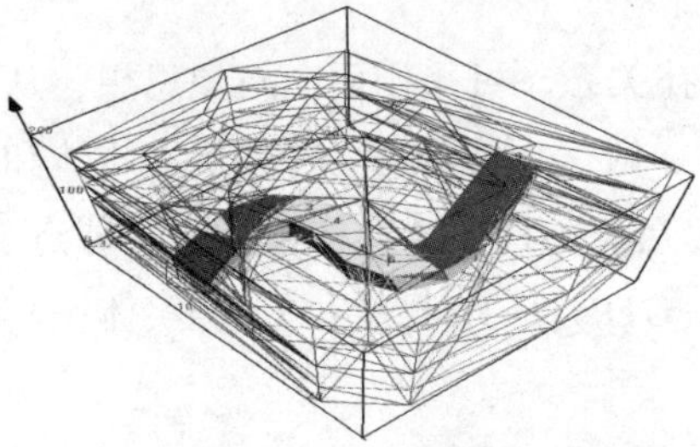

（a）井巷工程与地层的GTP耦合

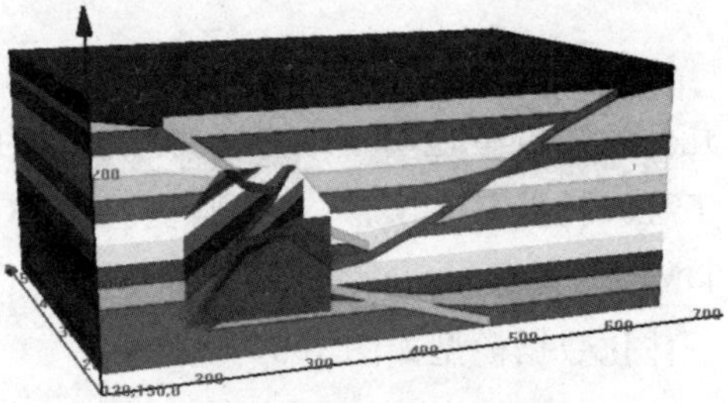

（b）井巷工程与地层集成模型效果

图3-34　井巷工程与地质体集成建模实例

3.5　矿山地上地下集成建模技术

过去的空间信息系统一般以地形、地表建（构）筑物、地下环境为对象分别进行三维建模与可视化研究，很少将地形、地表以上及地表以下空间实体整合起来进行集成建模与表达。而实际上，空间信息系统应为整个地学领域（包括地理、地矿等）服务，是一种对地形、地表以上及地表以下空间实体进行集成描述、建模、分析与管理的可视化信息系统。近年，人们对空间信息系统中空间实体的真3D建模与集成表达提出了越来越高的要求，如矿山GIS、真3D城市GIS、岩土工程GIS等。本节针对数字矿山集成建模的需求，介绍三维空间信息系统集成建模的一般方法与代表性进展。

3.5.1 集成建模需求与一般方法

地球系统包括岩石圈、水圈、生物圈、大气圈和电离层，它们之间在空间上有交叉和渗透。传统的GIS所涉及的范围主要在岩石圈和大气圈之间，即地球的表面，也就是传统地理学所研究的范畴。而自20世纪70年代以来，GIS在气象、地学等涉及全球变化或地下工程领域的应用不断扩展，GIS所涉及的范围已经向上进入大气层及地球的外层空间（包括电离层），向下进入地球内部（岩石圈层之内，地表以下0～10km）。以数字矿山为例，其空间对象包括上至大气环境，中至山川植被、道路建筑，下至矿坑边坡、井巷工程、煤岩地层等，如图3-35所示。

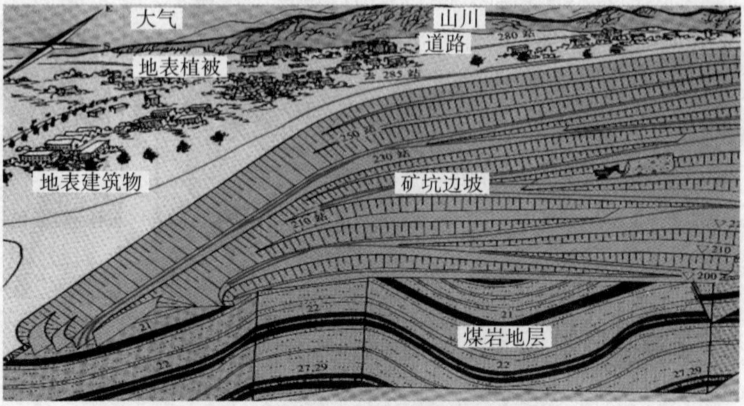

图3-35 典型矿山环境系统示意图

因此，三维空间实体可区分为地上实体、地球表面、地下实体，如表3-6所示。在三维空间建模过程中，需要对上述地学实体进行三维集成表达和整体数据管理。

表3-6 三维集成空间实体的分类

地上实体	基础设施	桥梁、通信线路、输电线塔等
	房屋建筑	工业广场、村庄民房、公寓楼房、会馆厂房、文物古塔等
	独立大树	古树、景观树等
地球表面	地形特征	山脉、丘壑等
	地貌特征	河流湖泊、各类道路、植被耕地等

表3-6（续）

地下实体	地质体	土层、基岩、矿体、断层、褶曲等
	地下自然空间	暗河、岩溶洞等
	地下人工空间	地下沟、地铁、防空洞、矿山井巷、隧道硐室、军事掩体等

前述章节介绍的各种单一的三维空间数据模型均不能对地球表面、地表以上及地表以下的三维空间对象进行完整、有效的统一描述与集成建模，难以满足矿山领域的三维建模、空间查询与可视化分析的需求。如Voxel、Needle、Octree等体元模型适于描述地下矿体内部品位的空间变化，却不能精确描述矿体的边界以及矿体与断层、围岩之间的空间关系，更不适于描述地球表面和地表以上的空间实体；Wire Frame、Series Section等面元模型虽然能较准确地描述地下地质体和地下空间的边界轮廓，却不能描述实体内部的属性变化；面向对象的体元拓扑数据模型虽然优点较多，但程序实现困难，且难以满足实体内部属性变量的空间分析需要。

目前，有些商用软件，借助计算机图形学和可视化技术，在一定程度上实现矿山地上地下的集成可视化效果（如图3-36所示），但并不是真正的几何无缝与拓扑一致性集成建模。

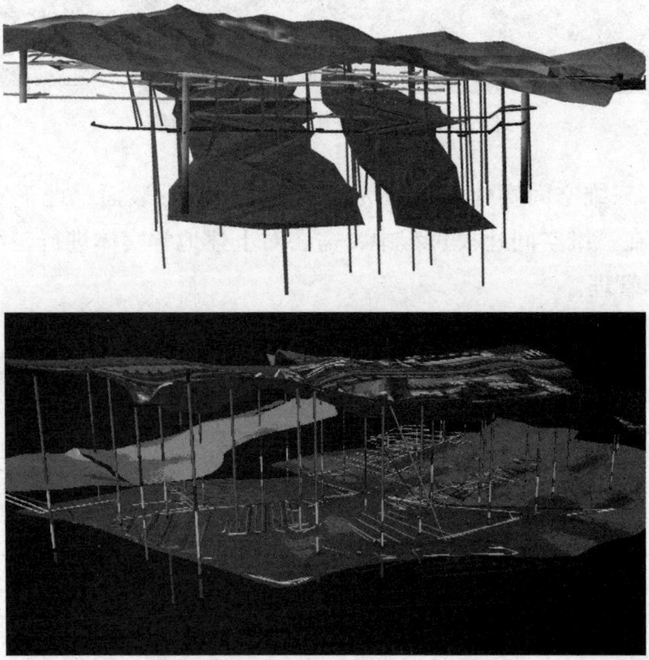

图3-36 地上地下集成可视化实例

在现有三维空间模型的基础上，选择若干模型进行合理、有效的集成，是解决问题的可行途径。三维空间数据模型集成过程中，模型不完备、数据裂缝、拓扑描述不完整是关键。因此，必须解决好两项关键技术，即模型集成的纽带和数据转换算法。

（1）模型集成的纽带

模型集成的目的是综合发挥单一模型的优势，协力解决单一模型不能解决的问题。由于各单一模型之间建模方式的不同、数据结构的差异，各模型之间联结的纽带是模型集成的核心。如果该纽带设计合理，则各单一模型就可以有机地、无缝地结合在一起，空间模型的完备性、数据结构的一致性和拓扑描述的完整性等方面都可以得到保障；否则，各模型之间将是几何分裂、空间离散的，所完成的三维空间对象的整体模型也将是几何有缝的，数据结构的一致性和拓扑描述的完整性得不到保证。

（2）数据转换算法

在集成数据模型中，为充分利用不同空间模型所表达的空间数据，常常需要将一种模型所利用和产生的空间数据直接提供给另一种模型进行空间建模使用，或者将一种模型所表达的数据作为另一种模型进行空间建模的约束条件。因此，需要针对被集成的各单一空间数据模型的建模与数据结构特点，设计一个或多个相应的数据转换算法，某些算法是可逆的，某些则可能不是。

3.5.2 基于TIN耦合的地上地下集成建模

由于GTP的TIN面是三角形，侧面空间四边形可通过辅助几何元素——Diagonal划分为两个三角形，进而将GTP分为3个四面体；而三角形又是OO3D模型的基本几何要素之一。可见，在几何层面上，GTP和OO3D模型均以三角形作为基本几何元素，这就为两者的无缝集成创造了条件，也为地形表面、地上实体和地下实体的三位一体集成建模提供了可能。

（1）地下建模分析

由于GTP建模是基于钻孔数据，即GTP的侧棱表达的就是一段钻孔迹线，GTP的上三角形和下三角形的顶点均为钻孔迹线上的点。GTP模型的基本构模元素有GTP、TIN面、TIN边、棱边和点，GTP模型的建模逻辑如图3-37所示。

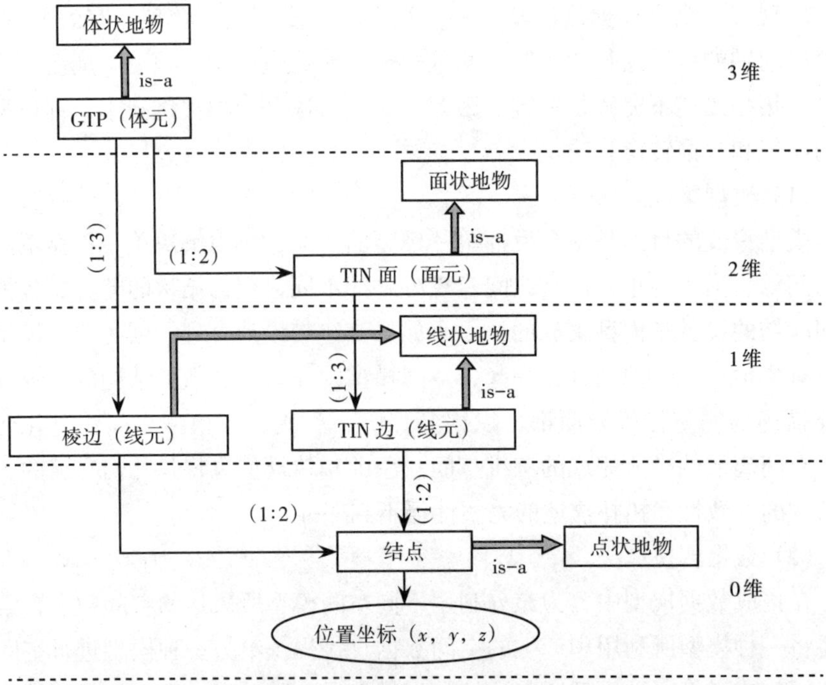

图3-37　GTP模型的建模逻辑

（2）地上地下集成建模原理

地下用GTP建模，地层的表面用TIN建模，地上实体用OO3D模型建模，而建（构）筑物可用三角形进行剖分，其底面坐落于DEM之上。因此，地上建（构）筑物、地表和地下地层就可以通过TIN有机地联系起来，即TIN成为地上建（构）筑物与地下地层联系的纽带，三角形这一面状构造元素即为该纽带的构造元素。

因此，基于TIN耦合，就可实现城市地上地下空间的无缝集成建模。图3-38所示为一幢地面建筑通过地表TIN与地下岩土层的集成及其基于三角形的空间分解。

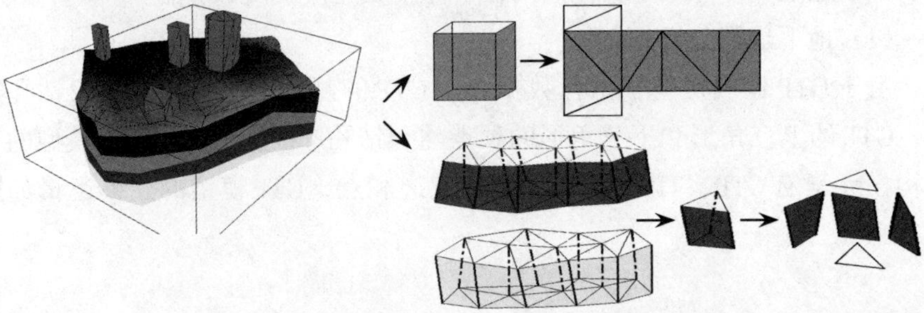

图3-38　地上地下空间层次关系描述与三角形分解

地上地下三维空间集成模型有7类构造元素，分别为点（Point）、线（Line）、三角形（Triangle）、侧面（Side Face）、法面（Normal Face）、GTP和简单体（Simple Body），如表3-7所示。其中，线又分为地上线（弧）、地下线（边）和地表线（边）3种类型；三角形又分为地上三角形、地下三角形和地表三角形3种类型，地表TIN是联系地上实体和地下实体的纽带，是其间拓扑关系描述的关键；法面是建造地上建筑物外表面的基本单元面，若干相互邻接的法面闭合形成简单体。

图3-39、3-40所示为基于TIN耦合的地上地下集成建模的实际效果图。

表3-7　地上地下集成建模的构造元素

	地上空间实体	地下空间实体	地表面
点	√（结点、中间点、插值点）	√（结点、插值点）	√（结点）
线	√（弧段）	√（TIN边、棱边、对角线）	√（三角形边）
三角形	√（TIN面）	√（TIN面）	√（TIN面）
侧面		√	
法面	√		
GTP		√	
简单体	√		

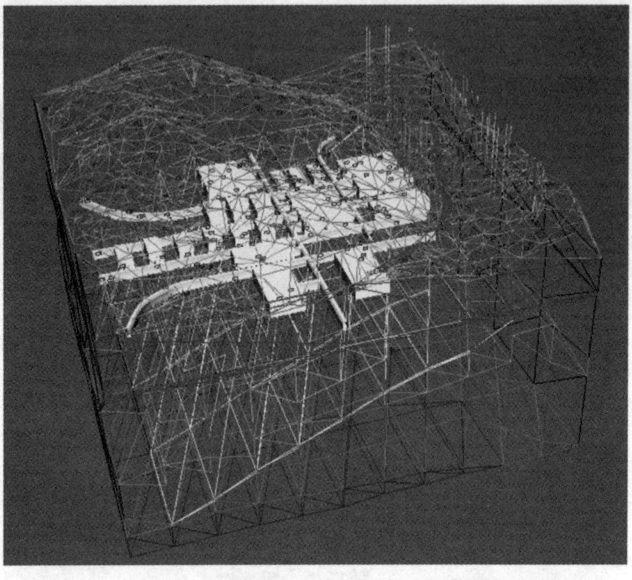

图3-39　大型地下工程地上地下集成建模的空间网络图

图3-40　北京CBD国际新城地上集成建模与可视化效果图

4 复杂巷道网络三维建模

4.1 背景

在巷道网络的三维建模方法研究中，对复杂巷道交叉口的无缝建模是一个难点。此外，为顾及井下轨道行车安全，在巷道交汇处、转向处往往需要将巷道设计为曲线线路，并通过抬高外轨道提供向心力，保障行车安全。因此，曲线巷道广泛分布于矿山巷道网络，其存在也为巷道交汇点的三维建模增加了困难。以图4-1为例，使用复杂巷道三维建模常用的断面离散法［见图4-1（b）］、中心线交汇法［见图4-1（c）］可以计算图4-1（a）中巷道交汇情况，但是难以处理图4-1（d）所示曲线巷道交汇处的三维建模［例如，由于存在三段及以上的巷道交叠情况，对图4-1（e）中根据中心线交汇法划分的巷道区域进行排序求交，过程复杂且易出错］。而图4-1（f）中对称建模法通过划分单侧巷道区域可以成功建模，但需要预先提供拓扑正确的巷道双侧边线数据。

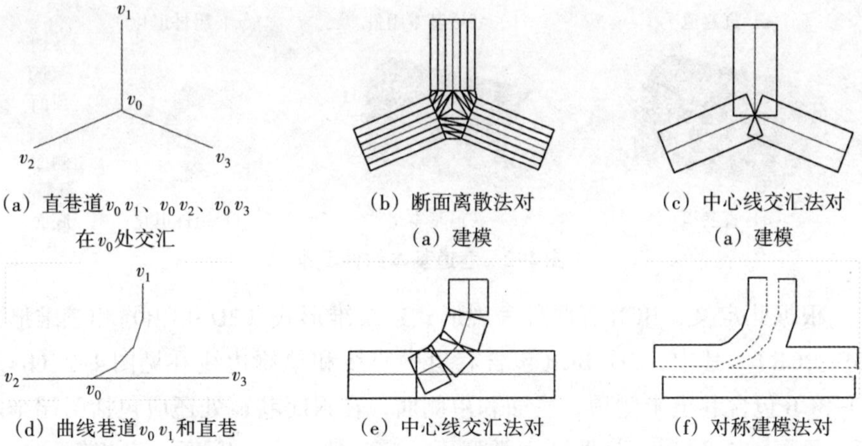

（a）直巷道v_0v_1、v_0v_2、v_0v_3在v_0处交汇　（b）断面离散法对（a）建模　（c）中心线交汇法对（a）建模

（d）曲线巷道v_0v_1和直巷道v_0v_2、v_0v_3在v_0处交汇　（e）中心线交汇法对（d）建模　（f）对称建模法对（d）建模

图4-1　现有的巷道三维建模方法建模示例

针对复杂巷道三维建模问题，提出了一种复杂巷道组件式三维建模方法（Basic Component Assembly Modeling Method，BCAM），简称组件式建模法或组件法，该方法可以基于巷道导线测量数据，通过计算巷道中心线、自动生成巷道双边线、巷道基本组件三维建模三个步骤，实现复杂巷道网络的三维自动建模。实际应用表明，该方法能自动、快速、高效地生成巷道三维模型，为煤矿井巷工程相关空间分析应用提供支持。

4.2 巷道基本组件

本节首先定义了巷道基本组件的概念，然后提出了基本组件的三维建模方法。在此基础上简要介绍了组件法构建复杂巷道三维模型的思路，即将复杂巷道网络三维建模问题转化为二维巷道基本组件划分问题。

4.2.1 巷道基本组件定义

通过分析图4-2（a）、（d）中一段矿井模型的几何和拓扑特征，抽象出了矿井模型的基本组件（Basic Component of Roadway，BCR）。BCR定义如下：① BCR为组成巷道模型的最小几何结构单元；② 每一段巷道都被通过巷道中心线的垂面分割为两个BCR。

图4-2 巷道基本组件示意

根据此定义，BCR有两种表现形式：二维形式（2D-BCR）和三维形式（3D-BCR）。其中，2D-BCR包含巷道中心线和单侧边线［见图4-2（b）］。3D-BCR包含巷道半侧顶、底面和单侧面，在封闭巷道处还应包括两端半断面［见图4-2（e）］。且两断面类型不一定一致，高、宽不一定相等，也不一定平行。通过拓展两端半断面并进行三角剖分后，可以将2D-BCR建模为3D-BCR。BCR具有退化能力，2D-BCR中的巷道边线可以退化为一个点［见图4-2（c）］，在3D-BCR中则表现为巷道侧面退化为线［见图4-2（f）］。BCR的退化能力是构建曲线交叉巷道三维模型的基础。

4.2.2 巷道基本组件三维建模方法

为实现BCR的三维建模，本节采用与中心线断面法等相近的思路，但不同于中心线断面法使用整个断面，从2D-BCR到3D-BCR的建模仅以中心线、单侧边线、两端半断面为基础。建模过程如图4-3所示。由于支持不同断面类型，BCR的三维建模方法可以解决变断面巷道建模的问题。

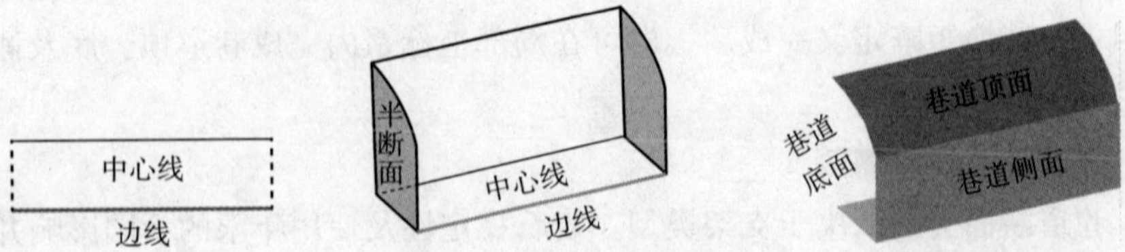

（a）2D-BCR （b）2D-BCR加两侧半断面 （c）3D-BCR

图4-3 巷道BCR的三维建模

（1）三维坐标转换

为便于计算，巷道基本组件每个面的三角剖分需在局部坐标系下进行，再将结果转换到全局坐标系完成建模。全局坐标系和局部坐标系均采用右手三维直角坐标系。全局坐标系是用于多个空间对象在场景中定位的统一参照系；局部坐标系是为方便构造单个对象而定义的坐标系，它独立于世界坐标系，其原点位置和坐标轴方向可根据用户需要自由定义。通过指定局部坐标系在全局坐标系中的位置和姿态，可以将空间对象纳入全局坐标系内［见图4-4（a）］。

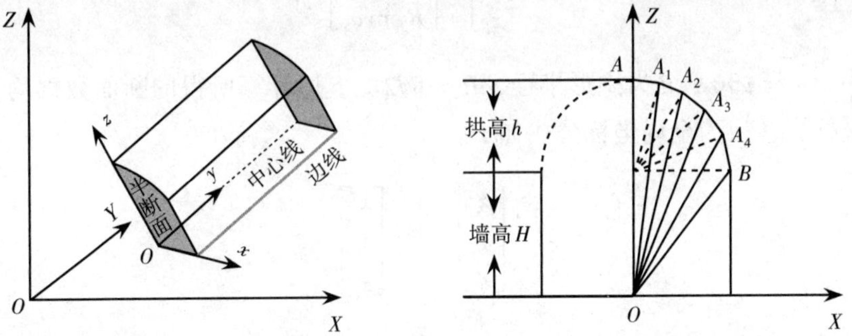

（a）局部坐标系与全局坐标系中的BCR （b）半圆拱形断面局部坐标系

图4-4 计算断面离散点

由局部坐标系到全局坐标系的空间变换实际上是一个图形组合变换，可通过坐标轴的平移量、旋转角度等计算局部坐标轴与全局坐标轴之间的变换参数。三维坐标系中坐标（x，y，z）到（X，Y，Z）的几何变换矩阵可用下式表示：

$$\boldsymbol{T}_{3D}=\begin{bmatrix}\boldsymbol{A} & \boldsymbol{P}\\ \boldsymbol{T} & \boldsymbol{S}\end{bmatrix}=\begin{bmatrix}a_{11} & a_{12} & a_{13} & p_x\\ a_{21} & a_{22} & a_{23} & p_y\\ a_{31} & a_{32} & a_{33} & p_z\\ t_x & t_y & t_z & s\end{bmatrix} \tag{4-1}$$

式中，$\boldsymbol{A}$矩阵表示旋转变换；$\boldsymbol{P}$代表平移变换；$\boldsymbol{T}$表示透视变换；$\boldsymbol{S}$为整体比例因子。变换矩阵定义完成后，即可在局部坐标系内完成巷道顶、底及侧面的三角剖分。

（2）巷道断面离散

巷道断面类型取决于支架类型。岩石稳定性及使用年限的不同影响井下支架类型的选取。梯形断面多采用木材支架，可短期使用或用于支护较稳固的岩壁；拱形断面一般采用混凝土支架，可长期使用或用于支护岩石不稳固的岩壁。本书对任意断面形状顶端都采用等分段的离散划分方式，以便于实现三角剖分。

以直壁圆拱形半断面为例［见图4-4（b）］，以巷道中心线上的点O作为局部坐标系原点，根据巷道断面的宽度W和高度H，对巷道拱形部分进行微分处理可以精确地模拟巷道断面。拱形部分划分为n段后，各个分段点坐标值$A_i\left(x_i,\ y_i\right)$计算公式如下：

$$\begin{bmatrix}x_i\\ y_i\\ z_i\end{bmatrix}=\begin{bmatrix}R\cos a_i\\ 0\\ R\sin a_i\end{bmatrix} \tag{4-2}$$

式中，$a_i = i\pi/n$；R为拱形半径，$R = W/2$。上述计算所得的断面数据均为局部坐标，转换为全局坐标公式如下：

$$\begin{bmatrix}X_i\\ Y_i\\ Z_i\end{bmatrix}=\boldsymbol{T}_{3D}\begin{bmatrix}x_i\\ y_i\\ z_i\end{bmatrix} \tag{4-3}$$

计算完$\boldsymbol{A}_1\sim\boldsymbol{A}_4$后，如巷道一端需要封闭，可将断面剖分为三角形，否则只需要将$\boldsymbol{A}_1\sim\boldsymbol{A}_4$记录用于巷道顶面三角剖分即可。

（3）巷道基本组件三角剖分

由于3D-BCR是一个顶面、底面、侧面相对规则的三维几何体，可通过对顶面、底面、侧面三个面分别进行三角剖分获得完整的3D-BCR。其中，顶面可以投影为梯形，通过连接两侧断面顶部离散点完成剖分；底面梯形可直接连接对角点将其剖分为两个三角形；侧面平行四边形也可以剖分为两个三角形。

图4-5展示了巷道基本组件三个分区的三角剖分结果。

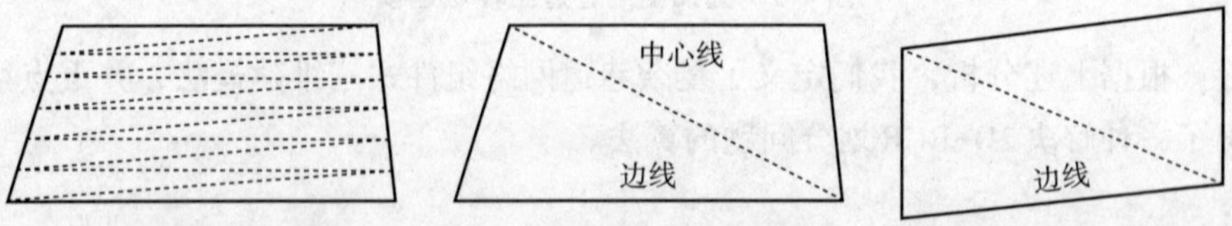

图4-5　巷道BCR顶面、底面、侧面（从左到右）三角剖分示意图

此外，对不同形式的断面离散后进行三角剖分，可以解决变断面巷道建模问题。如图4-6所示，对拱形半断面和梯形半断面采用相同的间隔点数目进行离散，可以在巷道基本组件中为巷道顶面构建三角剖分。

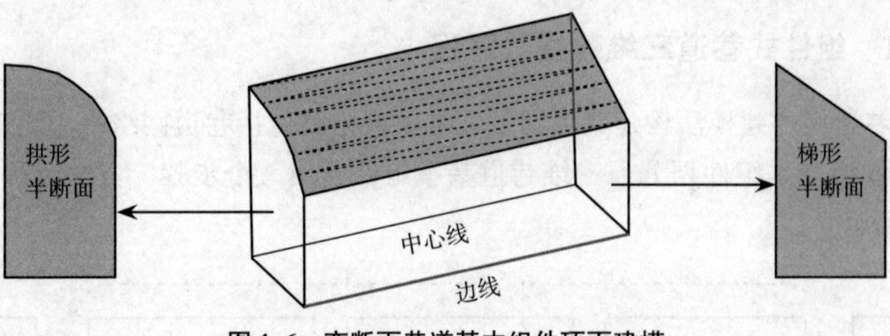

图4-6　变断面巷道基本组件顶面建模

4.2.3　复杂巷道网络三维建模思路

基于BCR及其三维建模方法的定义，可将三维复杂巷道网络建模问题转化为二维巷道基本组件划分问题（2D-BCR划分问题）。即复杂巷道网络的三维建模，可以通过组合巷道中心线和边线构建2D-BCR，然后对每个2D-BCR分别建模完成。例如，对图4-1（d）所示的曲线交汇巷道网络进行三维建模，整个二维巷道模型［见图4-7（a）］被划分为编号①～⑫的12个BCR分别建模［见图4-7（b）］。

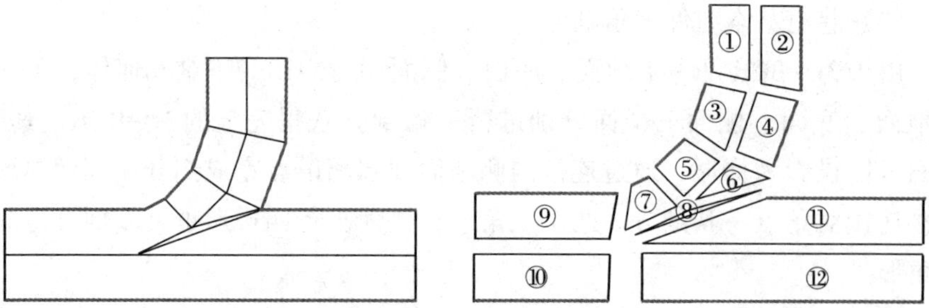

（a）组合巷道中心线和边线　　（b）建立巷道基本组件

图4-7　圆弧交汇巷道组件法建模

根据上述分析，我们定义了复杂巷道网络组件式三维建模法，并重点给出了一种解决2D-BCR划分问题的算法。

4.3　复杂巷道网络三维建模方法

本节针对复杂巷道网络的三维建模，基于BCR的定义及三维建模方法，提出了组件式三维建模法的基本流程，并在其中给出了BCR划分问题的解决方案。

4.3.1　组件式巷道三维建模法流程

巷道组件建模法构建巷道网络三维模型主要包括巷道网络中心线建模、二维巷道基本组件划分、三维巷道基本组件建模三个步骤。方法流程如图4-8所示。

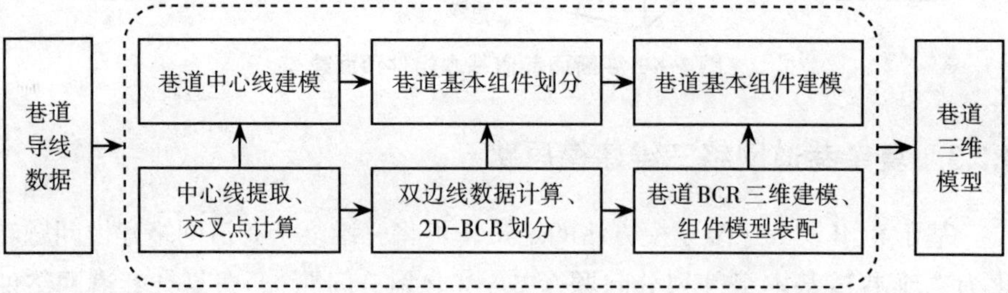

图4-8　复杂巷道网络三维组件式建模法流程图

具体步骤如下。

① 巷道中心线建模。巷道中心线数据可以从测绘资料中由导线生成，也可以从二维测绘、设计图纸资料提取。此过程需要交叉点数据的检测与计算、弯道数据的离散拟合与中心线拓扑关系建立等辅助工作。最后生成的是

具有拓扑关系的巷道中心线网络，网络上的每一条线段即代表一段巷道，该网络为巷道建模、最短路径搜索等功能的实现奠定基础。

② 巷道基本组件划分。为解决该问题，本节基于对建立的中心线网络的分析和深度优先遍历，提出了一种复杂巷道网络边线生成算法。通过该算法建立二维巷道双边线模型，然后将生成的边线数据分配到其对应的中心线，可将整个巷道划分为2D-BCR的集合。

③ 巷道基本组件建模。对每个生成的巷道2D-BCR，根据其巷道中心线、双边线以及两端半断面数据（包括每一断面的形状、拱高、墙高等）建立3D-BCR。组合后的建模结果即巷道网络三维模型。

上述三个建模步骤中，步骤①中的巷道中心线建模可以通过导线资料直接计算。步骤③中BCR的三维建模方法已经在4.2.2小节给出。因此，下面重点讨论并给出步骤②中的边线生成算法及2D-BCR划分方法。

4.3.2 二维巷道基本组件划分方法

巷道双边线是划分2D-BCR、建模三维巷道网络的基础。在组件法中，2D-BCR表达为一组相互对应的中心线段和边线段，且边线段可退化为单点。因此，2D-BCR划分问题可转化为“计算每一段巷道中心线两侧边线段并建立中心线与边线的对应关系”的问题。

为解决该问题，在已有巷道中心线网络的前提下，首先在巷道两侧按照巷道宽度偏移获得两侧边线段，然后为两侧边线重建正确的拓扑，即可完成双边线的建模。如图4-9所示，存在巷道中心线$\{cl_i,\ i=1,2,\cdots,n\}$［见图4-9（a)］，可根据巷道宽度$W$，按照$cl_i$的垂线方向将$cl_i$偏移获得线段$sl_{i1}$和$sl_{i2}$［见图4-9（b)］。获得所有边线段$\{sl_{i1},\ sl_{i2},\ i=1,2,\cdots,n\}$后，将这些边线段拼接成图4-9（c）中的双边线，并为每一段中心线分配对应的双侧边线。完成后，整个巷道可被划分为图4-9（d）中的区域$\{a_{i1},\ a_{i2},\ i=1,2,\cdots,n\}$，每一段中心线两侧的区域$a_{i1}$、$a_{i2}$分别对应一个巷道基本组件，可单独进行巷道基本组件的三维建模。

这个过程中的关键问题是如何自动从巷道中心线获得对应的双侧边线，完成从图4-9（b）到图4-9（c）的建模，即解决巷道双边线自动生成的问题，是巷道组件式三维建模法的基础。

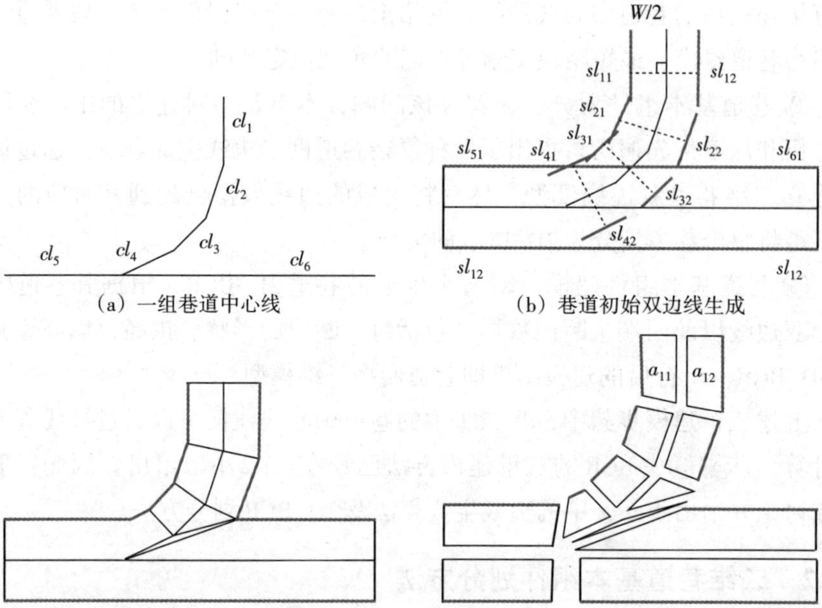

（a）一组巷道中心线　（b）巷道初始双边线生成

（c）巷道建模BCRs区域划分　（d）巷道BCRs

图4-9　巷道双边线建模问题

现有的研究中，巷道双边线数据大多由人工绘制。为自动生成巷道双边线模型，文献中运用中心线偏移求交的方式获取边线，提出由中心线提取获得所有闭环后，偏移生成双侧边线的“闭环法”等。但是由于井下巷道之间并不是理想化的线段相接，真实巷道中存在曲线巷道交汇等复杂情况，通过上述方法提取中心线闭环后，在交汇巷道尤其是曲线巷道交汇处会出现计算错误，导致巷道三维建模结果出现表面冲突或非闭合现象。

为解决上述问题，引入计算机图论中的双向图来构建巷道中心线网络，提出了一种基于深度优先遍历的巷道双边线生成方法。该方法通过对巷道中心线节点网络进行深度优先遍历，并在此过程中计算边线的连接和拓扑，从而计算获得二维巷道双边线图。该方法能实现曲线巷道、交汇巷道等各种复杂情况下的巷道双边线的建立，并通过组合中心线与边线解决BCR划分问题。

4.3.2.1　建立巷道中心线双向图

双向图（Bidirectional Graph）是一种有向图，将无向图中边$\{x, y\}$替换为一对边$\{(x, y), (y, x)\}$后，即可从该无向图获得双向图。本小节首先基于计算机图论对井下复杂巷道中心线及节点进行建模，将其转换成一个双向的网络连接图（巷道中心线双向图），为巷道双边线建模奠定基础。

（1）巷道中心线双向图定义

在建立巷道中心线双向图时，巷道中心线可抽象成网络图的边，巷道中心线的端点和节点则可作为图中的结点。则巷道中心线双向图可表述为：

$$\left.\begin{aligned} &G=\big(V(G),\ E(G)\big)\\ &V(G)=\{v_i,\ 1\leqslant i\leqslant n\}\\ &E(G)=\Big\{e_{ij}\big(v_i,\ v_j\big),\ e_{ji}\big(v_j,\ v_i\big)\Big|\,v_i,\ v_j\in E\big(i,\ j\big)\Big\}\end{aligned}\right\}\tag{4-4}$$

式中，G表示巷道中心线双向图；$V(G)$为双向图中非空结点v的集合；n为结点数目，即巷道中心线节（端）点个数；$E(G)$为双向图中边的集合，其中e_{ij}表示连通结点v_i与结点v_j的巷道中心线。

以巷道中心线双向图（见图4-10）为例。结点定义为巷道中心线的节点或端点。如图4-10所示，$v_1\sim v_5$即为巷道中心线结点。边定义为从i结点开始，到j结点终止的巷道中心线。从v_1到v_2的边为e_{12}，从v_2到v_1的边则为e_{21}。

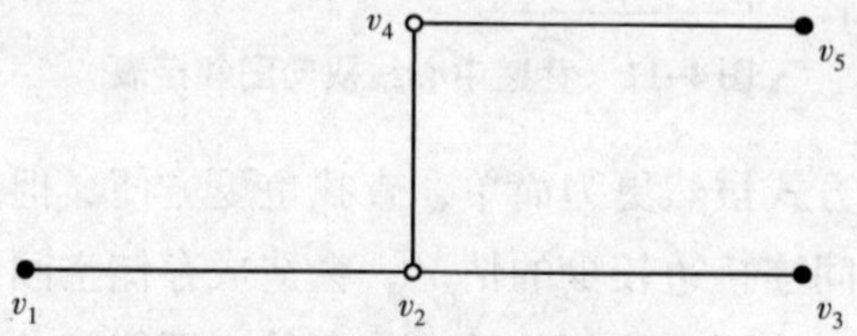

图4-10　巷道中心线双向图

（2）双向图的邻接关系表达

为存储、查询巷道中心线双向网络图中结点、边之间的关系，计算机图论中可采用邻接矩阵或者邻接表的方式表达邻接关系。

① 邻接矩阵。

为存储双向图$G(V,\ E)$中n个结点之间的邻接关系，需要构建$n\times n$阶方阵$\boldsymbol{A}$作为邻接矩阵，矩阵中元素定义如下：

$$\boldsymbol{A}\big(i,\ j\big)=\begin{cases}1,\ \big\langle v_i,\ v_j\big\rangle\in E\\ 0,\ \big\langle v_i,\ v_j\big\rangle\notin E\end{cases}\tag{4-5}$$

使用邻接矩阵表示图4-10所示的巷道中心线双向图结果如下：

$$
\boldsymbol{A}=\begin{bmatrix}0&1&0&0&0\\1&0&1&1&0\\0&1&0&0&0\\0&1&0&0&1\\0&0&0&1&0\end{bmatrix} \tag{4-6}
$$

② 邻接表。

通过结合顺序存储结构与链式存储结构，邻接表也可用来表达双向图的拓扑邻接信息。使用顺序结构存储双向图中的结点信息，再对每一个结点建立一个单链表，存储与该结点邻接的结点。使用邻接表表示图4-11所示的巷道中心线双向图，结果如图4-11所示。

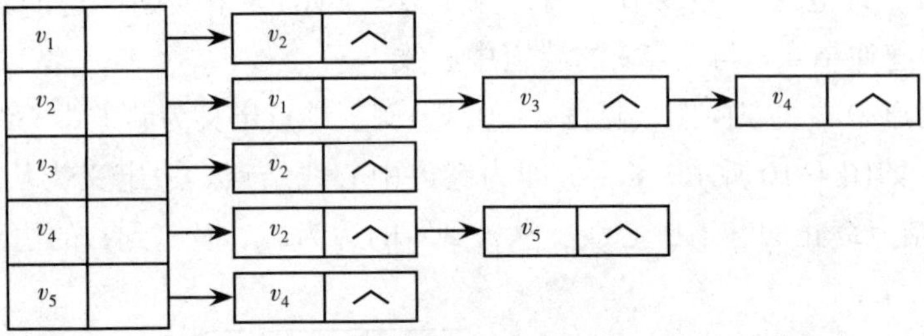

图4-11　巷道中心线双向图邻接表

邻接矩阵表达方式虽然更为简单，查找也更方便，但是对于巷道这种结点较多，但结点之间连接边较少的情况，会造成存储空间的浪费。且在遍历过程中使用邻接表，除可查找邻接结点信息外，还能将巷道双边线有向边的信息存储到链表中便于访问。增加有向边信息后的邻接表如图4-12所示。

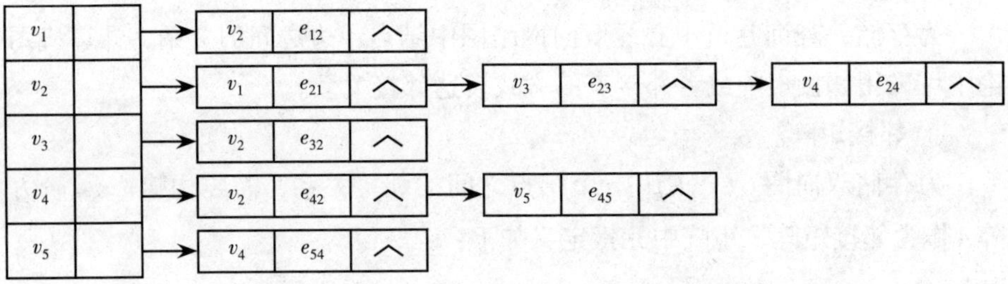

图4-12　存储有向边的巷道中心线双向图邻接表

4.3.2.2　基于深度优先遍历的巷道双边线生成

基于使用4.3.2.1节介绍的计算机图论知识，巷道中心线网络被建模为双向图（图4-13）。本小节即介绍该双向图的深度优先遍历及双边线生成方法。

将复杂巷道网络生成的双边线与原始中心线段一一组合后，获得的BCR的集合可被用于组建巷道网络三维模型。

（1）双向图的深度优先遍历

对于给定的包含n条巷道中心线的双向图，从任意叶结点出发，按照深度优先原则遍历整个图。双向图$G(V, E)$的深度优先遍历过程可以描述为从图G的某个顶点v_0出发，依次访问与该点相邻且未从该点访问的顶点v_k。直至所有顶点和有向边都被访问。图4–13（a）所示巷道中心线双向图中，深度优先遍历所有结点和有向边的具体流程如下所示。

第一步：选择起始结点。起始结点应优先选择网络末端结点（v_1），在完全闭环的情况下可选择与未被访问有向边连接的任意结点作为起始点。

第二步：访问下一结点。在每个结点处，始终访问未被访问的有向边（如v_1处访问e_{12}）及指向的下一结点。在多边交汇处，始终按照右手原则选择下一结点。访问回到v_1时终止［见图4–13（b）］。

第三步：闭环处理。检查是否已访问所有边。如存在未被访问的有向边，则判定存在闭环。反复执行第一到第三步，直至所有的有向边都被访问。图4–13（c）中，由于存在闭环，通过两条路径才完成访问全部有向边。

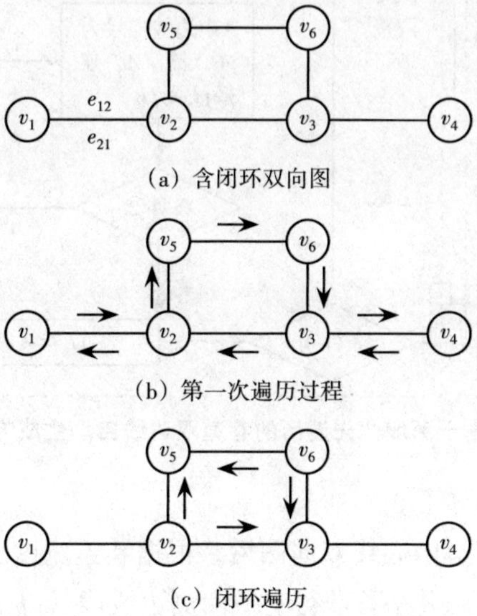

图4–13　含闭环双向图深度优先遍历

（2）巷道双边线计算及巷道基本组件划分

为了定义巷道双边线计算方法，首先定义部分遍历过程中涉及的名词。

度：表示结点处巷道的连通关系。度的大小代表连接的巷道段数目。如

图4-13（a）中结点v_1的度为1，结点v_2的度为3。

叶结点：度为1的结点称为叶结点，标志巷道在此处终止。如图4-13（a）中v_1、v_4为叶结点。

过渡结点：度为2的结点称为过渡结点。如图4-13（a）中v_5、v_6为过渡结点。

根据上述定义和描述，给出基于深度优先遍历中心线双向图计算巷道双边线的方法流程图（见图4-14）。对于给定的包含n条巷道中心线的拓扑图，该方法从任意叶结点出发，按照深度优先原则遍历整图。在此过程中，将$2n$条从巷道中心线偏移生成的、独立的边线段按照规则分组，并拼接形成巷道双边线多段线集合$PL=\{pl_i, i=1, 2, \cdots, m\}$，得到拓扑正确的巷道双边线模型。

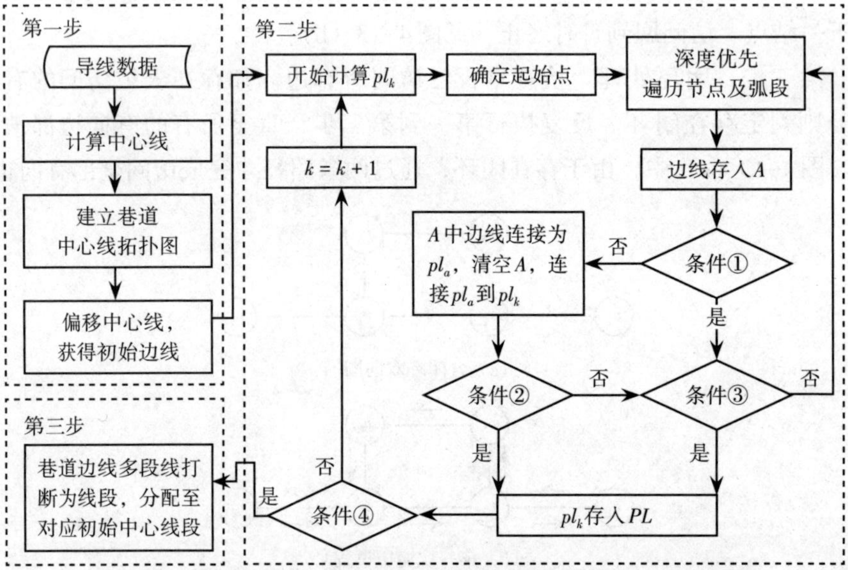

图4-14　基于深度优先遍历的巷道双边线自动生成方法流程图

该方法具体步骤如下。

第一步：获得巷道中心线双向图后，根据巷道宽度，将所有的中心线段沿垂线方向向两侧复制并平移获得巷道两侧边线段（以下简称初始边线）。

第二步：执行深度优先遍历依次访问所有结点和有向边。在遍历结点及有向边时依次采用四个判别条件并分别执行计算。

条件①：当前遍历点为过渡结点。是则进入条件③；否则连接栈A所有边线（第一次连接）获得边线多段线pl_a并清空A，然后将pl_a连接入pl_k，并进入条件②判别。

条件②：当前遍历点为叶结点。是则存储pl_k到PL，并确定起始结点为当前叶结点，开始计算新的pl_{k+1}；否则进入条件③。

条件③：当前遍历点为起始点。是则存储pl_k到PL，并进入条件④判别；否则遍历下一结点。

条件④：未遍历有向边为空，是则进入第三步；否则重新进入第二步。

第三步：将得到的$PL\{pl_i, i=1, 2, \cdots, m\}$内的所有边线多段线$pl_i$打散，并分配给初始对应的巷道中心线。完成巷道双边线及基本组件建模。

如图4–15所示，由巷道中心线偏移获得初始边线［见图4–15（a）］。以v_1为起点，访问v_2［见图4–15（b）］，由于该结点是非过渡结点，因此将pl_a存储为pl_1。然后经过v_4、v_5，由于v_5是非过渡结点，因此连接两条边线获取新的pl_a［见图4–15（c）］，且由于v_5是叶结点，拼接pl_1和pl_a获得新的pl_1后，存储入集合PL［见图4–15（d）］。最终，通过该算法获得的边线多段线集合PL中包含3条边线多段线［见图4–15（e）］，将其从结点处拆分后获得每一段中心线对应的双侧边线［图4–15（f）］。

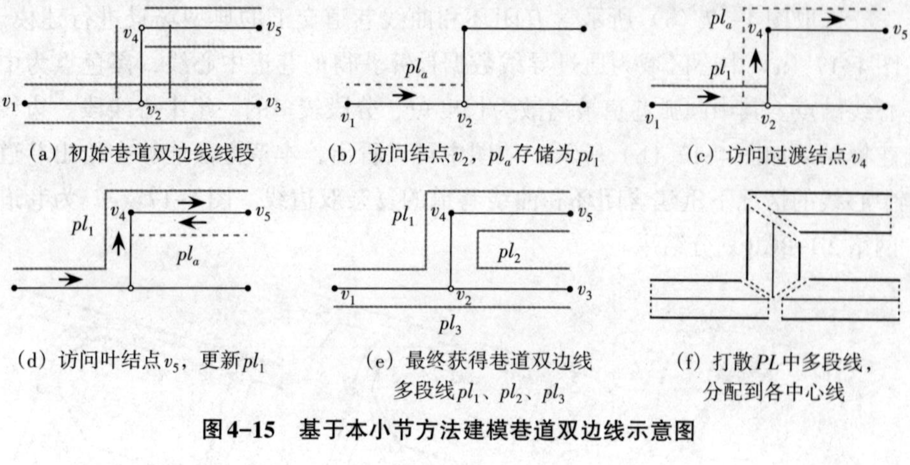

图4–15 基于本小节方法建模巷道双边线示意图

连接巷道边线的算法中存在三种情况：直接修剪（Case 1）、延伸求交（Case 2）和舍弃边线（Case 3）。其中，Case 1［如图4–9（b）中sl_{11}，sl_{21}］和Case 2［如图4–9（b）中sl_{12}，sl_{22}］出现频率较高，且比较容易判断。对Case 3［如图4–9（b）中sl_{32}，sl_{42}］的判断需要按照以下算法：首先，对按遍历顺序排列的两段边线段延伸求交；然后判断线段延伸至交点方向与有向边方向的关系，若延伸方向与有向边方向相反，则舍弃巷道线，否则保留并修剪线段。

如图4-16所示，sl_{32}和sl_{61}交点v在sl_{32}遍历方向相反的延伸线段上，因此舍弃sl_{32}，而sl_{61}则因交点v在sl_{61}线段内部得以保留。

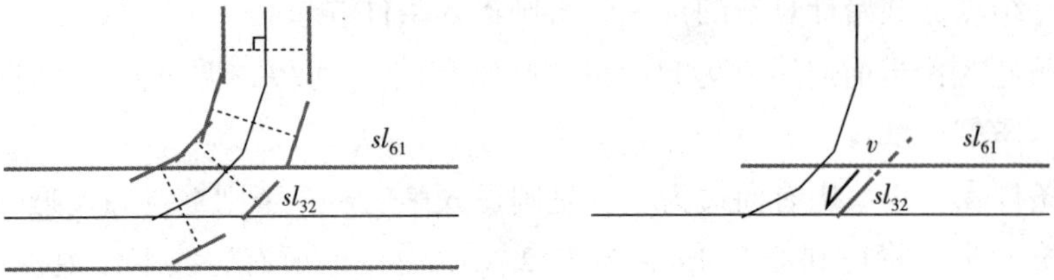

(a) (b)

图4-16　巷道边线连接算法Case 3示意图

4.3.2.3　建模效果与时间效率分析

通过VC++编程实现该算法后，本小节设计了两个实验验证本节算法的有效性和时间效率。实验运行在便携式笔记本上，硬件环境为Intel(R)Core(TM)i5-8250U CPU @ 1.60GHz，内存8.0GB，软件环境为Windows 10（x64）家庭版。

（1）实验一：建模方法正确性检验

选取图4-17（a）所示含有闭环和曲线巷道交汇的典型场景进行建模。图4-17（a）中心区域为通过导线数据计算获得的巷道中心线，黑色点为中心线结点。其中圆弧巷道被离散为长度短、分段较多的一组中心线段。边线建模结果如图4-17（b）所示。从图中可以看出，本章方法能够在给出巷道中心线的情况下重建含闭环和曲线巷道的复杂双边线。图4-17（c）为巷道网络2D-BCR划分结果。

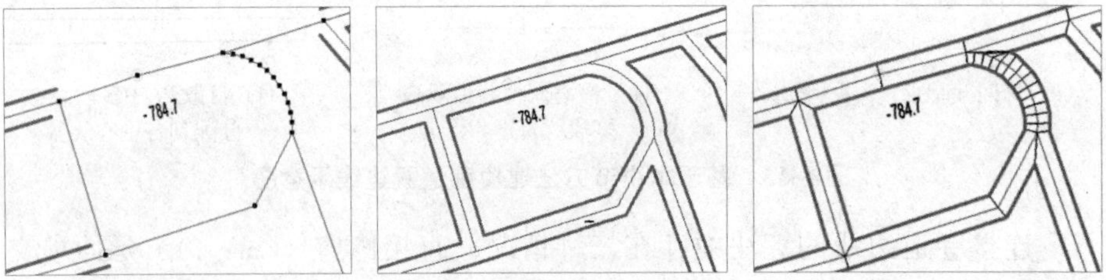

（a）待建模部分的中心线　（b）基于深度优先遍历计算巷道双边线　（c）巷道BCRs划分结果

图4-17　含曲线巷道、巷道交汇、环路的复杂巷道双边线建模及建模单元划分

（2）实验二：建模方法时间效率分析

实验二选取更大范围的场景，以获取本节算法生成巷道双边线的时间效率。钱家营煤矿位于唐山市，井田范围88平方千米。本小节以5、7、8、9、

12-1煤巷及岩巷井下导线测量数据作为数据源，测试本章算法在大数据量下构建巷道双边线的时间效率。对各巷道网络建立的中心线双向图的信息统计如图4-18所示。

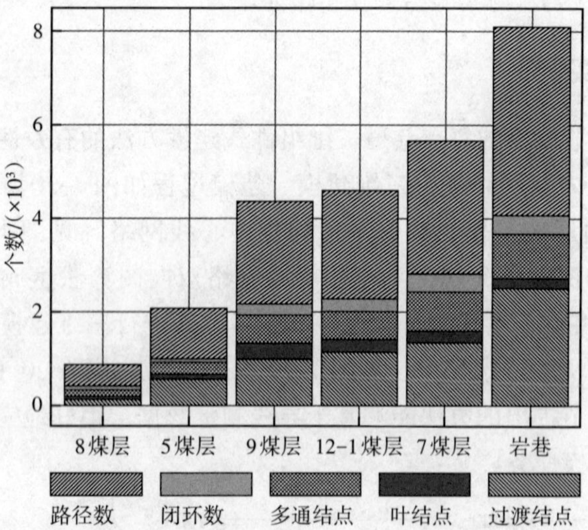

图4-18　钱家营煤矿巷道中心线双向图信息统计

使用5、7、8、9、12-1等煤巷及岩巷导线，通过本节巷道双边线建模方法为每个煤巷（岩巷）建立双边线模型所需时间如图4-19所示。其中建模时间取五次测试平均值。图中横坐标为主要中心线结点个数，纵坐标为算法运行时长（ms）。结果显示该方法总体建模效率较高，且随着中心线结点的增加，建模时间总体呈线性增长，表明算法随参与建模数据增长稳定性较好。

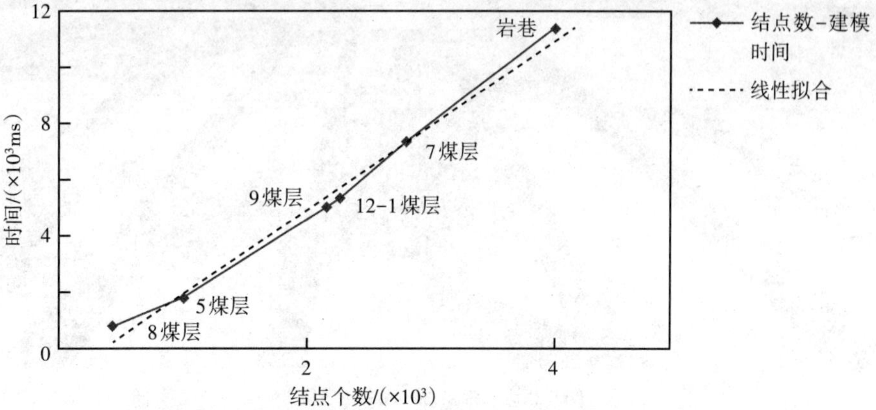

图4-19　巷道网络建模时间与巷道中心线结点数关系

由于巷道中心线双向图采用邻接表存储图中点的邻域，即用一维数组存储图的n个顶点，且其中每个元素都指向该顶点的邻接点形成的单链表，单链表中的节点个数为与该顶点有关联的边，所以深度优先搜索遍历图的时间复杂度为$O(n+e)$，与实验结果互相印证。

4.3.3 建模实例

为验证本节提出的复杂巷道三维组件式建模方法的有效性，使用该方法对钱家营矿区岩巷网络进行三维建模。建模过程如图4-20所示。首先以岩巷井下导线测量数据作为数据源，构建中心线网络［见图4-20（a）］，然后使用提出的深度优先遍历巷道中心线网络双向图算法生成双边线［见图4-20（b）］，将整个巷道划分为2D-BCR并对其进行三维建模，在此基础上建立复杂巷道网络三维模型［见图4-20（c）］。观察图4-20（c）、（d）建模结果可知，本节提出的方法能够基于导线测量数据，很好地完成复杂巷道网络三维无缝建模任务。

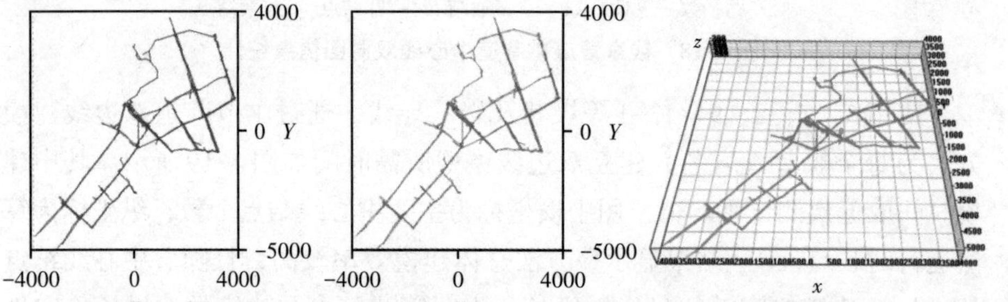

（a）岩巷中心线网络　　（b）巷道双边线　　（c）巷道三维模型

（d）巷道三维模型（局部透视图）

图4-20　钱家营煤矿岩巷网络三维建模实例

4.4 巷道与煤层模型集成

在三维视角进行操作（如巷道内漫游）时，巷道内部的煤层模型会遮挡视角，需要提供巷道模型与煤层模型的集成方法来解决此类问题。本节提出了一种模型集成算法，该方法分三个步骤，简要描述如下。

① 由于巷道是以BCR为单元进行三维建模，可依据BCR中的巷道中心线与煤层是否相交来判断BCR模型是否与煤层相互遮挡。

② 将3D-BCR模型与其边界范围内的煤层执行三维布尔运算求交，获得相交区域的边界。

③ 使用CDT算法将该边界作为约束插入煤层TIN内部，并删除约束边界内部的三角形，即可完成巷道与煤层三维模型的简单集成。

执行该算法集成整个矿区内的巷道与煤层三维模型。图4-21展示了集成前和集成后的一处煤层与巷道三维模型。图4-21（a）、（c）、（e）分别为模型集成前的三维模型、线框和巷道内部视角。图4-21（b）、（d）、（f）分别为模型集成后的对应视角。从集成后的模型示意图中可以看出，使用本节提供的巷道与煤层三维模型集成方法基本能够满足巷道内部漫游等仿真需求。

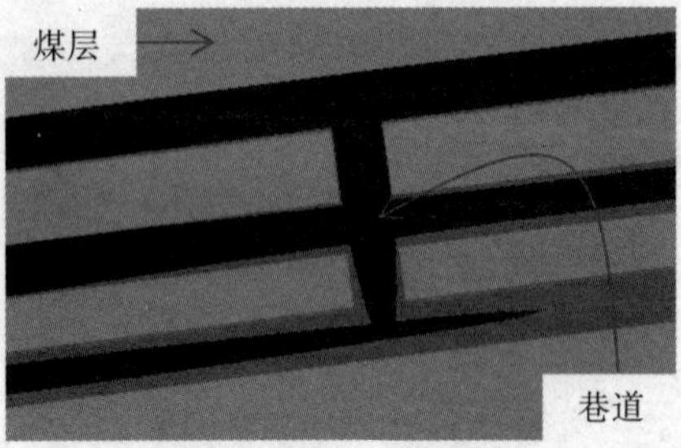

（a）集成前三维模型

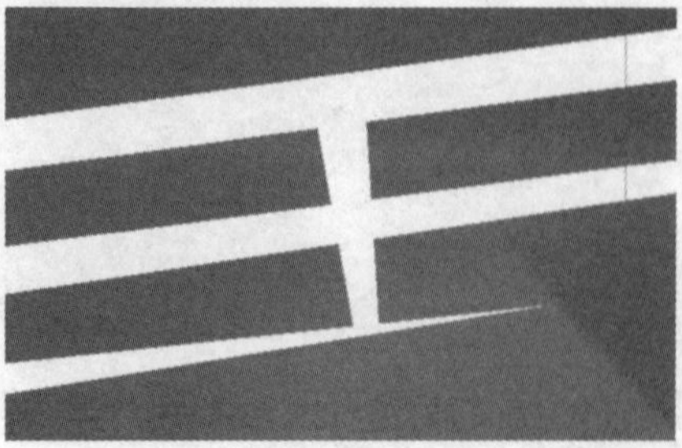

（b）集成后三维模型

（c）集成前三维线框

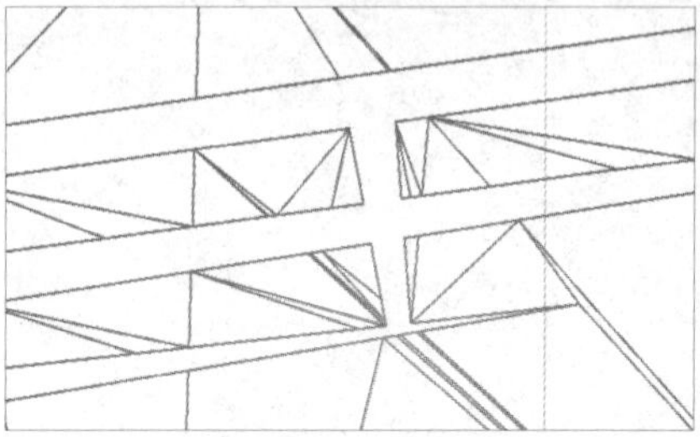

（d）集成后三维线框

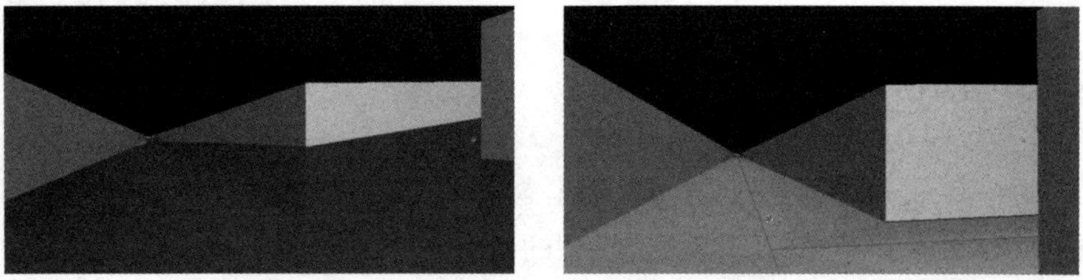

（e）集成前巷道内部视角　　（f）集成后巷道内部视角

图4-21　巷道和煤层模型的集成

5 断层三维精细建模

5.1 背景

在地层插值与建模过程中，由Delaunay准则生成的TIN可以准确地表示复杂的曲面，从而提供最佳的地层建模效果。本章针对在已建立好的TIN地层表面上重建断层影响的方法展开研究。

矿山地质三维建模研究的主要目标是在遵守几何约束的同时插值已有数据。作为最常见的约束，断层的建模往往通过在插值获得的地层中引入拓扑不连续性来完成。经过国内外众多学者的探索，已经提出了多种断层三维建模方法。从数据来源分类，有适用于钻孔数据的断层建模方法、井震结合的断层建模技术、多源数据动态更新的建模方法等；从数据组织方式看，有基于线框模型的建模方法、基于面元求交的局部重构方法、基于GTP/三棱柱/似三棱柱的体建模方法等。这些断层建模方法在国内外一系列软件产品中得到实现，并被应用在矿山、油藏、地质等诸多领域的地质三维建模任务中。

单一煤层上的断层往往以断煤交线作为内边界约束，在煤层上构建不连续区域建模。由于断煤交线是由地质专家根据区域地质情况推断得出的，因此以其作为建模数据可以在地层（煤层）模型中引入专家解释，提高模型精度。虽然该方法具有很高的效率，并且已经在自然资源行业中得到了广泛应用，但是如不考虑构造学和力学的影响，仅仅考虑拓扑不连续，忽视断层位移的运动学特征，将导致对断层的后期解释和处理困难。例如，在传统建模流程中，地层采用TIN结构表达，而断煤交线可以使用CDT方法插入，断层影响则通过距离反比加权等方式实现。该方法对于断层引起的一些结构变化（如正向、反向牵引引起的断层侧翼结构，见图5-1）等难以有效控制，可能需要引入手工编辑完成建模。

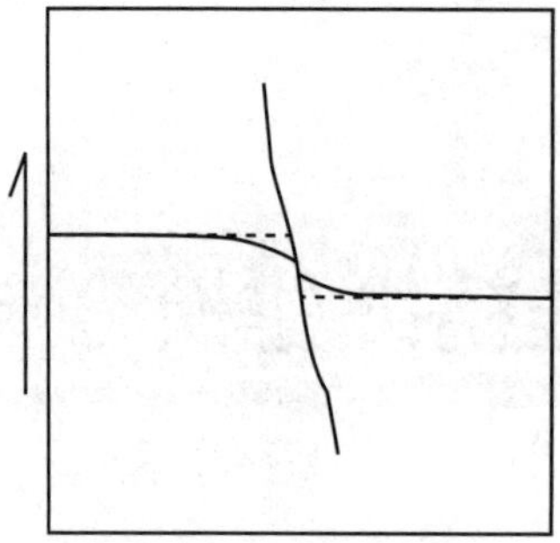

（a）正向阻力：地层向与上下盘位移相反的方向弯曲

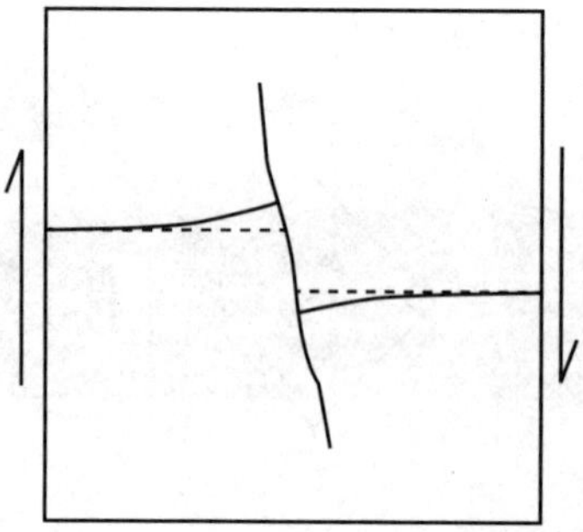

（b）反向阻力：地层向位移方向弯曲

图5-1　断层侧翼结构

（初始水平地层被具有正位移（箭头）的断层切割，
这会将延性变形（粗线）叠加到断层块（虚线）的平移上）

对于煤矿内跨越多个地层的断层，在实际应用中往往采用人工干预下连接多个地层上的断裂面的方式完成建模，因此主观偏见难以避免。此外，虽然该方法能够构造大型断层三维模型，但是对于断层较多的区域，其交互量巨大、建模程序复杂，应用效率难免低下。

综上，针对单一地层上的断层，如何尊重特定约束、结合断层侧向位移传播模型完成建模是主要的研究瓶颈；对于跨越多个地层的断层，由于以地层之间的交互连接为主要建模方法，其过程仍然需要较多的人工干预，易导致建模结果中出现难以解释的错误结构，因此需要研究跨地层的断层自动建模方法。

本章针对断层构造展开研究，提出了三种断层建模方法。前两种方法针对单一地层上的断层重建，均基于断煤交线约束构造断层。第三种方法基于离散断层位置和产状数据，完成跨煤层断层的三维重建。具体内容如下：不同于传统的基于落差的位移分配方法，5.2小节基于断煤交线上点的运动位移向量，提出了一种断层位移向量建模方法，可用于建立更合理的断层模型；5.3小节提出基于泊松变形的断层精细建模方法，通过对断煤交线空间变换参数的插值调整梯度场，并根据地层离散网格上定义的场求解泊松方程，完成断层侧翼结构的重建；5.4节提出断层参数化建模方法，在为断层建立的局部坐标参考框架下，统一对该断层在多个地层上的位移进行建模。

5.2 单一地层断层建模方法研究

基于面元的断层建模方法一般可分为三类。第一类方法不考虑断层位移的衰减，直接在地层表面内插入断层边界（如断煤交线），并通过局部重构TIN实现断层建模（TIN网局部重构法）；第二类方法考虑断层位移衰减，但不引入位移衰减理论模型，而是直接通过在断层两侧地层插值来重建断层影响；第三类方法根据断层面与煤层面交线上的落差，来计算上、下盘地层上点的落差。前两类方法未建立断层侧向位移传播的参数模型，多用于区域内的大型断层构建。第三类方法虽然考虑了位移在侧向传播时的变化，但是其位移计算仅在Z方向进行，无法顾及地层整体位移时的形态特征。

在为单一煤层上的断层进行建模时，基于断煤交线数据可以充分运用专家解释。通过识别断煤交线，可以找到沿断层表面的断层位移的信息，由于断层面具有一定的倾角，因此其位移并非Z轴上的标量值，而是一个三维直角坐标系内的矢量值。因此，拟基于位移向量来建模断层。

对剖面图5–2（a）中以剖面线形式显示的地层和断层面，使用TIN网局部重构方法［见图5–2（b）］可以直接将断层和煤层接触点（断煤交线点）移动到目标位置，对剖面上的其他顶点无影响；落差位移方法可获取接触点的落差$H \in \mathbf{R}^1$，并通过距离反比加权等方法为临近顶点分配落差$h \in \mathbf{R}^1$［见图5–2（c）］；通过矢量计算位移则可根据接触点的位移向量值$\boldsymbol{V} \in \mathbf{R}^3$，为临近点分配位移向量值$\boldsymbol{v} \in \mathbf{R}^3$，完成地层格网上断层位移的建模，能够更好地保持地层在断层建模前后的形态［见图5–2（d）］。

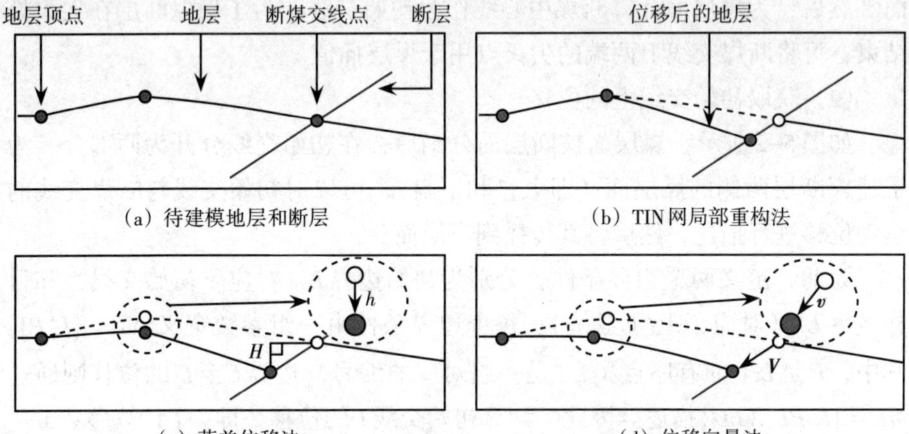

（a）待建模地层和断层　（b）TIN网局部重构法

（c）落差位移法　（d）位移向量法

图5–2　不同断层建模方法示意图

5.2.1 基于位移向量插值的断层建模方法

本章提出的位移向量方法分为四个步骤（见图5-3）。首先，求取连续煤层面（由地质离散点插值获得）与断层面（由断煤交线计算获得）的初始交线。然后，在断层的上盘和下盘分别获取初始交线和断煤交线上对应位置的坐标差（即位移），以向量表示该位移，即可描述地层沿断层面上的运动。再次，以初始交线上的顶点为约束点，煤层网格上所有顶点为自由点，通过插值为在断层影响域内所有自由点分配位移向量。最后，将每个自由点按照其位移量更新位置，完成断层位移建模。

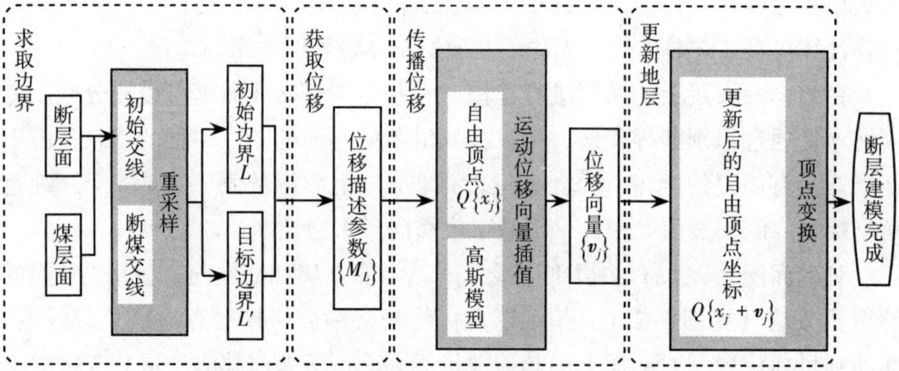

图5-3　基于位移向量插值的断层建模方法流程

每个步骤的具体流程如下。

（1）求取断层与煤层的初始交线

首先对断煤交线中上盘和下盘线上的顶点进行三角剖分，获得断层表面。然后，为煤层面计算断煤中心线作为初始交线。为了确保断层在尖灭处结束，可将断煤交线上两端的尖灭点用于煤层插值。

（2）获取初始交线上的位移

如图5-2所示，煤层面被断层面分割后，在初始交线分开为两部分。为了建模断层两侧的煤层面（即上盘和下盘），可以对初始交线与断煤交线的运动位移进行描述，然后将其传播到煤层面。

为此，定义两个边界条件，分别为初始边界L（对应于初始交线）和目标边界L'（对应于上/下盘线）。每个边界条件由一组参数定义：$L = \{I, P\}$。其中，P是L上的有序点集，I是一组对应的编号。边界L至L'的位移则通过$ML = \{I, PL, VLL'\}$描述。因此，计算初始交线L的位移，即为L计算参数M_L。

为了描述断层在断裂边界上的位移，需要获取每对边界线上对应的点对。此处引入曲线弧长概念并对L和L'进行等弧长间距重采样，以重新计算每条线的结点和两条线对应的点对。定义曲线L由有序点集$P\{\boldsymbol{x}_i, i = 1, 2, \cdots, m\}$组成，并由连续可微函数定义，则曲线弧长可定义为线段长度之和的极限：

$$L(f) = \lim_{N} \sum_{i=1}^{N} \left| f(\boldsymbol{x}_i) - f(\boldsymbol{x}_{i-1}) \right| \tag{5-1}$$

式中，$\left| f(\boldsymbol{x}_i) - f(\boldsymbol{x}_{i-1}) \right|$为$\boldsymbol{x}_i$点到$\boldsymbol{x}_{i-1}$点的欧几里得距离。由于曲线为多段线，可取$N = m$。依此计算一对边界条件的弧长，并将其弧长进行归一化操作。然后将曲线划分为等弧长的$n - 1$段，对分段节点进行采样。则可在两条曲线上获得n对由重采样点组成的点对。重采样后的边界分别包含点对$P_L = \{\boldsymbol{x}_i, i = 1, 2, \cdots, n\}$，$P_{L'} = \{\boldsymbol{x}'_i, i = 1, 2, \cdots, n\}$。图5-4（b）中，将图5-4（a）所示的不等点数的两个边界重采样为等点数的边界。

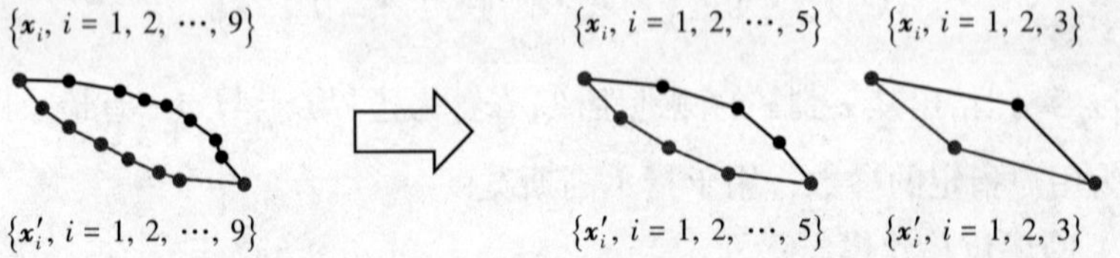

（a）原始边界　　（b）$n = 5$和$n = 3$时的边界重采样结果

图5-4　边界点重采样

然后，可以获取两条曲线的运动轨迹$V = X' - X$。对于两条曲线的第i对点$\{\boldsymbol{x}_i, \boldsymbol{x}'_i\}$，可以计算出由$L$上的点到$L'$上的点的运动位移向量（见图5-5）：

$$v_i = \boldsymbol{x}'_i - \boldsymbol{x}_i \tag{5-2}$$

则断煤交线的位移可以描述为：

$$M_L = \{X_L, V_{LL'}\} \tag{5-3}$$

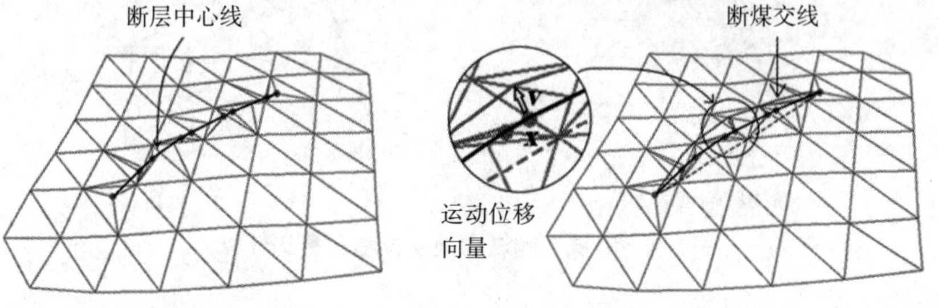

（a）断层中心线　　（b）断层运动位移向量

图5-5　断层边界上运动位移向量计算

（3）将断层位移传播到煤层格网

要计算地层的断裂位移，首先要确定位移区域，即断层影响域。此方法中，将断层影响域定义为椭圆，该椭圆以断煤交线上的两个尖灭点的连线为长轴［见图5-6（a）］，则可以通过插值将断层位移传播到断层影响域内的煤层表面。

点集$Q\{\boldsymbol{x}_j, j = 1, 2, \cdots, m\}$包含煤层表面位移区域中的所有点，对$Q$中的每个点$\boldsymbol{x}_j$，可以通过以下方式分配标示其运动方向和距离的位移向量：

$$\boldsymbol{v}_j = \sum_{i=1}^{n} w\left(\boldsymbol{x}_i\right)\boldsymbol{v}_i \tag{5-4}$$

式中，$\boldsymbol{x}_i \in X_L$，$\boldsymbol{v}_i \in V_{LL'}$，$w(\boldsymbol{x})$为权函数，描述了在远离断层初始边界方向上的位移衰减，此处使用高斯函数：

$$x\left(\boldsymbol{x}_i^L\right) = \exp\left[-\left(\left|\boldsymbol{x}_j - \boldsymbol{x}_i\right| - \left|\boldsymbol{x}_j - \boldsymbol{x}_{\min}^L\right|\right)/2\sigma_d^2\right] \tag{5-5}$$

式中，$\left|\boldsymbol{x}_j - \boldsymbol{x}_i\right|$给出从$\boldsymbol{x}_i$到$\boldsymbol{x}_j$的测地距离；$\boldsymbol{x}_{\min}^L$为边界$L$上与点$\boldsymbol{x}_j$有最小距离的点；$\boldsymbol{\sigma}$为用户指定的参数，用于指示高斯宽度。

（4）断层位移建模

在获得$\boldsymbol{x}_j$上的运动位移向量$\boldsymbol{v}_j$后，可以通过沿该向量移动并更新$\boldsymbol{x}_j$坐标，建模煤层表面的断层位移：

$$\boldsymbol{x}_j = \boldsymbol{x}_j + \boldsymbol{v}_j \tag{5-6}$$

通过这种方式，能够在重建位移的同时，保持煤层表面的拓扑结构［见图5-6（b）］。

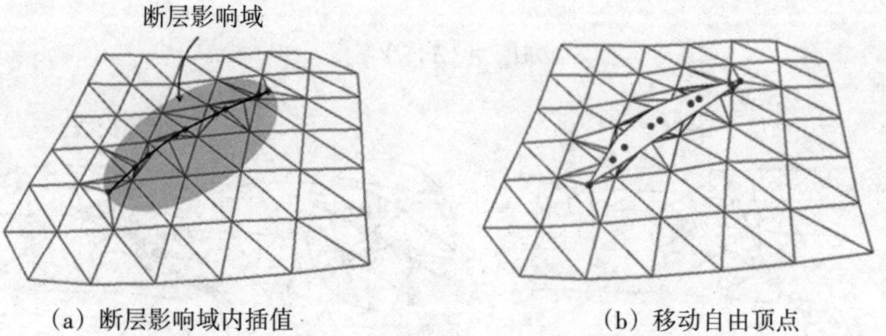

（a）断层影响域内插值　　（b）移动自由顶点

图5-6　断层影响域内地层位移向量场计算

5.2.2 断层建模示例

使用基于位移向量插值的断层建模方法在连续地层上建模断层的效果如图5-7所示。图5-7（a）为建模原始数据，图5-7（b）则为最终断层断裂及位移建模效果。由于该方法是在已有断煤交线的前提下，在断层上、下盘分别对地层的位移向量进行插值，插值结果是具有大小和方向的位移向量，因此该方法对正、逆断层的建模同样适用。图5-8为煤层上逆断层建模的效果图。

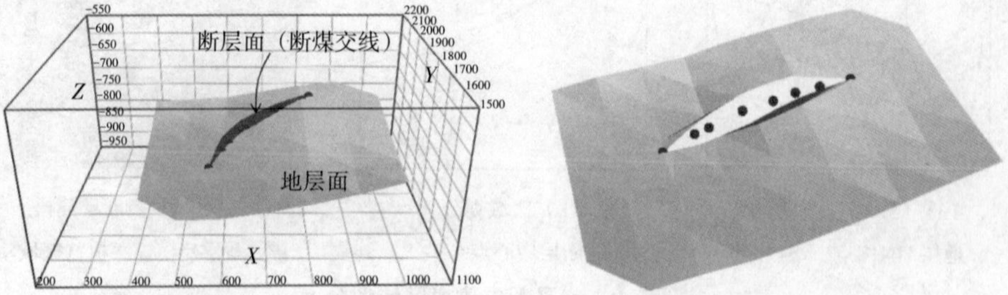

（a）建模数据：断层面和地层面　　（b）断层建模结果

图5-7　断层建模实例

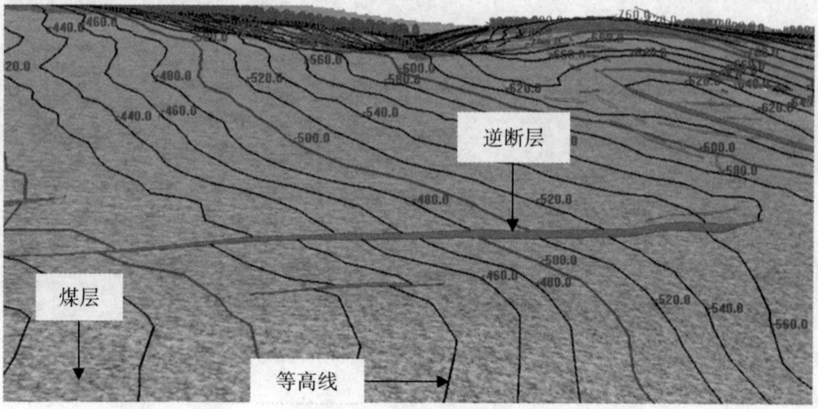

图5-8　逆断层建模效果

对于更复杂的场景，如断层系中的相交断层，其建模方法如下。

如果两个断层的中心线在地层上相交，则判定两断层相交。相交断层的断煤交线建模可通过以下步骤处理：根据断层资料判断断层生成顺序，以确定断层的建模顺序；依顺序构建断煤交线，被已建模断煤交线分割的断层可在建模时作为多个断煤交线处理。

此后，在交叉断层的多个断煤交线约束下的煤层上各点的位移向量，可通过其对应区域的断煤交线上的位移向量的插值获取。即在交叉断层附近地层上执行断层建模算法时，需要将整个区域分为多个子区域。如图5-9所示，连接断层中心点和尖灭点，并将其延长线和断煤交线作为区域边界，将整个区域划分为四个子区域，然后为每个区域内的点执行位移向量插值算法，最终完成交叉断层建模。交叉断层建模效果如图5-10所示。在实际建模工作中，如果断层特征发生较大变化，则需要进行分段处理。

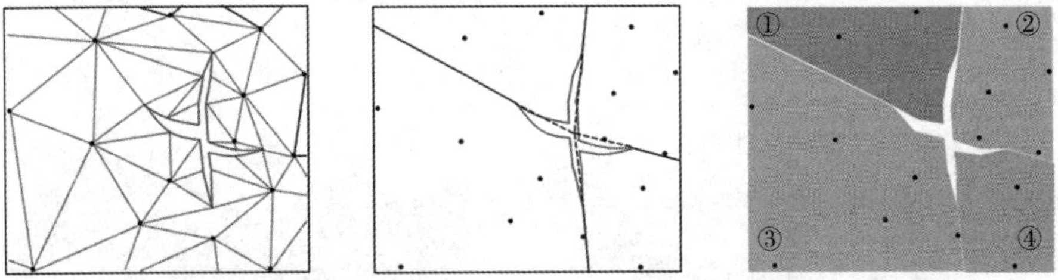

（a）交叉断层断煤交线　（b）区域划分　（c）分区域执行断层建模

· 地层TIN网点　断煤交线　---- 断层中心点与尖灭点连线　断层建模算法执行区域

图5-9　交叉断层建模区域划分

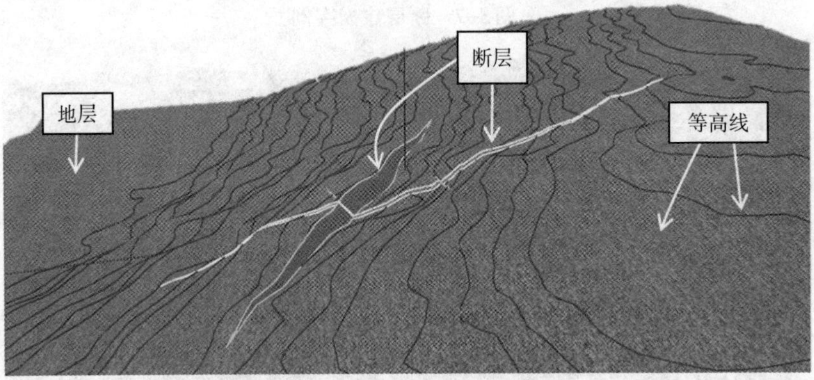

图5-10　交叉断层建模效果

5.3　单一地层断层精细建模方法研究

断层在侧向位移传播过程中，受正向、反向牵引会产生断层侧翼结构。该结构无法通过上述局部重构的方法建模，且现有的断层侧翼传播模型对一些位移衰减变化比较剧烈的结构无法进行描述，需要引入高阶参数来控制其建模。

基于网格上定义的几何相关的微分算子（梯度算子、散度算子和拉普拉斯算子)，能够给出泊松方程在离散网格上的表达形式。且通过改变网格上定义的边界条件，可以操纵高阶场，如梯度场和散度的改变，实现三维网格更新。该方法广泛应用于数字几何造型领域，实现网格变形等。实现网格变形算法需要几个条件：域网格、边界和边界变换。其中，域网格是建模算法的作用域；边界是控制域网格变化的约束线，包括初始边界和目标边界；边界变换定义了边界条件的空间变换在域网格内的传播方式。

由于地层可表达为微分网格（通常是TIN网)，且断层常以断煤交线的形式作为约束煤层的边界，本节拟研究将上述基于泊松方程的网格变形算法应用于断层建模领域，通过高阶参数的调整生成断层精细几何结构。由此，提出了一种基于泊松变形的断层建模方法。该方法以地层TIN网为域网格，将断层中心线定义为初始边界，断煤交线定义为目标边界，通过四元数插值的方式将两条边界线之间的空间变换拓展到域网格，实现梯度场更新。然后通过求解泊松方程即可更新网格形态，完成断层位移建模。

使用该方法建模断层侧翼结构既尊重了专家经验，也减少了断层建模过程的人工干预。实验结果表明，相比基于位移向量插值的断层建模方法，该方法可通过调整断煤交线边处地层与断层的接触角度，生成不同跨度的断层侧翼结构。

5.3.1 泊松方程与网格变形

泊松方程最初出现于牛顿万有引力定律。文献将其应用于融合目标图像与源图像。方法是利用待求解像素的拉普拉斯算子和源图像梯度场的散度构建拉普拉斯方程，并以目标图像的边界为约束条件，通过求解线性方程组实现拷贝区域与源图像的光滑过渡。文献将泊松方程应用到网格变形任务，基于三角网格定义了梯度场、散度和拉普拉斯算子，并给出了边界条件的交互修改方法。

本节首先介绍泊松方程，然后基于泊松网格变形的实现，对离散网格上的一些场进行描述和定义，并给出泊松方程在网格上的求解方法。此外，还给出了网格上边界条件的定义和边界条件几何变换参数在网格上的插值和拓展方法。

5.3.1.1 泊松方程

具有Dirichlet边界条件的泊松方程被表述为：

$$\left.\begin{aligned} \Delta f &= \nabla \cdot \boldsymbol{w} \\ f\big|_{\partial\Omega} &= f^*\big|_{\partial\Omega} \end{aligned}\right\} \tag{5-7}$$

式中，f为一个标量函数；$\boldsymbol{w}$为矢量场；f^*提供了边界$\partial\Omega$上的理想值；Δ为拉普拉斯算子，$\nabla \cdot \boldsymbol{w}$是$\boldsymbol{w} = (w_x, w_y, w_z)$的散度：

$$\nabla \cdot \boldsymbol{w} = \frac{\partial w_x}{\partial x} + \frac{\partial w_y}{\partial y} + \frac{\partial w_z}{\partial y} \tag{5-8}$$

5.3.1.2　离散网格基本概念

域网格的几何特征通过微分算子来量化。泊松方程构造过程中涉及的场包括标量场及其对应的离散微分算子（梯度场、散度和拉普拉斯算子）。

（1）网格上的标量场

所谓标量场是指一个仅用其大小就可以完整表征的场。一个标量场f在直角坐标系中可以用一个标量函数$f(x, y, z)$来表示，空间中任意三维坐标(x, y, z)通过该函数可以映射为一个标量。例如，标量场$f(x, 0, 0)$可以表示在三维直角坐标系中沿X轴的一个标量场。

根据此定义，网格上对每个顶点$\boldsymbol{x}_i(x_i, y_i, z_i)$可定义一个标量值$f(\boldsymbol{x}_i) = f_i$，该值表示标量场$f(\boldsymbol{x})$在$\boldsymbol{x}_i$点的取值，且在域网格上任意点处取值为：

$$f(\boldsymbol{x}) = \sum_i f_i \phi_i(\boldsymbol{x}) \tag{5-9}$$

式中，$\phi_i(\boldsymbol{x})$为线性基函数，$\phi_i(\boldsymbol{x}_i) = 1$且$\phi_i(\boldsymbol{x}_j) = 0$。在将泊松方程应用于离散网格时，可以将三维直角坐标系沿X、Y、Z轴拆分为三个单独的标量场，用于构建三组泊松方程。

（2）网格上的离散微分算子

假设域网格上存在分段线性基函数$\phi_i(\boldsymbol{x})$，其梯度可以表示为$\nabla\phi_i(\boldsymbol{x})$，则处于标量场的网格中任意一点的梯度为：

$$\nabla f(\boldsymbol{x}) = \sum_i f_i \nabla\phi_i(\boldsymbol{x}) \tag{5-10}$$

对域网格内的三角形$T = (\boldsymbol{x}_i, \boldsymbol{x}_j, \boldsymbol{x}_k)$，采用几何法给出相应的基函数的梯度向量：

$$\nabla \phi_i^T = \boldsymbol{R}^{90}\left(\boldsymbol{x}_k - \boldsymbol{x}_j\right)/2A_T \tag{5-11}$$

式中，$\boldsymbol{R}^{90}(\cdot)$表示将向量以$T$中心为原点，绕$T$的法向量逆时针旋转90°得到的向量；$A_T$为三角形$T$的面积。

同时，对于域网格上分段常值的梯度场$\boldsymbol{w}_T$，在顶点$\boldsymbol{x}_i$处的散度定义为：

$$\nabla \cdot \boldsymbol{w}\left(\boldsymbol{x}_i\right) = \sum_{T \in N_T(\boldsymbol{x}_i)} \nabla \phi_i^T \cdot \boldsymbol{w}_T \cdot A_T \tag{5-12}$$

式中，$N_T\left(\boldsymbol{x}_i\right)$为$\boldsymbol{x}_i$相关的三角形集合。由梯度算子和散度算子可以推导出网格曲面上的标量场f在顶点$\boldsymbol{x}_i$处采用余切权表示的拉普拉斯算子为：

$$\Delta f\left(\boldsymbol{x}_i\right) = \sum_{\boldsymbol{x}_j \in N(\boldsymbol{x}_i)} \frac{1}{2}\left(\cot \alpha_j + \cot \beta_j\right)\left(f_i - f_j\right) \tag{5-13}$$

式中，α_j、β_j分别为边$\boldsymbol{x}_i$、$\boldsymbol{x}_j$的对角，如图5-11所示。

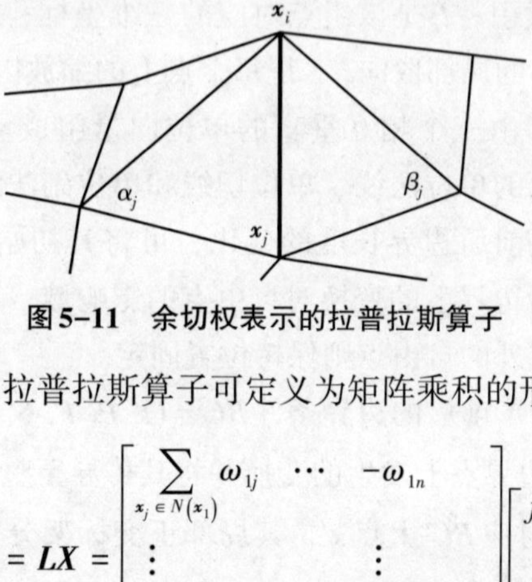

图5-11 余切权表示的拉普拉斯算子

对于整个网格，拉普拉斯算子可定义为矩阵乘积的形式：

$$\Delta \boldsymbol{f} = \boldsymbol{LX} = \begin{bmatrix} \sum\limits_{\boldsymbol{x}_j \in N(\boldsymbol{x}_1)} \omega_{1j} & \cdots & -\omega_{1n} \\ \vdots & & \vdots \\ -\omega_{n1} & \cdots & \sum\limits_{\boldsymbol{x}_j \in N_x(\boldsymbol{x}_n)} \omega_{nj} \end{bmatrix} \begin{bmatrix} f_1 \\ \vdots \\ f_n \end{bmatrix} \tag{5-14}$$

式中，$N_x\left(\boldsymbol{x}_i\right)$为$\boldsymbol{x}_i$的相关点集合；$\omega_{ij}$为余切权值：

$$\omega_{ij} = \left(\cot \alpha_{ij} + \cot \beta_{ij}\right)/2 \tag{5-15}$$

5.3.1.3 泊松方程求解

对域网格上的泊松方程的求解可以分解为以下几个步骤，包括计算拉普拉斯算子、计算散度和求解泊松方程。求解的关键目标是将泊松方程分解为矩阵乘积形式，并最终归于求解$\boldsymbol{Ax} = \boldsymbol{B}$的线性方程组系统。

通过拉普拉斯矩阵对泊松方程进一步细化，可将公式（5-7）转化为以下形式：

$$LX = \nabla \cdot \boldsymbol{w} \tag{5-16}$$

式中，拉普拉斯矩阵只需计算一次，此后保持不变。等式左边的列矩阵$\boldsymbol{X}$既是方程的未知数，同时是待求解的变形后的网格点坐标。变形的实际就是通过改变网格的梯度场，进而得到改变的散度$\nabla \cdot \boldsymbol{w}$，最后通过求解泊松方程获取变形后的网格坐标上的标量场X。

5.3.1.4 边界条件与变形传播

如果网格上的点属于某个边界，则该点为约束点，其他点为自由点。网格变形过程即将约束点上的变形传播到自由点上的过程。

定义网格上的边界条件为五个参数的组合$BC = (I, P, F, S, R)$。其中I是网格上一组节点的索引；P是该组点对应的三维坐标；F是局部定义的正交标架，定义了每个点的局部取向；S是每个点上的缩放因子；R是强度场。

局部正交标架F由三个相互垂直的单位向量组成。如果边界点属于曲面，则由该点处曲面的单位法线、单位切线和单位副法线向量组成。缩放因子S反映了边界变换前后边界长度的变化，可将其初始化为1。强度场R是一个连续场，定义为边界上的变换对自由点的影响域，影响域内的自由点都会发生坐标变化，域外的自由点则保持位置固定。

通过给出网格变形前后的边界条件$BC = (I, P, \boldsymbol{F}, S, R)$和$BC' = (I, P', \boldsymbol{F}', S', R)$，可以计算在边界点上发生的变换并将其传导至整个三维网格。

设BC上的点$\boldsymbol{x}$对应BC'上点$\boldsymbol{x}'$，其局部正交标架分别为$\boldsymbol{F}$和$\boldsymbol{F}'$，可以确定两者之间的变换矩阵为：

$$\boldsymbol{T} = \boldsymbol{F} \times (\boldsymbol{F}')^{-1} = \begin{bmatrix} n_{11} & n_{12} & n_{13} \\ n_{21} & n_{22} & n_{23} \\ n_{31} & n_{32} & n_{33} \end{bmatrix} \tag{5-17}$$

采用单位四元数$\boldsymbol{q} = (q_0, \boldsymbol{w}) = (q_0, q_1, q_2, q_3)$将该变换表示为：

$$\left.\begin{aligned} q_0 &= \sqrt{1 + n_{11} + n_{22} + n_{33}}\,/2 \\ q_1 &= (n_{32} - n_{23})/4q_0 \\ q_2 &= (n_{13} - n_{31})/4q_0 \\ q_3 &= (n_{21} - n_{12})/4q_0 \end{aligned}\right\} \tag{5-18}$$

缩放因子S则可以通过相邻顶点计算：

$$S = \frac{\left| \boldsymbol{v}' - \boldsymbol{v}'_{\text{neighbor}} \right|}{\left| v - v_{\text{neighbor}} \right|} \tag{5-19}$$

采用四元数插值的方式，可将定义在边界条件上的变换拓展到整个强度场R内。基于原始网格上自由顶点距离各控制点的测地距离进行加权，常用的加权方案包括线性加权、高斯加权等。根据加权方法的不同，网格的形变从边界开始逐渐衰减，至强度为零的自由节点终止。

5.3.2 基于泊松变形的断层建模方法

断层的存在对地层分布造成了破坏，使地层产生断裂和位移，并在正向/反向牵引的影响下，产生断层侧翼结构。使用网格变形算法可以对断层结构施加高阶控制，有助于完成断层侧翼结构重建。

对于断层重建任务，网格变形中的微分网格对应于地层表面模型、初始边界对应于地层面与断层面的交线、目标边界对应于断煤交线。则由5.3.1小节可知，完成地层上断层的重建（网格变形）需要改变引导矢量场（梯度场），而该矢量场可以由边界条件的改变计算获得。

由此，提出了一种基于泊松变形的断层三维建模方法。该方法首先计算断层面与地层的交线作为初始边界条件BC，并将断煤交线作为目标边界条件BC'，通过引入四元数插值将断裂前后边界上的变换拓展到断层影响域R内的地层网格点。然后，重新计算网格三角形姿态，并根据梯度的平移不变性，在变换后的三角形上计算新的梯度场和散度。最后，将散度与拉普拉斯系数矩阵一同代入泊松方程，求解网格点上的三个标量场，更新网格坐标来完成断层三维建模。图5-12为该方法的技术路线图。

具体步骤如下。

（1）建立煤层及断层面网格模型

通过插值方法获得地层和断层面模型。将地层网格作为泊松方程域网格，断层面与地层的交线作为初始边界，断煤交线视作终止边界。

（2）计算边界条件

① 计算初始边界和目标边界。

煤层断裂后，在断层处分开为上盘和下盘。同一地层上、下盘与断层面的接触线为断煤交线，由上盘边界和下盘边界组成。在计算断层位移时，初始边界分别和上、下盘边界组合，获得两组边界条件，然后将断层两侧上、

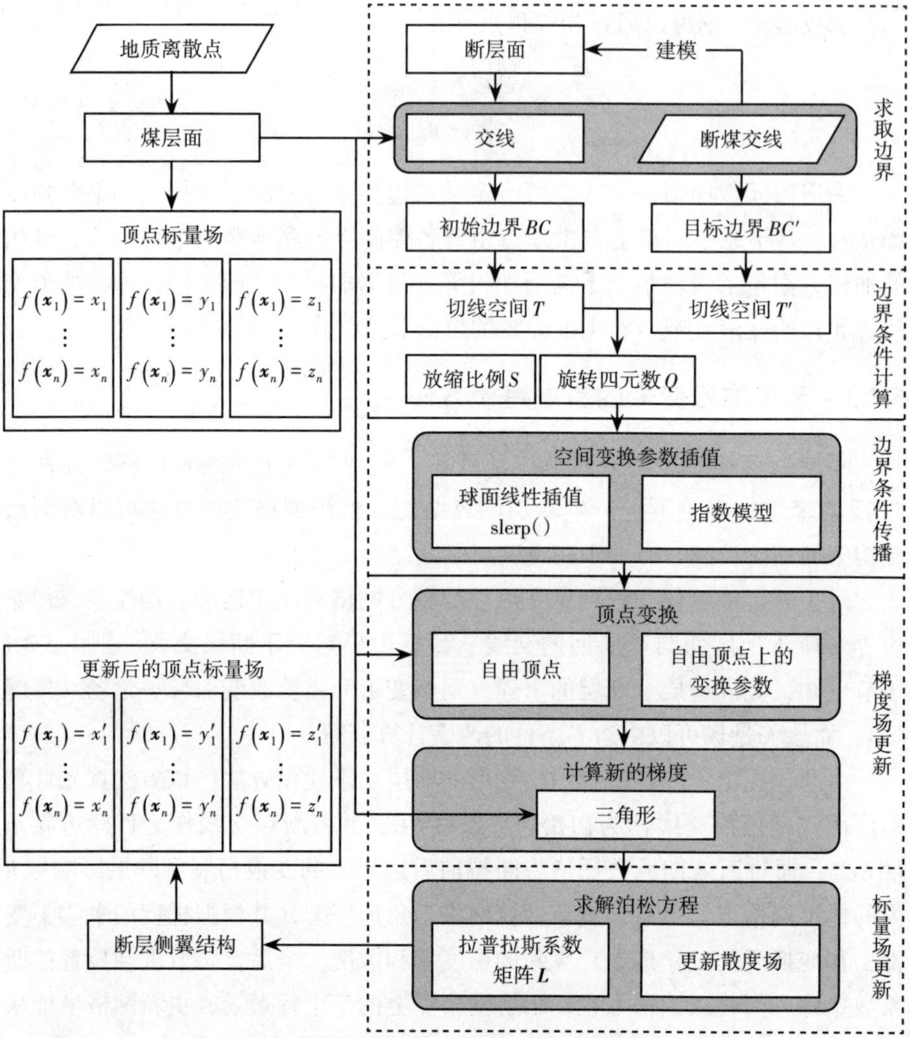

图5-12　基于泊松变形的断层建模方法

下盘地层定义为两个独立的泊松方程域网格分别求解。过程中，为了确保断层在断煤交线两端尖灭，断煤交线两端的尖灭点需要插入煤层网格。

② 边界点重采样。

使用5.2.1小节所述的曲线重采样方法对分段节点进行采样，可在两条边界上获得n对由重采样点组成点对。通过重采样，获得由有序数组$\{x_i^L, i=1, 2, \cdots, n\}$和$\{x_i^{L'}, i=1, 2, \cdots, n\}$组成的初始边界$L$和目标边界$L'$。

③ 边界变换参数计算。

为两条边界上每个点计算空间姿态参数，即每个顶点上由切线空间定义的局部坐标框架F。然后根据两边界上对应的姿态参数计算空间旋转因子Q。

切线空间定义为空间直角坐标系中的三个两两垂直的单位方向向量（如图5-13所示，单位法向量$\boldsymbol{n}$、单位切向量$\boldsymbol{t}$、单位副切向量$\boldsymbol{b}$）。对L上的点x_i^L，法向量$\boldsymbol{n}_i$可以在地层格网上采用邻接三角形单位法向量加权计算获得，权重等于对应邻接三角形在该点处的内角所占角度总和的比例。

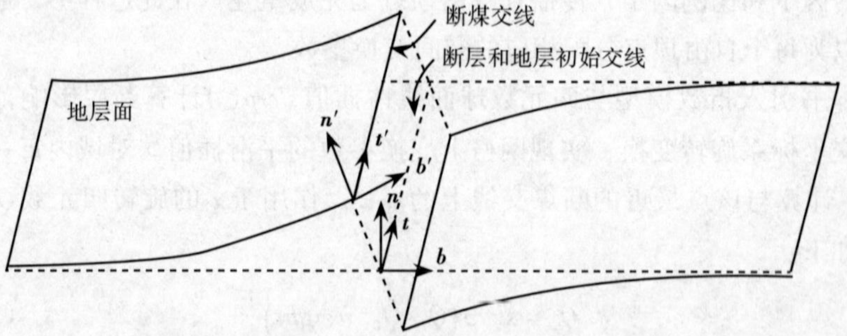

图5-13　断层中心线与断煤交线上的局部坐标框架

切向量$\boldsymbol{t}_i$则可在边界上获取，计算方法如下：

$$\boldsymbol{t}_i = \begin{cases} \boldsymbol{x}_2 - \boldsymbol{x}_1,\ i = 1 \\ \boldsymbol{x}_n - \boldsymbol{x}_{n-1},\ i = n \\ \left[\left(\boldsymbol{x}_{i+1} - \boldsymbol{x}_i\right) + \left(\boldsymbol{x}_i - \boldsymbol{x}_{i-1}\right)\right]/2 \end{cases} \tag{5-20}$$

副切向量$\boldsymbol{b}_i$由法向量和切向量的叉积计算获得：

$$\boldsymbol{b}_i = \boldsymbol{n}_i \times \boldsymbol{t}_i \tag{5-21}$$

计算断煤交线L'上的点的切线空间时，切向量$\boldsymbol{t}_i'$的计算与L相同。之后根据断层的构造需求确定法向量。以L'上的点在断层面的法向量$\boldsymbol{n}_i^f$为基准，$\boldsymbol{n}_i'$计算方式如下：

$$\boldsymbol{n}_i' = R_{\boldsymbol{t}_i'}^{\theta}\left(\boldsymbol{n}_i^f\right) \tag{5-22}$$

式中，$R_{\boldsymbol{t}_i'}^{\theta}(\cdot)$为以$\boldsymbol{x}_i'$为旋转中心，绕$\boldsymbol{t}_i'$将向量旋转$\theta$角度的操作。$\theta$默认值为±90°，即法向量$\boldsymbol{n}_i'$默认沿断层面构造。

根据以上计算可获得两条边界上对应顶点$\left(x_i^L,\ x_i^{L'}\right)$的切线空间$\left(F_i^L,\ F_i^{L'}\right)$，并可以计算得到$L$和$L'$上对应点由四元数表示的旋转变换因子。计算两个由切线空间定义的三维直角坐标系之间的旋转参数Q_i：

$$Q_i = QuaternionRot\left(F_i,\ F_i'\right) \tag{5-23}$$

式中，$QuaternionRot(\ )$为四元数操作。

边界上的缩放变换比例因子S则可根据5.3.1小节式（5–19）计算。

（3）空间变换参数插值

以断煤交线上的点为约束点，断层影响域内格网顶点为自由顶点，则断层在影响域内对煤层的破坏可以通过将从约束点上获取的空间变换参数（包括旋转因子和比例因子）传播到自由顶点上完成重建。在此过程中，通过插值可以为每个自由顶点分配相应的空间变换参数。

本书引入指数模型与四元数球面线性插值$slerp(\ )$计算断层影响范围内的正交坐标系旋转变换，实现网格上变换参数的平滑插值。对域内每一网格点$\boldsymbol{x}_j$，计算与该点最近的断煤交线上的点$\boldsymbol{x}_i$，作用于$\boldsymbol{x}_j$的旋转四元数Q_j计算方式如下：

$$Q_j = slerp\left(Q_i,\ Q_0,\ weight\right) \tag{5–24}$$

式中，Q_i为边界点$\boldsymbol{x}_i$上的四元数，$Q_0 = \{1, (0, 0, 0)\}$，表示不对该点进行旋转。球面线性插值权重$weight$由指数模型计算获得：

$$weight = 1 - \exp\left(-\left|x_i - x_i^{\min}\right|/r\right) \tag{5–25}$$

式中，r为指数函数宽度，由$\boldsymbol{x}_i^{\min}$处断层落差Dip_i确定，$r = c \times Dip_i$。随着c的增长，断层产生的侧翼结构范围增大。$|\cdot|$为两点间的测地距离。

（4）更新标量场，完成断层建模

完成四元数插值后，将域网格上的每个三角形围绕其中心旋转和放缩，变换参数采用三个顶点上参数的平均值。根据梯度的平移不变性，可在变换后的三角形上计算新的梯度数据，并进一步获得网格上新的散度数据。将散度与在原始网格上计算的拉普拉斯矩阵代入泊松方程的变形公式（5–16）并求解，获得自由顶点上标量场的新值。当在$f(\boldsymbol{x}) = x$，$f(\boldsymbol{x}) = y$，$f(\boldsymbol{x}) = z$三个标量场内执行上述步骤后，格网三维坐标得到更新，完成地层上断层的三维重建。

5.3.3 断层建模示例

使用本节提出的泊松方程方法创建断层模型，并在建模结果基础上分析该方法的优势和特点。原始数据见图5–14（a）、（c），建模结果见图5–14（b）、（d）。可以看出，本书方法能够重建牵引力导致的断层侧翼结构。

为展示该方法对比5.2节提出的位移向量断层建模方法的优势，通过两种方法重建断层，获取二维剖面（如图5-15所示）。位移向量断层建模方法中，断层侧向位移随着与断层面测地距离的增大而减小，因而无法表达侧翼结构［见图5-15（a)］。而泊松方程方法能够通过不同比例系数c的赋值，建模不同尺度的侧翼结构［见图5-15（b)、(c)、(d)］。对交叉断层，还可通过在泊松方程中引入多个边界条件，并定义每个边界条件的作用范围来建模。

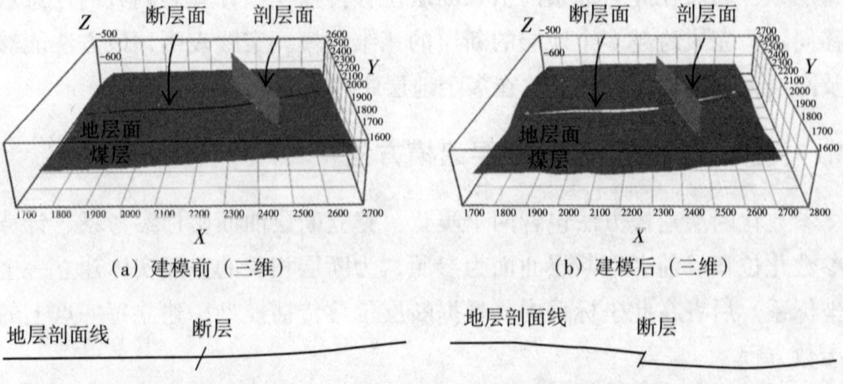

（a）建模前（三维）　（b）建模后（三维）

（c）建模前（二维剖面）　（d）建模后（二维剖面）

图5-14　基于泊松变形的断层建模三维可视化和二维剖面图

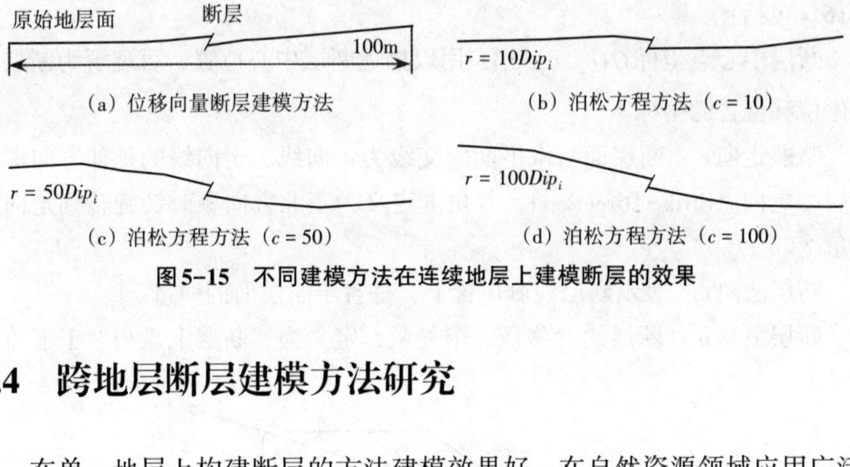

（a）位移向量断层建模方法　（b）泊松方程方法（$c = 10$）

（c）泊松方程方法（$c = 50$）　（d）泊松方程方法（$c = 100$）

图5-15　不同建模方法在连续地层上建模断层的效果

5.4　跨地层断层建模方法研究

在单一地层上构建断层的方法建模效果好，在自然资源领域应用广泛。但使用其对跨越多个地层的断层建模时，需要对每一相交地层单独建模，然后连接多个地层上的断层面，建立断层模型的联合解释。该方法建模效率低，且由于建模过程人工干预多，导致建模结果的可解释性不足。因此，需要一种能够为断层影响域内多个地层统一计算断层位移的方法。

基于参数化方法的断层位移建模方法可以有效地解决该问题。例如

Laurent 等通过引入断层数据约束建立断层曲面参考坐标框架，在曲面坐标系内为断层计算位移。该类方法由于可结合断层位移传播规律，近年来发展迅速。但曲面坐标系的计算困难，在实际应用中，可能面临约束不足的问题。

在充分吸取参数化断层建模思路的基础上，本节提出了一种简洁的断层参数化建模方法。该方法能够通过断层几何和产状参数，为断层建立曲面坐标参照系，然后在此坐标系内引入断层位移传播模型计算影响域内任意点的位移向量，完成跨越多个地层的断层的三维建模。实践表明，该方法能够在顾及断层力学模型的基础上，在多个地层中高效地建立断层模型。

5.4.1 基于参数化方法的断层建模方法

参数化断层建模方法包含两个步骤：建立断层曲面坐标参考系、计算断层参数化位移。前者以断层曲面为参照，为断层相关的空间实体建立一个参照坐标系。后者在此坐标系内，根据断层位移传播模型，建立每一点上的位移参数方程。

（1）建立断层曲面坐标参考系

断层曲面坐标参考系的建立过程受断层参数约束，常见的断层参数见图5-16，包括：

断层中心点坐标 $O(o_x, o_y, o_z)$：用以描述断层中心位置，可理解为断层最大化位移位置的坐标。

断层走向 $\boldsymbol{v}_s$：断层面与水平面的交线为走向线，走向线的延伸方向即为断层的走向（Strike Direction），其角度定义为正北方向顺时针旋转到走向线的角度。

断层法向 $\boldsymbol{v}_f$：表示断层观测位置上，垂直于断层面的向量。

断层滑移 $\boldsymbol{v}_d$：断层的滑移是一个矢量，定义为“断层上盘相对于下盘的

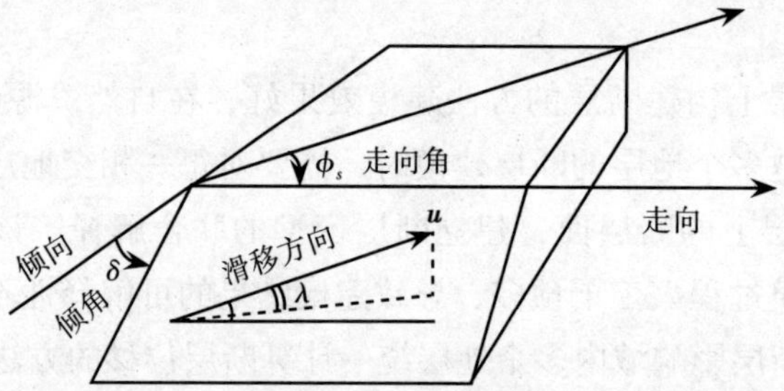

图 5-16 断层参数

滑动”。一般取$\boldsymbol{v}_d$的方向为滑动方向（Slip Direction），取$\boldsymbol{v}_d$的大小为滑移量d。

结合断层观测点数据及上述断层描述参数可建立断层曲面和参考坐标系。该过程首先需要创建一个与$\boldsymbol{v}_s$和$\boldsymbol{v}_d$平行的参考平面［见图5-17（a）］，并定义观测点与参考平面之间的有符号距离$d(g_s, g_d)$为待插值属性［见图5-17（b）］，其中g_s、g_d分别为断层观测点在参考平面上投影点以O为原点、在$\boldsymbol{v}_s$和$\boldsymbol{v}_d$方向轴上的投影距离。然后，通过插值该距离来计算断层的几何形状［见图5-17（c）］。最后，建立断层曲面参考坐标系G。

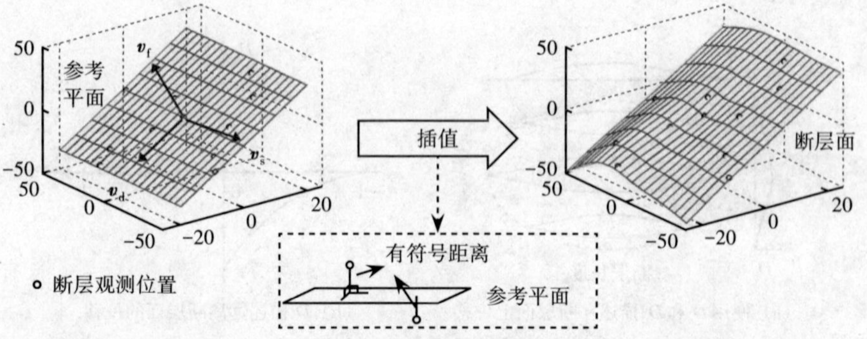

（a）计算$\boldsymbol{v}_s$和$\boldsymbol{v}_d$平面上的规则网格（参考平面）　（b）断层观测点与参考平面之间的距离　（c）在规则格网上插值断层曲面

图5-17　断层面几何插值

定义断层曲面坐标系$G = \boldsymbol{g}\{g_s, g_f, g_d\}$，为使轴上坐标在断层中心坐标为0且断层消失处为1，使用断层长、高、宽分别对三轴坐标归一化。三维直角坐标系内的点$\boldsymbol{x}\{x, y, z\}$在坐标系$G$内的坐标为：

$$\begin{pmatrix} g_s \\ g_f \\ g_d \end{pmatrix} = [v_s \quad v_f \quad v_d]\begin{pmatrix} x - o_x \\ y - o_y \\ z - o_z \end{pmatrix} + \begin{pmatrix} 0 \\ d(g_s, g_d) \\ 0 \end{pmatrix} \tag{5-26}$$

同理定义二阶坐标$\boldsymbol{g}^n\{g_s^n, g_f^n, g_d^n\}$，并将其归一化到-1和1之间：

$$g_i^n = g_i / \sqrt{(g_i)^2 + 1 - \left[(g_s)^2 + (g_f)^2 + (g_d)^2\right]},\ i = s, f, d \tag{5-27}$$

（2）计算断层参数化位移

为了计算断层坐标系内断层周围每一点的位移，需要引入断层参考坐标系内位置与位移量之间的定量关系。通过定义断层长度与位移关系，断层位移的幅度应该在点O处最大并且在一定距离上减小到零。使用Hermite样条线定义沿着倾角D_s、沿着走向D_d和法向D_f的位移衰减［见图5-18（a）］，并且可以通过组合几个简单的定义获得更复杂的配置。

本小节采用的是断层位移传播模型。断层在位移为零的位置尖灭，因此断层零位移线上的D_s和D_d为零。在最简单的单一断层的情况下，D_s和D_d连续变化，且在断层中心位置最大［见图5-18（a）］。D_f（垂直于断层）的梯度远离断层平面时逐渐减小到0，且D_f在0处不连续，表示断层位移场在断裂处并不连续［见图5-18（b）］。使用地层上点$\boldsymbol{x}=\{x, y, z\}$，其在坐标系$G$中的坐标$\boldsymbol{g}=\{g_s, g_f, g_d\}$。则该点的断层位移量：

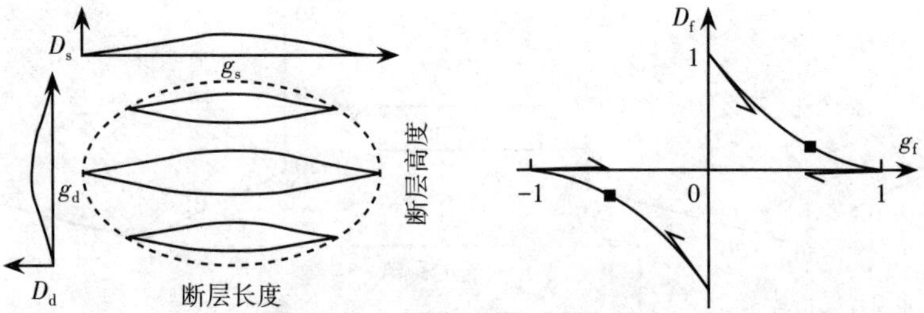

（a）使用D_s和D_d描述在断层面上位移　　（b）D_f描述远离断层面的位移

图5-18　断层相关的位移曲线

$$D(\boldsymbol{x}) = D_{max} \cdot \gamma(\boldsymbol{x}) \tag{5-28}$$

式中，D_{max}为断层中心最大位移。

$$\gamma(\boldsymbol{x}) = D_s\left[g_s^n(\boldsymbol{x})\right] \cdot D_f\left[g_f^n(\boldsymbol{x})\right] \cdot D_d\left[g_d^n(\boldsymbol{x})\right] \tag{5-29}$$

$\boldsymbol{x}$点在G中的位移后g_d的新坐标计算如下：

$$g_d = g_d + D(\boldsymbol{x}) \tag{5-30}$$

最终可得$\boldsymbol{x}$位移后的新坐标$\boldsymbol{x}'=\{x', y', z'\}$为：

$$\begin{pmatrix} x' \\ y' \\ z' \end{pmatrix} = \begin{bmatrix} v_s & v_f & v_d \end{bmatrix} \begin{pmatrix} g_s \\ g_f \\ g_d \end{pmatrix} + \begin{pmatrix} -o_x \\ d(g_s, g_d) \\ -o_z \end{pmatrix} - \begin{pmatrix} o_x \\ o_y \\ o_z \end{pmatrix} \tag{5-31}$$

5.4.2　断层建模示例

在断层曲面参考坐标系内建模跨地层断层，其可视化结果如图5-19（a）所示。从图中可以看出，使用参数化断层建模方法在为断层影响域内的多个地层计算断裂和位移时无须逐层单独操作，建模结果整体性较好。图5-19(b)、(c）中则通过对该断层生成二维等高线图及剖面图等多种形式可视化该断层建模效果。

此外，由于断层曲面坐标系是以断层滑动位移方向$\boldsymbol{v}_\mathrm{d}$为依据建立坐标轴$D_\mathrm{d}$。因此，无论正、逆断层，在该坐标系内断层上盘的位移都是沿着D_d的正值（标量）。因而，使用该方法建模无须区分正、逆断层，均可对其完成建模。

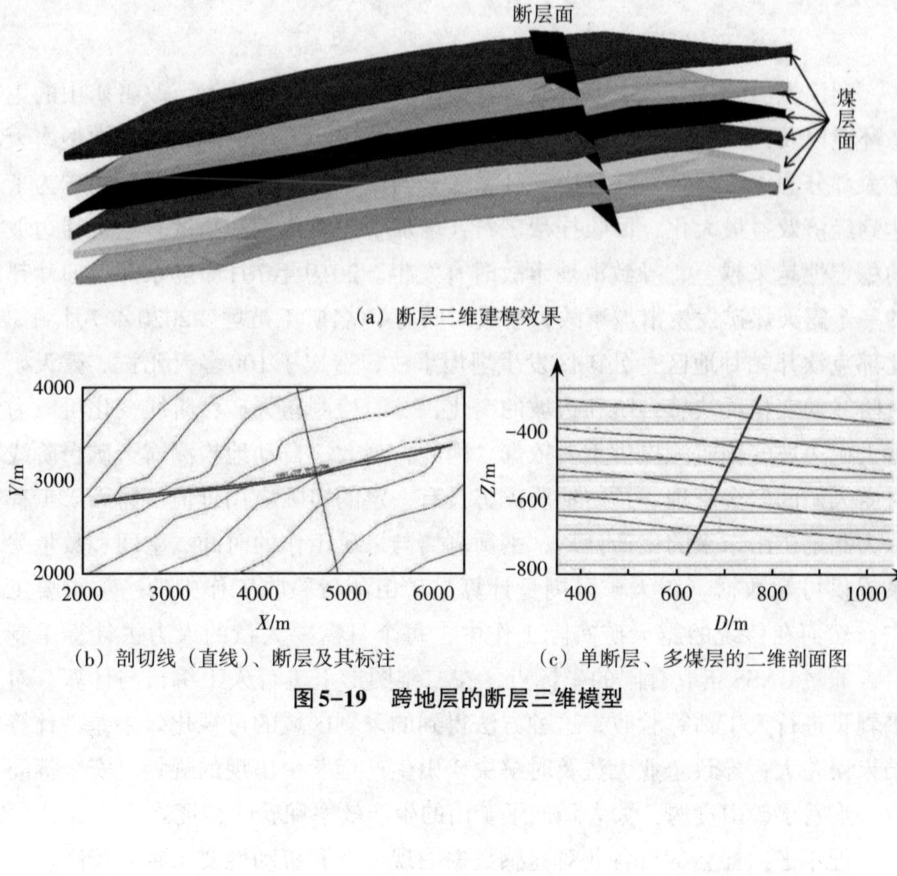

（a）断层三维建模效果

（b）剖切线（直线）、断层及其标注　　（c）单断层、多煤层的二维剖面图

图5-19　跨地层的断层三维模型

6 基于无人机摄影测量的三维建模

利用先进的智能技术、产品设备提高露天矿的生产效率，改善矿山的生态环境以及充分利用矿山资源是各大矿山企业深切关注的问题。大中型露天矿大部分为深凹开采，并且由于开采出来的矿石价格上涨，有些露天矿为了达到经济效益最大化，回收挂帮矿石，增加了边坡角度和高度，这也让边坡的稳定性越来越差，导致滑坡事故时有发生。2019年7月印度东部奥迪沙邦的一个露天煤矿发生滑坡事故，事发时共有13名矿工被埋。2020年7月缅甸北部克钦邦帕甘地区一处矿区发生坍塌事故，造成了100多人死亡。露天矿台阶线的变化反映着台阶和边坡的变化，及时检测露天矿台阶线变化可以为露天矿边坡变化监测提供重要依据。因此，高效、自动地检测露天矿台阶线对露天矿的安全管理、预防地质灾害具有一定的实际应用价值。露天矿工程量为制定矿山未来的生产计划，平衡剥离与采矿工作的时间、空间和数量关系提供可靠数据。露天矿采剥量计算是矿山测量验收工作中的一项重要工作，然而在传统的露天矿实际工作中，每个月需要大量的人力去计算采剥量，通过GNSS获取有限的坐标点，在二维图形上进行人工编辑与计算，对采剥量进行人工估算验收，这种方法得到的采剥区域的可视化效果差，计算结果误差大，导致企业无法及时解决矿山生产运营中出现的规划、安全等问题，浪费了矿山资源，大大降低了矿山的生产效率和验收精度。

近年来，社会各行各业对遥感数据的现势性和机动性要求越来越高。如今无人机低空遥感摄影测量已成为一种重要的技术手段，可以快速、实时地获取和更新基本地理信息。实际上，低空遥感数据已经成为勘测、更新地形图以及更新地理信息系统等工作的基本数据源。无人机低空数字摄影测量具有操作方便、分辨率高、质量高等特点，可以成为传统卫星遥感和航空摄影测量技术的有力补充。无人机低空摄影测量技术现已广泛应用于地表沉降监测和地质灾害应急以及土地利用分析等各个领域。

利用轻便的无人机，获取露天矿序列影像，生成点云数据并进行三维建模，顾及邻域几何属性的三维边缘检测与曲率加权的方法自动精确地检测采场台阶线，基于斜截三棱柱体分割法快速精准地解算采剥量，对加强矿山生产监控和成本管理具有重要意义。

6.1 数据获取与预处理

无人机航测以无人驾驶航空器作为空中平台，使用机载遥感设备，如高分辨率CCD数码相机、轻型光学相机等获取信息，用计算机对图像信息进行处理，并按照一定精度要求制作成图像，是集成了高空拍摄、遥测技术、视频影像微波传输和计算机影像信息处理的新型应用技术。随着无人机与数码相机技术的发展，基于无人机平台的数字航摄技术已显示出其独特的优势，尤其在小区域和飞行困难地区高分辨率影像快速获取方面具有明显优势。特别是近年来，无人机航空摄影测量系统应用于大比例尺地形图、地质灾害等航空摄影测量领域，为传统航空摄影测量提供了更有力的补充。具有快速航测反应能力、突出的时效性、生产成本低、高精度数据获取和建模能力强等优点。

6.1.1 无人机遥感系统

6.1.1.1 无人机遥感系统组成

（1）微型传感器系统

目前无人机可携带的微型传感器主要包括两大类：一类为光学影像和激光点云类传感器，另一类为环境监测类传感器。光学影像和激光点云类传感器以获取影像和点云为主要的输出结果，相关的传感器主要有可见光相机、红外热成像相机以及多光谱成像仪等；环境监测类传感器主要包括测定温度、辐射和湿度等的微型传感器。目前无人机搭载的传感器不断向轻型化、智能化和精准化方向发展，并且可通过无线传输技术将影像数据实时传送给地面接收端，实现对灾害现场或检测现场的实时监测。

（2）地面控制与数据传输系统

地面控制系统可以将飞行参数等命令写入无人机的飞行控制系统，包括监控软件、接收装置以及无线电遥控装置等几个部分，其具有航线设计、飞行监控以及报警提示等内容，无人机升空后，可执行写入的命令，并实现自主飞行。通过无线数据传输系统，在地面站可以实时观察无人机的飞行高度、速度、方向以及飞行姿态等数据，同时可以接收无人机传感器传输过来的影像数据。特殊情况时，通过地面站可随时将无人机自主飞行转为人工模式控制，对无人机的飞行路径进行人工干预。

(3) 影像处理系统

影像处理系统的主要作用是分析和处理无人机低空遥感数据，通常由高性能的计算机和影像处理软件构成。无人机低空获取的遥感影像受到飞行姿态、地形以及镜头的影响，运用传统的航空摄影流程进行图像的拼接难度较大。随着Inpho、IMAGINE Photogrammetry、Agisoft Photoscan、Pix4Dmapper等摄影测量自动处理软件的发展，实现了由软件自动生成数字高程模型和正射影像。以上软件处理后的低空遥感影像再辅以CAD、ArcGIS和ENVI等处理软件，即可实现高精度的空间分析和光谱分析。

(4) 设备操控人员

设备操控人员是整个无人机低空遥感系统中最为重要但常被忽视的一部分，是保证无人机低空遥感数据的安全、准确获取和快速、精准分析的关键因素。设备操控人员通常为一个团队，负责无人机的组装、操控和维修，传感器的正确设置和使用，以及后期的影像处理。

6.1.1.2 无人机影像获取

在起飞前，要对测区概况和已有资料进行搜集，并根据任务要达成的目标和成果来确定无人机的起降点、航飞的时间和地点等确定飞行计划。制订飞行计划通常借助飞行计划软件，如APM的Mission Planner，结合背景地图和卫星影像来提前定义测量区域。设计航线时要根据摄区面积、航向重叠、旁向重叠以及航线间隔等参数合理设计，确保飞行作业时无人机能够按照轨道安全飞行，起飞前还要按照野外像控点的布设原则进行外业像控点的布设，需要申请空域时要向相关部门申请空域。完成以上准备工作后，检查无人机低空遥感系统中的各软硬件运行状况，确保其无障碍运行，选择光照适宜的时间到达作业点，组装无人机，安装传感器，调试地面控制系统和数据传输系统使无人机按照航线起飞，自动完成数据采集。无人机完成数据采集后，需要对航拍下来的影像进行一一检查，若质量不合格或出现航摄漏洞，则需按照原轨道重新进行航拍，若有模糊或阴影较大则需重新制订飞行计划。飞行结束后，检查无人机相关设备是否损坏，完成全部飞行任务。流程如图6-1所示。

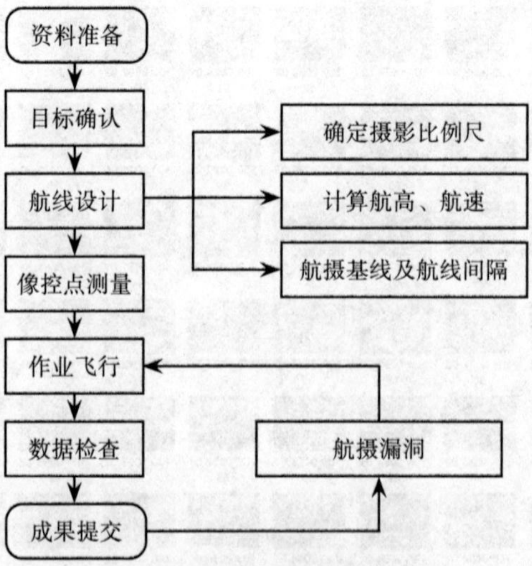

图6-1　无人机影像获取流程

6.1.2　近景摄影测量法获取点云数据

近年来，随着无人机技术的发展，通过无人机数据获取点云数据已得到广泛应用，其具有成本低、不受环境限制的优点。在露天采场的特殊环境下，三维激光扫描仪设备笨重，搬运困难，所以通过无人机获取序列影像并进行三维重建在露天矿生产工作中发挥着越来越重要的作用。图6-2～图6-4为随机选取的部分无人机影像。

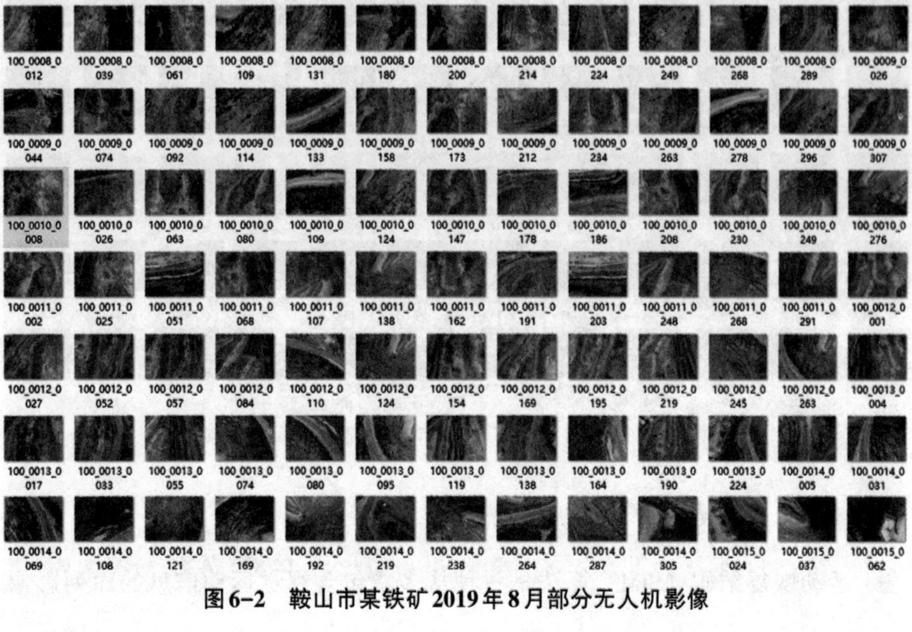

图6-2　鞍山市某铁矿2019年8月部分无人机影像

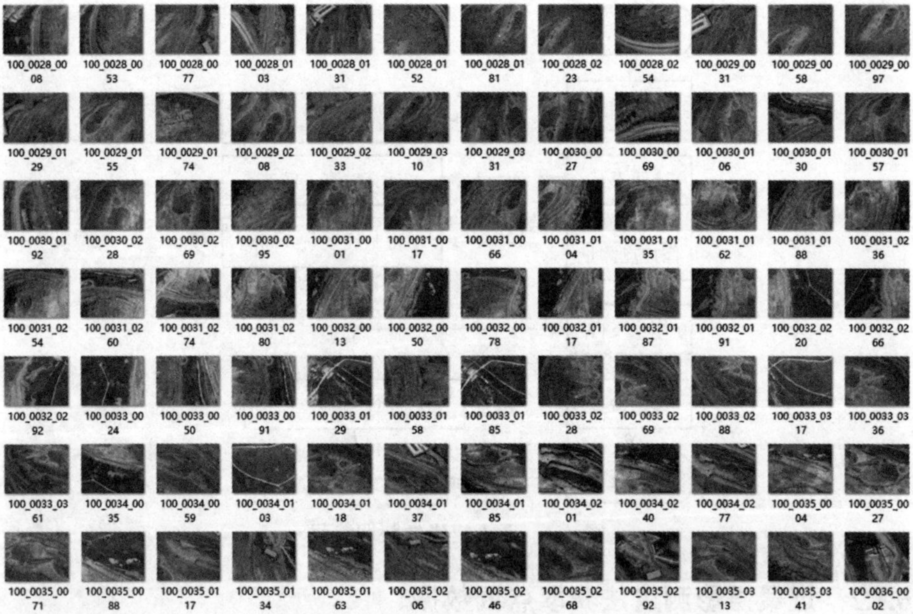

图 6-3 鞍山市某铁矿 2019 年 9 月部分无人机影像

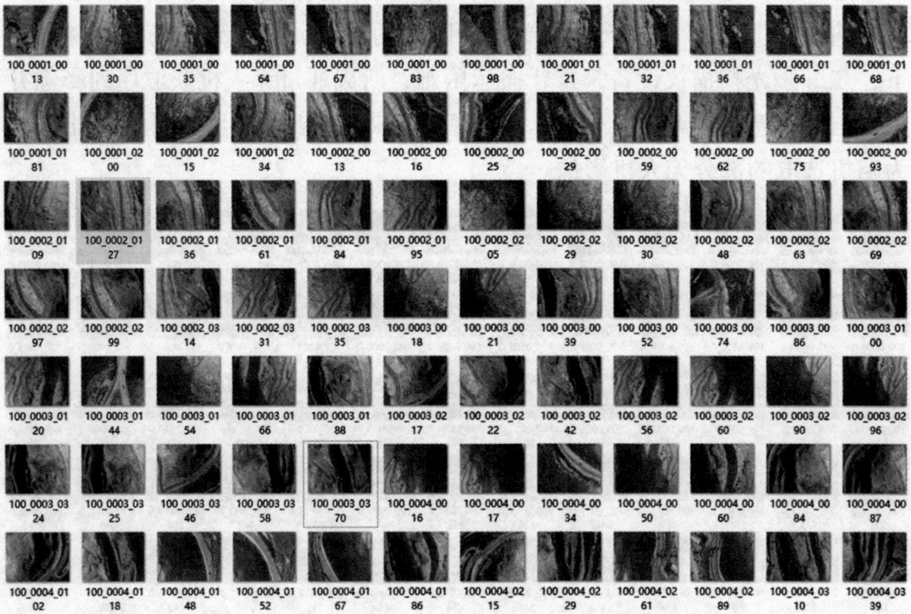

图 6-4 鞍山市某铁矿 2019 年 10 月部分无人机影像

6.1.2.1 运动恢复结构

运动恢复结构（SfM）算法是一种从多幅包含视觉运动信息的序列影像

中估计三维结构的技术，通过相机自标定法获取相机内部参数（如相机焦距、像主点坐标等），对相邻图像利用基于灰度或基于特征的方法两两计算匹配特征点，根据对极几何原理（如图6-5所示）得出两帧间相机姿态。

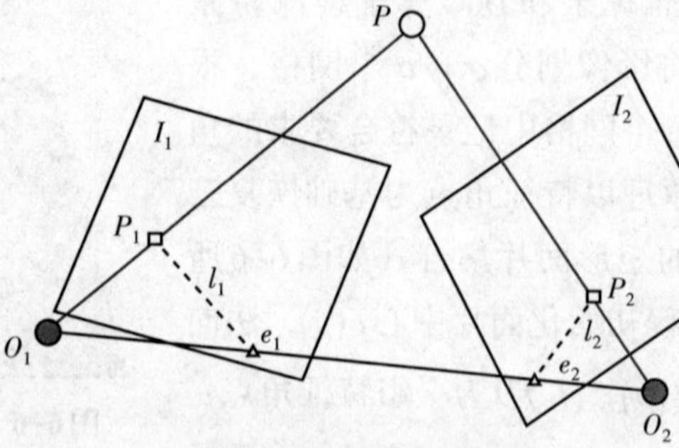

图6-5　对极几何约束

根据下式恢复投影矩阵：

$$\lambda\begin{bmatrix}u\\v\\1\end{bmatrix}=\boldsymbol{K}\left[\boldsymbol{R}|\boldsymbol{T}\right]\begin{bmatrix}X_W\\Y_W\\Z_W\\1\end{bmatrix}=\boldsymbol{M}\begin{bmatrix}X_W\\Y_W\\Z_W\\1\end{bmatrix}\tag{6-1}$$

式中，$\boldsymbol{K}$为相机内部参数矩阵；旋转矩阵$\boldsymbol{R}$和平移向量$\boldsymbol{T}$为相机相对于世界坐标系的旋转角度和平移量；$\boldsymbol{M}$为投影矩阵，代表的是某一物体点投影到像素坐标系这一变换过程。

得到投影矩阵后，根据每一对匹配点的坐标和映射关系还原图像像素点对应的三维空间坐标，最后利用光束平差法（Bundle Adjustment，BA）最小化重投影误差。

光束平差法是一种非线性优化方法，它根据相机的姿态和测量点的三维坐标，以共线方程为基础，缩减像点和投影点的距离误差，最终得到最优的相机参数和加密点的地面坐标。其最小化重投影误差函数如公式（6-2）所示。

$$E(\boldsymbol{M},P)=\sum_{i=1}^{n}\sum_{j=1}^{m}\left\|p_{ij}-\pi\left(M_{ij},P_{ij}\right)\right\|^2\tag{6-2}$$

式中，$\boldsymbol{M}$为透视投影矩阵；P_{ij}为三维点坐标；p_{ij}为像点坐标；i为第i张图像；j为第j个三维点，$\pi\left(M_{ij},P_{ij}\right)$为二维图像到三维实景的投影函数。

6.1.2.2　基于面片分析的多视立体匹配算法

PMVS是Yasutaka Furukawa和Jean Ponce在2007年首次提出的多视影像

密集匹配算法，并且是现今使用最普遍、三维重建效果最好的算法之一，该算法包括以下几个部分。

（1）特征点检测与匹配

PMVS采用Harris算子和DoG算子检测每张影像的角点特征，将影像划分$\sigma \times \sigma$个网格，根据最大响应值，在每个网格中记录符合要求的角点。采用三角测量原理以特征角点为基础恢复三维信息，形成稀疏的矩形面片集合（如图6-6所示），并根据以下过程初始化面片中心$c(p)$，法向量$\boldsymbol{n}(p)$，参考图像$R(p)$，(f, f')为一组特征角点：

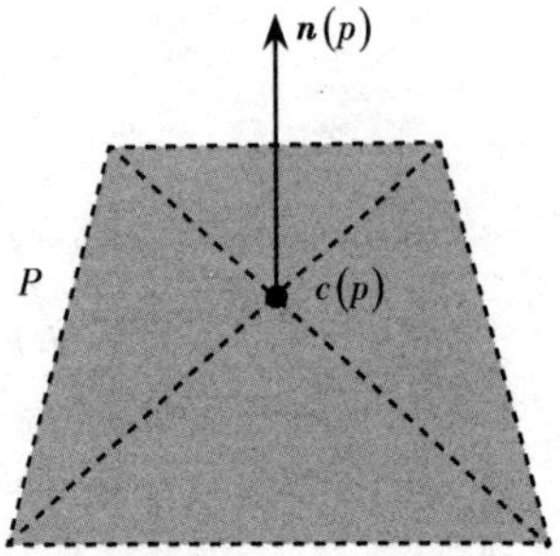

图6-6　面片模型示意图

$$c(p) \leftarrow 对(f, f')应用三角测量法$$

$$\boldsymbol{n}(p) \leftarrow c(p)O(I_i) \big/ \left| c(p)O(I_i) \right|$$

$$R(p) \leftarrow I_i$$

得到以上初始值后，优化面片中心点位置与法向量，并使该中心点最靠近对象表面的切线平面，根据中心点和法向量并通过共轭梯度法，将面片的灰度一致性函数值$g^*(p)$最小化（见图6-7），将最优面片定义为f点对应的最终面片。

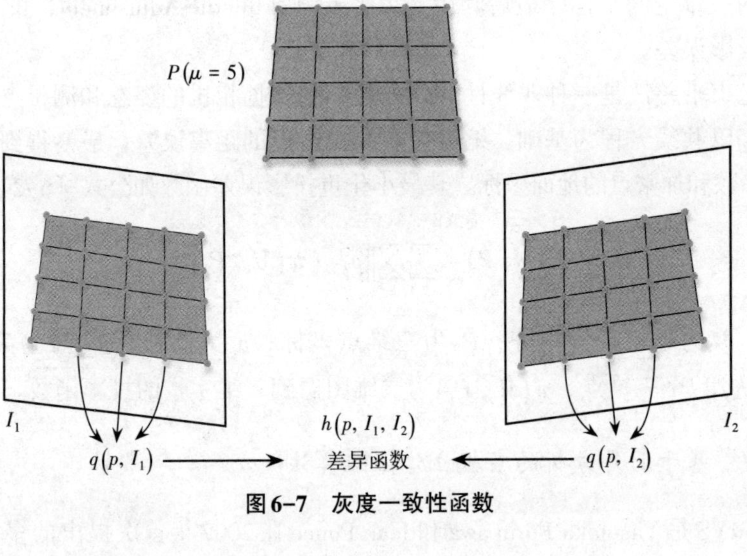

图6-7　灰度一致性函数

最后PMVS采用图像模型（见图6-8）实现面片在影像中投影并对这些面片进行标记，以此增强面片的连续性，保证在每个网格中至少建立一个面片。

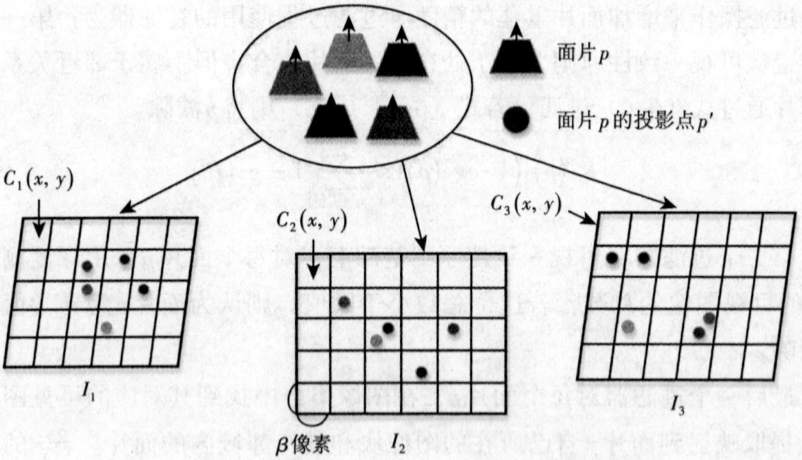

图6-8　面片p在$S(p)$上的投影示意图

（2）面片扩展

通过以上步骤可以得到稀疏面片集合。面片扩展是为了确保每个图像块至少对应一个面片，即根据一个面片p，判断面片p与p'的临近关系。若p属于相邻面片之间位置和法向量相似特性的邻域图像块集合$C(p)$［见式(6-3)］，并且满足式（6-4），则不需要扩展；若已重建面片在它们自己的满足灰度一致性度量的影像集合上投影，且投影到同一图像块的面片集合为非空集，则不进行扩展。

$$C(p)=\left\{C_i(x', y')\middle|p\in Q_i(x, y), |x-x'|+|y-y'|=1\right\} \tag{6-3}$$

$$\left|\left(c(p)-c(p')\right)\cdot n(p)\right|+\left|\left(c(p)-c(p')\right)\cdot n(p')\right|<2\rho_1 \tag{6-4}$$

式中，ρ_1由参考图像在$c(p)$和$c(p')$中的深度决定。

对于$C(p)$中其余的图像块，首先根据p的相应变量初始化p'的$n(p')$、$R(p')$以及$V(p')$，然后点$c(p')$即为穿过图像块的可视光线与面片p所在平面的交点。根据式（6-5）得到$V^*(p)$，对$c(p')$和$n(p')$进行优化，优化后加入测试图像集合，通过深度测试判断p'是否可见，更新$V^*(p')$，若$V^*(p')$中的图像数量大于阈值，则生成成功，同时更新投影到相同图像块的面片集合。

$$V^*(p) = I|I \in V(p), h(p, I, R(p) \leqslant \alpha) \tag{6-5}$$

（3）面片过滤

在以上面片重建的过程中，部分面片的误差会有些大，所以该算法进行面片过滤操作来增加面片重建的精度。过滤过程使用的过滤器为：第一个过滤器遵从可视一致性原则，对于处在同一面片集合中但不属于邻近关系的两个面片通过式（6-6）过滤，若式（6-6）成立，则将p滤除。

$$\left|K^*(p)\right|\left(1 - g^*(p)\right) < \sum_{p_i \in U(p)} 1 - g^*(P_i) \tag{6-6}$$

第二个过滤器在可视一致性原则基础上，对每个面片p采用深度测试得出p的可视图像的总数，若这个总数小于阈值，则认为面片p为异常值，将其滤除。

最后一个过滤器对每个面片p，在图像集合中找到其对应的可见图像集合，提取映射到面片p自己所在的图像块和其八邻域内的面片。若p的八邻域内面片数量与收集所得的面片数量的比小于0.25，则将其过滤。

6.2 基于AGPN与曲率加权方法的台阶线提取算法研究

通过无人机序列影像三维重建技术可以快速获得三维点云数据，露天矿的点云数据中包括地面点和挡土墙、房屋等人工地物以及树木、植被等。为从场景复杂的露天矿点云数据中自动精确地提取出狭长的台阶特征线并抑制噪声，在此介绍一种基于顾及邻域几何属性的三维边缘检测与曲率加权方法提取台阶线特征点，具体算法流程如下。

首先，利用渐进形态学滤波算法对点云进行预处理，使用顾及邻域几何属性的三维边缘检测与曲率加权方法提取台阶线特征点，该方法根据曲率指数提取潜在特征点；然后计算其与邻域点构成空间向量组的相邻两向量的夹角，精确提取台阶线特征点；最后使用移动最小二乘法精确拟合台阶线。

6.2.1 渐进形态学滤波

在实际工程中，运输平台为了保护工作人员和车辆的安全，会在两侧人工建造挡土墙等地物，且点云数据中包含车辆、植被等非地面点，这些都会影响台阶线的提取精度，所以采用渐进形态学滤波从初始点云数据中滤除非地面点，得到地面点。露天采矿场构成要素如图6-9所示。

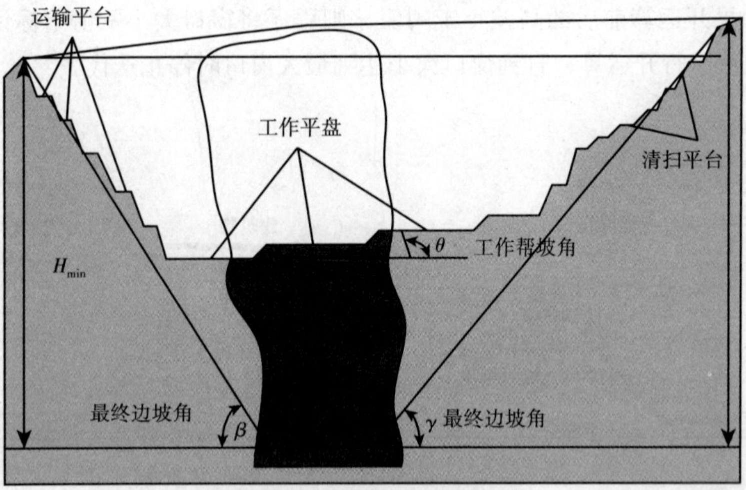

图6-9 露天采矿场构成要素

渐进形态学滤波是一种点云滤波算法，该算法通过逐渐增加滤波器的窗口大小和不同的高差阈值移除点云数据中的车辆、植被、建筑等非地面点，提取地面点，最终得到分类精确度较高的地面点和非地面点。该算法中若假设坡度恒定，则地形的最大高程差、窗口大小和地形坡度之间存在下列公式：

$$s = \frac{dh_{\max(t),k}}{\frac{w_k - w_{k-1}}{2}} \tag{6-7}$$

$$dh_{T,K} = \begin{cases} dh_0 w_k \leqslant 3 \\ s\left(w_k - w_{k-1}\right)c + dh_0, & w_k > 3 \\ dh_{\max}, & dh_{T,K} > dh_{\max} \end{cases} \tag{6-8}$$

式中，dh_0为初始高差阈值；s为斜率；c为格网大小；$dh_{\max}$为最大高差阈值；w_k为运行到第k次窗口大小。

渐进形态学滤波过程如图6-10所示，图中$dh_{\max(t),1}$表示初始地表与滤波后的表面的最大高差；$dh_{\max(t),2}$表示第二次滤波形成的表面与第一次迭代结果之间的最大高差；$dh_{\min(b),2}$表示相邻两次迭代得到的表面的最小高程差。

渐进形态学滤波在进行第一次迭代时，将最小高程表面与初始过滤窗口大小作为输入。后面的迭代中，将从上一迭代中获得的已滤波表面和增加的窗口大小用作滤波器的输入，根据不断增加的窗口对三维点云数据作开运算，如果开运算前后的高差小于阈值，则程序将窗口大小赋值给标记数组，然后继续进行开运算，直到窗口大小达到最大窗口时停止迭代。

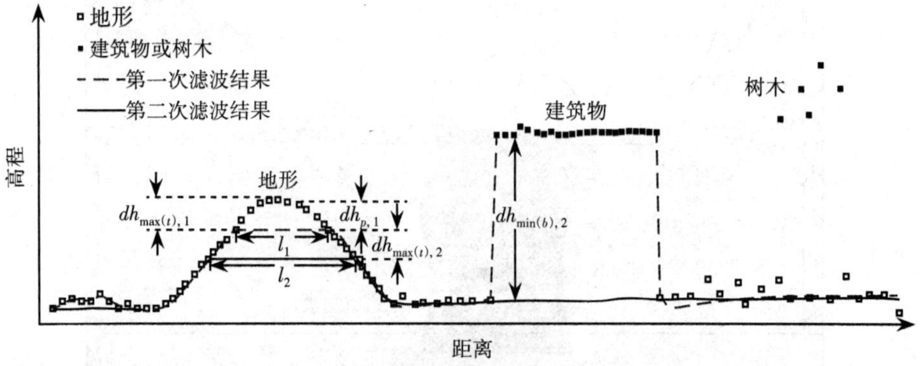

图6-10　渐进形态学滤波过程

6.2.2　曲率计算

露天矿台阶特征线对采矿设计优化和采剥进度计划编制都具有重要作用，台阶线的变化反映着露天矿台阶和边坡的变化，且台阶线上的特征点均是具有曲率极值的点，因此根据曲率从渐进形态学滤波中得到的点云中初步筛选潜在特征点。

曲率是描述几何体弯曲程度的量，可以用来确定曲面类型。根据曲面的表达形式可以将曲率的估计方法分为以下两类。

（1）基于三角网格的估算方法

基于三角网格的估算方法计算效率较高，但是曲率估算的精度容易受到局部邻域三角网格大小与形状的影响。Thales Vieira等基于三角网格使用有限差分格式和最小二乘近似来估计仿射正态，然后使用加权平均策略来逼近离散的仿射曲率张量。叶建华等将曲面模型转化为三角网格，并对三角网格采用局部多项式拟合以及局部曲率估算技术估算曲率。刘鹏鑫等首先识别异常区域，对异常区域顶点的k邻域采用局部加权抛物面拟合估算异常区域顶点的曲率。

（2）基于点云的曲率估算方法

基于点云的曲率估算方法是通过最小二乘拟合等方法建立局部坐标系，在局部坐标系内对曲面进行求导并估算曲率。安毅等基于离散曲线模型描述局部离散曲面，然后采用Meusnier定理以及Euler公式估算曲面的法向量、曲率等特征。Yang等通过对采样点及其邻域进行投影来构造移动抛物面逼近点云，估算采样点的曲率，采用基于点云的曲率估算方法。

曲率的基本要素有以下几种。

① 平均曲率：是指曲面上过一点P有无数个不同方向的曲线，不同方向具有不同的曲率，任意取其中一对相互垂直的正交曲率，取平均值。其计算公式为$\boldsymbol{K} = \left(K_1 + K_2\right)/2$，式中$K_1$，$K_2$为点$P$的一对正交曲率。

② 主曲率：过曲面上一点P上具有无穷个正交曲率，其中存在一条曲线使得该曲线的曲率为极大，这个曲率为极大值K_{max}，垂直于极大曲率面的曲率为极小值K_{min}，极值方向为主方向。

③ 高斯曲率：其计算公式为$K = K_{max} \cdot K_{min}$，表示的是点$P$的弯曲程度。

对点云中某点P及其邻域内的点使用最小二乘法拟合曲面并对其进行参数化：$r(x, y) = \left(x, y, ax^2 + bxy + cy^2\right)$。设$r(x, y)$的偏导数分别为$r_x$，$r_y$，$r_{xx}$，$r_{xy}$，$r_{yy}$，然后根据以下公式计算平均曲率$H$和高斯曲率$K$：

$$H = \frac{EN - 2FM + GL}{2\left(EG - F^2\right)} \tag{6-9}$$

$$K = \frac{LN - M^2}{EG - F^2} \tag{6-10}$$

式中，$L = r_x \cdot n = 0$

$$E = r_x \cdot r_x = 1 + \left(2ax + by\right)^2$$

$$F = r_x \cdot r_y = \left(2ax + by\right)\left(2cy + bx\right)$$

$$G = r_y \cdot r_y = 1 + \left(2cy + bx\right)^2$$

$$M = r_{xy} \cdot n = \frac{b}{\sqrt{1 + \left(2ax + by\right)^2 + \left(2cy + bx\right)^2}}$$

$$N = r_{yy} \cdot n = \frac{2c}{\sqrt{1 + \left(2ax + by\right)^2 + \left(2cy + bx\right)^2}}$$

最后，通过下列公式计算主曲率：

$$K_{max} = H + \sqrt{H^2 - K} \tag{6-11}$$

$$K_{min} = H - \sqrt{H^2 - K} \tag{6-12}$$

曲率指数与坐标系无关，具有旋转和位移不变性，在三维特征点检测领域中被广泛使用。拟合曲面弯曲程度越大，曲率指数越大；反之，曲率指数越小。曲率指数$C_{(p)}$由下式求得：

$$C_{(p)} = \sqrt{\frac{K_{\max}(p)^2 + K_{\min}(p)^2}{2}} \tag{6-13}$$

6.2.3 顾及邻域几何属性的三维边缘检测

随机抽样一致算法（Random Sample Consensus，RANSAC）采用迭代方式从包含“外点”的数据集中估计数学模型的参数，最终得到有效样本数据，其中选取的子集被假设为“内点”。其基本过程如下：

首先随机选取“内点”中的一组点作为初始值并以此拟合模型，该拟合模型适应于假设的“内点”，根据局内点能够解算出所有的未知参数；然后用该模型测试其他点，若有其他点也适应于该模型，则将该点定义为“内点”，当“内点”数目大于阈值时，用所有的“内点”去重新估计模型；最后，根据“内点”和模型的错误率评估模型。

以上即为迭代一次的过程，迭代一定次数后，选择最优模型作为最终的结果。RANSAC算法可以从存在大量“外点”的数据集中精确地估计出模型参数，但是如果设置迭代次数，则可能不会得到最优解。

图6-11所示为RANSAC算法估计的直线模型。

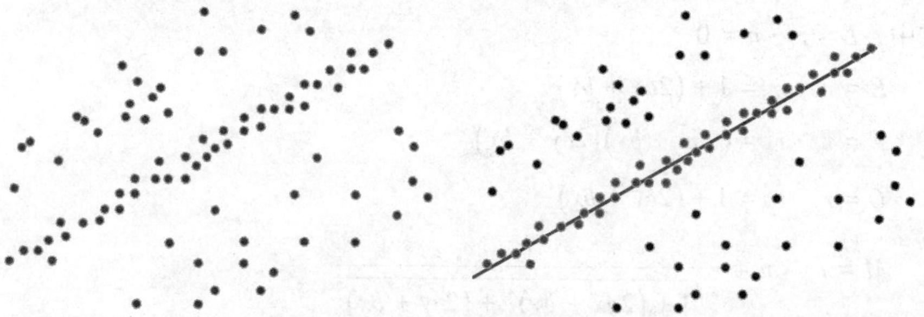

（a）包含很多局外点的数据集　　（b）RANSAC算法拟合结果

图6-11　RANSAC算法示意图

Kd-tree的构建是一个递归划分的过程，对数据进行有序化排列，方便进行快捷高效的检索。图6-12所示是通过二维点集$\{(2, 3), (5, 4), (9, 6), (4, 7), (8, 1), (7, 2)\}$构建的Kd-tree。构建过程如下：

首先计算得出x轴方差较大，则最初的分割轴为x轴，计算点集中的x轴坐标的中位数，确定第一个节点$(7, 2)$，并以此划分左支和右支，左支：$\{(2, 3), (5, 4), (4, 7)\}$；右支：$\{(9, 6), (8, 1)\}$。更新分割轴，由于是二维点集，所以下一个维度为$y$轴，在左支中找到$y$轴中位数，定义$(5, 4)$为左节点，该节点左支数据为$\{(2, 3)\}$，右支数据为$\{(4, 7)\}$；在右支中找到$y$轴中位数，左支数据为$\{(8, 1)\}$，右支数据为null。再次更新分割轴为$x$轴，因为每个分支只有一个数据，所以每个子节点为该分支数据，最终整个Kd-tree构建完成。构建完成后利用Kd-tree进行最近邻检索的过程是先遍历Kd-tree，将遍历到的节点加入到搜索路径中，然后回溯路径；建立最大堆，在回溯路径中，将小于堆顶最大距离的节点加入堆，直到搜索路径为空。

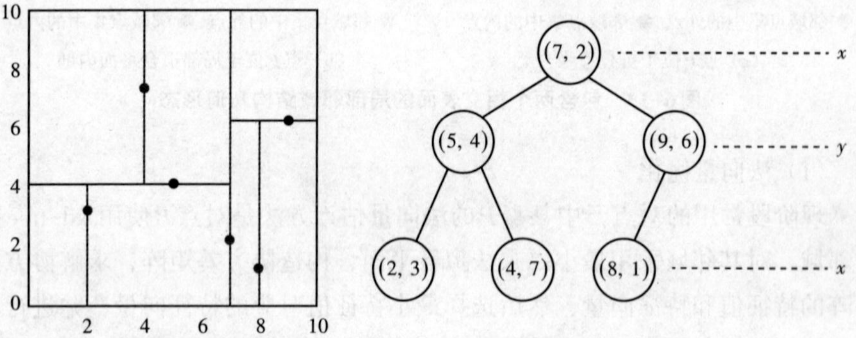

（a）二维坐标系下的分割示意图　　（b）构建Kd-tree示意图

图6-12　Kd-tree示意图

传统的从点云中提取三维边缘的方法只能提取出两个或多个平面相交形成的边缘，且不能提取由小尺寸、狭长平面构成的三维边缘。使用顾及邻域几何属性的三维边缘检测（Analysis of Geometric Properties of Neighborhoods，AGPN）算法细化特征点，提取边缘时可以从含有噪声的点云中检测出所有类型的三维边缘。

AGPN算法引入了平面模型的RANSAC算法。露天矿地形复杂，少有规则的曲面，当检测不规则曲面相交构成的边缘时，由于曲面的微小局部可以看成平面，平面模型可以有效地近似局部曲面的几何结构。如果潜在特征点中一点P是折叠边缘，则使用Kd-tree搜索邻域后，空间向量$\boldsymbol{PA}_i(i = 1, \cdots, n)$在点$P$邻域拟合平面上的投影会有较大的夹角［如图6-13（a）所示］。该折叠边缘同时位于拟合平面和邻域内另一个相交表面上。当点P不是折叠边缘但也属于内点时，那么该点位于内点的拟合平面的内部，此时，空间向量$\boldsymbol{PA}_i(i = 1, \cdots, n)$在拟合平面上的投影之间不存在较大的夹角，是连续分布的［如图6-13（b）所示］。此外，若内点集的点数过少，则认为点P为噪声点。

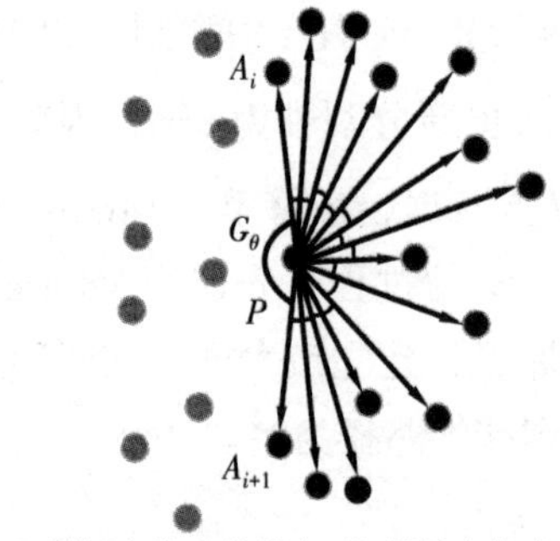

（a）点P位于折叠边缘

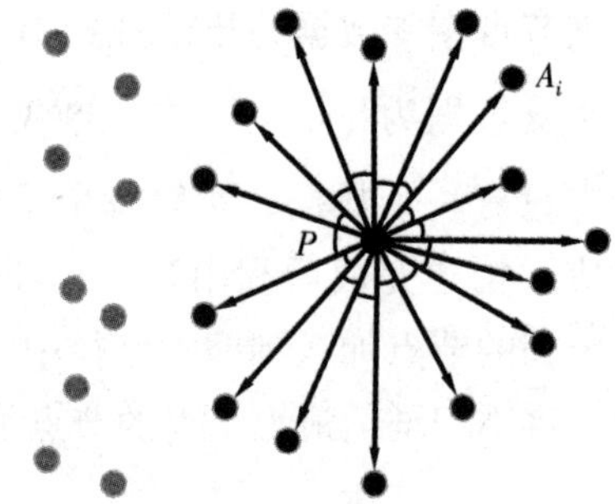

（b）点P位于局部拟合平面内部

图6-13　包含两个相交表面的局部邻域结构几何形态

（1）法向量优化

现阶段常用的对点云中某点P的法向量估计方法是对点P使用Kd-tree搜索邻域，对其邻域采用最小二乘法拟合平面，构造协方差矩阵，求解协方差矩阵的特征值和特征向量，然后选择最小特征值对应的特征向量，并进行单位化，则该向量为点P法向量。目前，计算角度阶跃特征大多采用该法向量构建空间坐标系，并在垂直于该法线向量的平面上计算角度阶跃值。这样将会导致此方法计算出的角度阶跃值不能用于检测折叠边缘，并且对于曲面轮廓，也不能准确检测。

AGPN算法则是对点P的邻域使用平面模型的RANSAC算法，将其分为局内点和局外点，内点拟合平面的法向量作为点P优化后的法向量。当点P的邻域有多个平面时，优化后的法向量将会垂直于其中一个平面。

（2）角度阶跃计算

根据优化后的法向量和拟合平面上一对相互垂直的向量建立空间直角坐标系，设空间向量$\boldsymbol{u}$在x轴上，向量$\boldsymbol{v}$在y轴上，优化后的法向量为$\boldsymbol{n}$，则角度阶跃计算公式如下：

$$d_i^u = \boldsymbol{PA}_i \cdot \boldsymbol{u} \tag{6-14}$$

$$d_i^v = \boldsymbol{PA}_i \cdot \boldsymbol{v} \tag{6-15}$$

$$\theta_i = \arctan\left(\frac{d_i^u}{d_i^v}\right) \tag{6-16}$$

$$G_\theta = \max\left(\theta_{i+1} - \theta_i\right)(i = 1, \cdots, N-1) \tag{6-17}$$

式中，空间向量$\boldsymbol{PA}_i$为由当前点P和其邻域内拟合平面提取的内点构成的。

计算角度阶跃G_θ后，将角度阶跃大于阈值的点作为提取的台阶线特征点。

6.2.4 移动最小二乘法拟合特征线

基于离散点的区域增长法（Region Growing）是将特征属性（如高差、距离、坡度、法向量等）相似的点集构成区域。首先在点集中选取一点作为种子点，将种子点邻域内具有相似特征属性的点并入该区域，新的点继续作为种子点向邻域生长，直到具有相似属性的点集为空。对剩余的点再选取种子点进行区域增长，直到所有点都被处理。

在实际应用区域增长法时要解决两个问题：生长条件，即在生长过程中将其他点并入区域的准则；生长方法，生长方法分为基于种子点和无种子点两种。

(1) 生长条件

露天矿边坡构成如图6-14所示。基于露天矿台阶的特点，采用高差、水平距离以及种子点与临近点的方向一致性作为生长准则。根据台阶高度设定高差阈值，根据平盘宽度设定水平距离阈值，根据式（6-18）计算种子点与临近点的方向一致性ω：

$$\omega = \overline{(p_i - p_{i-1})} \cdot \overline{(q_{ij} - p_i)} \tag{6-18}$$

式中，p_i为当前生长点；p_{i-1}为上一个点；q_{ij}为当前生长点的邻域点。

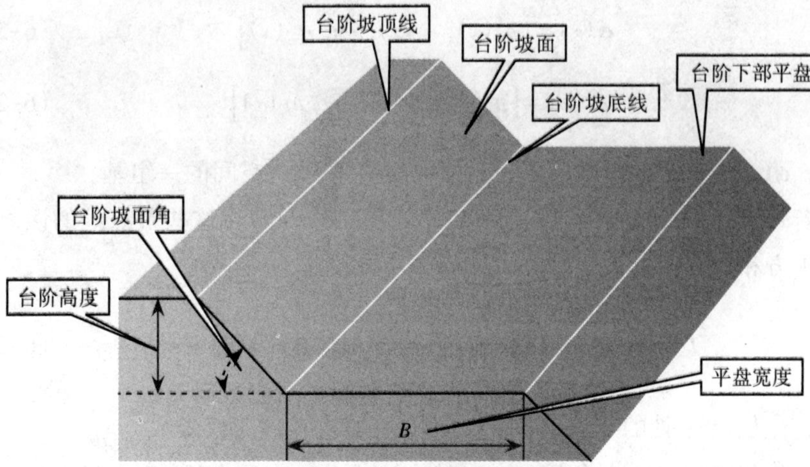

图6-14 台阶构成要素

(2) 生长方法

基于种子点的区域增长法，根据实际应用需要确定种子点位置和中止生长条件（如最大生长半径、最大生长面积）。若种子点位置和中止生长条件选择错误，则会造成错误分割或过（欠）生长。基于种子点的生长方法效率高且分割后由于已经知道种子点的类别，因此不需要再对数据分类。

无种子点的生长方法是随机选取任意一点作为种子点，搜索种子点邻域将具有相似属性的点并入区域中，最终得到数个分割区域。无种子点的分割方法无法知道各个分割区域的类别，采用无种子点的生长方法分割上面步骤得到的台阶线特征点，将分割得到的各个区域采用移动最小二乘法拟合台阶线。

采用区域生长法将提取的台阶线特征点分割后，将分割后的每段点云采用移动最小二乘法拟合台阶线。与传统的最小二乘法相比，移动最小二乘法在最终拟合曲线的定位和光滑性方面有较好的效果，且拟合精度也比较高。移动最小二乘法有两个明显的优点：第一点是不同于传统方法中的多项式，拟合过程中使用的函数由基函数和系数向量组成；第二点是引入了紧支的概念，即点x处的值y只受x支撑域内节点的影响。

在要进行曲线拟合的部分中，其目标子区域在拟合过程中使用的函数记作$f(x)$:

$$f(x)=\sum_{i=1}^{m}a_i(x)p_i(x)=\boldsymbol{p}^{\mathrm{T}}(x)\boldsymbol{\alpha}(x) \tag{6-19}$$

$$\boldsymbol{\alpha}(x)=\left[a_1(x),\ a_x(x),\ \cdots,\ a_m(x)\right]^{\mathrm{T}} \tag{6-20}$$

$$\boldsymbol{p}^{\mathrm{T}}(x)=\left[p_1(x),\ p_2(x),\ \cdots,\ p_m(x)\right] \tag{6-21}$$

式中，$\boldsymbol{\alpha}(x)$为待定的系数矢量；$\boldsymbol{p}^{\mathrm{T}}(x)$为$m$次多项式空间的一组基。

若计算点x的邻域内有n个节点，近似函数$f(x)$在这些节点处的误差的加权平方和如下：

$$J=\sum_{i=1}^{n}w_i(x)\left[f(x)-y_i\right]^2=\sum_{i=1}^{n}w_i(x)\left[\boldsymbol{p}^{\mathrm{T}}\boldsymbol{\alpha}(x)-y_i\right]^2 \tag{6-22}$$

式中，y_i为$x=x_i$处的节点值；$w_i(x)$为具有紧支特性的权函数。

如果想要解出待定参数$\boldsymbol{\alpha}(x)$，就应让式（6-22）中的J取得最小值。对J取极值即对$\boldsymbol{\alpha}(x)$求导得：

$$\frac{\partial J}{\partial \alpha} = \boldsymbol{A}(x)\boldsymbol{\alpha}(x) - \boldsymbol{B}(x)\boldsymbol{y} = 0 \tag{6-23}$$

$$\boldsymbol{\alpha}(x) = \boldsymbol{A}^{-1}(x)\boldsymbol{B}(x)\boldsymbol{y} \tag{6-24}$$

$$\boldsymbol{A}(x) = \sum_{i=1}^{n} w_i(x)\, p(x_i)\, \boldsymbol{p}^{\mathrm{T}}(x) \tag{6-25}$$

$$\boldsymbol{B}(x) = \left[w(x_1)\, p(x_1),\ w(x_2)\, p(x_2),\ \cdots,\ w(x_n)\, p(x_n) \right] \tag{6-26}$$

计算时需要用到形函数$\boldsymbol{\varphi}^k(x)$:

$$\boldsymbol{\varphi}^k(x) = \left[\varphi_1^k,\ \varphi_2^k,\ \cdots,\ \varphi_n^k \right] = \boldsymbol{p}^{\mathrm{T}}\boldsymbol{A}^{-1}(x)\boldsymbol{B}(x) \tag{6-27}$$

获得拟合函数：

$$f(x) = \sum_{i=1}^{n} \varphi_i^k(x)\, y_i = \boldsymbol{\varphi}^k(x)\boldsymbol{y} \tag{6-28}$$

6.3 采剥量解算

露天矿采剥工程量的精确计算一直以来都是矿山设计和生产过程中的主要任务之一。基于点云数据解算采剥量的方法主要有断面法、等高线法、规则格网法和不规则三角网法四种。以上方法虽能计算露天矿采剥工程量，但是其精度仍需要进一步提升。为此，本书介绍一种斜截三棱柱体分割法计算采剥量。

6.3.1 采剥量计算方法

6.3.1.1 断面法

断面法是根据两期数据得到的地形线将矿体分割为若干个断面，计算各个断面的体积与储量，然后将各个块段的矿体体积求和得到总体积，最后将两期总体积求差即可得出该采剥区域的采剥量。根据断面间的关系可以将断面法分为平行断面法和不平行断面法。

（1）平行断面法

平行断面法又分为垂直平行断面法和水平平行断面法，二者都是计算相邻断面间块段的体积并求和，以此来计算出采剥区域的采剥量。平行断面法的体积计算方法如下。

① 若矿体在断面上的截面形状相似，并且面积相对差小于40%，或者有一对应边相等［如图6–15（a）所示］，计算公式如下：

$$V = \frac{L}{2}\left(S_1 + S_2\right) \tag{6-29}$$

② 若相邻两断面间的矿体形状类似，并且面积相对差大于40%［如图6–15（b）所示］，计算公式如下：

$$V = \frac{L}{3}\left(S_1 + S_2 + \sqrt{S_1 S_2}\right) \tag{6-30}$$

③ 若相邻两断面间的矿体形态相差较大［如图6–15（c）所示］，使用拟柱体计算公式如下：

$$V = \frac{L}{6}\left(S_1 + 4S_m + S_2\right) \tag{6-31}$$

式中，S_m为在$\frac{L}{2}$矿体在断面的截面面积。

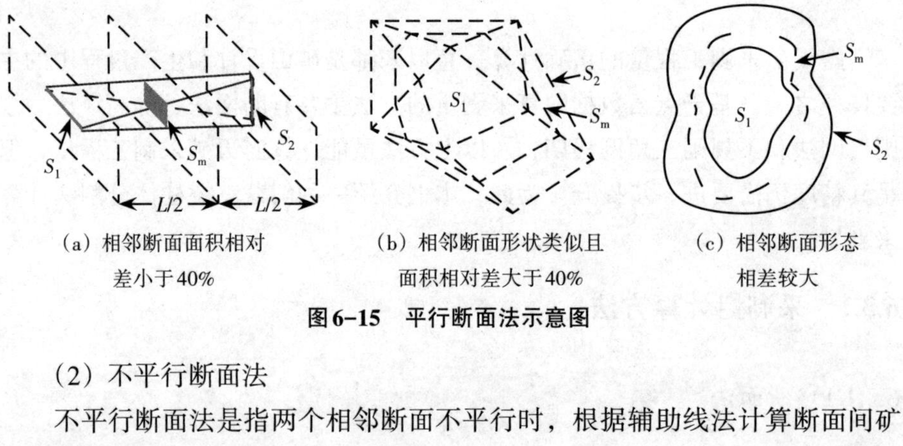

（a）相邻断面面积相对差小于40%　（b）相邻断面形状类似且面积相对差大于40%　（c）相邻断面形态相差较大

图6–15　平行断面法示意图

（2）不平行断面法

不平行断面法是指两个相邻断面不平行时，根据辅助线法计算断面间矿体体积（如图6–16所示），公式如下：

$$V = S_1'\frac{S_1}{L_1} + S_2'\frac{S_2}{L_2} \tag{6-32}$$

式中，V为断面间矿体体积；S_1、S_2为断面上矿体的面积；S_1'、S_2'为被中线分割的矿体的投影面积；L_1、L_2为断面上矿体的宽度。

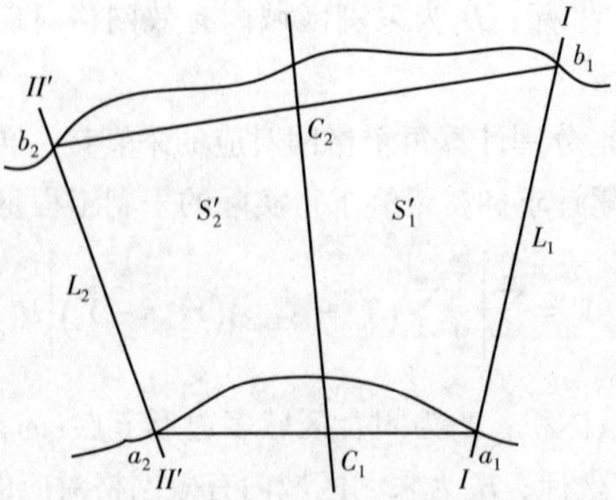

图6-16　不平行断面法示意图

6.3.1.2　等高线法

等高线法适用于采剥区域地形起伏较大的情况，其基本原理是根据等高线所包围的面积以及等高距求得采剥区域的采剥量，如图6-17所示。图中由高程为i的等高线围成的面积为S_i，由高程为j的等高线围成的面积为S_j，h为两等高线间的高差。采用等高线法将采剥区域内所有相邻等高线的采剥量计算求和即该区域的采剥量。

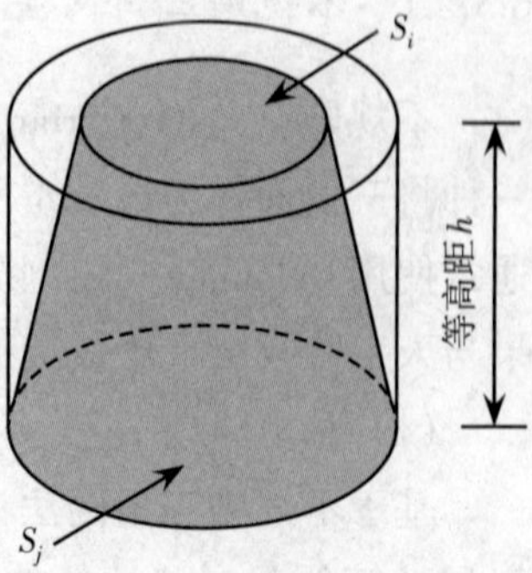

图6-17　等高线法示意图

计算公式如下：

$$V=\frac{1}{3}\left(S_i+\sqrt{S_iS_j}+S_j\right)h \tag{6-33}$$

6.3.1.3　规则格网法

规则格网按照格网的形状可分为矩形格网和方格网。在实际工程中采用的一般都是方格网法。方格网法根据数据的精度将采剥区域分割为若干个方形网格，其计算方式有很多种，较为常用的是平均高差法和格网积分法。

平均高差法通过计算采剥区域面积及其高差来求得采剥量，公式如下：

$$V=\left|\frac{1}{2}\sum_{i=1}^{m}\left(X_i+X_{i+1}\right)\left(Y_{i+1}-Y_i\right)\right|\sum_{i=1}^{m}\frac{H_i}{M} \tag{6-34}$$

式中，V为采剥区域体积；X_i为闭合区域多边形节点i的X坐标；Y_i为闭合区域多边形节点i的Y坐标；H_i为采剥区域内有效网格对应的格网方差；M为采剥区域的网格数量。

格网积分法则是分别计算每个格网对应的采剥量，再对采剥区域内所有格网的采剥量进行累计求和，最终求得实际的采剥工程量，公式如下：

$$V = \sum_{i=1}^{m}\left|\frac{1}{2}\sum_{i=1}^{m}\left(X_i + X_{i+1}\right)\left(Y_{i+1} - Y_i\right)\right|H_i \tag{6-35}$$

式中，V为采剥区域体积；X_i为闭合区域多边形节点i的X坐标；Y_i为闭合区域多边形节点i的Y坐标；H_i为采剥区域内有效网格对应的格网方差。

6.3.2 改进的不规则三角网法算法研究

6.3.2.1 不规则三角网法

不规则三角网（Triangulated Irregular Network，TIN）是Peuker等提出的一种将三角面作为最基本网格单元来描述地表形态的模型。不规则三角网法通常使用Delaunay三角剖分生成三角网，并且可以应用于任何地区，计算结果与人工验收结果比较接近，如今普遍应用于采场采剥量解算。

（1）基本原理

基于不规则三角网法计算采剥区域采剥量流程是根据三角面面积和设计高程计算斜截三棱柱体体积并累计求和，然后求出两期体积差即采剥工程量。计算流程如图6–18所示。

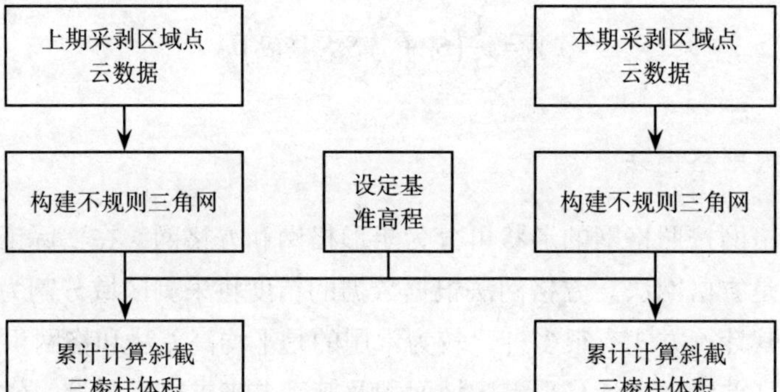

图6–18 不规则三角网法计算流程

（2）Delaunay三角剖分

Delaunay三角剖分由数学家Delaunay在1934年提出，对于任意给定的平面点集，只存在着唯一的一种三角剖分方法，满足所谓“最大-最小角”优化准则，即所有最小内角之和最大。实现Delaunay三角剖分的伪代码如下：

算法：Delaunay三角剖分算法

```
Algorithm1:
input：顶点列表（vertices）
output：已确定的三角形列表（triangles）
    初始化顶点列表
    创建索引列表（indices = new Array（vertices.length））
    基于vertices中的顶点x坐标对indices进行sort
    确定超级三角形
    将超级三角形保存至未确定三角形列表（temp triangles）
    将超级三角形push到triangles列表
    遍历基于indices顺序的vertices中每一个点
        初始化边缓存数组（edge buffer）
        遍历temp triangles中的每一个三角形
            计算该三角形的圆心和半径
            如果该点在外接圆的右侧
                则该三角形为Delaunay三角形，保存到triangles并在
                temp里去除
                跳过
            如果该点在外接圆外（即也不是外接圆右侧）
                则该三角形为不确定
                跳过
            如果该点在外接圆内
                则该三角形不为Delaunay三角形
                将三边保存至edge buffer
                在temp中去除掉该三角形
        对edge buffer进行去重
        将edge buffer中的边与当前的点组合成若干三角形并保存至
        temp triangles
```

```
    将triangles与temp triangles进行合并
    除去与超级三角形有关的三角形
end
```

（3）不规则三角网法体积计算公式

构建不规则三角网地面模型可以反映地形的起伏，但由于露天矿地形起伏较大，连续起伏的三角面与基准高程面构成的空间实体并不是规则的几何体，无法直接使用公式计算。如果将不规则三角网拆解为单一三角形并将其与基准高程面构成斜截三棱柱体，对这个斜截三棱柱体可以通过公式（6-36）计算体积：

$$V = \frac{h_1 + h_2 + h_3}{3} \times S_T \qquad (6\text{-}36)$$

如图6-19所示，h_1、h_2、h_3表示三角形顶点与基准高程面的高差，S_T表示$\triangle A_1A_2A_3$在基准高程面上的投影面积。

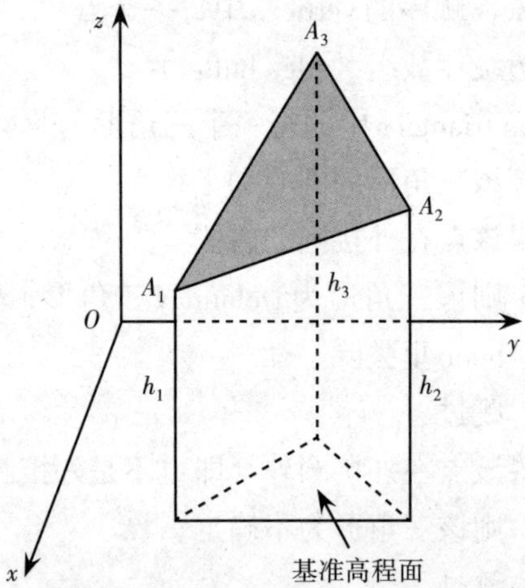

图6-19　不规则三角网中的斜截三棱柱

6.3.2.2　斜截三棱柱体分割法

斜截三棱柱体分割方法是对DTM方法的改进，DTM方法对于台阶面等平缓表面的计算结果是较为准确的，但是露天矿中存在大量的倾斜面，这将导致根据三角网的三角形顶点的平均高程计算采剥量的结果与真实结果有很大的偏差。用斜截三棱柱体分割方法来计算采剥量流程如图6-20所示。

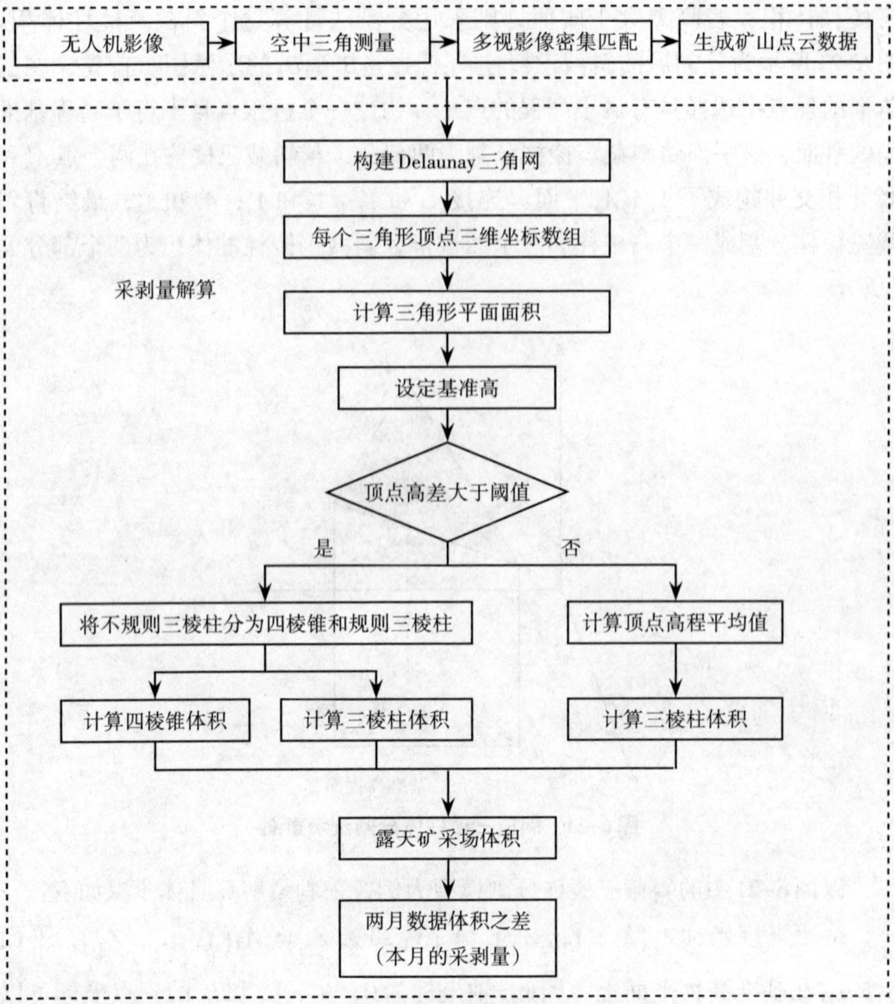

图6-20　斜截三棱柱体分割法流程图

具体步骤如下。

（1）计算基准高程

根据台阶线以及高程变化确定采剥区域，对采剥区域构建Delaunay三角网，并计算采剥区域中的最小高程，将其作为基准高程。

（2）计算体积

根据地形变化区域的三角网选择集和基准高程计算体积，具体步骤如下。

① 遍历落在变化区域内的三角形，将三角形向基准高程面投影，构造斜截三棱柱。计算三角形顶点高差，若高差小于阈值，则可直接计算斜截

三棱柱体积；若高差大于阈值，则采用分割法计算每个斜截三棱柱体积。图6-21所示为分割后的斜截三棱柱$A_1A_2A_3 - B_1B_2B_3$的示意图。首先，在三角形的顶点中选择具有最小高程的点A_1，构建一个过该点且平行于高程基准面的平面，该平面将斜截三棱柱分割为两部分，与斜截三棱柱在两个点A_2'和A_3'处相交并构成了$A_1A_2'A_3'$平面。连接A_1和A_2'，A_2'和A_3'，A_1和A_3'，最终将斜截三棱柱分割成一个三棱柱和一个四棱锥，斜截三棱柱的体积为两个部分的总和。

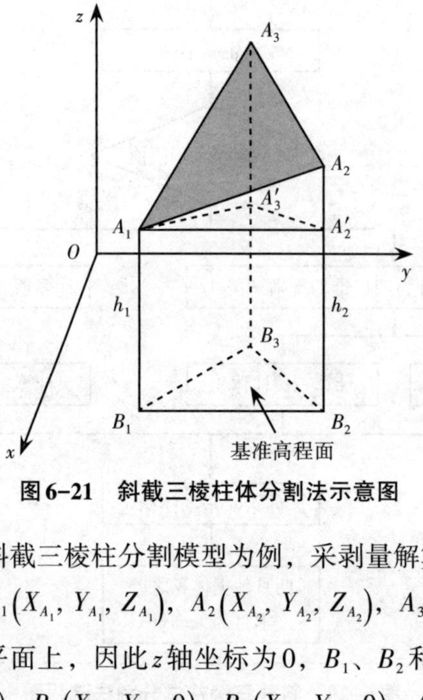

图6-21　斜截三棱柱体分割法示意图

以图6-21中的斜截三棱柱分割模型为例，采剥量解算具体步骤如下：

给定三维坐标$A_1\left(X_{A_1}, Y_{A_1}, Z_{A_1}\right)$，$A_2\left(X_{A_2}, Y_{A_2}, Z_{A_2}\right)$，$A_3\left(X_{A_3}, Y_{A_3}, Z_{A_3}\right)$，平面$B_1B_2B_3$在基准高程平面上，因此$z$轴坐标为0，$B_1$、$B_2$和$B_3$的三点坐标可以表示为$B_1\left(X_{A_1}, Y_{A_1}, 0\right)$，$B_2\left(X_{A_2}, Y_{A_2}, 0\right)$，$B_3\left(X_{A_3}, Y_{A_3}, 0\right)$。$A_1A_2'A_3'$平面是穿过点$A_1$并平行于基准高程面的平面，因此$A_2'$和$A_3'$的坐标可以表示为$A_2'\left(X_{A_2}, Y_{A_2}, Z_{A_1}\right)$，$A_3'\left(X_{A_3}, Y_{A_3}, Z_{A_1}\right)$。

体积计算公式如下：

a. 计算三棱柱$A_1A_2'A_3' - B_1B_2B_3$的体积：

$$S_{A_1A_2'A_3'} = \frac{1}{2}\left(X_{A_1} \cdot Y_{A_2} + X_{A_2} \cdot Y_{A_3} + X_{A_3} \cdot Y_{A_1}\right) - \left(X_{A_2} \cdot Y_{A_1} + X_{A_3} \cdot Y_{A_2} + X_{A_1} \cdot Y_{A_3}\right) \tag{6-37}$$

$$V_{A_1A_2'A_3' - B_1B_2B_3} = S_{A_1A_2'A_3'} \cdot Z_{A_1} \tag{6-38}$$

b. 计算四棱锥$A_1-A_2A_3A_3'A_2'$的体积：

$$V_{A_1-A_2A_3A_3'A_2'}=\frac{\left[\left(Z_{A_2}-Z_{A_1}\right)+\left(Z_{A_3}-Z_{A_1}\right)\right]\cdot\sqrt{\left(X_{A_2}-X_{A_3}\right)^2+\left(Y_{A_2}-Y_{A_3}\right)^2}}{2}\cdot H \tag{6-39}$$

式中，H为顶点A_1到平面$A_2A_3A_3'A_2'$的距离。

c. 计算斜截三棱柱体积：

$$V=V_{A_1A_2'A_3'-B_1B_2B_3}+V_{A_1-A_2A_3A_3'A_2'} \tag{6-40}$$

② 遍历所有与变化区域边界相交的三角形，即重心在变形区域内的三角形。对这些三角形按照步骤①中的方法计算体积，累计求和所有三角形对应的斜截三棱柱体积。

③ 将步骤①与步骤②中计算所得的体积加和即为上期采场地形变化区域到基准高程面的总体积：

$$V_{S_1}=\sum_{i=1}^{m}V_i \tag{6-41}$$

（3）计算采剥量

根据步骤（1）与步骤（2）中的方法计算本期数据地形变化区域的体积V_{S_2}，将两期计算结果做差即为采剥量：

$$V_{采剥量}=V_{S_1}-V_{S_2} \tag{6-42}$$

6.3.2.3 对比分析

通过对断面法、等高线法、规则格网法、不规则三角网法以及斜截三棱柱体分割法的计算原理的分析，可以得出如下结论。

① 断面法的计算原理较简单，可以直观表达验收区域采剥前后地形变化特征，了解工作平盘、工作帮的高程变化，通过统计相应平台标高的量可以快速完成平台分量以及运距分量。内业数据处理过程相对简单，但是工作量较大，需要进行大量的断面测量工作，断面数据的读取和录入方面相对于规则格网法和不规则三角网法比较耗时。该方法按一定的间距划分若干相互平行的横截面，计算断面面积，求出土方量。在计算区域比较复杂时可选任意断面法。断面法的精度受断面数量和距离的影响较大，所以断面法在沟渠、道路等狭长带状地形应用较为广泛。为保证计算精度，断面的方位也要

尽量垂直于平台推进方向。

与断面法相比，斜截三棱柱体分割法可以适用于多数的地形和地貌，精确计算露天矿采剥量。

② 规则格网法根据实测数据以及格网边长确定格网数量，根据距离的倒数进行加权内插得到该格网点的高程，然后获取格网点权重以及填挖平衡时的设计高程，计算土方量。该方法可通过程序实现数学模型的建立，实现自动计算采剥量。规则格网法的计算精度易受格网大小的影响，当格网边长较小时，每个格网的计算精度较高，但相应的计算量也增大。

因此，针对露天矿采场面积较大且验收前后采剥区域的地形比较平坦的露天矿，使用规则格网法计算采剥工程量可以满足生产规范要求。斜截三棱柱体分割法可以在地形变化更加复杂的情况精确计算露天矿采剥量。

③ 等高线法适用于地形图精度较高的情况，该方法选择的等高线必须为闭合等高线。然而在露天矿实际工程中没有足够的闭合的等高线可用于计算，因此，等高线法通常情况下都用来估算。由于等高线法的算法特点，导致其存储数据量大、数据结构复杂而且很难建立，随着区域面积的增加，计算采剥量的精度会大幅下降。

等高线法较适用于山头或者盆地等地面起伏较大、坡度变化较多的区域，但精度较差。而斜截三棱柱体分割法相对于等高线法减少了人工操作，可通过程序实现采剥量的自动计算。

④ 与断面法、等高线法和规则格网法相比，不规则三角网法是受地形条件影响最小的方法，计算结果最接近真值。这种方法对于所有的数据结构均可以使用，由于三角形在形状和大小方面具有很大的灵活性，不需要改变原始数据和精度，可以更好地表示地面特征，而且这种建模方法也很容易融合断裂线、生成线或其他任何数据，三角网中的点、线的分布和结构可以完全与地表的形态特征保持一致。

因此，不规则三角网法可以与地表特征较好地匹配，大幅度提高计算的准确性和计算效率，适用于露天矿采剥量计算，但依然存在计算精度不足的问题。而斜截三棱柱体分割法在不规则三角网法基础上进行改进，计算精度和表示地形特征方面相对于不规则三角网法均有提升。

针对断面法、等高线法自动化程度低，规则格网法和不规则三角网法计算精度不足的问题，介绍了斜截三棱柱体分割法，该方法通过综合分析台阶线和高程变化得到采剥区域，对采剥区域构建Delaunay三角网，用空间三维坐标表示实际的连续地面，并根据地形起伏的大小采用不同的计算方式：地形起伏较小时取高程平均值计算采剥量；而地形起伏较大时，则分别计算两个几何体的体积并求和。该方法适用于多种地形和地貌，相对于断面法和等高线法，分割法可以应用于更多的地形条件；相对于规则格网法和不规则三角网法，分割法可以更加精确地描述地面特征，更适合露天矿等复杂地形的采剥量计算，精度更高。分割法的计算精度易受点云数据的密度和精度影响。

因此，无论在正常开采期露天矿数据环境，还是残采期露天矿数据环境，斜截三棱柱体分割法都能获得较高的精度。断面法和等高线法需要人工干预，难以实现完全自动化，且计算结果受人为操作因素的干扰较大。规则格网法、不规则三角网法以及斜截三棱柱分割法都可以通过算法自动实现，但从采剥计算的数据更新与采场环境精细表达的角度来看，斜截三棱柱体分割法在计算精度方面具有更大的优势。

6.4 露天矿案例

6.4.1 实验设计

6.4.1.1 实验工作环境

本实验所用设备与软硬件配置如下。

无人机设备：使用大疆精灵4RTK采集数据，该无人机拥有2000万像素、1英寸CMOS的高精度同步相机，照片最大分辨率为5472 × 3078（16：9）、4864 × 3648（4：3）和5472 × 3648（3：2），能够在100米航高下作业，GSD可达2.7cm（如图6-22所示）。

图6-22 大疆精灵4RTK

硬件环境：笔记本电脑一台，CPU型号为Intel（R）Core（TM）i5-7300HQ，CPU主频为2.50GHz，内存为16GB，硬盘为1024GB，显卡芯片为NVIDIA GeForce GTX 1050 Ti，显示器为友达AUO61ED（15.5英寸）。

软件环境：Windows10 64位操作系统，C++语言，PCL、OpenGL等三维图形库，Microsoft Visual Studio 2017开发环境，Cloud Compare、LiDAR360等三维点云分析软件。

6.4.1.2 实验数据概况

在验证基于曲率加权三维边缘检测算法提取台阶线和分割法解算采剥量的实验中，使用的实验数据是实验研究区辽宁省鞍山市某铁矿矿区2019年8月、9月和10月三期无人机影像数据。通过SFM、PMVS等算法对无人机序列影像进行三维重建得到稠密的三维点云数据，点数分别为3215864个、3544465个、3364524个，数据存储类型为.txt文件，每行从左至右分别为点的x、y、z坐标和RGB颜色属性值。

6.4.1.3 实验总体设计

实验主要包括四个部分，实验中使用C++，Python和MATLAB语言以及点云库PCL实现算法，实验总体流程如图6-23所示。

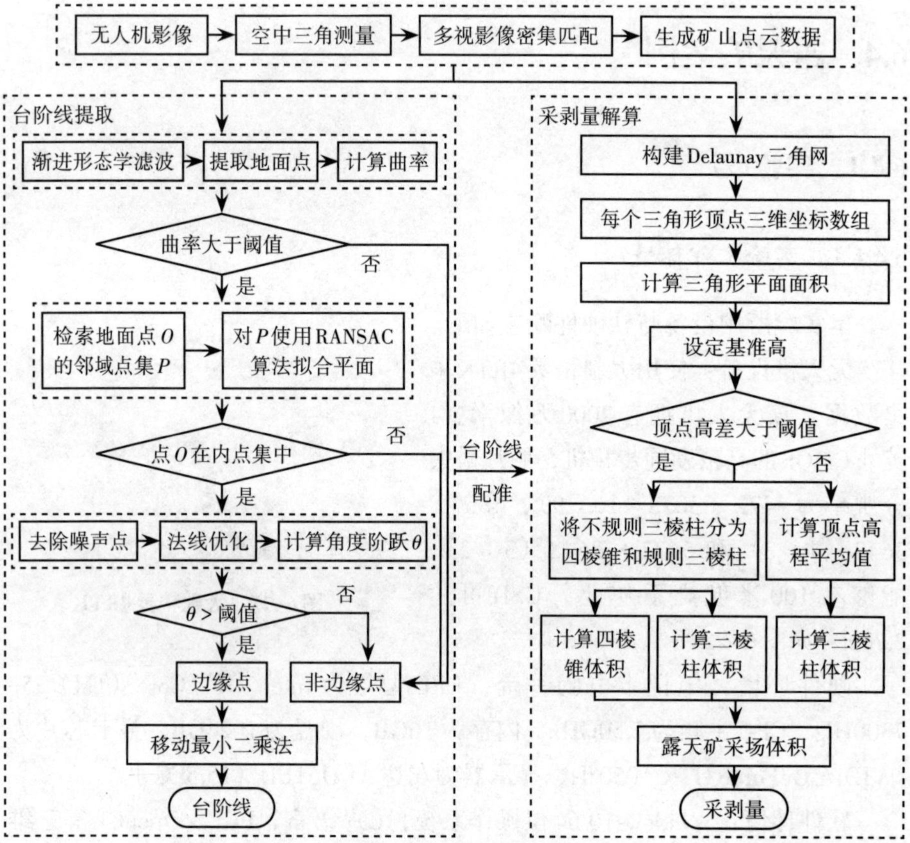

图6-23 实验总体流程图

第一部分是数据获取与预处理。首先使用无人机获取鞍山市某铁矿矿区的序列影像，然后通过SFM、PMVS算法生成点云数据。

第二部分是台阶线提取算法研究。根据露天矿地形特点，采用渐进形态学滤波去除挡土墙等人工地物对后面台阶线提取部分实验的影响。对滤波得到的点云数据中每一个点采用最小二乘法拟合局部曲面计算曲率，将曲率大于阈值的点定义为潜在特征点。对每个潜在特征点检索邻域，采用RANSAC算法拟合平面，并求出该拟合平面的法向量，将该法向量作为该潜在特征点优化后的法向量。根据该法向量建立局部坐标系，在局部坐标系中计算角度阶跃，将角度阶跃大于阈值的点定义为特征点。

第三部分是采剥量解算算法研究。采用Delaunay三角剖分算法构建露天矿地形变化区域的不规则三角网，并计算最小高程作为基准高程。然后将三角网中的每个三角形向高程基准面投影构造斜截三棱柱，采用分割法计算斜截三棱柱体积，累计求和，最后将两期所求结果求差，即为采剥量。

第四部分是整体实验的结果分析与精度评价。

6.4.2 Cloud Compare二次开发

在Microsoft Visual Studio 2017编译器下，基于Qt框架以及PCL点云库对Cloud Compare进行二次开发，添加露天矿点云数据处理控件，开发基于点云数据的露天矿台阶线提取与采剥量解算界面，界面如图6-24所示，共分为五个区域：菜单栏、操作栏、控制区、标题栏以及三维显示区域。

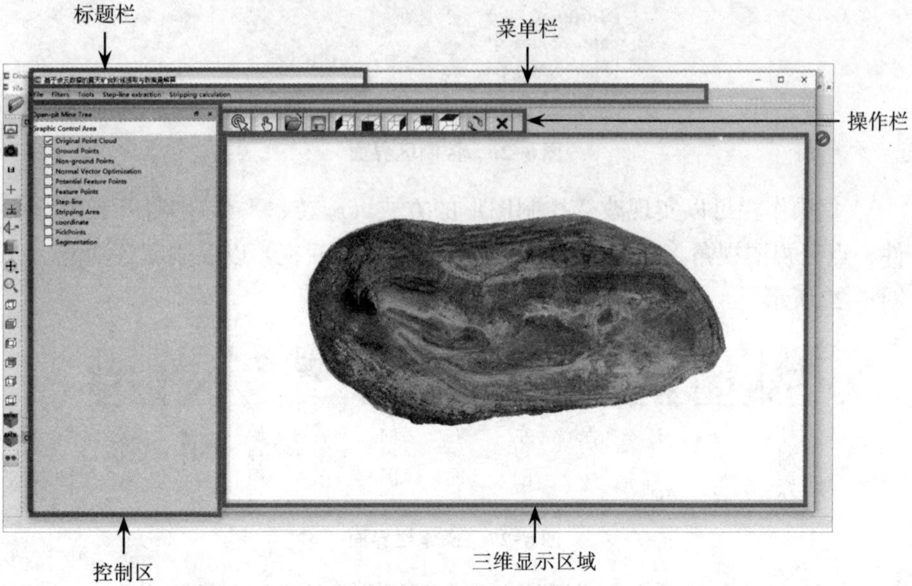

图6-24 二次开发主界面

① 标题栏为基于点云数据的露天矿台阶线提取与采剥量解算。

② 菜单栏。文件操作（File）：包括打开、关闭任意数据；滤波操作（Filters）：包括渐进形态学滤波、密度聚类等；工具栏（Tools）：包括计算曲率，选取点并计算距离，构建Delaunay三角网等；台阶线提取（Step-line extraction）：包括法向量优化、潜在特征点提取、特征点细化、区域增长法分割以及台阶线拟合；采剥量计算（Stripping calculation）：包括计算基准高程、计算采剥量。如图6-25所示。

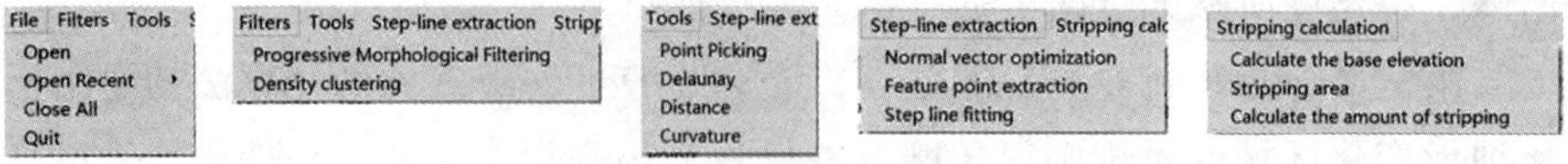

图6-25　菜单栏界面

③ 控制区主要控制不同阶段对点云数据处理结果的显示，包括原始点云、（非）地面点、法向量优化结果、潜在特征点、滤波结果、台阶线提取结果、采剥区域、坐标系等。如图6-26所示。

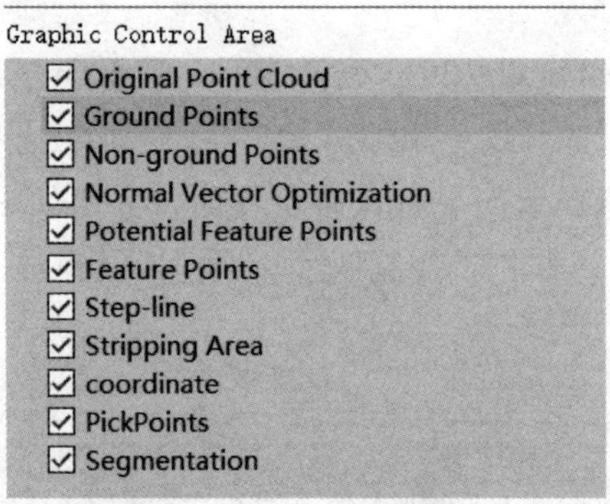

图6-26　控制区界面

④ 操作栏可以实现改变控制图形的方式（旋转、平移），打开和保存文件，点云视图视角（前视、左视、右视、俯视、后视）以及刷新等功能。如图6-27所示。

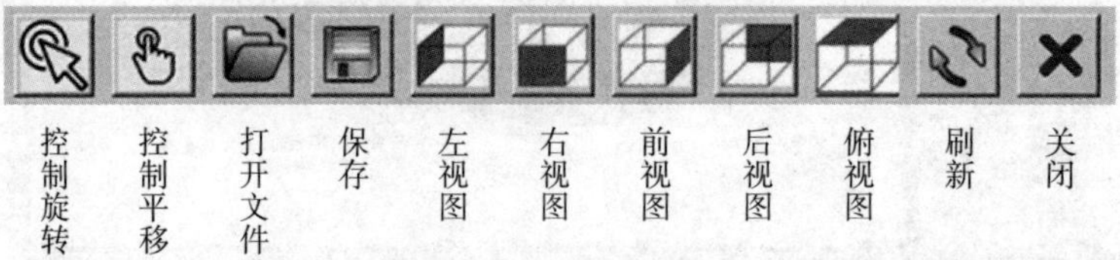

图6-27　操作栏界面

⑤ 三维显示区域实现对原始点云和不同阶段处理结果的可视化。

6.4.3 露天矿台阶线提取

6.4.3.1 点云数据预处理

首先对基于无人机序列影像三维重建得到的点云数据进行坐标转换，保证点云数据中的X，Y表示的是平面坐标，Z表示的是高程坐标，然后对点云数据采用基于顾及邻域几何属性的三维边缘检测与曲率加权算法提取台阶线。该方法首先采用渐进形态学滤波进行预处理，抑制噪声。在实验中对滤波前后台阶线特征点的提取结果做了对比，结果如图6-28所示。

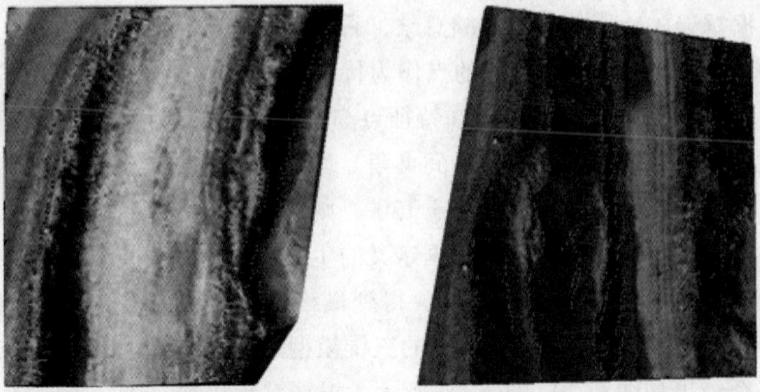

（a）滤波前特征点提取结果

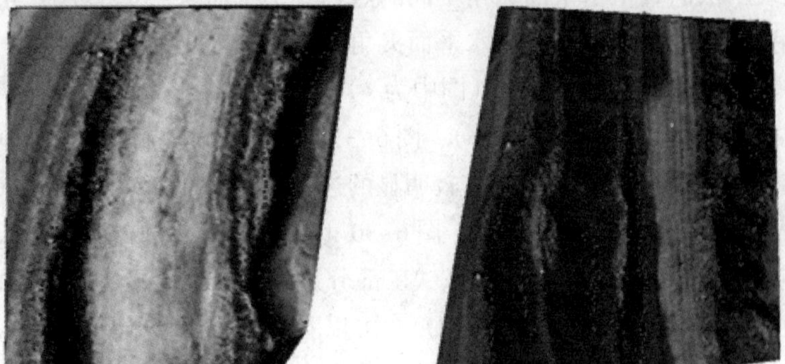

（b）滤波后特征点提取结果

图6-28 渐进形态学滤波效果图

通过对比图6-28（a）和图6-28（b）可以看出，在渐进形态学滤波处理后，挡土墙等人工地物对台阶线特征点提取的干扰明显减少，有效抑制了台阶线特征点提取过程中出现的噪声。

6.4.3.2 台阶特征线自动提取

经过渐进形态学滤波处理后，要通过曲率提取潜在特征点，计算角度阶跃，在此之前首先要优化法向量，采用传统的计算法向量方法会导致计算出的角度阶跃无法精确检测出台阶线特征点。

当台阶的坡面角为50°～75°时，露天矿上的岩体稳定性较好，但是在实际工程中，坡面角通常会较小。对露天矿点云构造不规则三角网，其倾角为多峰分布，台阶坡面、道路和平台面坡度分界的临界值为30°，这是露天矿所特有的。

根据露天矿地形特征和实验总结，采取的角度阶跃阈值为120°，即将式（6–17）计算得出的$G_\theta > 120°$的点作为特征点。在法向量优化后，建立局部坐标系，在局部坐标系内将潜在特征点与其邻域点相连构成一组空间向量，计算该空间向量组内相邻两向量间夹角，如果存在夹角大于120°，则将其定义为台阶线特征点，若夹角均小于120°，则将其定义为非特征点。最后将提取的特征点采用区域增长法并根据定义的生长准则分割，将分割后的特征点集采用移动最小二乘法拟合曲线，得到最终的台阶特征线。鞍山市某铁矿2019年8月、9月、10月三期数据的三维模型、法向量优化结果、DEM、台阶线拟合结果如图6–29～图6–31所示。根据露天矿独有的特点，使用不同的颜色表示法向量与水平面夹角不同的点。其中法向量与水平面夹角为0°～50°使用（图中为●）表示，与水平面夹角为50°～75°使用（图中为●）表示，与水平面夹角为75°～90°使用（图中为●）表示。

从图6–29（b）、图6–30（b）、图6–31（b）中可以看出，75°～90°覆盖了大部分的台阶面，●、●和●有较明显的边界，台阶面、边坡面已经较好地分离开。通过对比图6–29（c）、图6–30（c）、图6–31（c）可以发现，在2019年8月、9月和10月期间，该铁矿部分边坡发生了明显的变化。从图6–29（d）、图6–30（d）、图6–31（d）中可以看出，采用基于顾及邻域几何属性的三维边缘检测与曲率指数加权方法提取台阶线特征点并拟合台阶线可以较精确地提取露天矿台阶线，同时自动化程度较高。

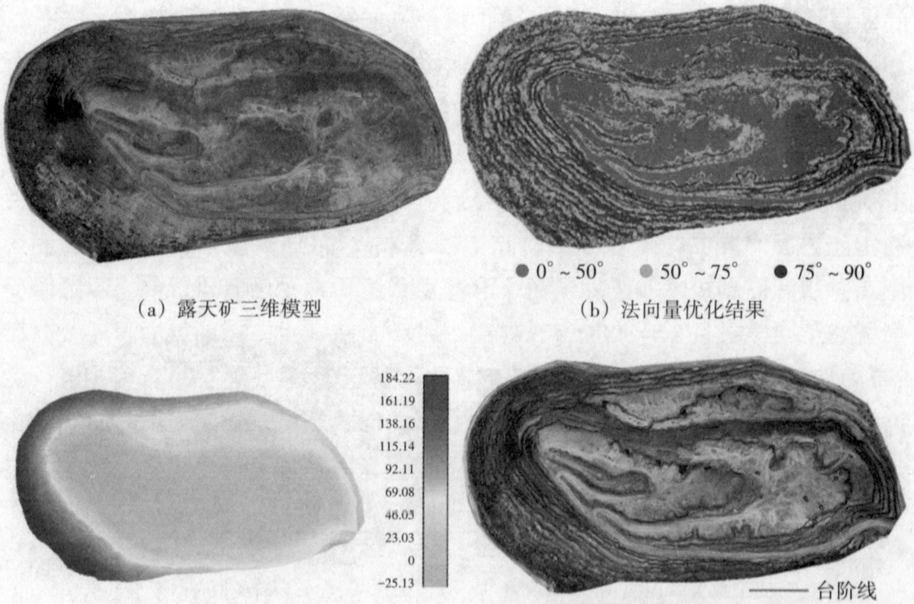

（a）露天矿三维模型　（b）法向量优化结果

（c）露天矿DEM图　（d）台阶线拟合结果

图6-29　2019年8月鞍山市某铁矿台阶线提取结果

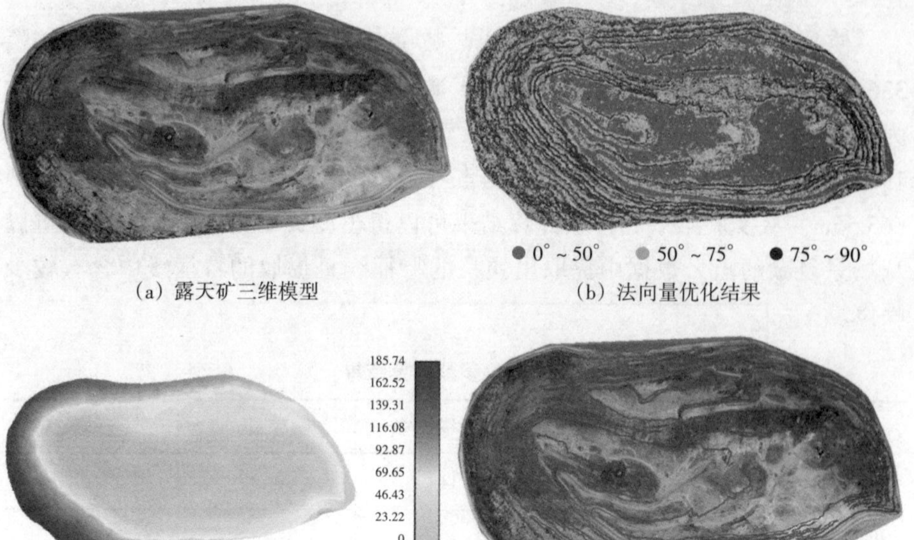

（a）露天矿三维模型　（b）法向量优化结果

（c）露天矿DEM图　（d）台阶线拟合结果

图6-30　2019年9月鞍山市某铁矿台阶线提取结果

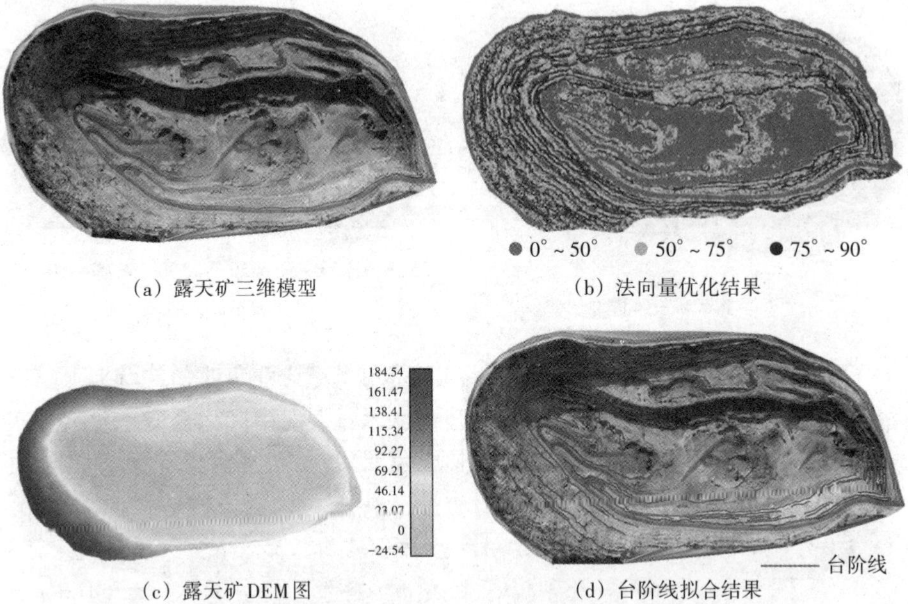

（a）露天矿三维模型　（b）法向量优化结果

（c）露天矿DEM图　（d）台阶线拟合结果

图6-31　2019年10月鞍山市某铁矿台阶线提取结果

6.4.3.3　参数计算结果

使用的三期露天矿点云数据点数分别为3215864个、3544465个、3364524个，根据实验得到的三期露天矿台阶线提取结果，可以计算的参数为特征点数、特征线数、平均线长和最长线长。其中平均线长分别为190.17m、169.22m、173.76m，最长线长分别为630.72m、607.82m、563.55m。从实验结果和参数计算结果可以得出露天矿台阶线提取算法可以从场景复杂的点云数据中提取出狭长的特征线且提取的特征线中含有较少噪声。

表6-1　参数计算结果

数据	特征点数/个	特征线数/条	平均线长/m	最长线长/m
8月鞍山市某铁矿	71270	114	190.17	630.72
9月鞍山市某铁矿	72823	123	169.22	607.82
10月鞍山市某铁矿	72016	112	173.76	563.55

6.4.4 露天矿采剥量计算

对鞍山市某铁矿2019年9月和10月两期三维点云数据进行采剥量解算，两期台阶线变化如图6-32（a）所示。两期数据的DEM高差变化效果如图6-32（b）所示。根据台阶线变化图和高差变化图综合分析可以得出DEM高差变化图中高差变化明显的地区与台阶线变化图中台阶线变化区域基本一致，为鞍山市某铁矿9月至10月期间地形变化的主要区域。

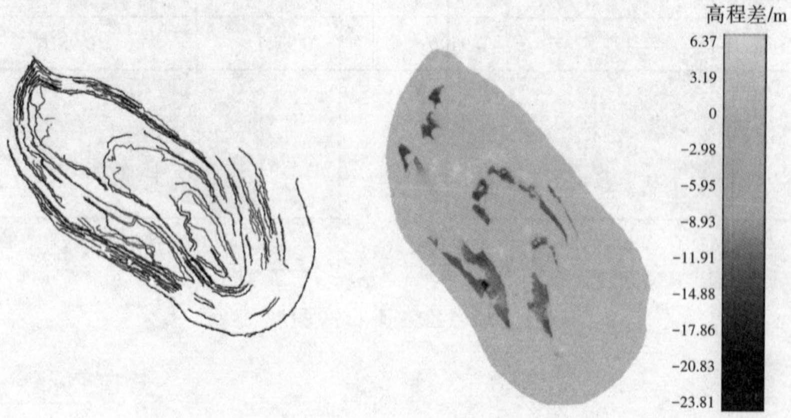

（a）台阶线变化图　　（b）高差变化图

图6-32　露天矿特征变化图

如图6-33所示，暗色区域为根据两期数据的台阶线和高程变化综合分析得到的采剥区域。对处于采剥区域内的数据构建Delaunay三角网，并向高程基准面投影，构建斜截三棱柱，最后采用分割法计算采剥量。

图6-33　鞍山市某铁矿9—10月采剥区域

为进行对比，实验通过LiDAR360和CloudCompare两个点云处理软件对鞍山市某铁矿的无人机影像三维重建生成的点云数据进行了处理并计算出采剥量，其中人工验收结果为829889m³。三种方法对采剥区域的采剥量计算结果见表6-2，从表中的计算结果可以看出，与LiDAR360和CloudCompare相比，该方法在精度上分别提升了4.1%和4.75%。

表6-2 采剥量计算结果

	人工验收	LiDAR360	CloudCompare	本章斜截三棱柱分割方法
采剥量/m³	829889	879192	884618	814654
精度	1	0.9406	0.9341	0.9816

7 基于激光雷达扫描的三维建模

露天矿是一个由人为干预产生的、易产生人为和非人为变化的工业生产场所，而露天矿边坡和台阶是其特征的主要构成模型结构，这种变形、滑动和变化已经严重影响到矿山的安全生产，所以研究露天矿三维激光点云特征线提取算法显得十分重要。露天矿台阶和边坡的变化可以利用台阶的特征线清楚地描述出来，台阶特征线的变化同时对应着台阶和边坡的变化；露天矿矿坑的坡度变化检测、坡向变化检测、高度差变化检测、岩土方量变化检测、台阶内外边界线检测和台阶面变化检测等方面研究构成了露天矿的三维特征变化检测的研究范围。利用三维激光扫描技术获得的点云数据可以模拟构建露天矿山的三维地表模型，可以对构建好的三维模型进行露天矿坑三维特征分析和变化检测分析，各种空间三维分析是基于地理对象的位置形态特征的空间数据分析、建模的方法与理论，揭示了空间数据中蕴含的空间格局以及要素之间关系。

国内外的露天矿众多，综合分析近年来国内外露天矿变化监测的工程实践可以知道，随着各种测绘手段和传感器水平的提高，我国露天矿的变化监测技术取得了长足的进步。在进行露天矿三维特征变化检测研究过程中，描述目标结构的完整属性需要大量的数据点，因此纹理面信息的快速高效、全面准确的采集方法便成为评价矿区三维空间特征变化分析的关键技术。研究露天矿三维点云特征变化检测是研究点云特征提取的一个重要方向，进一步体现出激光扫描对矿山的应用价值。目前国内外的数字矿山商业软件（包括3DMine、Surpac、DataMine等）都未能做到自动提取露天矿的台阶特征线，因此研究露天矿三维点云特征自动提取的算法显得十分有意义，不仅可以减少大量的手动工作量，而且可以实现台阶面和边坡变化的定量分析。

7.1 点云数据特点与表达形式

7.1.1 点云数据特点

与其他类型的数据相比，点云数据在内容、形式等方面有着自身的一些特点，归纳起来主要包括下面几点。

① 点云数据是离散的三维数据，它不像影像数据，像元之间具有紧密的关系，而是离散的非连续关系，“离散”是指数据点与点之间的距离、坐标等在三维空间中不规则分布。

② 点云数据内容非常丰富，不仅包含了地面信息，还包含植被、建筑、电线杆等信息。此外，机载LiDAR的特点使其获取的点云数据包含较少量的侧面信息，而地面LiDAR和基于影像的点云提取算法获得的点云数据可能包含较丰富的侧面信息。

③ 点云数据和影像数据相比，具有精确的坐标信息，但没有颜色、纹理和波谱等信息。

④ 由于物体特性（如镜面反射）、遮挡等因素，点云数据中经常会出现数据缺失，激光雷达扫描技术扫描角度有限，对光照不敏感，因而受阴影影响相对较小，但是扫描带房檐的建筑物时还是会产生数据缺失的现象。

7.1.2 点云数据表达形式

在工程应用中，点云数据的表达方式主要有下面几种。

① 规则格网：规则格网通过内插实现，经常被用于加密，简化了数据组织的方式，这种方法提高了数据处理效率。但是在内插或者简化的过程中不可避免地带来了信息冗余和损失。

② 不规则三角（TIN）格网：它在很大程度上保留和表现原始点云脚点的形态，以便提取更多的细节信息。本书中点云数据就是采用这种表达形式。

③ 体元：它是表达三维空间信息的基本单位，与二维平面的像素类似。体元兼顾了点云数据的特点，一般采用立方体体元，边长的设定与点的密度相关，它在数据可视化和三维建模方面显示了巨大的潜力。Sroker采用体元表达了点云数据，不足之处是这种方法对系统资源要求比较高。

7.1.3 点云数据的获取方式

目前，随着测量技术的发展，有越来越多的方式可以获得点云数据，其中最主要的两种点云数据的获取技术是LiDAR技术与基于影像的点云提取技术。LiDAR按照搭载平台的不同又可以分为机载LiDAR和地面LiDAR等；基于影像的点云提取技术包括航空影像的空三加密技术和基于影像序列的点云重建技术等。

地面LiDAR系统主要由三部分组成：三维激光扫描仪、控制器（计算机）和电源供应系统。其中三维激光扫描仪是该系统的核心设备，主要由激光测距系统、CCD数字摄影系统、仪器内部控制和校正系统等组成。地面激光雷达是一种融合了多种高新技术的新型测绘仪器，它采用非接触式的激光测量方式，通过对地形或复杂物体进行快速扫描，获得物体三维表面的点云数据。在使用地面LiDAR系统获取场景的数据时，由于激光具有不可透射性，一个位置（视点）扫描有可能得不到完整的表面数据，因此必须进行多视点扫描。每个视点都有各自的局部坐标系，若要建立一个完整的场景模型，必须对多个视点进行坐标配准，即将不同坐标系下的数据变换到同一坐标系下。地面LiDAR广泛应用于工厂规划、交通事故管理、古建筑保护、犯罪现场重现等领域。如今地面LiDAR系统以其高精度、高密度和高速度等特点成为空间信息获取技术中不可或缺的地面补充系统。典型的地面LiDAR系统的组成如图7-1所示，地面LiDAR获取的点云数据如图7-2所示。

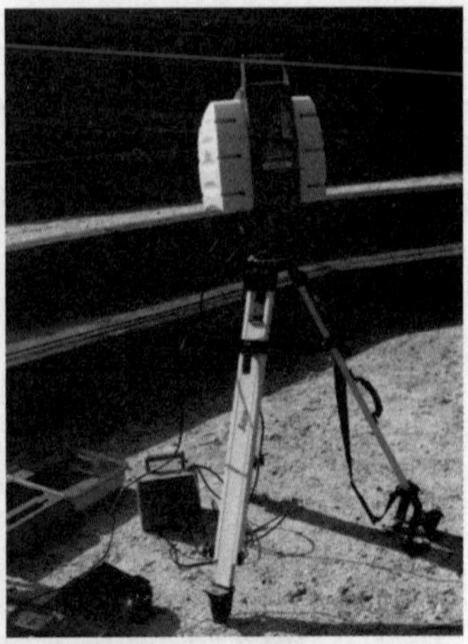

图7-1　地面LiDAR系统的组成

图7-2　地面LiDAR获取的点云数据

基于影像的点云提取技术就是利用计算机视觉和计算机图形学技术的知

识，通过对场景或目标拍摄一系列影像，然后利用影像里面的一些线索，包括影像里面的特征点、特征线或者边与边之间的几何关系，来推算出摄像机参数和场景三维信息。目前，基于影像的点云提取技术在考古学、建筑学、地质学、虚拟现实、机器人导航、精密工业测量、物体识别、现场勘测以及军事领域等有着非常广阔的应用前景，同LiDAR技术相比，基于影像的点云提取技术具有采集数据方便、成本低等特点。

基于影像的点云提取技术最主要的就是从同一场景不同角度拍摄得到的图像还原出场景中点的三维位置。点云提取技术受到很多因素影响，从前期图像预处理、特征匹配，到摄像机标定、三维点云的提取和显示，每一步的失误都有可能造成提取结果的不理想甚至提取点云失败（点云数据发生了较大偏差）。典型的序列影像（如图7-3所示）提取的对应的三维点云数据如图7-4所示。

（a）某露天矿序列全景影像

（b）某城区序列全景影像

图7-3　序列影像

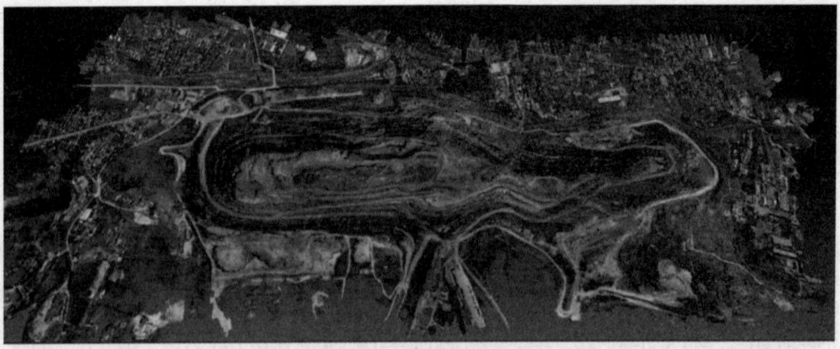

(a) 对应的某露天矿点云模型

(b) 对应的某城区点云模型

图7-4 对应序列影像提取的点云数据

7.2 露天矿特征线提取

通常任何物体的特征线都是由一系列具有曲率极值的特征点组成，露天矿是特征存在和变化非常明显的工业生产场所，曲率值存在极值的地方一定是存在特征的地方。露天矿的台阶和边坡的变化可以利用台阶的特征线清楚地描述出来，台阶特征线的变化对应着台阶和边坡的变化；目前台阶特征线的提取还采用手动人机交互的提取方式，拟研究实现台阶特征线的自动提取，采用Morse-Smale复形的思想和方法，在曲率极值存在的地方自动勾绘台阶的内外特征线。

7.2.1 Morse原理

关于Morse理论的研究大概开始于1870年，但直到1925年，Marston Morse在一系列文章中才对其进行了正式的论述，形成了著名的Morse理论。

Morse理论又称作关键点理论、临界点理论，研究的是定义在流行上的函数与流行形状之间的关系。

设$f(x, y)$是定义在二维光滑流行M上的二阶可微实函数。

函数f的梯度定义是：

$$\nabla f = \left(\frac{\partial f}{\partial x}, \frac{\partial f}{\partial y}\right) \tag{7-1}$$

临界点：某点p称为f的临界点（Critical Point），当且仅当$\nabla f(p) = 0$，临界点也称为关键点或特征点；否则，称p为正则点。

海塞矩阵：假如函数$f(x, y)$存在二阶偏导数，函数f的海塞矩阵为

$$\boldsymbol{H}_f = \begin{pmatrix} \dfrac{\partial^2 f}{\partial x^2} & \dfrac{\partial^2 f}{\partial x \partial y} \\ \dfrac{\partial^2 f}{\partial y \partial x} & \dfrac{\partial^2 f}{\partial y^2} \end{pmatrix} \tag{7-2}$$

退化性：函数f的临界点p是非退化的，当且仅当f的海塞矩阵$\boldsymbol{H}_f$在点p处非奇异，即$\det\left(\boldsymbol{H}_f(p)\right) \neq 0$；否则，称临界点$p$是退化的。

Morse函数：若函数f的所有临界点都是非退化的，则称函数f为Morse函数。

Morse指标：海塞矩阵$\boldsymbol{H}_f$在临界点p处负特征值的个数称为临界点p的Morse指标。根据Morse指标，函数$f(x, y)$在M上存在三种类型的临界点，分别为极大点、鞍点、极小点，其指标分别是2，1和0。

Morse引理：假如函数f是Morse函数，则临界点p的某一个邻域内，函数f可表达成一个标准二次型，即

$$f(x, y) = f(p) \pm x^2 \pm y^2 \tag{7-3}$$

在公式（7-3）中，正负号的个数与临界点p的指标相同。

7.2.2 Morse-Smale（MS）复形原理

MS复形是用来分析函数拓扑性质的一种数学工具。设$f: M \rightarrow R$是定义在流行M上的Morse函数，对M上任意一点p，若满足$f(p) = 0$，则称p是f的临界点；否则，该点为正则点。过任意正则点均有一条沿f梯度方向的积分线通过。该积分线的起始和终止均为临界点，并且线上各点的切线方向

与f在该点的梯度方向相同。给定临界点c，定义所有终止于该临界点的积分线集合为c的上升域（包括c），用$A(c)$表示；反之，所有起始于该临界点的积分线集合组成c的下降域，用$D(c)$表示。上升域和下降域互相交叠构成MS复形，图7-5所示为MS复形结构示意图。

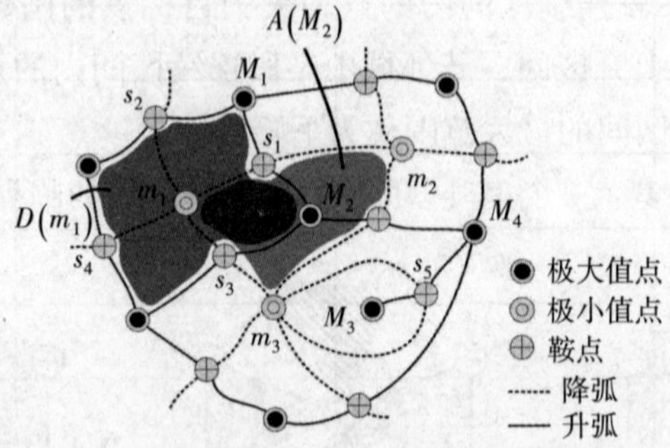

图7-5　MS复形结构示意图

特征线通常由一系列具有曲率极值的特征点组成。在图7-5中：阴影部分$D(m_1)$为极小值点m_1的下降域，$A(M_2)$为极大值点M_2的上升域，复形中由鞍点出发连接至极大值点的积分线称为降弧，每个鞍点都存在2条升弧。临界点和升、降弧将复形空间划分为相互连接的四边形，通常每个四边形的角点依次由鞍点和极大、极小值点交错构成，见图7-5中的四边形$s_1M_1s_2m_1$。临界点和升、降弧是特征线提取的依据。

7.2.3　台阶的特征线提取

7.2.3.1　指标函数

以曲度函数作为三角网格各顶点的指标函数：

$$f(v)=\sqrt{\frac{1}{2}\left[k_{\max}^2(v)+k_{\min}^2(v)\right]} \tag{7-4}$$

式中，v为三角网格顶点；$k_{\min}(v)$和$k_{\max}(v)$分别为点的最小和最大主曲率。采用曲度函数作为指标函数的目的是将离散曲率绝对值大的特征线提取出来。

7.2.3.2　建立MS复形结构

设三角网格中任意顶点$v_i(i=1,2,\cdots,n$, 为顶点总个数$)$对应的指标函数为$f(v_i)$。在网格上建立MS复形结构的具体步骤如下。

（1）判别临界点

图7-6所示为以数据点的一阶邻域判断该点类型的规则。

① 若邻域点的指标函数数值均大于该点，则该点为局部极小值点。

② 若邻域点的指标函数值均小于该点，则该点为局部极大值点。

③ 若邻域中某段连续区间内的点均大于目标点的函数值，则该连续区间的最大范围称为上升区间；若邻域中某段连续区间内的点均小于目标点的函数值，则该连续区间的最大范围称为下降区间。

④ 鞍点是同时具有2个上升区间和2个下降区间的临界点。

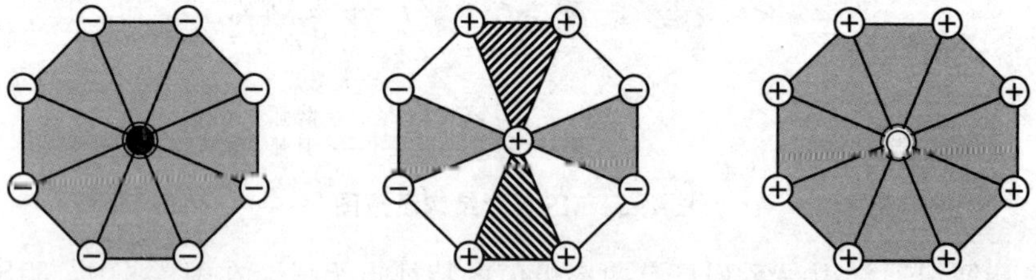

（a）极大值点　　（b）鞍点　　（c）极小值点

图7-6　邻域指标函数值判别临界点的类型

（2）构建升/降弧

对于每个鞍点，都存在2条沿指标函数值最大的邻域和2条沿指标函数值下降至极小值点（降线）所指示的方向，以后一直沿指标函数梯度方向前进，直至到达极大值点。在三角网格上，令v_i点的梯度方向$\overrightarrow{v_i q}$，则

$$q = \max \frac{\left|f\left(v_i\right) - f\left(q_j\right)\right|}{\left\|v_i - q_j\right\|}, j = 1, 2, \cdots, m_i \tag{7-5}$$

式中，q_j为v_i的一阶邻域；m_i为v_i一阶邻域点的个数，降弧构造方式与升弧类似，沿梯度反方向搜索。

7.2.3.3　特征线显著度

MS复形中的临界点及升/降弧构成了初始特征集合。由于指标函数的微小波动都可能产生局部临界点，故在初始MS复形中会存在许多次要特征，需要对复形进行简化。通常，若升线上的指标函数值相对于其所在区域的指标函数值越大，则该升线越明显；若降线上的函数值相对于其所在区域的函数值越小，则该降线越明显。因此，本小节将特征线上的平均指标函数值与其邻接区域平均指标函数值的差值定义为显著度，用来标识特征线的重要性程度。显著度越大，特征线越重要，需保留；而显著度小于一定阈值的特征线将在简化过程中被删除。显著度的定义过程如下：首先将每个鞍点连接的2条升弧和2条降弧分别合并为1个特征线单元，即过任意鞍点s存在1条特征线R和1条下降特征线r；设m_1、m_2是与s相连的2个极小值点，对应的上升域为$A\left(M_1\right)$和$A\left(M_2\right)$。由MS复形结构可知，$D\left(M_1\right)$和$D\left(M_2\right)$是与升线R邻接的2个区域，$A\left(M_1\right)$和$A\left(M_2\right)$是与降线r邻接的2个区域。

定义R相对于$D\left(M_i\right)$的显著度为

$$\sigma\left(R, D\left(m_i\right)\right) = \frac{\int_R f\mathrm{d}R}{\mathrm{length}\left(R\right)} - \frac{\int_{D\left(m_i\right)} f\mathrm{d}D}{\mathrm{area}\left(D\left(m_i\right)\right)}, i = 1, 2 \tag{7-6}$$

特征线R沿三角形边的走向由首尾相连的线段组成，故R上的积分可近似为

$$\int_R f\mathrm{d}R \approx \sum_j \frac{f\left(p_1^j\right) + f\left(p_2^j\right)}{2} \left\| p_1^j - p_2^j \right\| \tag{7-7}$$

式中，p_1^j、p_2^j为R上第j条线段的2个端点。

$D\left(m_i\right)$为三角网格区域，其上的积分可近似为

$$\int_{D\left(m_i\right)} f\mathrm{d}D \approx \sum_k \frac{f\left(p_1^k\right) + f\left(p_2^k\right) + f\left(p_3^k\right)}{3} A^k \tag{7-8}$$

式中，p_1^k、p_2^k、p_3^k分别为$D\left(m_i\right)$中第k个三角形的3分顶点；A^k为第k个三角形面积。

通常情况下，每条特征线都连接2个邻域，具有2个显著度。如特征线R相对于其邻域$D\left(m_1\right)$和$D\left(m_2\right)$的显著度分别为$\sigma\left(R, D\left(m_i\right)\right)$和$\sigma\left(R, D\left(m_2\right)\right)$。选取其中较小值作为特征线$R$的整体显著度，即

$$\sigma\left(r, A\left(M_i\right)\right) = \frac{\int_{A\left(M_i\right)} f\mathrm{d}A}{\mathrm{area}\left(A\left(M_i\right)\right)} - \frac{\int_r f\mathrm{d}r}{\mathrm{length}\left(r\right)} \tag{7-9}$$

式中，$i = 1, 2$。

公式（7-9）的整体显著度为

$$\sigma\left(r\right) = \min\left\{\sigma\left(r, A\left(M_1\right)\right), \sigma\left(r, A\left(M_2\right)\right)\right\} \tag{7-10}$$

7.2.3.4 MS复形简化

通过依次删除显著度最小的特征线实现对复形的简化。对图7-7进行简化，复形中鞍点s_1对应的上升特征线$M_1\overset{\nwarrow}{M}_2$（由升弧$s_1\overset{\nwarrow}{M}_1$、$s_1\overset{\nwarrow}{M}_2$合并而成）具有当前最小显著度，且$\sigma\left(M_1\overset{\nwarrow}{M}_2,\ D\left(m_1\right)\right)<\sigma\left(M_1\overset{\nwarrow}{M}_2,\ D\left(m_2\right)\right)$，$m_1$和$m_2$分别为$s_1$的2个极小值点。则对$M_1\overset{\nwarrow}{M}_2$简化后的复形结构如图7-7（a）所示。鞍点$s_1$和极小值点$m_1$是伴随特征线$M_1\overset{\nwarrow}{M}_2$被删除的一对临界点对，原连接至$m_1$的降弧将会被重连接至$m_2$，即图7-7（a）中产生3条新的降弧$s_2\overset{\nwarrow}{m}_2$、$s_3\overset{\nwarrow}{m}_2$和$s_4\overset{\nwarrow}{m}_2$。

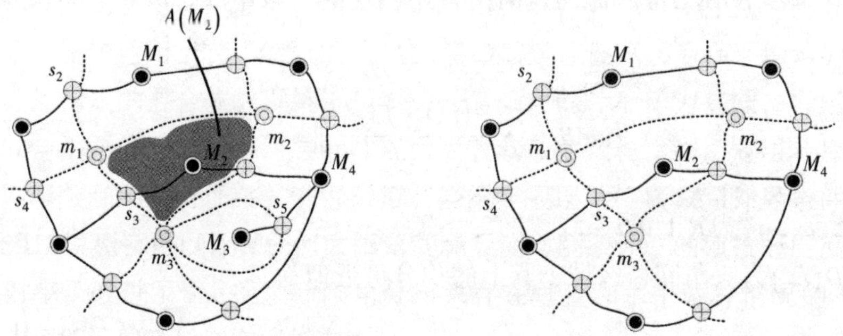

（a）图7-5复形中特征线M_1M_2被删除　　（b）含有孤立临界点的简化操作

图7-7　MS复形简化过程示意图（邱彦杰，2011）

一次特征线删除过程称为1个简化步，每个简化步中均有特征线及相应的临界点对被删除，若删除的临界点中包含孤立点，即只与一个鞍点连接的极大或极小值点，如图7-7（a）中的极大值点M_3，则该次简化操作的结果如图7-7（b）所示，M_3、s_5和s_2连接的升降弧都将被删除。每个简化步后，新生成的特征线都要重新计算显著度，显著度较小的特征线作为下一步需删除的对象，当所有升线的显著度均大于简化阈值时，简化过程停止。

7.2.3.5 特征线后处理

MS复形以曲度函数作为指标函数，其升弧具有局部极大的曲率绝对值，包含了脊线和谷线。因此，简化复形中所包含的升弧即需要提取的特征线。但在复形建立和简化过程中，升弧和降弧都要参与计算，以保持复形结构的单调性和完整性。

由于所提取的特征线是由三角格网的顶点和边构成，其走向曲折，故根据需要对特征线进行平滑处理或拟合为B-样条曲线。本小节中采用离散拉普拉斯算法对特征线进行平滑处理。平滑过程的每次迭代可分为2个步骤。

计算新节点：

$$x' = \frac{1}{2t}\sum_{k=1}^{m}\left(x - x_k\right) \tag{7-11}$$

式中，x为特征线l上一点；x_k为x在l上的邻点；m为邻点个数；t为平滑因子；x'为x经拉普拉斯变换后得到的新节点。

将新节点连接而成的线段投影到三角格网曲面上，以保证平滑后的特征线相对于三角格网不会产生较大偏差。

在已经基于离散曲率分析的基础上，得到模型的高斯曲率，平均曲率和最大、最小主曲率，通过最大、最小主曲率设置台阶特征线的指标函数和特征显著度，并建立Morse-Smale复形结构，然后进行MS复形简化，最终平滑处理以后得到实验所需的露天矿台阶的内外特征线。自动提取露天矿的台阶内外特征线如图7-8所示。

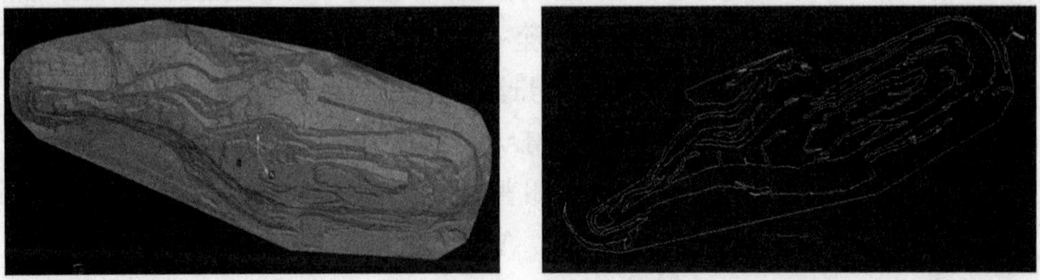

(a) (b)

图7-8 提取的露天矿台阶特征线

7.3 点云的曲率重采样与滤波

近年来，测量技术的飞速发展，特别是激光扫描技术与通过序列影像提取点云技术的发展，使得人们可以快速地获得大量三维点云数据，建立各种地物和地表的三维表面模型。点云由庞大的数据集组成，这些数据集通过距离、颜色和法线等附加信息来描述空间三维点。此外，点云能以非常高的速率被创建出来，因此需要占用相当大的存储资源，一旦点云数据需要存储或者通过速率受限制的通信信道进行传输，提供针对这种数据的压缩方法就变得十分有用。由于露天矿是一个相对于地形变化比较复杂的场所，而三维点云模型没有连续的曲率，可以通过离散曲率分析的思想对模型进行曲率重采样。露天矿的点云数据是三维空间中呈不规则分布的点集，在这些点中有些代表的是真实地面，有些代表的是人工建筑物（房屋、烟囱等），还有些是树木、植被等信息。点云数据的滤波就是指从原始数据中过滤掉那些位于非地形表面上的点，比如植被表面的点、建筑物表面的点等，这些点叫作非地面点；保留地形表面上的点，这些点被称为地面点。这个过程与图像噪声滤除十分相近，因此也被称为“滤波”，滤波在点云数据处理中是非常重要的一个步骤。通过以上的点云重采样、坐标转换、滤波得到所需的DEM模型，然后得到露天矿其他的特征变化参数模型，比如坡度模型、坡向模型等特征变化参数集。

7.3.1 曲率重采样

目前，随着测量技术的发展，有越来越多的方式可以获得点云数据，其中最主要的两种点云数据的获取技术是LiDAR技术与基于影像的点云提取技术。基于影像的点云提取技术就是从同一场景不同角度拍摄得到的影像还原出场景中点的三维位置，采用运动与结构重建（Structure From Motion，SFM）对影像序列进行三维场景的恢复，得到三维点云数据。这两种方法获取的露天矿点云数据（如图7-9所示）量非常大，将直接影响后续的三维点云建模和变化检测的效率，甚至有时会超出计算机的计算能力，因此需对其进行重采样。

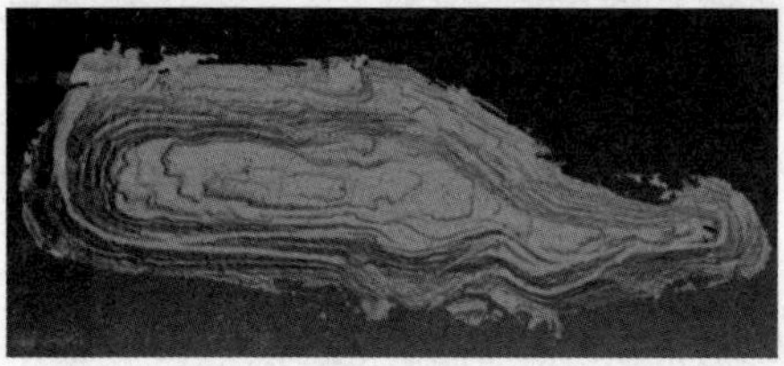

（a）激光扫描点云

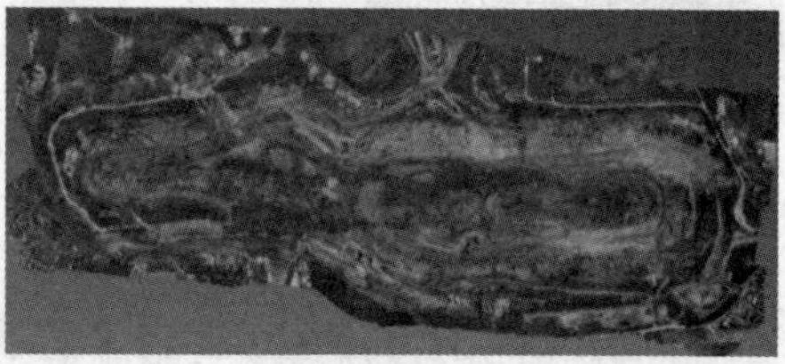

（b）无人机序列影像生成的点云

图7-9　露天矿激光扫描点云和无人机序列影像生成的点云

点云数据采样，是在给定的压缩误差范围内找到具有最小采样率的点云P'，即P'具有最大压缩率R，使由P'构成的几何模型表面S'与由原始点云P构成的相应模型表面S之间的误差ε最小，其计算公式如下：

$$R = \frac{P'}{P} \tag{7-12}$$

$$\varepsilon = |S - S'| \tag{7-13}$$

式中，R为压缩率；P'为压缩后点云数；P为原始点云数；ε为模型误差。

点云数据采样是对密集的数据进行缩减，实现点云数据量的减少，通过数据缩减，可以大大提高点云数据的运算效率，数据的缩减通常有两种方法。

（1）采集数据时对点云直接进行简化

根据目标物的形状和距离的要求，设置合适的采样间隔参数来简化数据，同时相邻测站之间没有太多的重叠，此方法简化效果明显，但会大大降低目标物的分辨率。

（2）重采样

在正常采集数据的基础上，采用某些算法来进行重采样，如随机采样法、均匀格网法、曲率采样法、保留边界法等。

① 随机采样法。

随机采样在点云简化算法中是最快捷简单的，只需一个能包含所有点云的随机数函数，然后产生一组随机数，从原始点云中找到这些随机数并删除，直到总点数达到要求即可。随机采样的优点是耗时少、操作方便，缺点是随机性太大、精度低。

② 均匀格网法。

该方法的原理与中值滤波法的原理相同。思路为，首先建立一个能包含全部点云的立方体盒，将立方体两两垂直的三条边作为坐标轴。依据点云的数量多少及分布状况，沿着坐标轴的方向将包围盒分割成一系列边长为L的小格网，小正方体的长度由压缩率λ决定，即每个小正方体平均占有的采样点数，其计算公式为

$$L = \sqrt{\frac{\lambda v}{N}} \tag{7-14}$$

式中，v为包围盒体积；N为压缩前的点云数量。在压缩时，每个小立方体中离中心最近的点作为压缩后点云的采样点，使每个立方体中的采样点集简化为一个采样点，以使点云数据量减少。

③ 曲率采样法。

物体在特征比较明显的地方或是包含较多特征的地方，其边缘变化比较明显，即曲率较大，而比较平坦的地方或是平面曲率较小，因此可以用较少的点来表示较大的面积，故冗余数据较曲率较大的地方多了许多，一般可以

去除，基于此，曲率采样的思想就是在曲率较大的地方删除较少的点，而在曲率较小的地方删除较多的点，以便更精确地表示曲面特征。

④ 保留边界法。

保留边界法的思路是，先将点云数据的拓扑关系构造出来，选取任意点 P，求其邻域；然后把这些邻域点构造成一个最小二乘平面，求出其法向矢量，并将其当作 P 的法向矢量；再找出 P 的邻域点，投影到此平面上，并根据投影点的均匀性来判断 P 是否为边界特征点，如果是就将其标记出来，最后简化点云的同时把边界特征点加权保留。

露天矿的特征变化比较大，其曲面的特征也比较复杂，因此本节采用曲率重采样的方法对露天矿点云数据进行重采样较为理想。求得露天矿点云模型的曲率之后，根据离散曲率分析后对模型进行曲率值重采样，模型重采样和构建不规则三角网模型前后对比如图7-10所示。

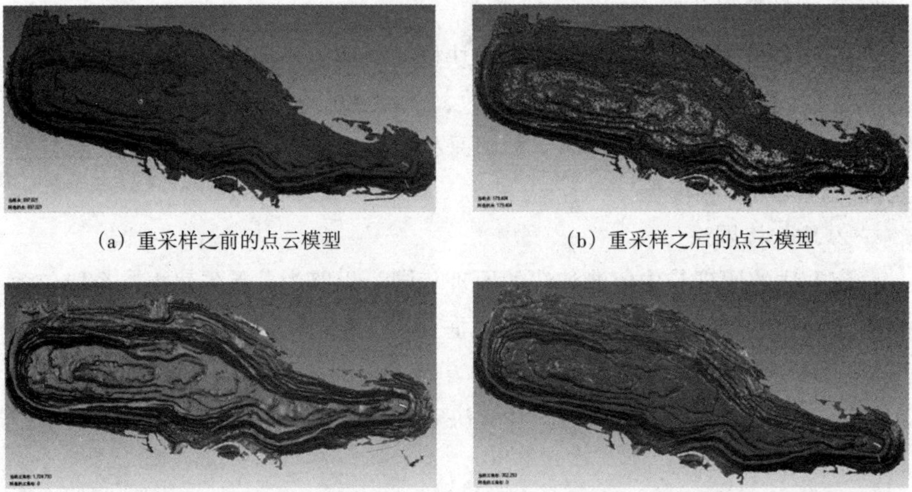

(a) 重采样之前的点云模型　(b) 重采样之后的点云模型

(c) 重采样之前的不规则三角网模型　(d) 重采样之后的不规则三角网模型

图7-10　重采样之前和之后的点云模型与不规则三角网模型

7.3.2　三维空间坐标转换

由于通过激光雷达和基于序列影像提取的点云数据并非实际的坐标数据，因此需要根据实际情况对获得的点云数据模型进行适当的三维坐标转换。既有旋转、缩放，又有平移的两个空间直角坐标系的坐标转换如图7-11所示，存在着3个平移参数和3个旋转参数以及1个尺度变化参数，共计有7个，相对应的坐标转换公式如下：

$$\begin{bmatrix} X_2 \\ Y_2 \\ Z_2 \end{bmatrix} = (1+m)\begin{bmatrix} 1 & \varepsilon_Z & -\varepsilon_Y \\ -\varepsilon_Z & 1 & \varepsilon_X \\ \varepsilon_Y & -\varepsilon_X & 1 \end{bmatrix}\begin{bmatrix} X_1 \\ Y_1 \\ Z_1 \end{bmatrix} + \begin{bmatrix} \Delta X_0 \\ \Delta Y_0 \\ \Delta Z_0 \end{bmatrix} \tag{7-15}$$

式中，$\Delta X_0, \Delta Y_0, \Delta Z_0$为三个平移参数；$\varepsilon_X, \varepsilon_Y, \varepsilon_Z$为三个旋转参数；$m$为尺度变化参数。

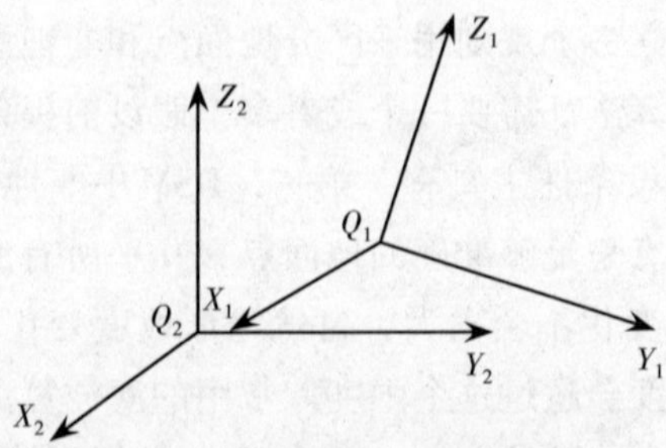

图7-11　不同直角坐标系的转换

三维空间直角坐标转换计算的自编小软件如图7-12所示，求取七参数之后进行坐标转换。

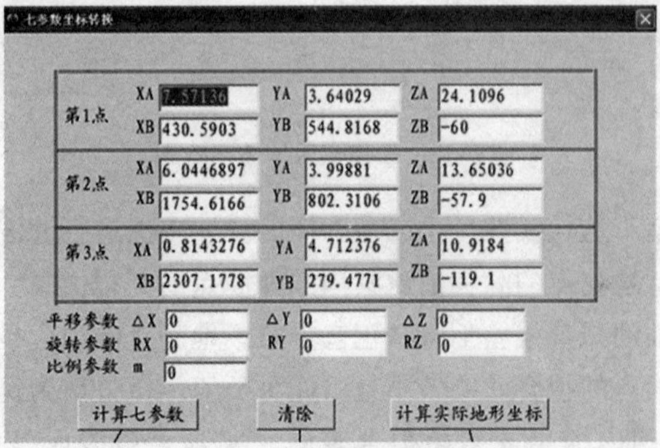

(a) 空间坐标转换（一）

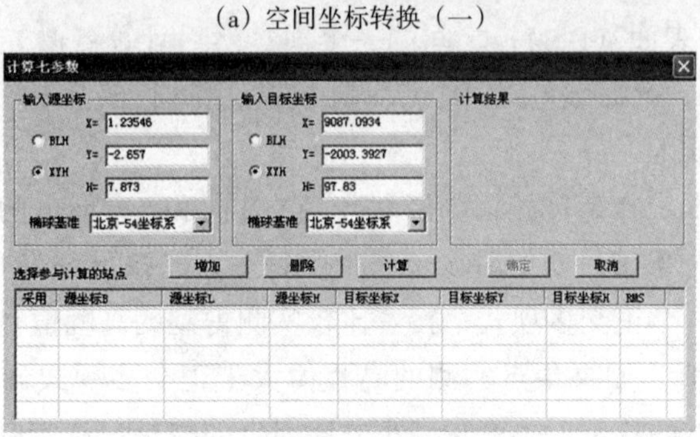

(b) 空间坐标转换（二）

图7-12　七参数坐标转换

7.3.3 迭代线性最小二乘内插滤波

滤波处理是为了删除扫描中包含的植被、车辆等非地面点。点云数据的滤波是从点云数据中分离出地面点与非地面点。由于要获得最真实露天矿地表点云模型，因此滤波是点云数据处理中非常重要的一个环节。点云数据在进行滤波时，需要建立一个规则用来区分地面点和非地面点，即滤波算法的假设条件。所有滤波算法都需要一个或者多个假设前提条件作为分类识别的依据。目前所用到假设条件主要有：第一，DSM中非地面点都高于地面点，即点云数据中的最低点是足够准确的地面点，几乎所有滤波算法都基于此前提；第二，地面坡度变化不会太大，自然地形坡度变化总在一定限度之内，不属于地形的地物坡度会超过这个限度。常用的滤波算法主要包括区域增长的滤波算法、形态学的滤波算法、正交多项式的滤波算法等，滤波过程如图7-13所示。

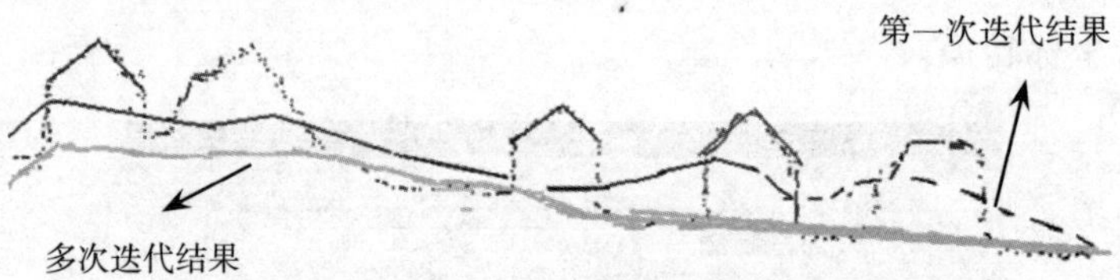

图7-13　三维点云滤波示意图

本节采用基于迭代线性最小二乘内插的滤波方法进行滤波，该滤波算法的中心思想是：地物点的高程值比其周围地面点的高程值高，内插后激光脚点高程与拟合面的拟合残差不服从正态分布，地物点的拟合残差都为正值且偏差较大，地面点的拟合残差较小且可能为负值。该方法为迭代计算，首先应用较粗的格网内插生成初始拟合表面，实际上该表面是介于真实地面（DTM）和地物表面（DSM）之间的一个面；然后计算各激光角点高程值与拟合面的残差v，根据残差对每个点计算权重p，进行内插处理；以此迭代下去得到最终的DEM。

算法的基本步骤是首先将测区划分为X方向和Y方向上的若干条带，对于其中的每一个条带，初始时设定条带中每一点的权重都为1，利用条带中的点云拟合出一个正交多项式；接着比较实测得到的高程值和正交多项式计算得到的高程值，如果某点实测的高程值大于正交多项式计算得到的高程值，就减小该点的权重，也就是减小非地面点的权重；然后以重新计算的权重再次拟合出新的正交多项式，再进行比较以更新权重，如此迭代一定的次数之后，得出最终的正交多项式，此时的正交多项式和地面十分吻合，接下来通过设定一定的高程阈值来区分出地面部分与非地面部分；最后将所有的条带合并起来，X方向和Y方向都划分为非地面点云的数据才归类为非地面点云，否则都归类为地面点云。

从图7-14、图7-15中可以看出，滤波除去了矿区中厂房这类非地面点，滤波达到了很好的效果。

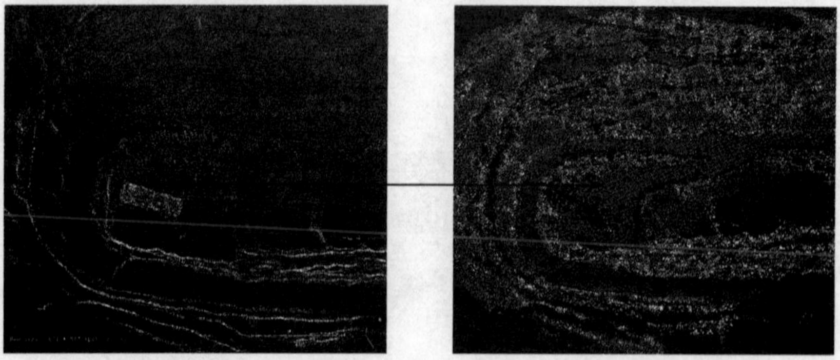

（a）滤波前　　（b）滤波后

图7-14　某露天矿西端滤波前后对比

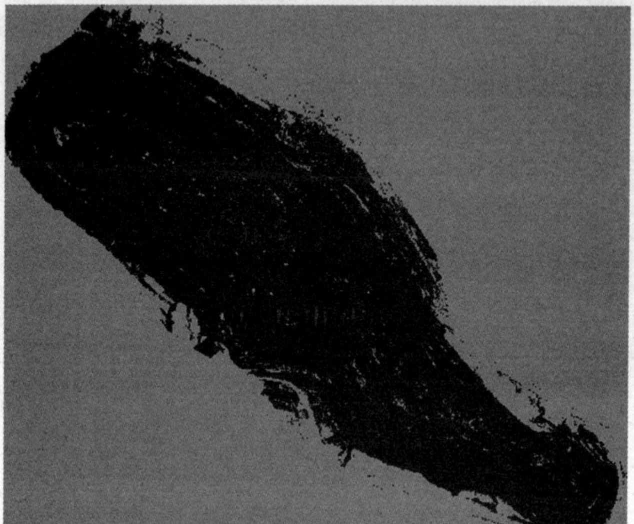

图7-15　露天矿点云滤波结果

7.3.4　预处理后的Delaunay-DEM

DEM是对矿山表面地貌、地形的一种离散的数字表示，DEM有多种表示形式，主要包括不规则三角网和规则格网等。经过离散曲率分析以后，按照曲率值进行点云重采样，获得数据量小，且能精确表达露天矿模型的点云；接下来进行坐标转换和点云滤波，获得所需的点云数据。本节先建立点云数据的Delaunay三角网格，然后根据Delaunay三角网格插值出DEM模型，得到的DEM模型如图7-16所示，图7-17为三角网格和DEM模型。

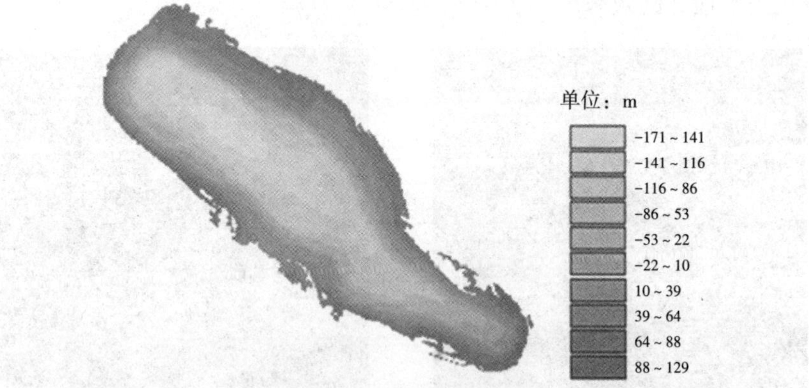

图7-16　露天矿DEM模型

图7-17　露天矿三角网格和DEM模型

7.3.5　露天矿模型变化特征集

（1）坡度特征

坡度是地形描述中比较常用的参数，是一个具有大小与方向的矢量，坡度是指曲面上某一点的垂直方向Z与法线方向N之间的夹角值。采用3D分析对鞍山某露天铁矿DEM数据进行坡度分析，计算曲面上每一部分的坡度值，然后可以得到坡度图。通过矿山的坡度图可以找到矿山中陡峭的地方，为滑坡等灾害监测提供一定的依据，坡度图见图7-18。

（2）坡向特征

坡向反映了斜坡所面对的方向。在植物学上，生长在朝向北的斜坡上和生长在朝向南的斜坡上的植被一般有明显的差别，这种差别的主要原因在于绿色植被生长需要阳光的充分程度不同。通过对矿山坡向的监测，可以为矿山的植被分析与环境评价提供一定的依据。采用3D分析可以在鞍山某露天铁矿DEM数据层面上直接生成坡向图，坡向图见图7-19所示。

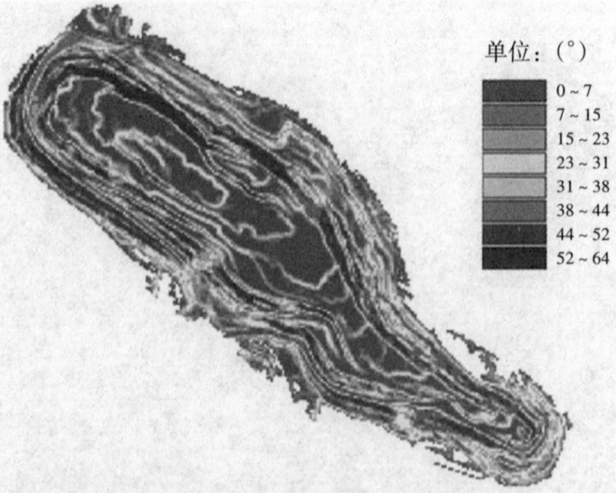

图7-18　某露天矿坡度图

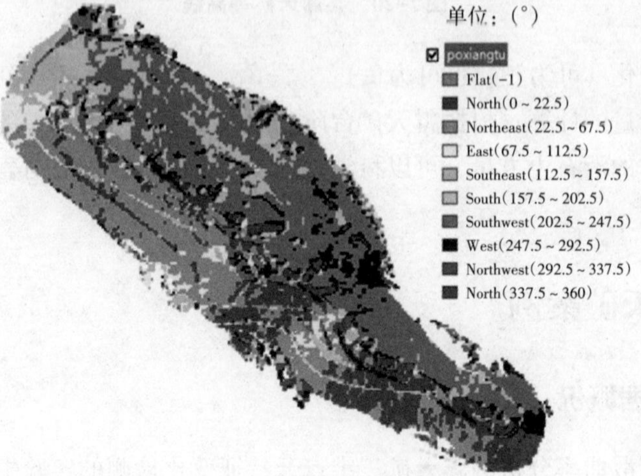

图7-19　某露天矿坡向图

(3) 等高线特征

等高线指的是地形图上高程相等的相邻各点连成的闭合曲线，把地面上海拔高程相同的点连成的闭合曲线垂直投影到一个水平面上，并按比例缩绘在图纸上，就得到等高线。等高线也可以看作不同海拔高度的水平面与实际地面的交线，所以等高线是闭合曲线。不同的等高间隔绘制出来的等高线是不一样的，本小节以5m为等高间隔绘制露天矿的等高线，得到的等高线特征如图7-20所示。

(4) 高差变化和岩土方量特征

高差是两点间高程之差。一般选择大地水准面作为高程参考面，然后计算或测算出两点或者两个曲面相对参考面的高度，两点或两个曲面高度之差

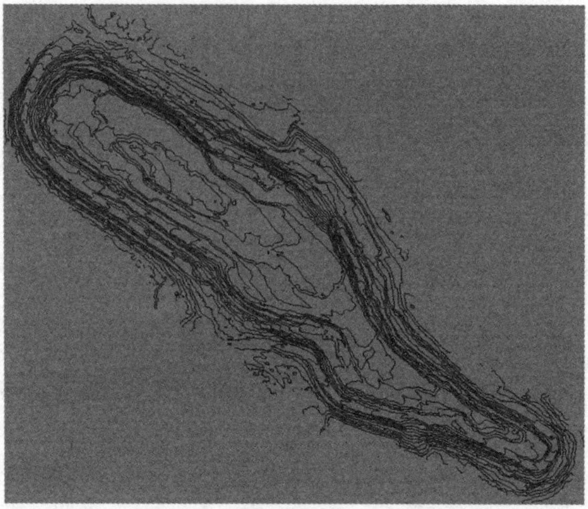

图7-20 某露天矿等高线

即为高差变化（可为正，也可为负）。

岩土方量的计算：根据露天矿台阶和边坡变化，按照高差的变化计算局部或者整体的滑石土方量，可以科学地组织人力和机械设备对岩土方量进行转运。

7.4 露天矿案例

7.4.1 数据概况

基于离散曲率分析的露天矿三维点云特征变化检测的实验中，实验数据是某露天矿2013年11月和2014年8月两期激光雷达扫描数据（实验数据如图7-21所示）。

（a）某露天矿2013年11月激光点云

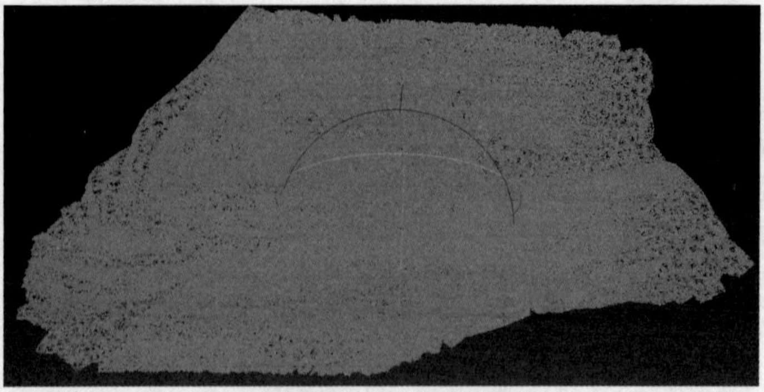

（b）某露天矿2014年8月激光点云

图7-21 实验数据

7.4.2 实验设计

实验主要包括四个部分，实验的总体流程图如图7-22所示。

第一部分点云数据的离散曲率分析。首先进行简单的预处理，提出飞点和杂点，然后对点云模型构建Delaunay不规则三角网格模型，计算每个三角形顶点的法矢、高斯曲率、主曲率、平均曲率，通过Voronoi方法得到模型的曲率分布图，在过程中需要对异常区进行识别、曲率直方图均衡化，最终得到可视化的模型曲率图。在第一次曲率分析的基础上对点云进行曲率重采样，对数据进行压缩采样，接下来进行坐标转换和滤波。

第二部分是本章研究的主要内容，在第一部分的基础上，再一次对重采样和滤波处理后的地面点云进行离散曲率分析，重新得到模型精确的曲率值分布情况；其曲率极值分布的区域就是特征线存在的地方，构建特征线指标函数、显著度，采用MS复形方法对特征线进行提取，并进行平滑处理，得到最终的露天矿台阶特征线。

第三部分是通过得到的露天矿多期特征线、多期坡度图、多期坡向图、多期等高线、多期DEM进行多参数变化检测，最终得到特征线变化、坡度变化、坡向变化、等高线变化、高差变化、剥离量变化等，对露天矿进行四维特征变化检测研究。

第四部分为整个试验的结果分析与精度评价。

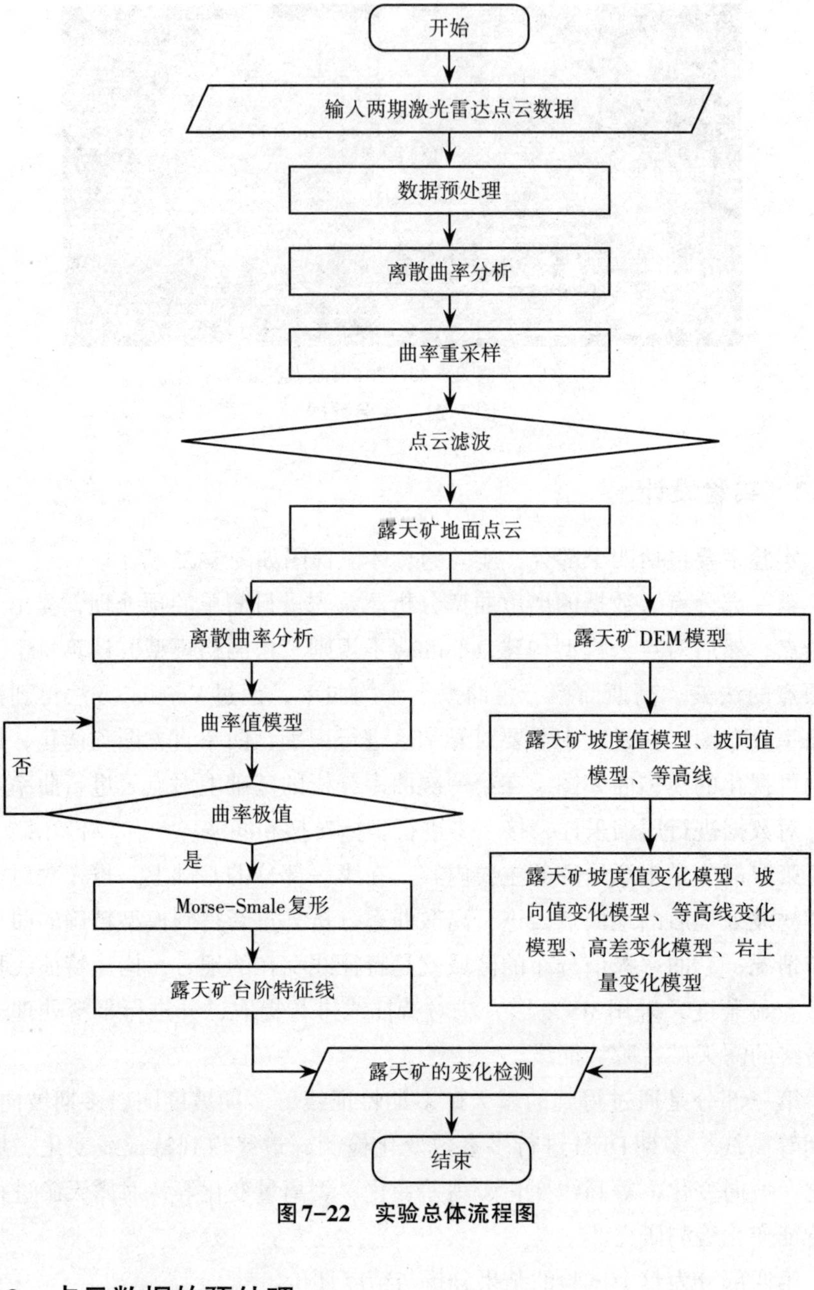

图 7-22 实验总体流程图

7.4.3 点云数据的预处理

（1）点云曲率重采样

点云重采样是点云数据预处理中非常重要的一步，它关系到后面数据处理的效率和精度，为后续的点云滤波、三角网格构建、特征线提取等提供了必要条件。本章在离散曲率分析的基础上，对点云数据进行曲率重采样，曲率采样的思想就是在曲率较大的地方删除较少的点，而在曲率较小的地方删除较多的点，以便更精确地表示曲面特征，重采样效果如图7-23所示。

（a）某露天矿2013年11月数据重采样前

（b）某露天矿2013年11月数据重采样后

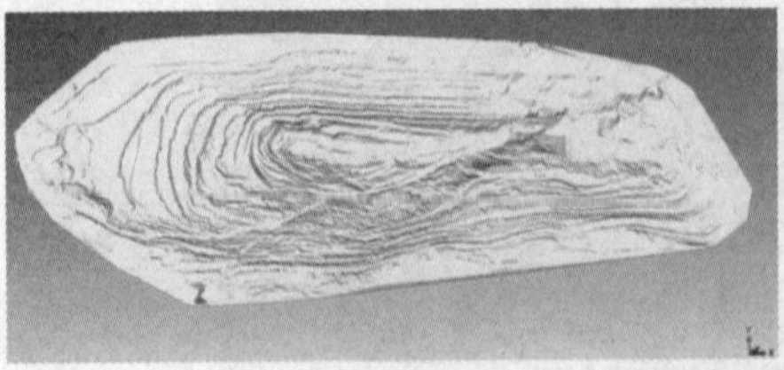

（c）重采样之前的不规则三角网模型

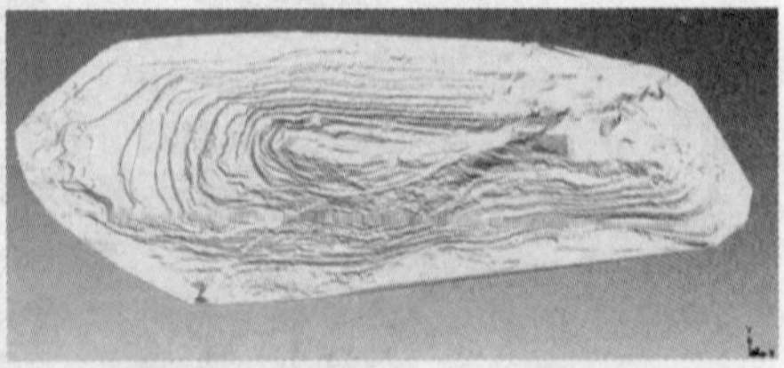

（d）重采样之后的不规则三角网模型

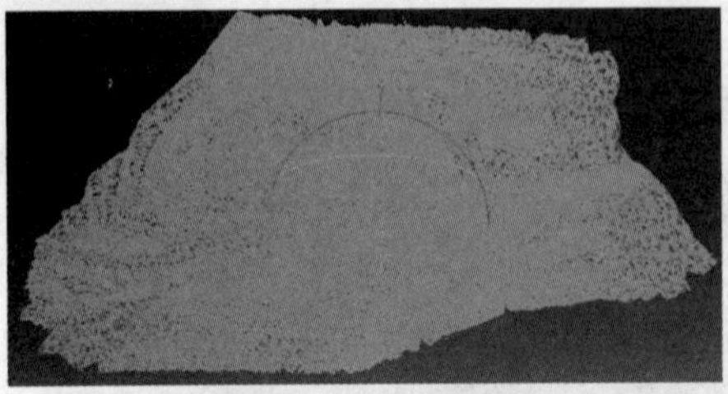

（e）某露天矿2014年8月数据重采样前

（f）某露天矿2014年8月数据重采样前

（g）重采样之前的不规则三角网模型

（h）重采样之后的不规则三角网模型

图7-23　曲率重采样前后对比

基于离散曲率分析对露天矿进行曲率分析，得到其曲率值，并按照曲率值进行曲率重采样，重采样前的两期模型的点云数分别为28368752个点、29437765个点，按曲率值重采样后的两期模型点云数据量的个数分别为96076个点、130308个点，点云的重采样压缩率分别为0.33%和0.44%，极大限度地压缩了点云的数据，为后续的点云高效率处理奠定了基础。

（2）点云滤波

在滤波前要对点云数据进行坐标转换，坐标转换主要是针对基于序列影像提取的点云数据，确保其坐标系中的X，Y代表平面坐标，Z代表高程坐标，进行实际地理坐标注册。滤波是点云数据处理中非常重要的一步，本章采用迭代线性最小二乘内插的滤波算法对露天矿点云数据进行滤波，滤波得到剔除植被滤波、建筑点的地面点云数据，滤波效果如图7–24所示。

（a）某露天矿2013年11月数据滤波后效果图

（b）某露天矿2014年8月数据滤波后效果图

图7–24　滤波效果图

7.4.4　离散曲率分析特征提取

（1）曲率分析

对曲率重采样、坐标转换和滤波后的某露天矿地面点云数据重新构建Delaunay不规则三角网格模型，进行离散曲率分析，采用Voronoi方法在三角网格模型的基础上计算每个顶点的法矢、高斯曲率、主曲率、平均曲率，实现了露天矿三角网格曲率估算，并对异常区进行处理，曲率进行归一化，采用颜色索引表来表示曲率的变化，得到曲率的可视化表示形式；否则用太多的颜色组合表示曲率云彩图将会太杂乱，图7-25所示是再次基于离散曲率分析得到的某露天矿两期点云数据的曲率云彩图。

（a）某露天矿2014年点云曲率可视化图

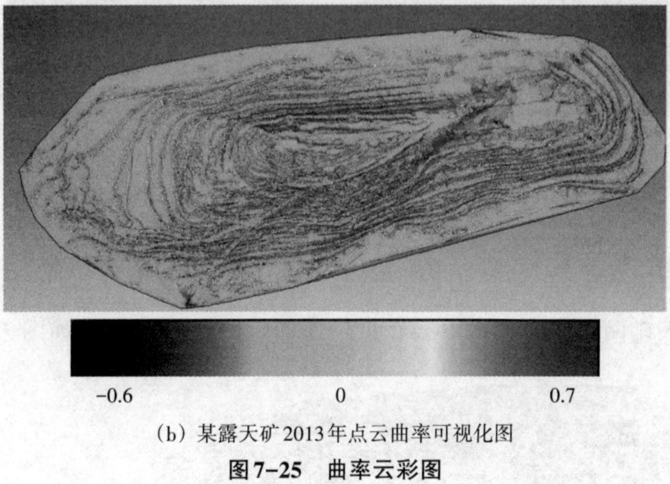

（b）某露天矿2013年点云曲率可视化图

图7-25　曲率云彩图

（2）台阶特征线的自动提取

通过曲率分析得到露天矿三角网格模型曲率可视化云彩图，建立特征线指标函数、特征线显著度，采用MS复形算法根据曲率极值处的位置提取台阶的特征线，并对特征线进行平滑处理，得到最终台阶特征线，如图7-26所示。

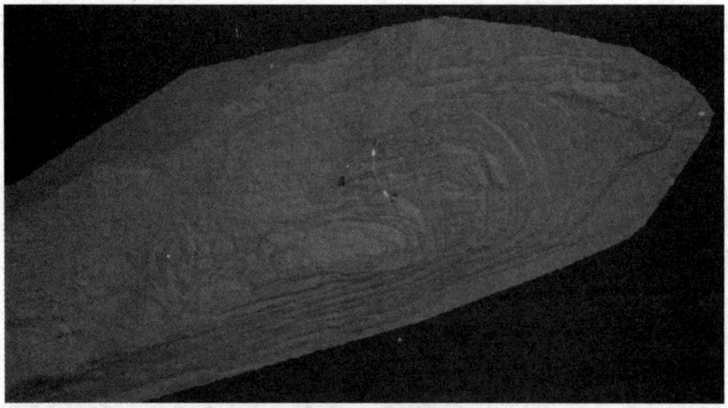

（a）某露天矿2013年11月台阶特征线

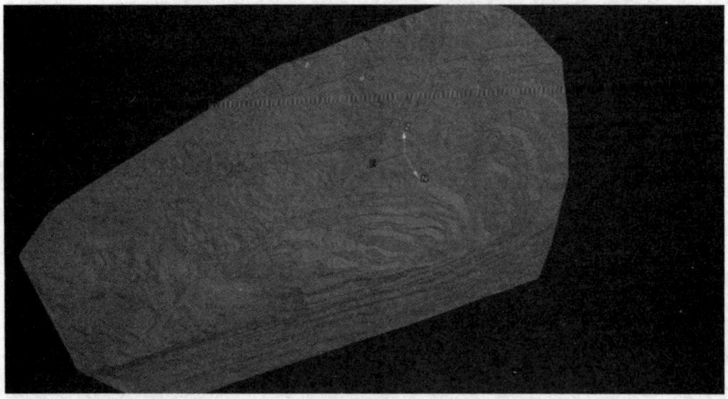

（b）某露天矿2014年8月台阶特征线

图7-26　提取的特征线

7.4.5　特征集变化检测

某露天矿两期激光扫描点云经过预处理后得到DEM图，如图7-27所示。

（a）某露天矿2013年11月点云数据生成的DEM（单位：m）

（b）某露天矿2014年8月点云数据生成的DEM（单位：m）

图7-27 某露天矿DEM图

对离散曲率分析以后，按照曲率值进行重新采样、坐标转换、滤波，得到最真实的露天矿地表模型，然后构建Delaunay三角网格模型得到DTM。某露天矿2013—2014年两期DTM叠加效果图如图7-28所示，某露天矿2013—2014年两期DTM和台阶内外特征线叠加图如图7-29所示。根据模型分析并找到这种变化的原因。

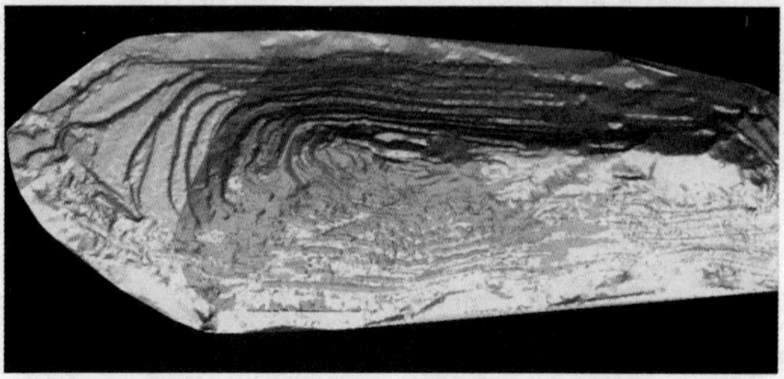

图7-28 某露天矿2013—2014年DTM叠加图

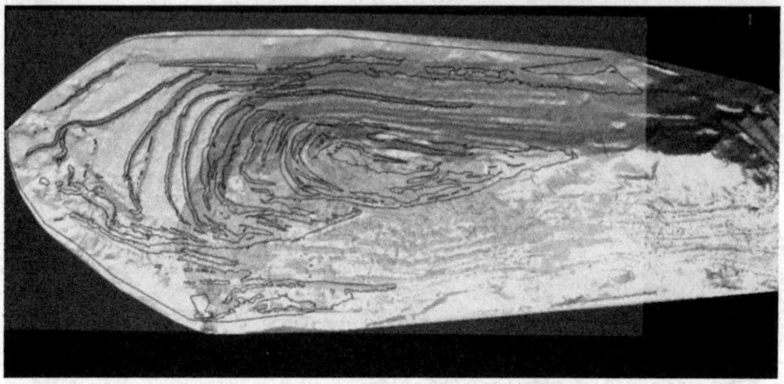

图7-29 某露天矿2013—2014年DTM和台阶特征线叠加图

通过两期DEM数据做差得到的DEM高差变化图，如图7-30所示。

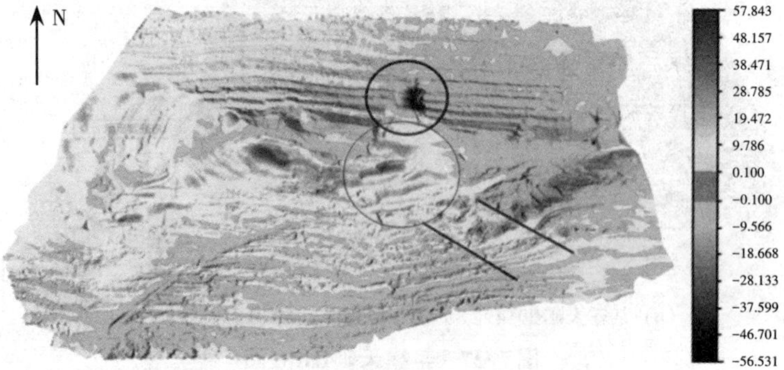

图7-30　DEM高差变化图（单位：m）

DEM高差变化与两期台阶特征线变化的叠加图如图7-31所示。

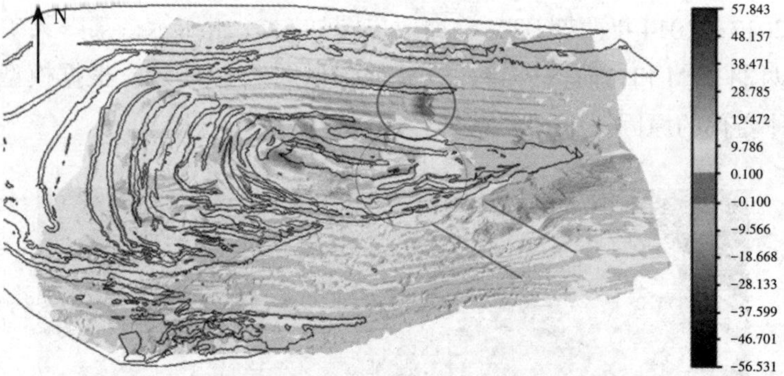

图7-31　高差变化与台阶线变化叠加图（单位：m）

通过某露天矿2013年11月和2014年8月两期坡度值图进行坡度值变化分析，某露天矿2014年坡度值图如图7-32（a）所示，坡度值变化图如图7-32（b）所示。

（a）某露天矿2014年坡度值图

（b）某露天矿2013—2014年两期坡度值变化图

图7-32　坡度值变化图（单位：(°)）

某露天矿2013—2014年坡度变化与台阶特征线叠加模型如图7-33所示。

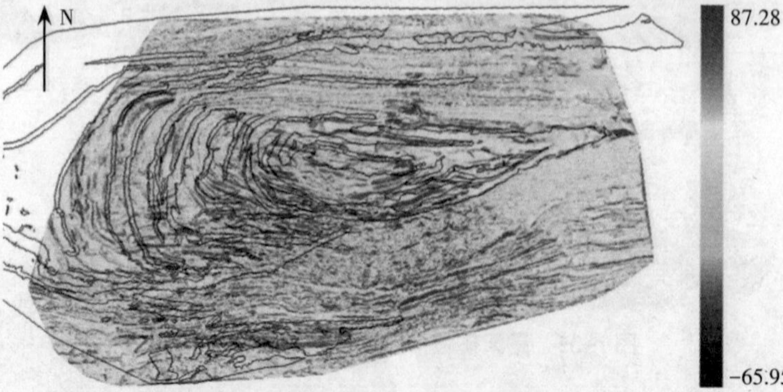

图7-33　坡度值变化与台阶特征线叠加图（单位：(°)）

通过某露天矿2013年11月和2014年8月两期坡向值图进行坡向值变化分析。某露天矿2013年、2014年坡向值图如图7-34所示，坡向值变化图如图7-35所示。

（a）某露天矿2013年坡向值图

（b）某露天矿2014年坡向值图

图7-34　某露天矿坡向值图（单位：(°)）

图7-35　露天矿坡向值变化图（单位：(°)）

8 矿区生态环境要素遥感监测

矿业为国民经济建设提供基本资源与能源，是国家和社会发展的重要基础行业。与此同时，矿业开发会引起矿区地表植被退化、水资源破坏、废物污染等系列环境问题。因此，亟须进行地理矿情监测，为区域环境治理与可持续发展提供决策支持。然而，传统的监测方法费时、费力、精度低，很难满足矿区地表环境动态监测需求。遥感技术具有周期短、范围广、精度高等特点，成为矿区生态环境监测的有力工具。本章以植被和水体为例，介绍矿区生态环境要素的遥感监测方法。

8.1 基于时间序列数据的矿区植被变化遥感监测

植被是连接土壤、大气和水分等土地覆盖要素的自然“纽带”，其动态变化在某种程度上代表着土地覆盖的动态变化。植被指数作为反映地表植被信息的最重要信息源，已被广泛用来定性和定量评价植被覆盖及其生长活力，其中又以归一化植被指数（Normalized Difference Vegetation Index，NDVI）应用最为广泛。本章研究利用MODIS NDVI时间序列数据监测评估矿区植被变化的方法，并在神东矿区进行应用实验。

8.1.1 数据源

（1）数据选择

神东矿区属于典型的干旱半干旱地区。在干旱和半干旱地区，植被覆盖度较低，气候变化是影响植被状态的主要因素。NDVI对中低植被覆盖度敏感，可以很好地反映不同季相植被的生长差异，并可与降水、温度等气候因子建立起相应关系。NDVI 时间序列可由多时相的遥感数据生成，能够实现植被的年际和年内变化监测，从时空两个尺度上反映该地区生态环境变化。因此，选择NDVI作为神东矿区植被变化监测的植被指数。目前，LandSat/

TM、NOAA/AVHRR及MODIS等诸多传感器都能提供NDVI数据。LandSat系列卫星具有40多年的历史，MSS、TM、ETM+等多波段遥感数据能够提供长期的NDVI时间序列，但数据获取成本高、连续性较差及归一化处理效果较差一直是中高分数据面临的最大问题。作为典型的低分辨率数据（空间分辨率为1km），NOAA/AVHRR 数据可以生产全球的高时间分辨率NDVI 产品，应用广泛。与AVHRR数据相比，MODIS数据产品的空间分辨率提高到250m，合成产品的时间分辨率为8d或16d，广泛应用于大尺度干旱半干旱地区的土地覆盖变化监测。因此，本章研究选择空间分辨率较低但时间分辨率较高的MODIS NDVI数据作为数据源。

（2）MODIS NDVI数据

Terra和Aqua卫星由美国分别于1999年12月和2002年5月发射，都搭载了MODIS传感器（Moderate-resolution Imaging Spectroradiometer，中分辨率成像光谱仪）。MODIS共有36个波段，波长范围为0.405 ~ 14.385μm，扫描宽度为2330km。MODIS数据有如下特点：其一，MODIS数据可免费获取，是全球或区域尺度相关研究的理想数据源；其二，光谱分辨率较高，包含可见光、中近红外、短波红外、中红外和热红外等36个光谱波段，为地物精细识别奠定了基础；其三，时间分辨率高，重复周期一般为1 ~ 2天，这是LandSat、SPOT等资源卫星所无法比拟的。鉴于以上特点，MODIS数据非常适合长期、动态的环境演变监测研究。

MODIS生产两种植被指数产品：EVI和NDVI，包含16天合成的覆盖全球的1km、500m和250m三种分辨率数据。本章选择的植被指数产品数据集为美国国家航空航天局（NASA）提供的250m分辨率的MOD13Q1 NDVI产品。此产品已经过大气校正及去云等预处理。

下载MODIS NDVI产品后，还需进行如下处理：投影转换（从Integerized Sinusoidal Grid转换到Geographic Lat/Long）；进行年度数据合成；裁剪研究区域。这些处理分别利用了专门处理MODIS数据的MRT软件和遥感影像处理软件ERDAS。

（3）DEM数据

为对植被变化进行深入分析，选择SRTM（Shuttle Radar Topography Mission）数据作为辅助高程数据。SRTM数据由美国国家航空航天局（NASA）和美国国防部国家测绘局（NIMA）联合测量获取。SRTM地形数据按精度可以分为SRTM1和SRTM3，对应的分辨率精度分别为30m和90m。由于保密限制，本章研究所用数据空间分辨率为90m。

（4）高分数据

采用LandSat TM影像和GeoEye影像进行部分验证工作。

（5）其他数据（气象数据、生产数据等）

气象数据和生产数据分别来自陕西省神木县气象站和神东煤炭公司。

8.1.2 时间序列NDVI数据处理方法

8.1.2.1 数据合成

（1）合成方法介绍

进行NDVI数据的时序年际变化分析时，需要对一年的数据进行合成，确定一个合理的值来表征全年的植被情况。目前，NDVI时间序列数据合成方法主要有最大值法、均值法和累加法等。

① 最大值法。MVC（Maximum Value Composites）是目前国际上通用的最大化合成法，用于将某个时间间隔（旬/月/年）内的NDVI数据取最大值，进一步消除云、大气、太阳高度角等因素的干扰。此法假设*NDVI*值最大的那一天天气是晴朗的，不受云层的影响，于是取此值作为此时间间隔的*NDVI*值。计算公式为

$$M_{NDVI,\ i} = \mathrm{Max}\left(NDVI_{ij}\right) \tag{8-1}$$

式中，$M_{NDVI,\ i}$为第i年或者月的最大化*NDVI*值；$NDVI_{ij}$为第i年第j旬（或月）的*NDVI*值，可以反映气候和人为因素导致的植被年际和月变化状况。

② 均值处理法。将某个时间间隔内的NDVI数据取平均值，可以消除或减弱由于时间段端点年份的气候异常对监测植被的生长状态影响。

③ 累加处理法。将某个时间段（如植被生长期）内的NDVI数据相加求和，可有效反映植被生长状况。

均值法和累加法表达的本质意义一致，即表示全年或年内某时段（如生长期）植被长势平均水平。就应用范围来说，在一年两季或多季植被覆盖地区应用最大值法显然是不合适的，因为最大值法只能顾及一季植被而无法顾及另一季植被的水平；故常用均值法或累加法进行监测。在干旱半干旱地区，植被稀疏多为一年一季，最大值法和均值法皆可应用，但研究者多采用最大值法进行数据合成。

（2）方法对比

为对比最大值法与均值法（由于累加法与均值法本质一致，因此这里只讨论均值法），做如下分析。

① 混合像元的$NDVI$的表达式。

在干旱半干旱地区，植被稀疏、盖度较低，像元多为包含部分植被的混合像元。为简化起见，将混合像元内成分分为植被和非植被两部分，则混合像元的$NDVI$值为

$$NDVI = f \cdot NDVI_{\mathrm{v}} + (1-f)NDVI_0 = f(NDVI_{\mathrm{v}} - NDVI_0) + NDVI_0 \tag{8-2}$$

式中，$NDVI_{\mathrm{v}}$为植被部分$NDVI$值；$NDVI_0$为非植被部分$NDVI$值；f为植被组分。

② 混合像元的年内最大值和年均值。

假定植被类型不发生变化且非植被部分的$NDVI$值不随时间变化，由式（8-2）可知，混合像元的$NDVI$值与植被组分f成线性关系，这种关系在植被生长期内任一时刻都是成立的。因此，在干旱半干旱地区，混合像元的年内最大值和年均值分别为

$$NDVI_{\max} = f(NDVI_{\mathrm{v}\max} - NDVI_0) + NDVI_0 \tag{8-3}$$

$$NDVI_{\mathrm{mean}} = f(NDVI_{\mathrm{v\,mean}} - NDVI_0) + NDVI_0 \tag{8-4}$$

式中，

$$NDVI_{\mathrm{v}\max} = \max(NDVI_{\mathrm{v}}) \tag{8-5}$$

$$NDVI_{\mathrm{v\,mean}} = \mathrm{mean}(NDVI_{\mathrm{v}}) \tag{8-6}$$

式中，$NDVI_{\max}$和$NDVI_{\mathrm{mean}}$分别为混合像元年内$NDVI$最大值和均值；$NDVI_{\mathrm{v}\max}$和$NDVI_{\mathrm{v\,mean}}$分别为混合像元内植被部分的年内$NDVI$最大值和均值。

③ 混合像元年内最大值和年均值对年际植被变化的灵敏度。

若植被组分在两个年份发生变化，混合像元的$NDVI$值亦会发生变化，两个年份的混合像元$NDVI$比值也可能发生变化。两类合成值的比值分别为

$$\frac{NDVI_{\max 2}}{NDVI_{\max 1}} = \frac{f_2(NDVI_{\mathrm{v}\max} - NDVI_0) + NDVI_0}{f_1(NDVI_{\mathrm{v}\max} - NDVI_0) + NDVI_0} \tag{8-7}$$

$$\frac{NDVI_{\mathrm{mean2}}}{NDVI_{\mathrm{mean1}}} = \frac{f_2(NDVI_{\mathrm{v\,mean}} - NDVI_0) + NDVI_0}{f_1(NDVI_{\mathrm{v\,mean}} - NDVI_0) + NDVI_0} \tag{8-8}$$

式中，下标1表示第一年，下标2表示第二年。对于上述两种比值，分情况进行讨论。

a. $NDVI_0$取值为0，即非植被部分的*NDVI*值为0。此种情况下，混合像元*NDVI*最大值和均值在两个时相的比值均为植被组分之比，则*NDVI*年内最大值和均值在两个时相的比值相等，变化率一致。

b. $NDVI_0$取值大于0，即非植被部分的*NDVI*值为正。经推算，若植被组分增加，则*NDVI*最大值在两个时相的比值大于均值比值；若植被组分减少，则*NDVI*最大值在两个时相的比值小于均值比值。或者说，植被组分发生变化时，*NDVI*最大值的变化率要高于均值变化率，即最大值法灵敏度高。

c. $NDVI_0$取值小于0，即非植被部分的*NDVI*值为负。经推算，若植被组分增加，则*NDVI*最大值在两个时相的比值小于均值比值；若植被组分减少，则*NDVI*最大值在两个时相的比值大于均值比值。或者说，植被组分发生变化时，*NDVI*最大值的变化率要低于均值变化率，即均值法灵敏度高。

随着研究区实际状况的不同，监测数据合成方法也要随之改变。一般情况下，干旱半干旱地区非植被覆盖部分（多为裸土）的*NDVI*值都不为0。以MODIS数据为例，非植被部分的*NDVI*值为0.1～0.15。根据上述推导，利用MODIS NDVI数据进行年际*NDVI*值变化趋势监测时，年内最大值更灵敏。因此，对于植被稀疏、遥感探测性一般的干旱半干旱区域，选用灵敏度较高的年内最大*NDVI*值作为探测数据较为合适。

（3）方法选择

因矿区地理位置不同，降水量、气温、干湿状况以及作物生长期等条件亦有差别，NDVI数据的合成方法不同。如表8-1所示，对于自然条件恶劣、生态环境脆弱的干旱半干旱的中国西北矿区，为突出植被覆盖状况，可取全年*NDVI*的最大值；对于自然条件一般、植被生长季不到一年的半湿润地区矿区，可取植被生长季内*NDVI*的累加值；对于自然条件优越、全年都有植被覆盖的湿润地区矿区，可取全年*NDVI*的平均值。

表8-1 NDVI数据合成方法及其适用性

区域类型	NDVI数据合成方法	典型矿区
干旱半干旱地区	全年最大值	神东矿区
半湿润地区	生长季*NDVI*累积值	抚顺矿区
湿润地区	全年平均值/累积值	淮南矿区

8.1.2.2 变化趋势回归分析

对于NDVI时间序列数据，每个像素对应有若干年的时间序列数值。对这些数值进行拟合，所得直线的斜率揭示了在该时间序列中该像素所代表的植被指数的演化趋势。一元线性回归可以模拟每个栅格的*NDVI*变化趋势，可模拟植被的绿度变化率（Greenness Rate of Change，GRC）。计算公式如下：

$$SLOPE=\frac{9\times\sum_{j=1}^{9}j\times NDVI_{yj}-\left(\sum_{j=1}^{9}j\right)\left(\sum_{j=1}^{9}NDVI_{yj}\right)}{9\times\sum_{j=1}^{9}j^2-\left(\sum_{j=1}^{9}j\right)^2} \tag{8-9}$$

式中，j为年份，取值范围是1～9，对应2002年至2010年；*SLOPE*是线性拟合的斜率；$NDVI_{yj}$为j年的年度*NDVI*合成值。据此可显示整幅遥感影像上每个像元所代表区域的植被变化情况：斜率大于0，表明该像素代表的植被状况在向好的方面发展；反之植被状况变差。根据*NDVI*曲线斜率大小，将植被变化程度分为7级（见表8-2）。

表8-2 *NDVI*变化趋势分级标准

*NDVI*一元线性回归曲线斜率	变化程度
<-0.0090	严重退化
-0.0090～-0.0046	中度退化
-0.0045～-0.0010	轻微退化
-0.0009～0.0009	基本不变
0.0010～0.0045	轻微改善
0.0046～0.0090	中度改善
> 0.0090	明显改善

8.1.3 植被变化监测结果

（1）植被整体变化特征

取每年研究区范围内*NDVI*的均值代表研究区整体植被状况，对9年的结果进行线性回归分析。结果显示（见图8-1），研究区植被整体变化趋势线性拟合斜率为0.0074，决定系数为0.81，通过0.001置信水平的检验。说明研究区在2002—2010年植被状况整体极显著改善。分段来看，2003—2005年*NDVI*变化量为0.0196/a，2007—2008年*NDVI*变化量为0.0269/a，增长幅度明显高于其他时段。

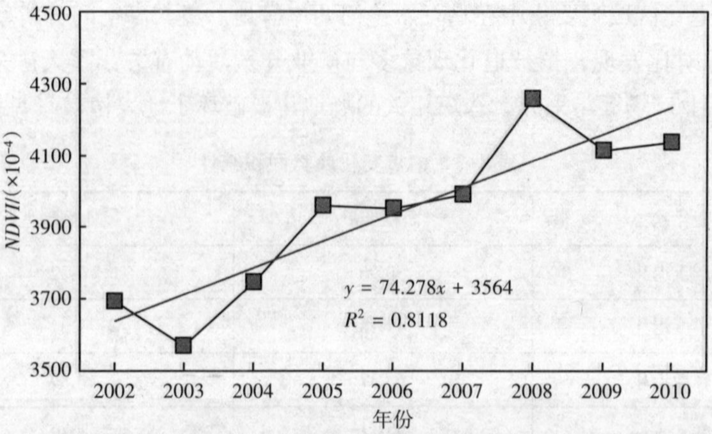

图8-1　神东矿区植被整体变化趋势

（2）植被变化的空间分布特征

对研究区进行逐像元一元线性回归分析，求得每个像元上植被变化趋势，进行空间特征分析。结果显示（见图8-2），研究区内植被状况改善区域居多，占总面积的84.57%，其中明显改善和中度改善区域分别占总面积的30.47%和34.53%；植被退化的区域占10.13%，其中严重退化面积达30.96 km^2，见

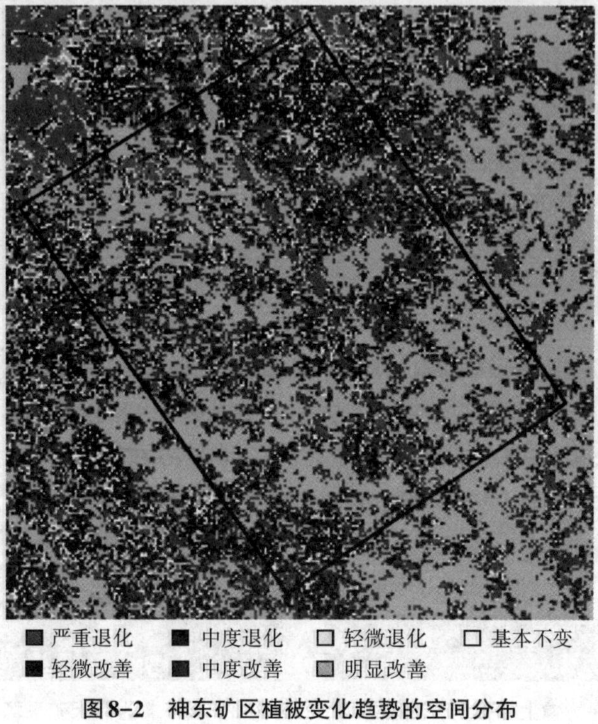

图8-2　神东矿区植被变化趋势的空间分布

表8-3。退化区域主要集中在乌兰木伦河两岸等地。经与高空间分辨率GeoEye遥感影像对比发现，植被退化现象多与矿业开发活动有关：露天矿采场、选煤厂、工业广场等与采煤、选煤相关的场地建设破坏了地表植被（见图8-3）。

表8-3　植被变化趋势面积统计

变化趋势	面积/km²	比例/%
严重退化	30.96	2.22
中度退化	42.18	3.02
轻微退化	68.37	4.89
基本不变	74.11	5.30
轻微改善	273.58	19.57
中度改善	425.94	30.47
明显改善	482.77	34.53
总计	1397.91	100

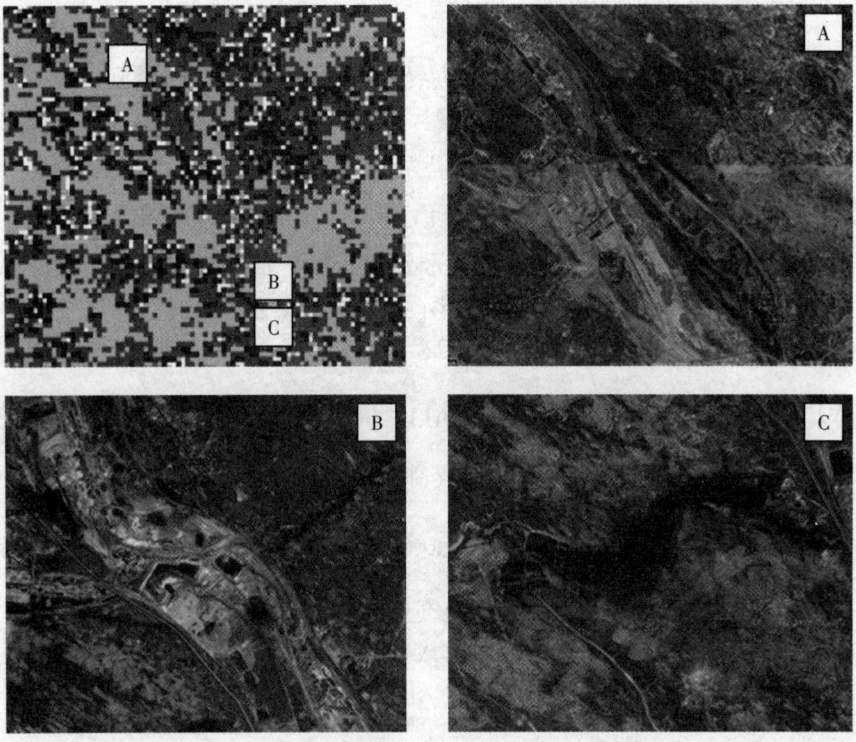

图8-3　GeoEye影像上植被退化典型区域（A为工业广场，B为露天矿采场，C为选煤厂）

(3) 植被变化的盖度分级特征

以起始年2002年NDVI数据为依据，对研究区植被盖度进行分级，分为无植被（*NDVI*值为0~0.1，下同）、极低植被（0.1~0.2）、较低植被（0.2~0.3）、中度植被（0.3~0.4）、较高植被（0.4~0.5）、高度植被覆盖区（0.5~1）。各区*NDVI*变化情况见图8-4。由统计结果可知（见图8-5），中度植被面积比例最大，极低植被和高度植被覆盖区域面积比例都比较小。分别统计每个植被分区内的斜率均值，得到如下结果：在中植被盖度区（*NDVI*：0.3~0.4）植被改善程度最高，低植被盖度区（*NDVI*：0.1~0.3）次之，高植被盖度区（*NDVI*：0.4~1）最低，其中高盖度区域（*NDVI*：0.5~1）植被发生退化。

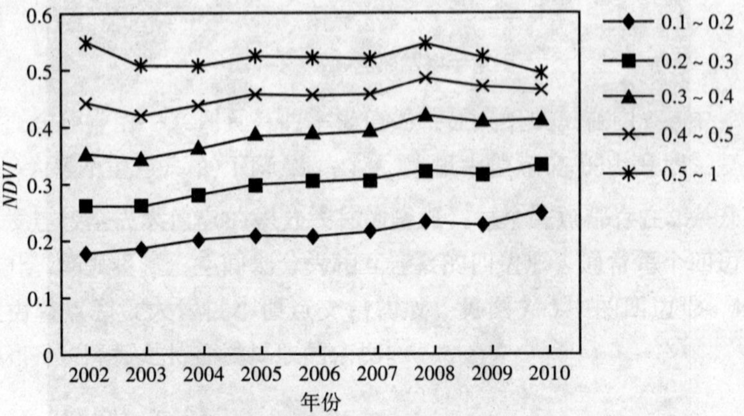

图8-4 植被分级*NDVI*变化曲线

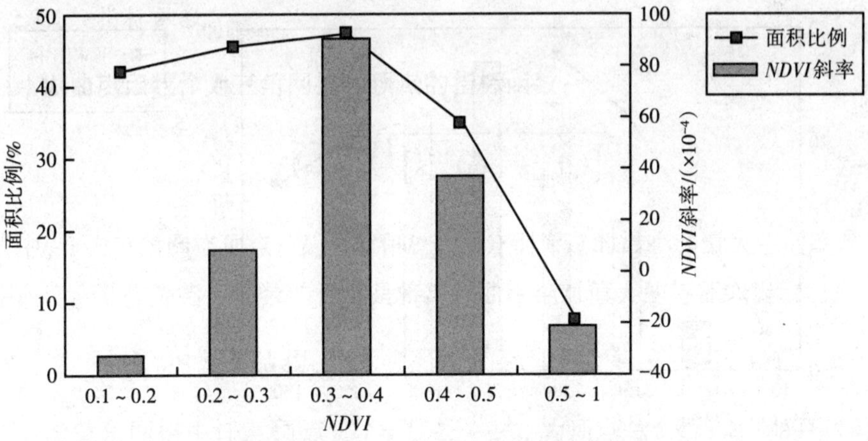

图8-5 植被分级*NDVI*曲线变化斜率对比

(4) 植被变化的高程分级特征

基于SRTM高程数据，以50m为梯度对研究区高程进行分级，高程分区见图8-6。结果表明（见图8-7），研究区内，1200～1250m高程区域植被改善程度最明显，高于和低于此高程的区域植被改善程度依次递减；1050～1100m高程区域植被发生退化。

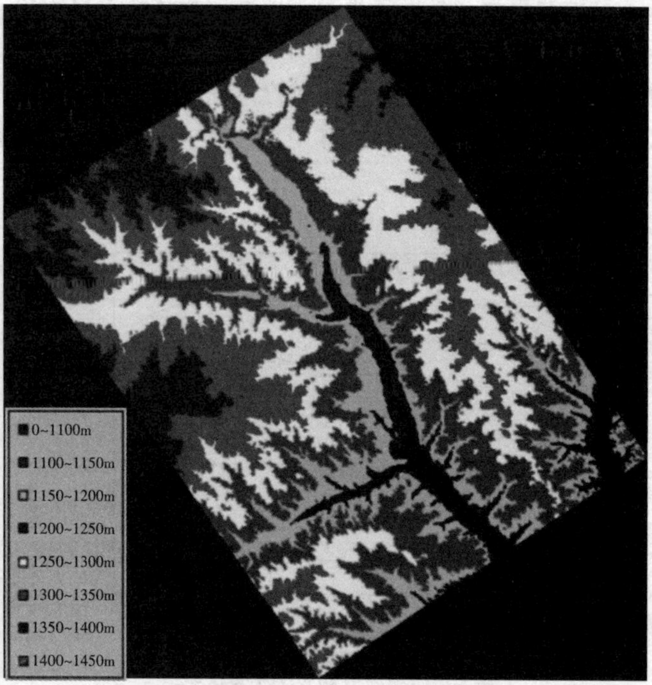

图8-6 高程分区

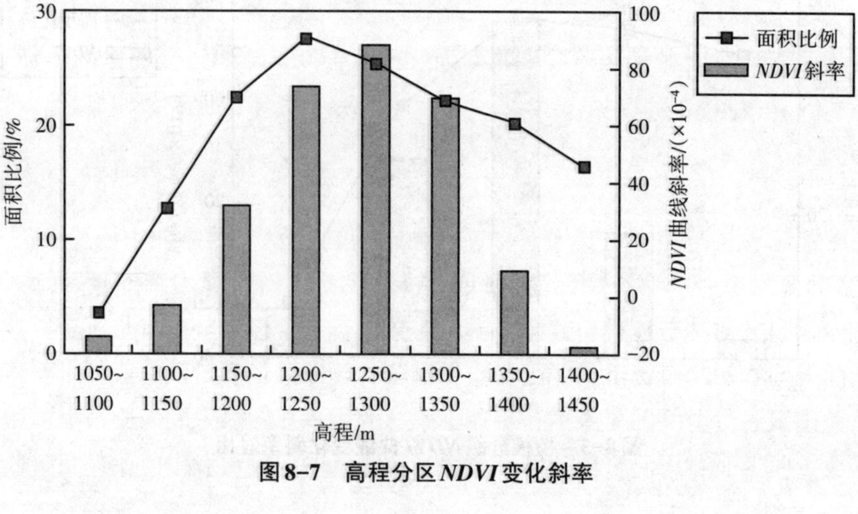

图8-7 高程分区*NDVI*变化斜率

8.1.4 植被变化的驱动力分析

导致研究区植被变化的因素包括自然因素和人为因素。在中国西北干旱半干旱地区，降水是植被生长的主要限制因子，降水的减少对植被覆盖的增加极其不利，因此将降水量作为自然因素进行分析。在研究区内，人为因素包括两部分：一是政府主导的退耕还林还草和神东公司进行的环境治理活动，对植被产生正面影响；二是矿区进行的矿业开发活动，包括地下采煤、露天采煤以及相应的厂矿建设，对植被会产生负面影响。具体分析如下。

8.1.4.1 自然因素——降水因素

由于缺少2010年降水数据，因此研究2000—2009年*NDVI*与降水量之间的关系。如表8-4所示，计算植被生长季降水量与*NDVI*之间的相关系数。结果表明，5月、5—6月降水量与*NDVI*之间相关系数最大，分别达到0.572和0.556，均通过0.10置信水平检验。本区*NDVI*取年内最大值，大多出现在8月左右，因此滞后时间约为2个月。这与前人的研究结果一致，即降水对植被长势影响具有滞后性。通过研究发现，研究区*NDVI*均值与同年5—6月降水量波动情况大体一致。尽管波动性大体一致，但研究区*NDVI*与5—6月降水量变化趋势并不一致。为了消除特大干旱的异常影响，取2002—2009年数据进行变化趋势分析。如图8-8所示，*NDVI*均值总体呈上升趋势（斜率为0.0084），5—6月降水量总体呈下降趋势（斜率为-9.365）。结果显示，2005年是二者变化趋势逆转的关键年份，在这一年，5—6月降水量较上年减少22.7%，而NDVI均值较上年升高5.7%。总之，降水量与*NDVI*波动性大体一致，说明降水量会对研究区内植被变化产生影响；二者变化趋势相反，说明降雨量不是研究区内植被改善的决定性因素。

表8-4 矿区降水量与*NDVI*的关系 mm

年份	5月	6月	7月	8月	9月	5—6月	5—7月	5—8月	5—9月	全年
2000年	10.6	24.7	57.5	88.9	28.2	35.3	92.8	181.7	209.9	251.3
2001年	1.9	8.4	88.9	161.4	64.7	10.3	99.2	260.6	325.3	413.8
2002年	41.2	114	83.5	20.7	59.2	155.2	238.7	259.4	318.6	364.1
2003年	25.6	72.8	105.5	87.4	105.8	98.4	203.9	291.3	397.1	491.3
2004年	65.2	35.7	103.9	170.2	14.3	100.9	204.8	375	389.3	427.4

表8-4（续）

年份	5月	6月	7月	8月	9月	5—6月	5—7月	5—8月	5—9月	全年
2005年	46.8	31.2	81.2	51.2	62	78	159.2	210.4	272.4	315.1
2006年	60.1	27.1	69.1	67.2	38.6	87.2	156.3	223.5	262.1	290.6
2007年	38.9	40.6	69.2	137.8	49.5	79.5	148.7	286.5	336	479
2008年	16.4	77.9	35.2	176.5	112.2	94.3	129.5	306	418.2	473
2009年	33.2	20.4	80.7	131.6	84.6	53.6	134.3	265.9	350.5	397.3
与*NDVI*相关系数	0.572	0.314	−0.248	−0.003	0.299	0.556	0.358	0.307	0.400	0.273

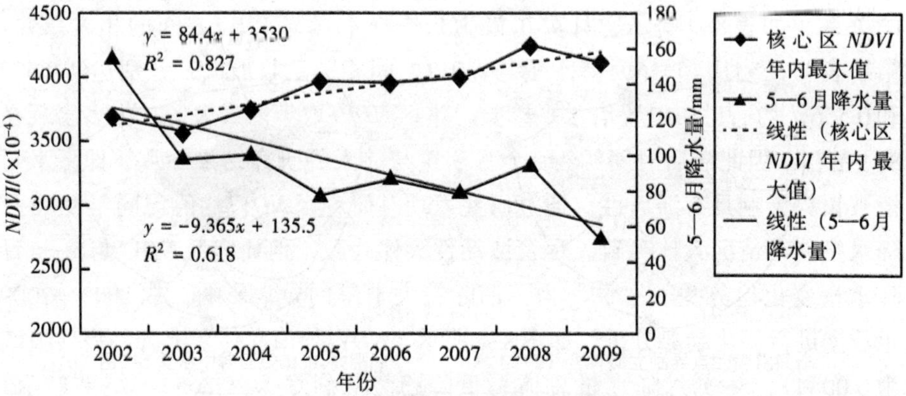

图8-8　5—6月降水量与*NDVI*变化趋势

8.1.4.2　人为因素

（1）生态环境治理工程的影响

自然因素并非研究区植被变化的决定性因素，那么人为因素就应是主要因素。作为第一大生态工程，我国从1999年开始在四川、陕西、甘肃等省试点进行退耕还林还草工程，到2000年开始扩大到25省区。研究区正处在退耕还林还草的政策实施范围之内。同时，研究区也是三北防护林保护工程、山川秀美工程等工程的实施区域。这些政府主导的政策措施极大地促进了研究区植被状况的改善。另外，作为研究区煤炭资源主要开发企业，中国神华集团神东煤炭公司不断加大矿区环保投入（吨煤0.45元）并进行了卓有成效的环境治理工作，对于提高矿山及矿山周边地区的植被覆盖度、防止土地荒漠化起了重要作用（见图8-9）。面对大规模煤炭开采与脆弱生态环境之间的突出矛盾，神东公司提出了绿色开采新理念：开采前大面积治理，有效地增强区域生态功能，使生态环境具有一定的抗开采扰动能力；开采中创新绿色开采技术，减少对生态环境的影响；开采后构建持续稳定的区域生态系统，实现生态资源的永续利用。截至2009年底，公司累计投入的环保、生态建设资金已达12.6亿元，其中生态建设资金5.4亿元，环保建设资金7.2亿元。因此，政府和企业有效的生态环境建设工程是矿区植被改善的主要人为因素。

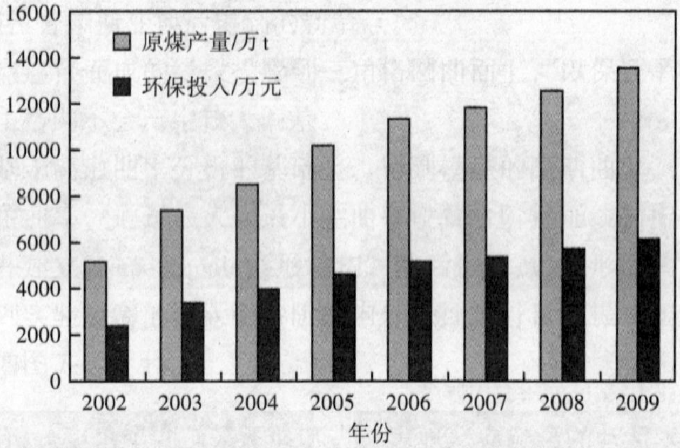

图8-9 神东公司原煤产量与环保投入

以武家塔露天矿为例，露天采场破坏了植被，但是排土场进行了绿化治理，因此出现了采场植被明显退化而排土场植被明显改善的两种截然不同的结果（见图8-10、图8-11）。

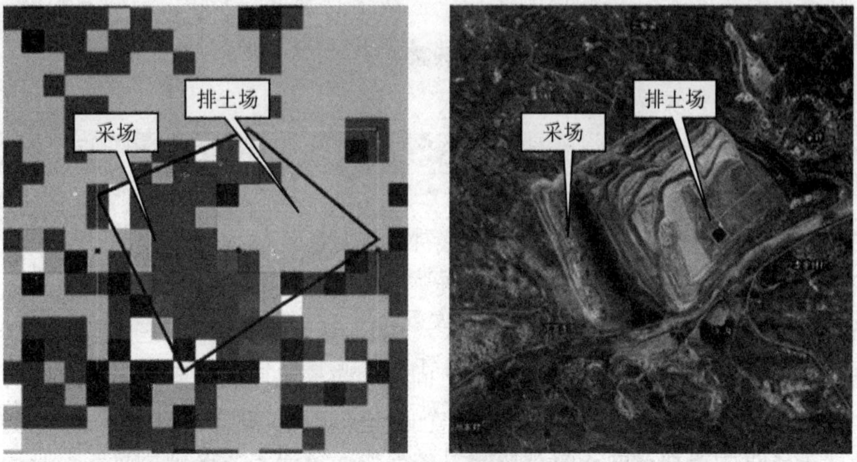

（a）MODIS NDVI变化趋势图　　（b）2009年GeoEye影像

图8-10 武家塔露天矿MODIS NDVI变化趋势和GeoEye影像

图8-11　武家塔露天矿排土场实地调查照片

（2）矿业开发活动的影响

矿业开发活动的影响应从地表压占和地下采矿两个角度分析。

① 露天矿采场、选煤厂、工业广场等地表压占直接破坏植被，使之发生退化。这些区域主要集中在乌兰木伦河两岸。研究区属于旱区，其植被生态格局受旱生植被控制，仅在潜水埋深较小的局部地区存在湿生和中生植物。在潜水埋深较小的河谷和滩地中心部位，湿生和中生植物长势旺盛，但恰好这也是人类活动最频繁的区域，造成了高盖度（*NDVI*：0.5 ~ 1）、低高程（1050 ~ 1150m）区域的植被发生改善程度不及其他区域甚至发生退化。

② 地下采矿活动的影响。

一方面，地下采煤可能导致地表发生变形，进而影响植被的正常生长。但对采空区的监测结果显示，采空区上方植被没有发生明显变化，未受采矿影响。这与部分研究者的结论一致。采煤塌陷对沙蒿等典型沙生植被影响较小，原因有二：一是矿区多为风积沙地貌，沙土对地下塌陷反应不强烈，地表几何形态受采矿影响较小；二是大气降水即可满足此类型植被生态需水量，采矿导致的地下水位降低等问题对其影响不大。

另一方面，采矿使围岩变形和移动，在采空区上覆岩层直至地面出现冒落带、弯曲带和裂缝带。围岩移动引发含水层结构受到破坏，隔水层与含水层相对关系发生变化，蓄水构造受到破坏，地下水赋存条件发生改变，降低了地下水的调蓄能力，地下水位大幅度下降。仅在2006年，矿区神东公司原煤产量过1亿t，矿井排水量达1600万m^3。活鸡兔矿试生产时间不长就引起了含水层水位下降，其中王家壕一带地下水位也由开矿前埋深1m左右，降至6m左右。哈拉沟在煤矿开采前可开采的溢出水量达11600m^3/d，2006年8月只有3787m^3/d，衰减67.4%。在研究区内，湿生和中生植物能够生存但长势较差的地下水位埋深为7m，当地下水位埋深大于15m时乔木就会枯梢死亡。因此，区域地下水位的下降必将影响沟谷地区的湿生和中生植物长势，导致低高程区植被发生改善程度不及其他区域甚至发生退化（见图8-12、图8-13）。

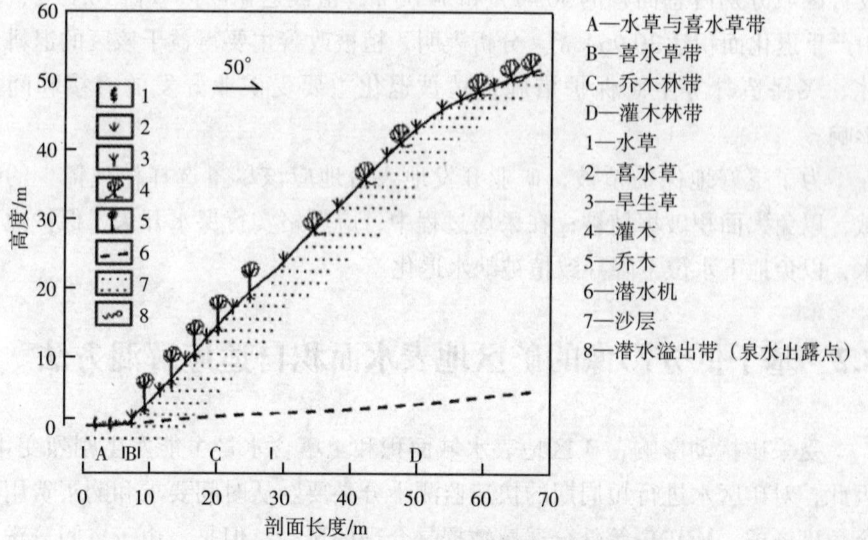

图8-12　哈拉沟沟脑泉水溢出带地质剖面

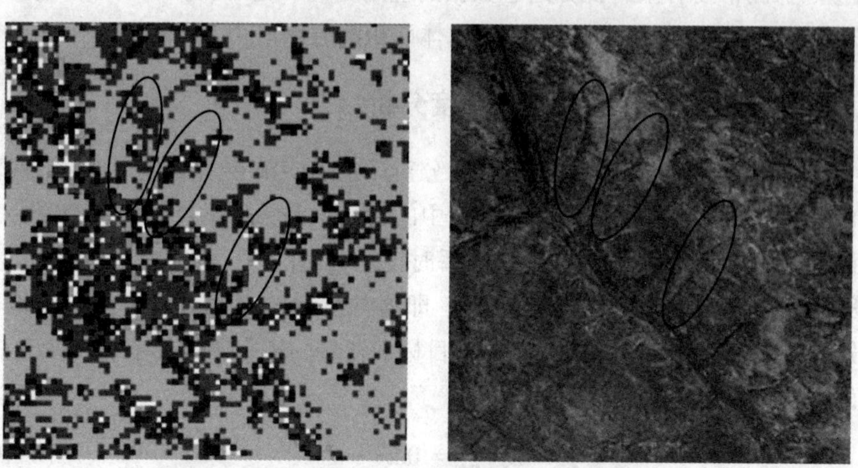

图8-13　植被改善程度较差的典型沟谷地区

8.1.5 小结

基于MODIS NDVI时间序列数据，提出了依据矿区环境条件差异设计NDVI数据合成的方法，利用回归分析实现了矿区植被变化的遥感长期监测与评估，更加准确地反映了地表植被覆盖的变化过程。在神东矿区采用最大值法合成数据，利用回归分析逐像元地监测了矿区9年间的植被变化情况。通过高分影像和地面调查验证了监测结果。

结果显示，神东矿区植被大部改善，局部退化。其中，明显改善和中度改善区域分别占总面积的30.47%和34.53%；植被退化的区域占10.13%，其中严重退化面积达30.96 km^2。分析表明，植被改善主要得益于该区的退耕还林、飞播造林等生态保护措施；植被退化主要受矿业开发的直接和间接影响。

为了更好地保护植被，矿业开发地表占地应该尽量选择植被稀少的区域，以免大面积破坏植被；在采煤过程中，应严格实行保水开采、保护地下水，以免地下水位下降导致植被缺水退化。

8.2 基于低分影像的矿区地表水面积自适应解混方法

受采矿扰动影响，矿区地表水域面积和土壤含水量可能发生剧烈变化。因此，对矿区水进行短周期的快速监测十分必要。从时间要求和购买费用两个角度考虑，MODIS等低分遥感数据是合理的选择。但是，由于空间分辨率较低、探测精度有限，低分遥感数据的应用受到一定限制。利用低分遥感数据研究了具有一定精度保证的矿区水体面积的遥感方法。

8.2.1 MODIS数据空间探测精度分析

本节研究的数据选用250m空间分辨率的MODIS数据红光（Red）波段和近红外（NIR）波段。对遥感影像中的像元，最重要的特征是三个量：地面投影采样间隔（GSI）、地面投影瞬时视场（GIFOV）和辐射分辨率Q。一般情况下，GSI与GIFOV是相等的，即通常所说的空间分辨率。但图像的“分辨率”是由遥感器的GIFOV以及目标和背景的辐射综合决定的。像元DN值的大小取决于辐射分辨率，即

$$DN_{range} = 0.2^{Q} - 1 \tag{8-10}$$

式中，Q为数据位数，Q值越大，量化的数据就越逼近探测器产生的原始连续信号，因此遥感器的辐射分辨率也就越高。DN值差别至少大于1时像元才会发生变化，因此目标能够被检测出的最小面积比例：

$$r_A = \frac{1}{\frac{\rho_{target} - \rho_{background}}{(1-0)} \cdot 2^Q} \tag{8-11}$$

式中，ρ_{target}为像元内目标反射率；$\rho_{background}$为像元内背景反射率；r_A为目标能够被检测出的最小面积比例。假设某一遥感器对于场景反射产生一线性DN（0～255）输出，一个像元中包含两类材质，其反射率分别为0和1，则理论上可以把比例为0.4%的目标从背景中检测出来（见图8-14）。

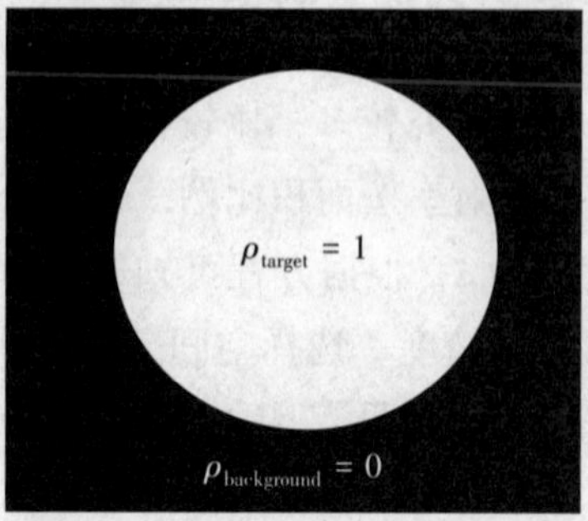

图8-14　像元内目标与背景的关系

为便于直接与GIFOV对照，可以根据最小面积比例推导出对应正方形边长：

$$l_{min} = \sqrt{l \cdot l \cdot r_A} \tag{8-12}$$

式中，l为GIFOV，l_{min}为最小面积比例对应正方形边长。统计TM和MODIS两个典型传感器的相关参数（见表8-5），由于辐射分辨率较TM传感器高，尽管GIFOV为250m，但在水陆混合像元中MODIS传感器可检测的最小地物面积可达61.75m²，与TM达到一个数量级。因此，若混合像元分解方法合适，MODIS数据的空间探测精度可满足水体面积探测要求。

表8-5　TM与MODIS的对比

传感器	TM	MODIS
辐射分辨率 Q/b	8	12
ρ_w	0.045	0.018

表8-5（续）

传感器	TM	MODIS
ρ_{land}	0.240	0.265
r_A/%	2.00	0.099
GIFOV/m	30	250
像元面积/m²	900	62500
可检测最小面积/m²	18.00	61.75
l_{min}/m	4.25	7.86

8.2.2 局部自适应水陆混合像元解混方法

MODIS混合像元分解的研究较多，比较常用的是线性分解方法。它假定混合像元的反射率由端元反射率按面积比例线性混合得到，进而反推混合像元内端元丰度。若端元数为n，根据方程可知，至少需$n-1$个波段的遥感影像。为了尽量提高空间探测精度，选择空间分辨率为250m的MODIS影像数据。但由于250m的MODIS数据只有NIR和Red 2个波段，端元最多可选3类，无法保证结果精度。

根据湖区特点可知，混合像元在空间分布上具有规律性，即沿着湖岸线分布，这与一般区域混合像元随机分布明显不同。因为混合像元随机分布的缘故，一般区域只能通过全区域选取端元的方式来解算丰度；而对于湖区来说，由于混合像元规律分布，端元可以根据混合像元位置就近选取。另外，认为混合像元只有水体和陆地两类地物，因此一个波段即可满足计算需要。需要说明的是，陆地种类可能分多种，例如植被、裸土等，逐像元选取端元可以最大限度地避免陆地端元选取代表性差的问题。

水体与陆地交界处在影像上表现为混合像元。一个混合像元的反射率为其中陆地组分与水体组分反射率的线性叠加，三者之间满足下列关系：

$$\left.\begin{aligned}\rho_{mix} &= \rho_l r_l + \rho_w r_w \\ r_l + r_w &= 1\end{aligned}\right\} \tag{8-13}$$

式中，ρ_l、ρ_w分别为陆地和水体的反射率；r_l、r_w分别为陆地和水体在混合像元中的面积比例。这是本方法的基本原理，具体流程见图8-15。

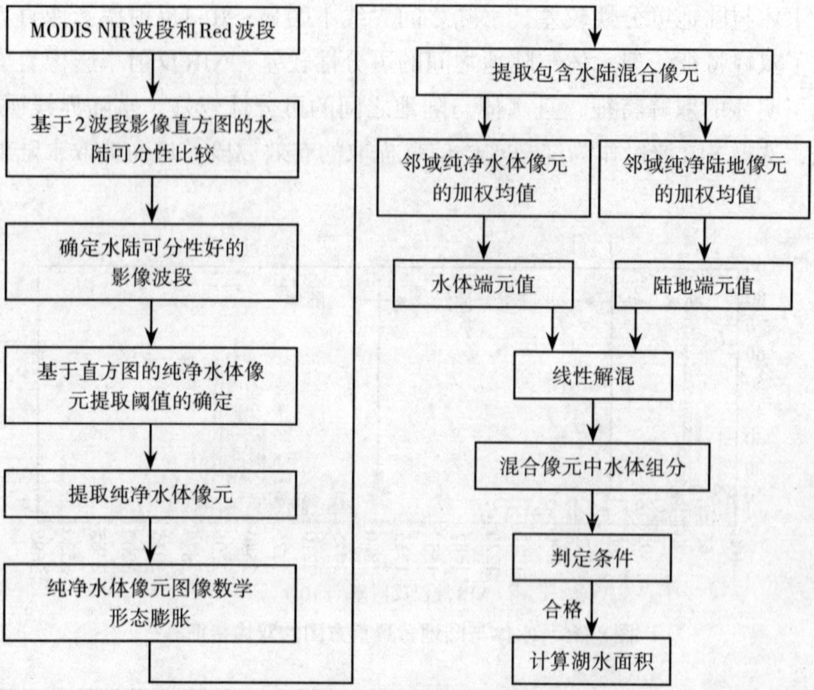

图8-15 技术流程图

8.2.2.1 水陆混合像元提取

本方法需要先提取水陆混合像元。由于水陆混合像元与纯净水体像元在空间上相邻，可先确定纯净水体像元进而提取水陆混合像元。由经典文献可知，由于水体在NIR波段的反射率极低，近乎为零，因此NIR波段是提取水陆边界的最佳波段。但是很多文献直接利用*NDVI*（归一化植被指数）确定阈值的方法提取水体信息。*NDVI*是由NIR和Red两个波段的反射率计算得来：

$$NDVI = \frac{\rho_{\mathrm{Red}} - \rho_{\mathrm{NIR}}}{\rho_{\mathrm{Red}} + \rho_{\mathrm{NIR}}} \tag{8-14}$$

对于这两个波段如何利用，是进行组合运算还是单个使用，需要进行分析辨别。

水体与背景信息在遥感影像直方图中具有双峰特征，二者灰度值差异显著，此特征可以作为选择波段的依据（见图8-16）。以2002年第209天的MODIS数据为例，分别截取研究区*NDVI*、Red反射率和NIR反射率共3幅影像并绘制直方图（见图8-17）。由图可知，NDVI影像直方图的双峰特征不明显，水体与陆地可分性较差，水陆之间界线不明显；Red反射率影像直方图呈现了双峰特征，但水体与陆地之间的可分性较差；NIR反射率影像直方图呈现了明显的双峰特征，且水体与陆地之间的可分性较好，水陆界线明显。因此，选择NIR波段作为纯净水体信息提取的有效波段，进而提取水陆混合像元。

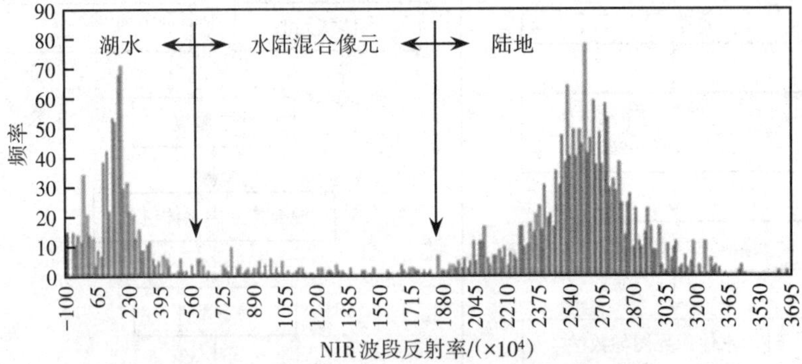

图8-16　水体与陆地背景直方图的双峰特征

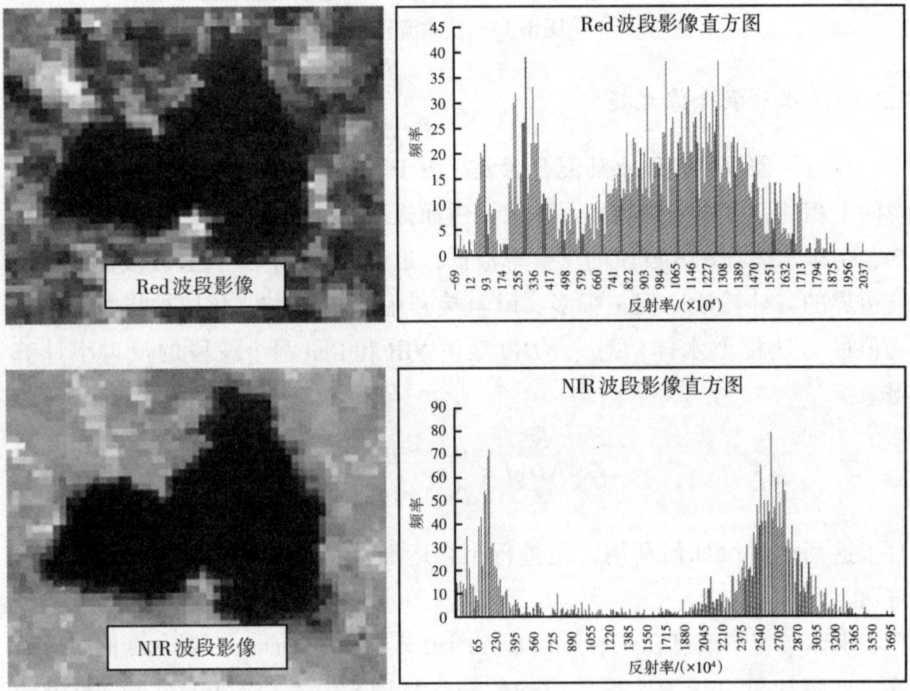

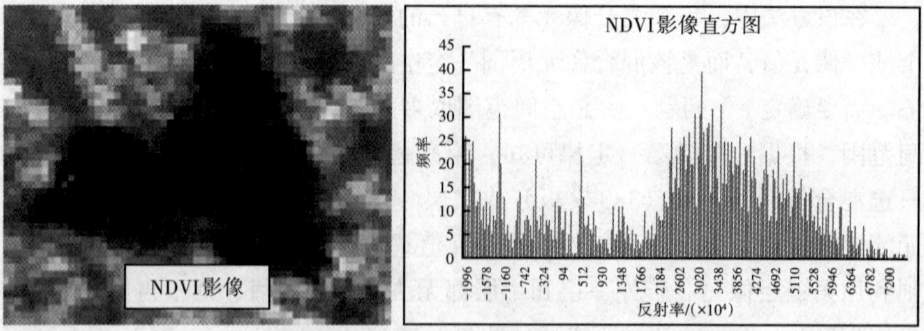

图8-17 研究区3类影像及其直方图

8.2.2.2 局部自适应的端元选择方法

（1）三类边界的确定

提取水体像元之后，采用数学形态学中的膨胀算法将水体纯净像元膨胀2次（借助ENVI软件实现），共得到三个地类像元集，由内而外依次是：纯净水体、水陆混合和纯净陆地像元。

（2）混合像元中水体和陆地反射率的确定

根据计算公式，计算水陆组分需要输入水体和陆地的反射率。由于存在空间差异性，对全局选择恒定的水体或陆地反射率是不合适的。因此，对于每一个混合像元需要单独确定其中水陆组分的反射率。根据空间相关性，选取与混合像元相邻的水体或陆地纯净像元的反射率均值作为混合像元中的相应组分的反射率。具体计算通过逐像元运行均值计算模板实现。

在混合像元分解时，图像中的所有像元都有可能成为混合像元。但在本节研究中，水陆混合像元才被看作混合像元，因此，混合像元只沿湖岸线分布，数量较少；相反，陆地纯净像元和水体纯净像元数量较多。这是本节研究中像元解混与一般解混的第一个区别。正因如此，端元选择也与常规方法有别。由于研究混合像元中端元固定，即只有陆地和水体2类端元，混合像元类别并不多；但混合像元沿湖岸线空间分布，因此常规方法选择的全局性端元可能无法满足不同空间分布上的混合像元。

根据地理学第一定律，地理事物或属性在空间分布上互为相关，存在集聚、随机、规则分布。地理学第一定律来源于Waldo Tobler的观点“Everything is related to everything else，but near things are more related to each other”，即“任何事物都相关，只是相近的事物关联更紧密”。因此，研究了一种考虑空间相关性的端元选择方法。

在该方法中，每个混合像元都有自己的端元。当然，这些端元不是某一个纯净像元值，而是该混合像元周围一定空间范围内的纯净像元值的加权均值。需要确定2个问题：一是空间范围取多大合适，二是如何定权。关于空间范围，根据地理学第一定律可知，距离越近相关性越强，为保证相关性，只选混合像元外一层（3×3模板）或二层（5×5模板）像元。如果外一层像元能够获取端元值，则只用外一层像元值；若外一层像元未能获取端元值，则利用第二层像元。若外一层和二层都无法获取端元值，则不再向外扩展，只用临近混合像元的端元值代替（见图8-18）。

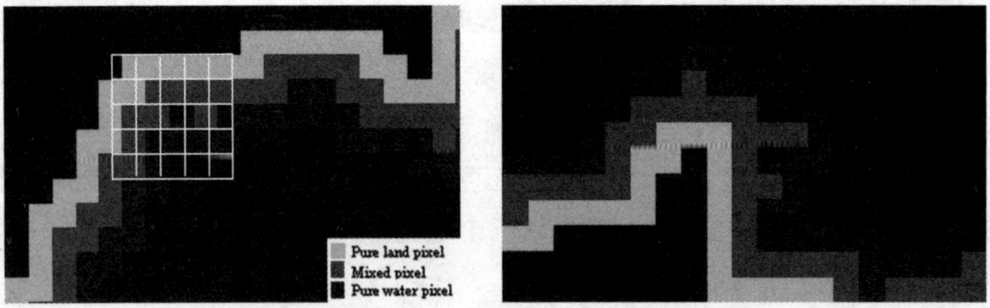

（a）采用5×5模板计算　　（b）采用最近邻像元值

图8-18　3×3模板无法计算端元值的2种情况

关于定权，可以根据周围像元与混合像元的空间距离的倒数确定，即距离混合像元越远，获得的权重越低；距离越近则权重越高。具体细节如下。

设混合像元为中心像元g_0，空间位置为(i_0, j_0)，邻域像元g的空间位置为(i, j)，则两像元的空间距离$d(i, j)$为

$$d(i, j) = \sqrt{(i - i_0)^2 + (j - j_0)^2} \tag{8-15}$$

每个邻域像元的权重为

$$w(i, j) = 1/d(i, j) \tag{8-16}$$

具体计算时，需要对权重进行归一化

$$\tilde{w}(i, j) = \frac{w_x(i, j)}{\sum_{x=1}^{n} w_x(i, j)} \tag{8-17}$$

式中，n为某类端元邻域像元的数量。图8-19所示分别为3×3模板和5×5模板的邻域像元权重。

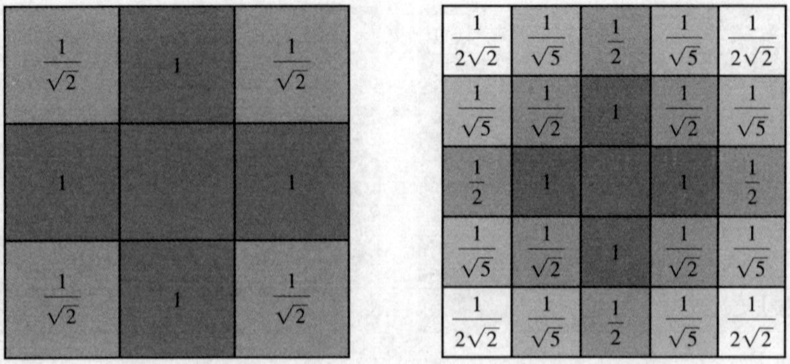

（a）3×3模板　　（b）5×5模板

图8-19　两种模板内像元位置的权重

至此，混合像元的端元值可以通过下式确定：

$$r = \sum_{x=1}^{n} \tilde{w}(i, j) r_x(i, j) \tag{8-18}$$

式中，$r_x(i, j)$是邻域像元的反射率。

8.2.2.3　线性解混与反馈

求得每个混合像元水陆反射率之后，按公式（8-13）即可计算二者的组分比例。

对于结果，若组分比例都在0 ~ 1，则可以接受；但是，由于纯净水体提取未必完全准确，或湖岸线局部并不存在混合像元，结果可能超出此范围。以陆地像元比例为例，其值为负，则将此像元归为纯净水体像元；其值大于1，则将此像元归为纯净陆地像元。进而重新确定三类像元边界，循环计算，直到得到有效结果。

最后，计算混合像元中水体所占面积，再与纯净水体像元面积相加即得到水体总面积。

8.2.3　实验结果——以NIR波段为例

需要利用TM数据对基于MODIS数据的提取结果进行验证和精度分析，但由于传感器和空间分辨率等差异，MODIS与TM数据的配准会存在误差，可能影响最后的精度分析。为了便于精度分析，在实验中采用尺度上推的TM数据（与MODIS空间分辨率相同）代替MODIS数据（见图8-20）。

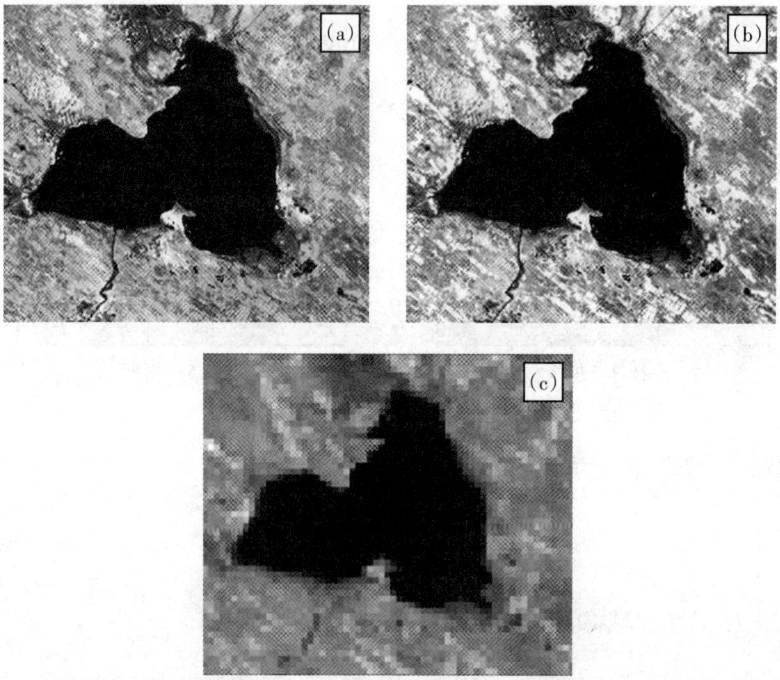

图8-20　用尺度上推的TM数据代替MODIS数据

(a)—TM数据的假彩色合成影像；(b)—NIR波段（TM4）图像；(c)—尺度上推图像

（1）混合像元提取

在NIR波段反射率图像的直方图中（见图8-21），水体像元和陆地像元分别对应两个波峰。纯净水体像元的阈值应该在水体像元波峰的右边缘附近。通过目视解译与验证，0.0668被确定为阈值，进而提取出纯净水体像元［见图8-22（a）］。

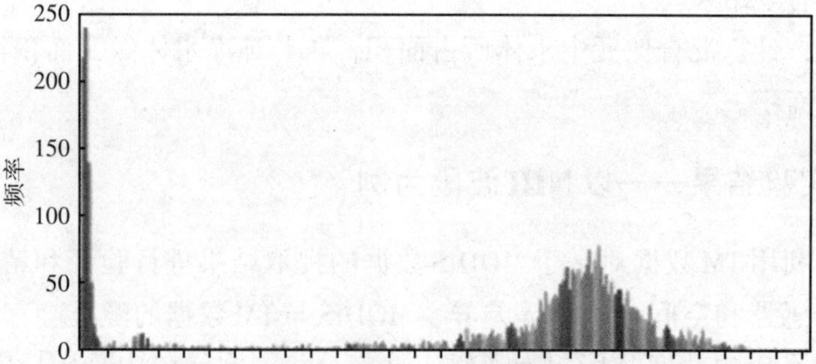

图8-21　NIR波段影像直方图

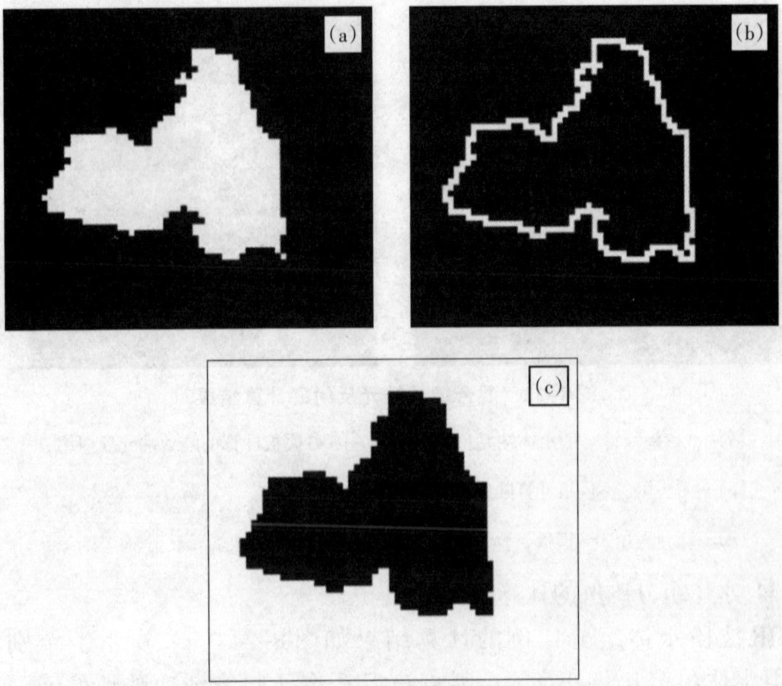

图8-22　纯净水体、混合与纯净陆地像元

(二值图像中白色像元)

利用ENVI软件的数学形态学膨胀功能，将纯净水体像元膨胀获取混合像元；纯净水体像元与混合像元之外的像元即为纯净陆地像元［见图8-22(b)、(c)］。

(2) 端元反射率的确定

确定端元反射率时，先采用3×3模板进行计算；对于3×3模板无法计算的端元反射率，采用5×5模板进行计算；若5×5模板也无法计算出端元反射率，则采用前文提到的最近邻法确定。结果见图8-23。

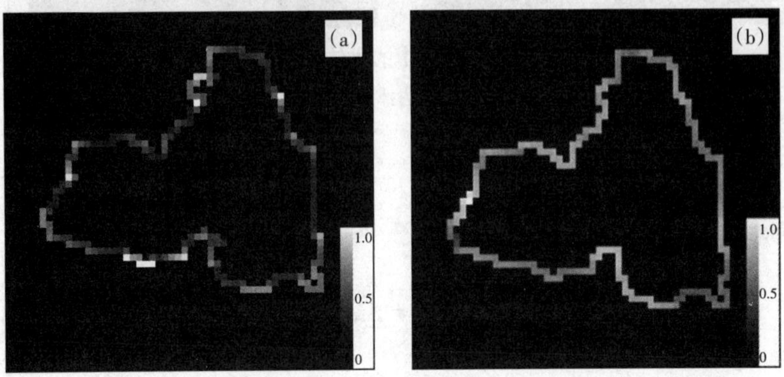

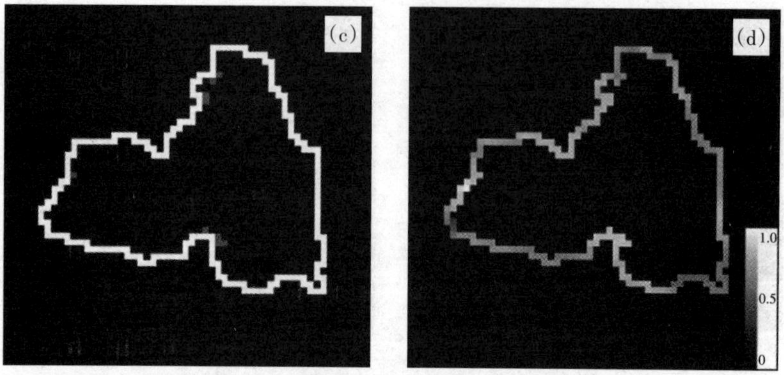

图8-23　混合像元端元反射率计算结果

(a)—3×3模板计算的水体端元反射率；(b)—3×3模板计算的陆地端元反射率；

(c)—无法用3×3模板计算陆地端元反射率的混合像元；

(d)—综合采用3×3模板、5×5模板和最近邻法计算的陆地端元反射率

(3) 水体组分比例的计算

NIR波段水体组分比例的计算结果如图8-24(a)所示。个别混合像元中水体组分比例小于0，则将该混合像元归为纯净陆地像元[见图8-24(b)]。

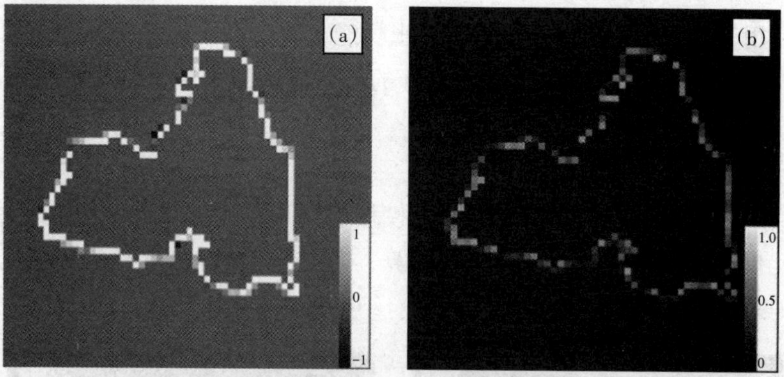

图8-24　混合像元中的水体端元组分比例

(a)—NIR波段的初步结果；(b)—去掉组分比例小于0的混合像元的结果

8.2.4　精度分析与后处理

湖水面积计算公式如下：

$$S = S_w + S_m \left(S_w = Aj,\ S_m = A\sum_{i=1}^{n} f_i \right) \tag{8-19}$$

式中，S为湖水总面积；S_w为纯净水体像元对应的面积；S_m为混合像元中水

体面积；A为单个像元面积；j为纯净水体像元数量；i为混合像元数量；f_i为混合像元中水体端元组分比例。NIR波段和Red波段的计算结果见表8-6。

表8-6　NIR和Red波段计算结果

波段	LAU法提取结果	基于TM的参考值	误差/%	平均面积/m²	误差平均值/%
NIR	44713995	44366712	0.78	44310406	−0.13
Red	43906816		−1.04		

混合像元中水体端元组分比例通过28.5m的TM影像进行验证。首先，采用手绘的方法在TM影像中将湖岸线提取出来（见图8-25）。将实验中尺度上推后的NIR波段和Red波段的混合像元水体端元组分比例计算结果逐像元与TM影像进行比对。总的来看，Red波段数据对被误提的混合像元具有较好的探测能力（见图8-26）。结果显示，NIR波段提取的结果误差为正（0.78%），Red波段提取的结果误差为负（−1.04%）（见图8-27）。原因可能是多数用于计算陆地端元反射率的纯净陆地像元中包含部分植被，而植被在NIR波段和Red波段具有截然相反的光谱特征，最终导致NIR波段整体上高估，Red波段整体上低估。

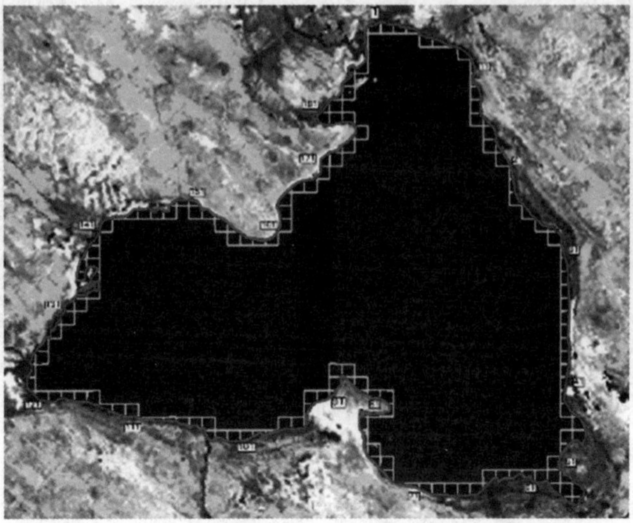

图8-25　湖岸线与混合像元水体丰度比对

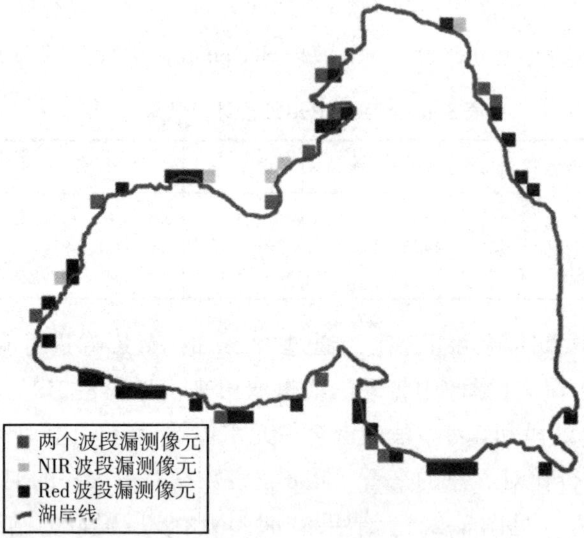

图8-26　在NIR和Red波段中误提的混合像元

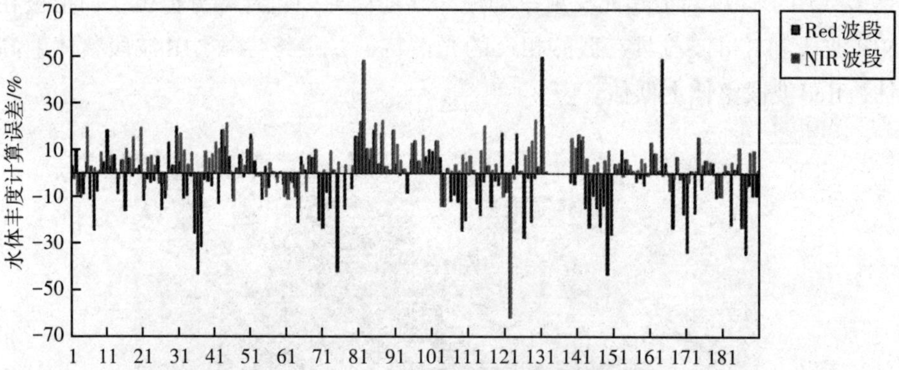

图8-27　NIR与Red波段的水体丰度计算误差

具体地逐像元地看，利用两个波段计算混合像元中水体面积存在4种高估或低估方式（见图8-28、表8-7）：

① 在NIR波段高估，在Red波段低估。此种情况下，混合像元中的陆地被裸土覆盖，但参与陆地端元计算的邻域像元被绿色植被覆盖。与裸土相比，绿色植被在NIR波段的反射率较高，在Red波段的反射率较低，因此导致此类情况发生［见图8-28（a)］。

② 在2个波段都高估。此种情况下，混合像元中的陆地部分含水率较高，但参与陆地端元计算的邻域像元含水率较低。与高含水率陆地相比，低含水率陆地的反射率较高，因此导致此类情况发生［见图8-28（b)］。

③ 在2个波段都低估。此种情况下，混合像元中的陆地部分被干沙覆盖，但参与陆地端元计算的邻域像元未被干沙覆盖。干沙在两个波段上的反射率都较高，因此导致此类情况发生［见图8-28（c）］。

④ 在NIR波段低估，在Red波段高估。此种情况下，混合像元中的陆地部分植被覆盖较好，但邻域陆地像元植被覆盖较差，与第一种情况刚好相反，因此导致此类情况发生［见图8-28（d）］。

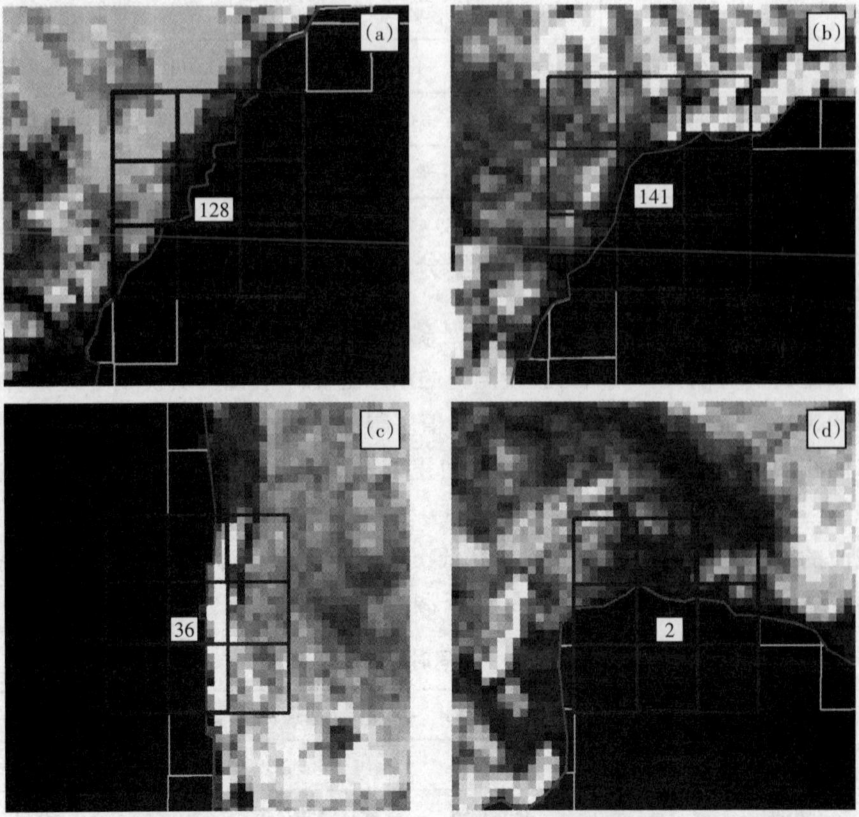

图8-28　混合像元水体丰度的4类典型误差

(a)—NIR波段高估且Red波段低估；(b)—NIR波段高估且Red波段高估；
(c)—NIR波段低估且Red波段低估；(d)—NIR波段低估且Red波段高估

表8-7　像元误差分类

NIR	Red	
	高估像元数	低估像元数
高估像元数	78	55
低估像元数	13	36

经上述分析可知，整体上NIR波段会高估水体面积而Red波段会低估，因此最终结果取二者均值以减小误差。以三期的TM数据提取的红碱淖水面积作为参考值，将此法与直接阈值法提取结果进行比对，精度能够提高80%以上，见表8-8。

表8-8　湖水面积提取精度

日期	基于TM的参考值/m²	阈值法提取结果/m²	阈值法误差/%	LAU法提取结果/m²	LAU法误差	LAU法精度改进/%
2001-05-31	44796076	44327016	−1.05	44873709	0.17	83.8
2002-08-06	44366712	44649004	0.64	44395769	0.07	89.1
2006-09-10	41024691	40194837	−2.02	41147751	0.30	85.1

8.2.5　湖水面积变化结果与初步分析

由于气候、地物的光谱特征等因素的影响，用NIR波段测得的湖水面积一般比真实值偏大，用Red波段测得的湖水面积一般比真实值偏小。将所获得的NIR和Red波段湖水面积取平均值所得的湖水面积精度较高，可作为湖水面积的最终结果。所测得的湖水面积见表8-9。结果显示，红碱淖湖水面积年内变化较大，但总体呈下降趋势。统计年度均值（见图8-30）显示，红碱淖的湖水面积几乎呈线性逐年降低，年均下降面积达0.85 km²。若按此速度萎缩，则红碱淖湖水将于2050年干涸。

表8-9　不同时相湖水面积

时间	阈值	NIR面积/m²	Red面积/m²	最终面积/m²
2001081	617	46152529	45968990	46060760
2001097	332	45683056	45974464	45828760
2001129	760	44565400	44269162	44417281
2001209	740	43791746	43415008	43603377
⋮	⋮	⋮	⋮	⋮
2010209	509	36216311	35851702	36034006
2010273	289	35267490	34980589	35124039
2010289	291	34734153	34077116	34405635
2010305	263	35357542	34825171	35091357

关于红碱淖萎缩，有人认为是气候干旱、灌溉耗水、上游截流等原因导致，有人认为与矿业开发有一定关系。由于前人研究的有效时间都在2007年之前，所以认为采矿无显著影响是正常的，但2007年之后的影响需要深入分析。近年，神东矿区煤矿开发由东部浅埋区向西部相对深埋区扩展，乌兰木伦河以西已投产了若干个煤矿，随着开采强度的加大、开采方式机械化程度的提高（大采高综放顶）、采深的增加，浅层地下水的隔水底板连续性受到破坏，导致局部地下水流场发生变化，使排水量、水位降深和影响范围都加大，可能对湖泊产生影响。例如，锦界煤矿2006年9月投产，距红碱淖20~30km，年排水量达3000万m^3，是整个矿区的排水大户。需要说明的是，由于红碱淖流域属封闭流域，因此，在水量平衡研究中还需考虑地下水的补排和流向等信息才能对二者关系进行准确认定。

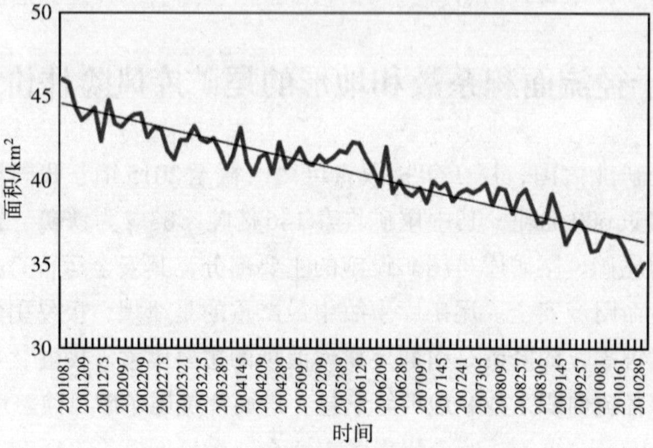

图8-29 红碱淖湖水面积日变化

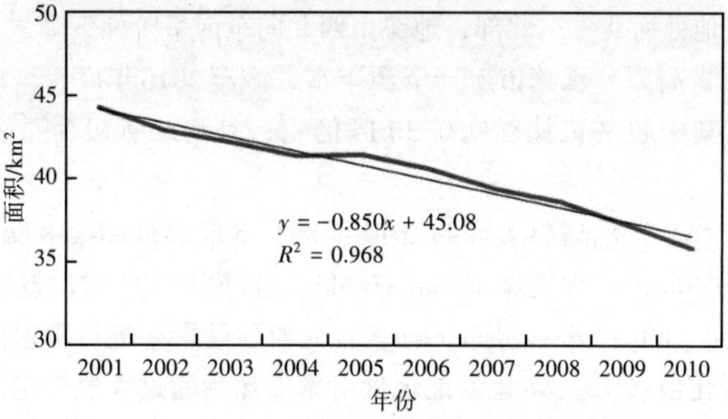

图8-30 红碱淖湖水面积年度变化

9 矿区地物状态遥感精细识别

矿业开发活动可能引起矿区范围内地物状态的变化，进而影响矿区生产安全和生态安全。利用遥感技术对矿区地物进行精细识别，可为矿区相关治理活动提供决策支持。本章以尾矿库风险评价和滞尘的光谱影响为例，介绍相关的遥感分析方法。

9.1 基于径流面积系数和地形的尾矿库风险评价

我国是矿业大国，尾矿年排放量巨大。截至2015年，我国尾矿和废石堆积量已接近600亿吨，其中尾矿堆存146亿吨，83%为铁矿、铜矿、金矿开采形成的尾矿。尾矿库是尾矿设施的主要部分，其安全运行直接影响尾矿周边人民生命财产安全。尾矿库事故中最严重的是溃坝，极易引发滑坡、泥石流等重大灾害，而降雨是引起尾矿库溃坝的主要因素。因此，可以利用遥感技术估算径流面积系数和地形等信息，进而评价尾矿库风险。

9.1.1 试验区与数据预处理

承德市地处河北省东北部，地势由西北向东南呈阶梯下降，承德市西北部位于内蒙古高原。承德市矿产资源丰富，截至2016年底，全市共发现矿产101种，其中超贫钒钛磁铁矿30.14亿吨，是河北省极为重要的铁矿矿集区。

图9-1（a）所示遥感影像为2015年8月15日的Landsat 8 OLI数据，空间分辨率为30m，成像宽幅185km×185km，轨道号122/32，投影坐标系为UTM-WGS84（http：//www.dsac.cn/）。首先对原始影像进行辐射定标，将图像的数字量化值（DN）转化为地表反射率。然后通过大气校正消除大气折光、大气气溶胶等误差。最后裁剪出研究区范围影像。

数字高程模型（DEM）是全球空间分辨率为30m的数字高程数据产品，

投影坐标系为UTM-WGS84（http://www.dsac.cn/）。研究区覆盖了12幅DEM影像，对其进行拼接然后以预处理后的Landsat 8 OLI遥感影像为基准裁剪，得到研究区的DEM影像［见图9-1（b）］。

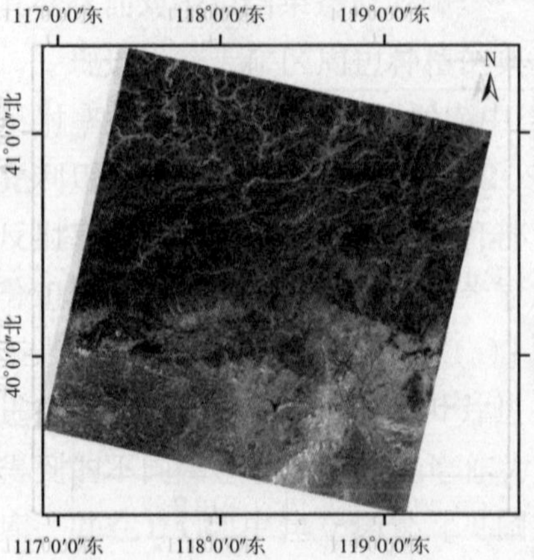

（a）研究区Landsat 8 OLI影像

（b）研究区DEM影像

图9-1　研究区影像

9.1.2　研究方法

（1）径流系数的影响因子

径流系数定义为任意时段内径流深度与同时段内降水深度之比，该系数可以说明一定降水量中有多少水变成了径流，它可以综合反映流域内自然地理要素对径流的影响。由于各个地区的实际地理环境不同，不同地区的径流系数不能通过某一因子进行评估。同一降雨类型下，绿地径流系数随着坡度的增加逐渐增加，下垫面坡度对地表产流、汇流以及出流过程的变化影响最直接，是影响产汇流的主要因素之一；植物的水文效应决定其对径流系数有一定的影响，不同种类、覆盖度的植物都具有降雨截流、阻滞径流等作用。因此，选取坡度、植被覆盖度、植被类型三个因子来确定该区域的径流系数。结合尾矿库的汇水面积与平均径流系数，对尾矿库在降水条件下的风险性进行评估。具体流程见图9-2。

（2）植被覆盖度

植被覆盖度（FVC），即植被（包括叶、茎、枝）在地面的垂直投影面积占统计区总面积的百分比，是反映地表植被分布的重要参数，也是反映地表生态环境的重要指标。矿区辐射范围的植被覆盖度与矿区开采情况、矿石种类等因素密切相关。植被对于固土、消除暴雨等环境影响具有积极作用，随着森林覆被率的增加，森林植被和枯落物对降雨的拦截作用增强，同时土壤的入渗性能提高，可以更有效地拦蓄洪峰流量，使汇水过程线变得平缓，地质灾害的发生概率也相应降低。

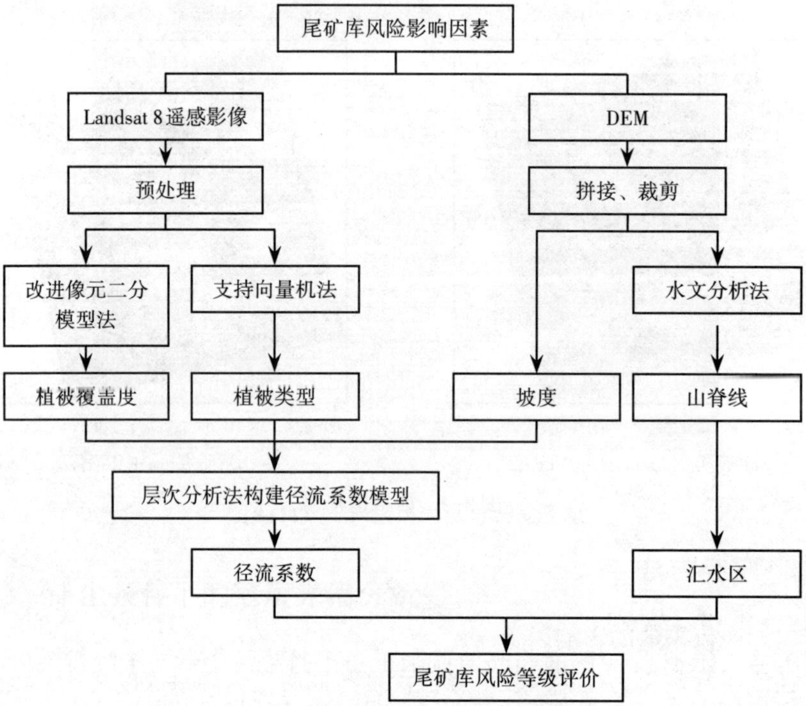

图9-2　尾矿库风险评价流程图

植被覆盖度的获取可分为地面测量和遥感估算两种方法。地面测量常用于田间尺度，遥感估算常用于区域尺度。目前已经发展了很多利用遥感反演植被覆盖度的方法，较为实用的方法是利用植被指数近似估算植被覆盖度，常用的植被指数为*NDVI*。像元二分模型是一种简单实用的遥感估算模型，它假设一个像元的地表由有植被覆盖部分地表与无植被覆盖部分地表组成，而遥感传感器观测到的光谱信息也由这2个组分因子线性加权合成，各因子的权重是各自的面积在像元中所占的比例，如植被覆盖度可以看作植被的权重。利用像元二分模型可以估算*FVC*：

$$FVC = \frac{NDVI - NDVI_{min}}{NDVI_{max} - NDVI_{min}} \tag{9-1}$$

式中，$NDVI_{max}$和$NDVI_{min}$分别为区域内最大和最小的*NDVI*值。由于不可避免存在噪声，$NDVI_{max}$和$NDVI_{min}$取一定置信度范围内的最大值与最小值，置信度的取值主要根据图像实际情况来定，本节根据研究区的统计结果，分别取累积概率为5%和95%的*NDVI*值作为$NDVI_{min}$和$NDVI_{max}$。

按照上述模型反演研究区内的植被覆盖度，并将其划分成不同等级，得到研究区的植被覆盖度等级区划图（见图9–3）。

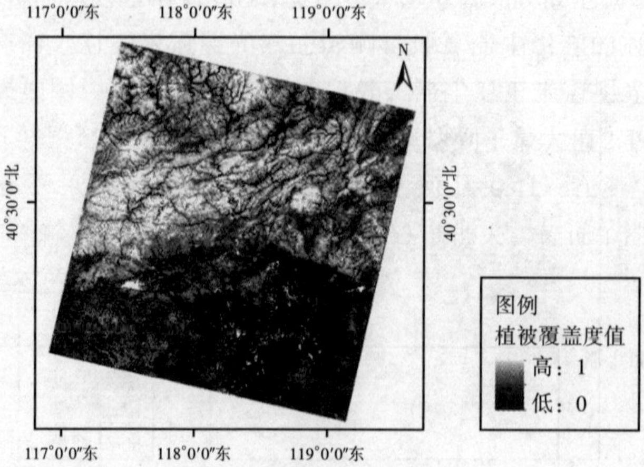

（a）植被覆盖度反演结果

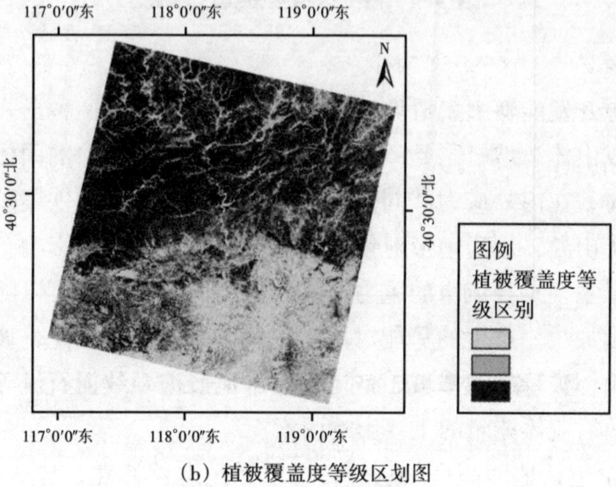

（b）植被覆盖度等级区划图

图9–3 研究区植被覆盖度

（3）植被类型

不同植被类型的蓄水能力不同，对于降雨的削减量不同。存在大面积裸地的区域在降雨量过大时发生灾害的概率远高于有耕地或林地覆盖的地区。裸地的蓄水能力最差，其次为耕地或草地，而森林植被覆盖率高，土壤入渗性能高，部分枯落物也使得林地对降雨的拦截程度最强。

支持向量机分类（SVM）是一种建立在统计学理论基础上的机器学习方法，其中心思想是把结构风险最小化原则应用于分类领域中。以研究区Google Earth高分辨率影像为基准，均匀选取样本，样本类别包括草地、林地、裸地、尾矿、城镇等，使用支持向量机法分类完成后进行分类后处理，合并非植被类别，得到植被分类区划图（见图9-4）。

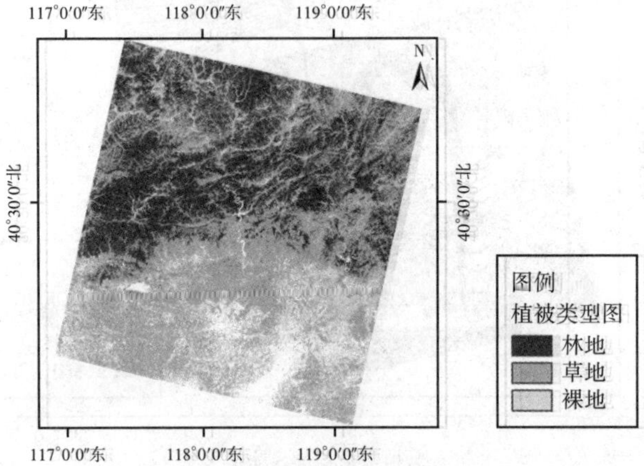

图9-4　研究区植被分类区划图

（4）坡度

矿产资源开发能够引发滑坡地质灾害，主要表现为两种形式：一是开采过程直接造成山体滑坡；二是产生的排土场、铁尾矿库中的固体废弃物堆积到一定程度时，在内外应力共同作用下形成松散层滑塌。铁尾矿库的选址通常在山谷或傍山处，周边地形对铁尾矿库有着至关重要的影响。坡度对径流量的影响途径主要是径流水的重力在沿坡面方向上的分力可以随着坡度增加而使径流速度加快，产生的势能对尾矿库的影响较大。因此，坡度过大，降雨时易导致山体失稳发生滑坡，铁尾矿库水淹浸泡导致泥石流等灾害，也是发生溃坝事故后流体能量的重要影响因素。

DEM除了包括地面高程信息外，可以派生地貌特性，包括坡度、坡向、阴影地貌图、地表曲率等，可以计算地形特征参数，包括山峰、山脊、平原、位面、河道和沟谷等，可以作为通视域分析和三维地形可视化的基础数据。

利用研究区DEM影像，地形核大小设置为5，提取多尺度地形信息，提取各像元坡度值（见图9-5）。

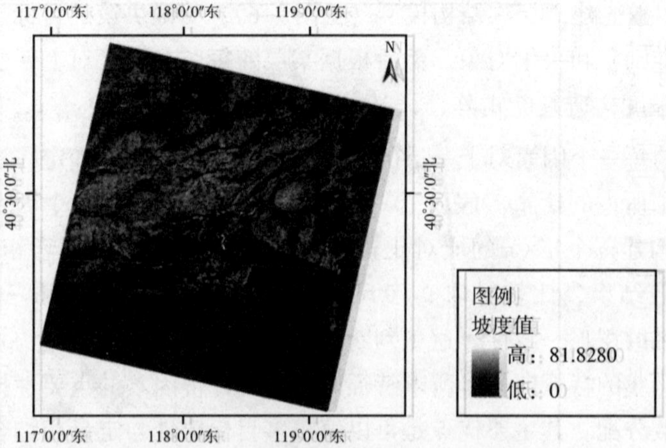

（a）坡度提取结果

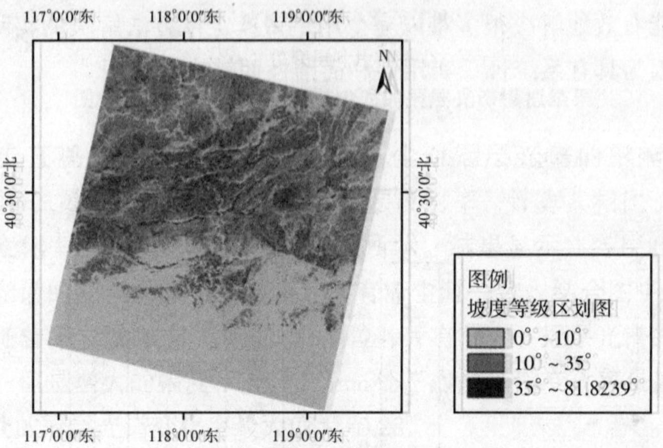

（b）坡度等级区划图

图9-5 研究区坡度

9.1.3 层次分析法构建径流系数模型

对于尾矿库的风险评价，不能像评估自然灾害一样获取其发生的概率。本节以各个影响因子导致事故发生的权重为基础进行风险评价。对于指标赋权，已经成熟且被广泛应用的分析模型有很多，并逐步由定性分析发展为半定量评价和定量评价，如实验模拟法、数学模型法、相对比较法、层次分析法等。其中以层次分析法表现最为突出。

层次分析法是20世纪70年代提出的一种定性和定量结合的多维决策方法，并利用数学方法计算反映每一层次元素的相对重要性次序的权值，通过所有层次之间的总排序计算所有元素的相对权重并进行排序。层次分析法的基本步骤：首先建立层次结构模型（见图9–6），明确决策的目标、考虑的因素（决策准则）和决策对象。然后根据某层的每一个因素对上一层的某个因素的影响程度构造判断矩阵，设某一层有n个因素，$X=\{x_1, x_2, \cdots, x_n\}$。要比较该层的每一个因素对上一层的某个因素的影响程度，确定在该层中相对于某一准则所占的比重。假设上一层有m个因素，该层有n个因素，那么对于该层需构建m个$n\times n$的成对比较矩阵。用a_{ij}表示第i个因素相对于第j个因素的比较结果，比较时取1～9尺度。最后进行层次排序和一致性检验，即判断思维的逻辑一致性，避免判断出现矛盾，根据判断矩阵，求出其最大特征根所对应的特征向量。所求特征向量即各评价因素的重要性排序，归一化后即权数分配。其主要优点是可以解决多目标定性与定量相结合的决策分析方法，定量和定性相结合根据各个决策方案的标准权重数来判断决策方案的优劣，能有效地解决很多难以完全用定量或定性方法解决的实际问题，层次分析法因为具有系统性、实用性和简洁性而被广泛使用。

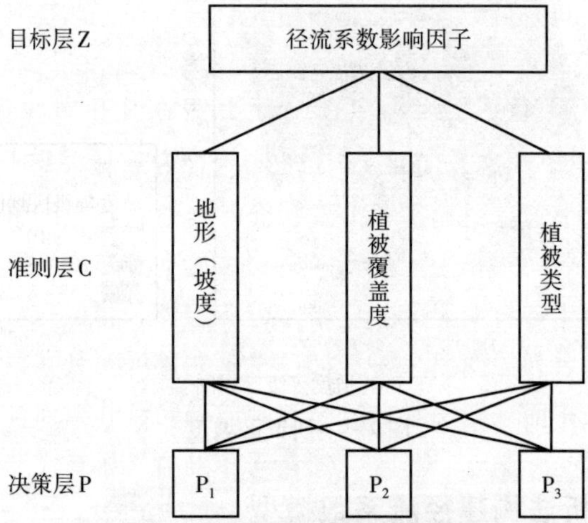

图9–6　层次分析法的层次结构图

构造判断矩阵，需明确对比准则层不同因子的相对重要性。根据前人研究得到，坡度对径流系数的影响程度大于植被覆盖度的影响。植被的涵养水源功能主要是通过在地上部分增加地表粗糙度以增加径流的入渗时间，在地下部分改善土壤的理化性质来增加径流的入渗强度。在相同坡面尺度下，产流形成后很快就能形成径流并汇集到集水区内，由此分析植被覆盖度对径流系数的影响大于植被类型。据此确定了三个因素的相对重要性，将三个因子进行两两比较，构建径流系数判断矩阵，经计算得到，坡度、植被覆盖度、植被类型对径流系数的权重依次为0.74，0.17，0.09。

9.1.4 尾矿库汇水面积的提取

汇水面积指的是雨水流向同一山谷地面的受雨面积。在尾矿库风险评价过程中，汇水面积是由尾矿坝两端上游分水线所围成的区域面积。同样径流系数的情况下，汇水面积的大小决定该尾矿库的风险程度，汇水面积过小，则该区域径流量大，对地表的冲击力较大，尾矿库发生溃坝的可能性较大。

汇水面积的确定通过山脊线来绘制计算。对于山脊线而言，由于它同时也是分水线，对于分水线上的栅格，由于分水线的性质是水流的起源点，通过地表径流模拟计算之后这些栅格的水流方向都应该只具有流出方向而不存在流入方向，也就是栅格的汇流累积量为零。通过对汇流累积量为零的栅格进行提取，就可以得到分水线，即得到了山脊线（见图9-7），以此为基础绘制出各个尾矿库的汇水区域。

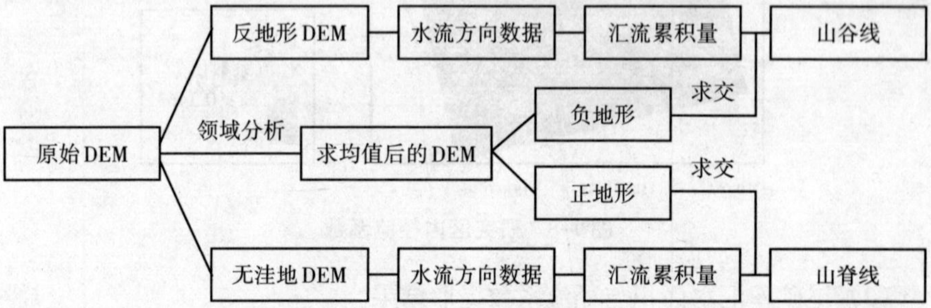

图9-7　山脊线、山谷线提取方法

9.1.5 尾矿库风险性分析

（1）不同影响因子的径流系数

按影响因子的大小，得到三个径流系数影响因子在不同等级区划下对应的径流系数（见表9-1）。

表9-1　各影响因子不同等级区划的径流系数

等级	坡度	植被覆盖度	植被类型
一级	0.02	0.16	0.19
二级	0.14	0.08	0.04
三级	0.24	0.04	0.27

根据坡度、植被覆盖度、植被类型对径流系数的权重（0.74，0.17，0.09）建立径流系数的数学计算模型：

$$A = 0.74S + 0.17V + 0.09T \quad (9\text{-}2)$$

式中，A为某像元径流系数；S为该像元的坡度所属等级区划对应的径流系数；V为该像元的植被覆盖度所属等级区划对应的径流系数；T为该像元的植被类型所属等级区划对应的径流系数。上述值分别乘以该因子的赋权值并求和，即得该像元的径流系数，结果见图9-8。

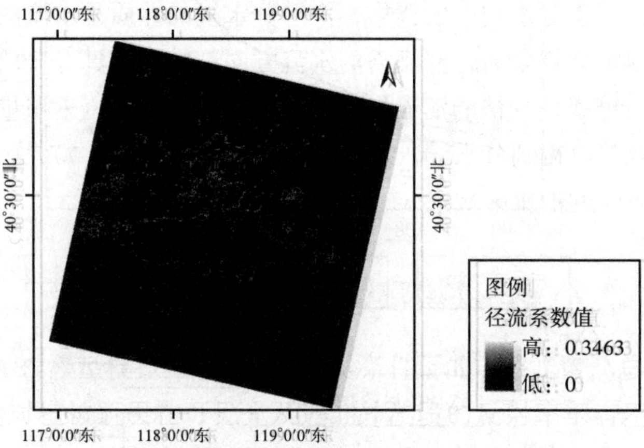

图9-8　研究区内径流系数

（2）尾矿库汇水面积与径流系数提取结果

提取尾矿库汇水面积与汇水面积内的平均径流系数，径流系数对汇水区的尺度具有依赖性，随着面积的增加，径流系数显著下降。本节取径流系数与汇水面积的乘积（即风险指数）作为尾矿库风险评价指标，对研究区内的尾矿库进行风险评价（见表9-2）。风险指数越大，尾矿库溃坝事故发生的概率越大，危险性越高。

表9-2　部分尾矿库风险评价指标计算结果

尾矿库编号	径流系数	汇水面积/km^2	风险指数
1	0.156	9.360	1.460
2	0.147	5.184	0.762
3	0.120	5.598	0.672
4	0.142	4.086	0.580

表9-2（续）

尾矿库编号	径流系数	汇水面积/km²	风险指数
5	0.129	12.744	1.644
6	0.126	1.251	0.158
7	0.112	2.331	0.261
8	0.117	3.987	0.466
9	0.125	3.051	0.381
10	0.126	3.780	0.476
11	0.120	6.084	0.730
12	0.120	2.025	0.243
13	0.157	20.502	3.219
14	0.159	20.259	3.221
15	0.145	5.571	0.808
16	0.145	7.056	1.023
17	0.122	2.718	0.332
18	0.138	4.338	0.599
19	0.131	11.835	1.550
20	0.143	9.396	1.344
21	0.136	1.314	0.179
22	0.136	1.449	0.197
23	0.141	1.917	0.270
24	0.129	4.158	0.536
25	0.136	4.437	0.603
26	0.140	7.839	1.097
27	0.135	15.939	2.152
28	0.118	19.494	2.300
29	0.140	4.068	0.570
30	0.112	3.852	0.431

表9-2（续）

尾矿库编号	径流系数	汇水面积/km²	风险指数
31	0.159	3.87	0.615
32	0.141	7.263	1.024
33	0.118	2.133	0.252
34	0.163	5.985	0.976

（3）尾矿库风险性分析

分析尾矿库的风险指数，对研究区内的152个尾矿库进行风险分级评价（见表9-3），总体风险指数范围为0.132～5.665。其中风险指数为［0.132，1.920］的尾矿库为低危险区，风险指数为［1.920，3.500］的尾矿库为中危险区，风险指数为［3.500，5.665］的尾矿库为高危险区。

表9-3　尾矿库风险评价

尾矿库数量	风险评价
131	低危险区
17	中危险区
4	高危险区

（4）建议

在试验区内共有131个尾矿库属于低危险区，强降雨条件下发生溃坝的概率较低，地形坡度平缓，植被覆盖度较高，且尾矿库周边有植被覆盖，裸露地表面积小，风险指数低，故评为低危险区。17个尾矿库属于中危险区，危险性一般，但是随着矿山开采规模的扩大，地质灾害发育程度可能上升，需加强防范。4个尾矿库属于高危险区，地形坡度陡，周边具有较大面积裸露地表，且植被覆盖度相对较低，一旦发生强降雨，发生溃坝、滑坡的危险较大，需定期维护、治理、评估。

9.2　滞尘对植被冠层尺度光谱的影响与分析

矿区粉尘污染状况不可忽视，区内植被滞尘现象较为普遍。在利用遥感手段进行植被长势与健康状态监测时，滞尘会影响植被光谱的纯净性，从而严重影响定量遥感精度。因此，有必要开展植被光谱滞尘效应的研究。

9.2.1 植被辐射传输模型

地表并不是理想的均匀体或朗伯体，其表面的反射辐射与入射辐射方向有关，而且在各反射方向上不均匀分布。地表反射特征既不是单一漫反射或镜面反射，也不是漫反射和镜面反射的线性加权运算。

自然界中物体对外来电磁波反射的规律可以用二向性反射来描述，是自然界中物体对电磁波反射的基本宏观现象，即反射不仅具有方向性，这种方向性还依赖于入射的方向。二向性反射可以用二向性反射分布函数来描述，是指入射方向的地表辐照度的微增量与其所引起的反射方向的反射辐射亮度增量之间的比值，表明物体反射率由太阳光的入射方向和观测时的观测角度共同决定。

（1）PROSPECT模型

Allen-PLATE平板模型将叶片看成表面粗糙度均匀分布且半透明的具有相同吸收性质的平板。PLATE模型需要的参数是叶片折射率与吸收系数。通过设定参数，PLATE模型可以模拟致密叶片的反射率。

PROSPECT模型是1990年由Jacquemoud和Baret提出的基于Allen平板模型不断改进并发展而来的一种物理辐射传输模型，PROSPECT模型模拟叶片从可见光到近红外波段的上行和下行辐射通量，从而得到叶片的光学特性。该模型将叶片看作一层或几层平板与空气叠合的有粗糙表面的平板，对入射光线发生各向同性散射，叶片层数实际描述的是叶片内部的结构。Jacquemoud和Baret首次提出PROSPECT模型时设置了三个参数：叶片结构（N）、叶片叶绿素含量（C_{a+b}）和叶片含水量（C_w）。近年来经过完善，利用结构参数、叶绿素、等效水厚度、类胡萝卜素含量、棕色素含量及干物质含量六个参数就可以高精度地模拟出叶片的光谱。叶片的总反射率和总透射率的计算公式为

$$R_{N,\alpha} = \rho_\alpha + \frac{\tau_\alpha \tau_{90} R_{N-1,90}}{1 - \rho_{90} R_{N-1,90}} \tag{9-3}$$

$$T_{N,\alpha} = \frac{\tau_\alpha T_{N-1,90}}{1 - \rho_{90} R_{N-1,90}} \tag{9-4}$$

式中，$R_{N,\alpha}$为PROSPECT模型中叶片的总反射率；$T_{N,\alpha}$为PROSPECT模型中叶片的总透射率；α为PROSPECT模型中最大入射角的取值；ρ_α为PROSPECT模型中叶片表层反射率；τ_α为PROSPECT模型中叶片表层透射率；ρ_{90}

为PROSPECT模型中除表层外的$N-1$层反射率；τ_{90}为PROSPECT模型中除表层外的$N-1$层透射率；$R_{N-1,90}$为PROSPECT模型中除顶层外的$N-1$层总反射率；$T_{N-1,90}$为PROSPECT模型中除顶层外的$N-1$层总透射率。

近年来，在精准农业农田辐射传输光学遥感中，遥感物理模型法能够较为详细地刻画真实辐射传输过程，成为国内遥感成像模拟的主要发展趋势。叶片作为植被主要的组成部分，是影响植被冠层光谱的重要因素。PROSPECT可模拟得到不同生化参数条件下的叶片反射率和透射率，将其与冠层模型相结合，可以进一步模拟得到冠层光谱，因此叶片辐射传输模型PROSPECT的基础研究是植被遥感创新的起点。

（2）PROSAIL模型

植被冠层光谱模拟的辐射传输模型的代表是SAIL（Scattering by Arbitrarily Inclined Leaves）模型，由Verhoef于1984年在Suit模型的基础上提出和发展，比较适用于农作物冠层。SAIL模型假定植被冠层为水平均匀的各向同性叶片构成的混合体，以接近现实的任意倾角的叶片作为基准，考虑了叶片尺寸与阴影的影响，将每层叶片视为吸收和散射颗粒，利用冠层叶片的光学特性参数和结构特征参数进行模拟。当给定冠层结构参数和外界条件参数时，SAIL模型就可以计算任何太阳角度和观测角度条件下的植被冠层反射率和透射率，改进了Suit模型叶倾角分布只存在垂直和水平两种情况的不足，叶倾角可以设置为任意空间指向。

PROSAIL模型是利用PROSPECT叶片模型的物化参数与SAIL模型的冠层结构参数相结合的模拟冠层反射率的耦合辐射传输模型。PROSAIL模型自提出以来，国内外学者对其进行了研究并不断加以改进，可简洁有效地实现植被生化参数的估测。基于PROSAIL模型的反演方法主要是基于参数与冠层反射率的关系构建查找表或训练神经网络等，显著提高了基于光谱特征定量反演植被参数的真实性和反演精度。PROSAIL模型的运行原理是基于叶片的生理参数，首先利用PROSPECT模型模拟获得叶片透射率及反射率，然后输入植被组分的光学参数、冠层结构参数及环境参数，模拟得到植被冠层反射率。PROSAIL模型的输入参数主要有叶面积指数、叶倾角、漫反射系数、热点参数、土壤反射率、太阳天顶角、观测天顶角及相对方位角等，输出为400～2500nm波长的冠层反射率，其正向公式为

$$\rho = PROSAIL\left(N, C_{ab}, C_{ar}, C_{brown}, C_{w}, C_{m}, ALA, LAI, hspot, tts, tto, psi, \rho_{soil}\right) \quad (9-5)$$

PROSAIL模型由于其稳定性及可控性，是使用最普遍的辐射传输模型之

一，被广泛应用于遥感反演，也被用于植被生理生态参数对冠层光谱的敏感性分析。通过引入辐射传输模型，可以较好地避免植被冠层不同的生长周期、生长环境等差异带来的普适性差这一缺点。

（3）三维辐射传输模型DART

卫星遥感数据类属于大气顶部（TOA）数据，地表的测量数据类属于大气底部（BOA）数据。遥感影像由于技术水平的限制，相对于实地测量来说，准确性不完全可靠。目前，全球科技水平平稳进步，不断产出周期性更短和分辨率更高的卫星遥感影像，反演地表植被参数的准确性提升可以通过传感器辐射测量精度、遥感影像空间/光谱/时间分辨率等技术的提升实现。各类反演方法多依赖于模拟景观的双向反射系数和亮度温度函数的模型，地表功能和生物物理特性的研究也越来越依赖于遥感。

植被是地球表面生物群落中的基本因子之一，植被利用光合作用吸收二氧化碳和水分，产生氧气和有机物，是生态系统不可或缺的部分。学者们为了准确地描述植被地表反射率与定量提取地表植被参数，针对辐射传输模型进行大量的科学研究，提出了各种模型，现已有众多遥感模型发展较为成熟。DART模型是1996年由法国生物圈空间研究中心Gastellu-Etchegorry等基于离散坐标方法（DOM）开发的一个三维辐射传输模型，将光线跟踪技术应用于植物冠层的辐射传输模拟，其最大的优点是可以较为精细地模拟光线在冠层三维空间内的传输轨迹。在DART模型中，从可见光到热红外（0.3～50μm）的波段范围内，均可以通过普朗克定律模拟三维场景反射率ρ（即反射和入射辐射的比率）和亮度温度T_B。它有R、T两种模式：R模式只模拟反射率，太阳或大气作为唯一辐射源；T模式模拟亮度温度，辐射源有两种，地球和大气两者结合或地球、大气、太阳三者结合（见图9-9）。

DART模型可以模拟BRDF、遥感图像和三维自然地物及城市景观的光谱辐射。该模型可以利用光线追踪法（Ray Tracing）、蒙特卡洛法（Monte Carlo）及雷达方法（Radar）对观测对象在实验区域里由于分布方式变化导致的各项偏差进行考虑，模拟利用迭代方法进行，迭代过程中拦截的辐射在后续迭代中被散射。它将区域场景三维空间划分为有限个单位立方体，根据每个单元的中心在三维场景中所处的笛卡儿坐标来定位。根据光线传输跟踪与相函数来判断下一时刻光线的方向，把所有立方体的辐射场有机地结合起来，最终模拟地物在各个波段、各个方向上的BRDF值。模拟过程组成包含了模拟场景的建立、地球表面辐射模拟、大气辐射传输模拟及传感器响应模拟等模块。

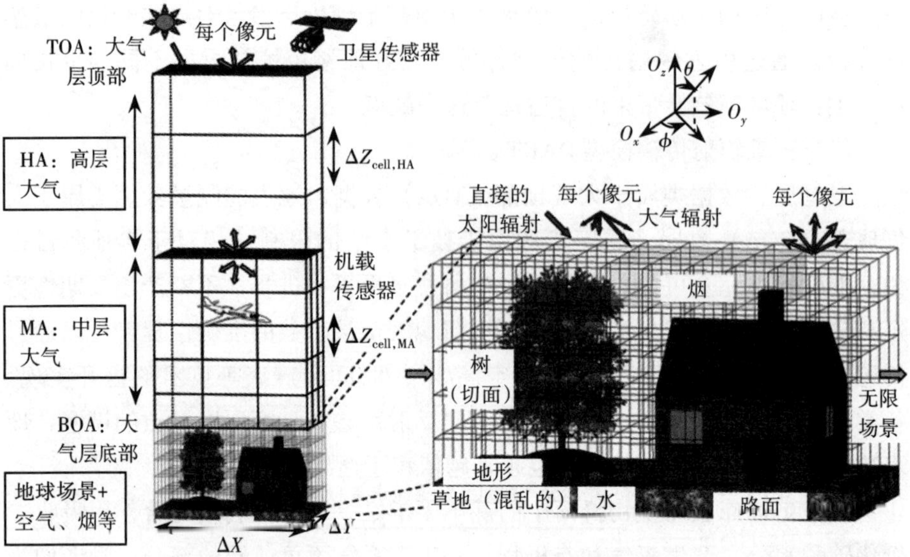

图9-9　地球/大气系统的DART单元矩阵

模拟场景范围内的所有景观均被划分为单元构成的集合，以此进行模拟。单元总个数$I=(\Delta X\Delta Y\Delta Z)/(\Delta x\Delta y\Delta z)$，其中$X$、$Y$、$Z$分别为研究区域内三维场景的长、宽、高；$x$、$y$、$z$为单元的长、宽、高。由于单元所代表的是场景范围中不同地物，而单元亦存在不同的类型，有两种方法可以用来区分单个单元之间的辐射特性。一是通过对研究场景的实地考察后得出每个单元所代表的元素。例如，单元的构成成分为树叶或草，则将被划分为植物单元，其结构特征参数包括叶面积指数、叶倾角分布等将会被作为已知条件，DART模型则会根据已知条件计算散射传输函数$T(j,\Omega,\Omega')$来描述所有与j单元的体散射特性相同或相似的单元，其中j为单元索引$(j\in[1,J])$，Ω,Ω'分别为入射方向和散射方向。二是通过实地测量、分析计算或高分辨率数据模拟等手段，将单元索引号作为标识，一旦j确定，则该区域内的散射传输函数$T(j,\Omega,\Omega')$即可确定。

DART模型的输入参数主要包括两个部分：一是模拟场景中物体的相关参数，二是模拟场景的环境参数。模拟场景中物体参数又包括所建立模型的物理和生化参数、结构参数及散射属性。场景环境参数包括太阳天顶角、方位角，观测天顶角、方位角，场景大小及分辨率，下垫面类型等。DART进行模拟时，散射次数取决于模拟的植被冠层内部的结构。由于计算机模型模拟运行时间较长，可根据模拟的具体要求，更改相关参数确定模型及场景的精细程度。

DART模型被用于大量科学研究工作中。该模型初期只用于对植被的双向性反射率函数等进行研究，进一步对实验区的长势、作物参数反演等遥感手段进行研究。Gastellu等对模型加以改进后使精度有了一定的提高，在模型中可设置多个波段、高度不一的大气情况，并且考虑了场景中地物各要素的空间分布不均一性。随着精度越来越高，对于DART模型的数据分辨率要求也越来越高，从低分数据到IKONOS、SPOT等高分数据，DART模型都有一定应用并得到较好的验证。纵观国内外研究成果，DART模型在建模方面更为精细，更擅长构建符合客观实际的模型，已经被广泛应用。例如模拟各类场景反射率，定量分析植被参数如叶面积指数、叶绿素含量等各因素变化对冠层反射率的影响。此外，DART模型还可以用来模拟不同尺度的空间信息，利用物理模型和统计模型建立相应的尺度转换关系等。

9.2.2 滞尘植被光谱数据模拟

（1）PROSPECT模型的改进

通过设计叶片降尘覆盖度实验，得到降尘覆盖度与降尘量之间的关系。然后基于叶片降尘光谱测量实验，利用PROSPECT模型与降尘覆盖度模型，构建能模拟不同粒径和不同降尘量条件下叶片光谱的PROSPECT改进模型——mPROSPECT模型。

滞尘叶片的光谱辐射传输模型机理较为复杂，由于客观条件所限，忽略滞尘带来的透射、多次反射等次要因素，mPROSPECT模型将滞尘叶片光谱反射率看作叶片光谱与粉尘光谱反射率的线性叠加。滞尘叶片的光谱反射率最终简化为

$$R = R_{\mathrm{D}} \times Y + R_{\mathrm{L}}(1 - Y) \tag{9-6}$$

$$Y = F(X) \tag{9-7}$$

式中，R为滞尘叶片的反射率；R_{D}为粉尘的反射率，由实验得到；R_{L}为PROSPECT模型模拟的叶片反射率，通过MATLAB编程实现；Y为拟合得到的降尘覆盖度模型；X为降尘量。

LOPEX93数据库是由欧盟联合实验中心（Leaf Optical Properties Experiment）给出的叶片光学特性数据库，收集了70余种植物样本的高光谱与植被生化参数数据。本书基于LOPEX93数据库给出的玉米植株生理参数（见表9-4），利用PROSPECT模型模拟了无尘条件下玉米叶片光谱，然后以陈玉

腾的实验数据与mPROSPECT模型为基础，模拟不同滞尘量条件下玉米叶片滞尘光谱（见图9-10）。

表9-4 LOPEX93数据库玉米作物参数

参数名称	取值	参数名称	取值
叶片结构参数（N）	1.34	棕色素含量（C_{brown}）	0
叶绿素含量（C_{ab}）	45.27	等效水厚度（C_w）	0.0137
类胡萝卜素含量（C_{ar}）	8.85	干物质（C_m）	0.0047

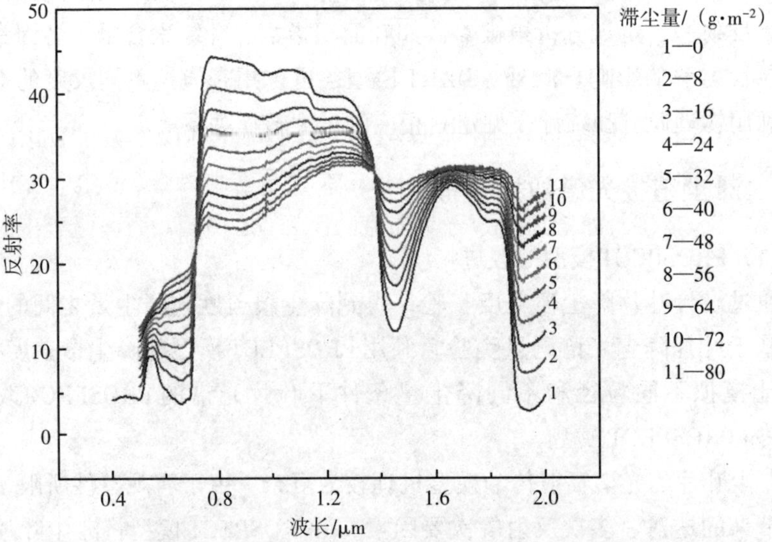

图9-10 滞尘条件下玉米叶片反射率模拟结果

（2）植被三维场景建模及滞尘光谱模拟

植被冠层表面滞尘会使植被各方面性质发生变化，改变植被光谱特征，影响遥感技术反演植被的准确度。现实中矿区位置偏僻，地形复杂，对植被冠层滞尘光谱进行野外实测耗费人力物力，有一定难度，并且工作量大、采集的光谱信息质量易受人为因素的影响。利用数值模拟的方法，基于三维辐射传输模型模拟冠层滞尘光谱，可以灵活地固定变量，避免由于植物形态发生改变而影响光谱，使滞尘量成为唯一的自变量，从而更准确地分析冠层光谱的滞尘效应。

玉米冠层具有较高高度，茎壮叶茂，对土壤要求不严，对弱酸、弱碱土壤有一定的忍耐力，各种类型土壤均可种植且具有可食用性，因此经常被种植在露天矿运输道路两侧。在自然吸附粉尘及运输扬尘的双重作用下，导致其表面的滞尘情况尤为严重。植被结构是随着植物的种类、生长阶段、分布方式的变化而变化的，不同生育时期的玉米冠层形状、大小及空间结构都存在一定差异，对玉米冠层进行建模，后续分析使用相同的玉米模型，避免因其变化而对模拟结果造成影响。

现选择露天矿区周边种植的典型农作物玉米作为样例，无尘玉米叶片的反射率是根据LOPEX93数据库中给出的玉米生理参数进行模拟得到的。首先利用基于实测数据改进的mPROSPECT模型模拟不同滞尘量条件下叶片的反射率。默认玉米冠层由玉米秆部、上层叶片、中间层叶片和底层叶片四部分组成，为了模拟出滞尘在玉米冠层上的垂向分布差异，运用3Dmax建立了玉米的冠层模型［见图9-11（a）］，将玉米模型的叶片分为上、中、下三层进行组合，便于为不同层位叶片进行滞尘实验。然后将玉米冠层模型与模拟得到的不同降尘量下叶片光谱作为三维辐射传输模型的参数导入DART数据库，并在DART中建立场景［见图9-11（b）］，建立查找表，模拟得到玉米冠层的滞尘反射率，进一步分析玉米冠层反射率在滞尘条件下的变化。

在设定的DART场景范围内，观测高度固定，观测天顶角和观测方位角可以进行改变，而由于物体的BRDF特性，电磁波反射的方向随入射方向的变化而变化，模拟过程中的观测天顶角和观测方位角不同会导致模拟反射率结果不同。在场景设置时参考Landsat 8 OLI遥感影像的传感器参数，通过调整与测试，最终确定观测时太阳天顶角为70°，太阳方位角为141°。

（a）3D max玉米冠层建模结果（a-1为俯视图，a-2，a-3，a-4为不同角度侧视图）

（b）DART中场景模拟结果

图9-11　玉米冠层建模与场景设置

9.2.3　滞尘条件下的冠层光谱分析

模拟得到不同滞尘量条件下的玉米冠层光谱如图9-12所示，在不同情况下，滞尘对冠层在可见光及近红外波段的反射率有不同程度的影响。

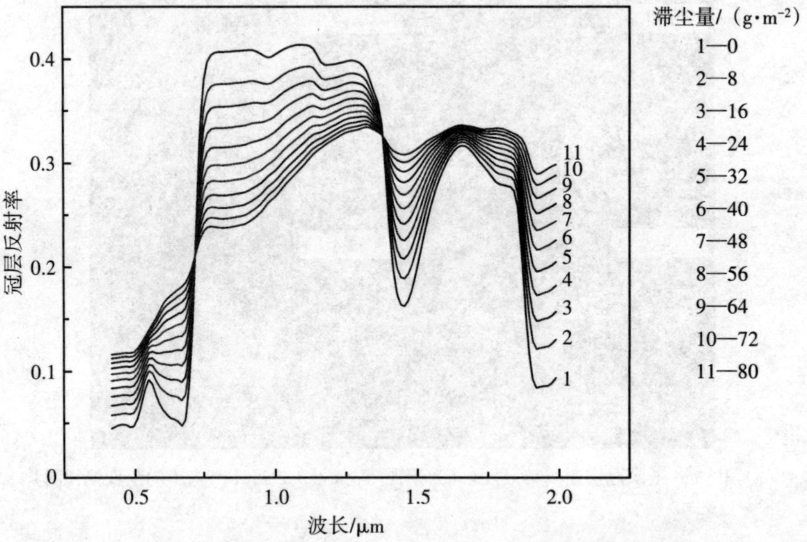

图9-12　不同滞尘量条件下的玉米冠层光谱模拟结果

由于滞尘量发生变化，冠层不同高度位置处叶片所累积的滞尘量不同，冠层的反射率就会相应地发生规律性变化。在可见光波段范围内，随着滞尘量逐级增加，冠层反射率升高。0.75 ~ 1.3μm波段范围内反射率变化则相反，随着滞尘量的增加，冠层反射率减小，但是减小的幅度不断变小，最后趋于饱和。1.3 ~ 2μm波段范围内，光谱变化规律与可见光波段范围内一致。

定量探究滞尘对玉米冠层光谱的影响，计算滞尘引起的冠层光谱变化率，得到结果如图9-13所示。不同波段处，滞尘对玉米冠层光谱的影响程度不同。在红波段626nm处，冠层光谱变化率达到了最大值2.49，而在近红外波段840nm处，冠层光谱变化率最高也达到了-0.41。在滞尘的影响下，植被特有的“绿峰”和“红谷”等光谱特征逐渐消失，佐证了滞尘会降低遥感影像提取植被的精度。

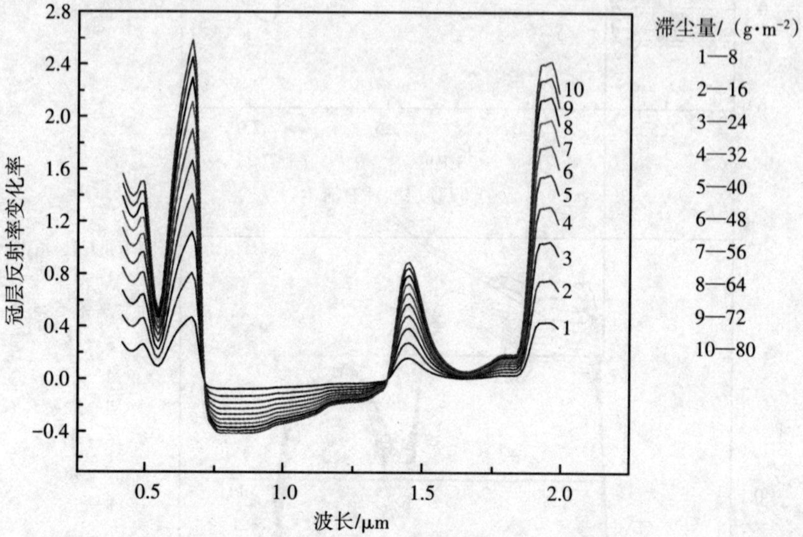

图9-13　冠层在滞尘条件下的反射率变化率

单叶的光谱行为对植被冠层光谱特性是重要的，但并不能完全解释植被冠层的光谱反射。由于植被冠层的空间结构特性，来自太阳的电磁波对植被冠层具有一定的穿透能力，卫星传感器探测到的植被光谱来自三维植被信息，冠层的各个组成部分都有贡献。自然状态下的植被冠层是由多重叶层组成，上层叶的阴影遮挡下层叶，整个冠层的反射是由叶的多次反射和阴影共同作用而成。将玉米冠层看成由玉米秆、上层叶片、中层叶片、顶层叶片构成，冠层不同层次叶片由于受光条件不同，对太阳光线的反射和散射存在很大差异，使其各组成部分对冠层光谱的贡献不同。

为了分析冠层滞尘的垂向分布差异对冠层光谱的影响，设置对各层叶片的单独滞尘实验，明确不同层位叶片光谱对冠层光谱的影响程度，模拟冠层光谱结果如图9-14所示。

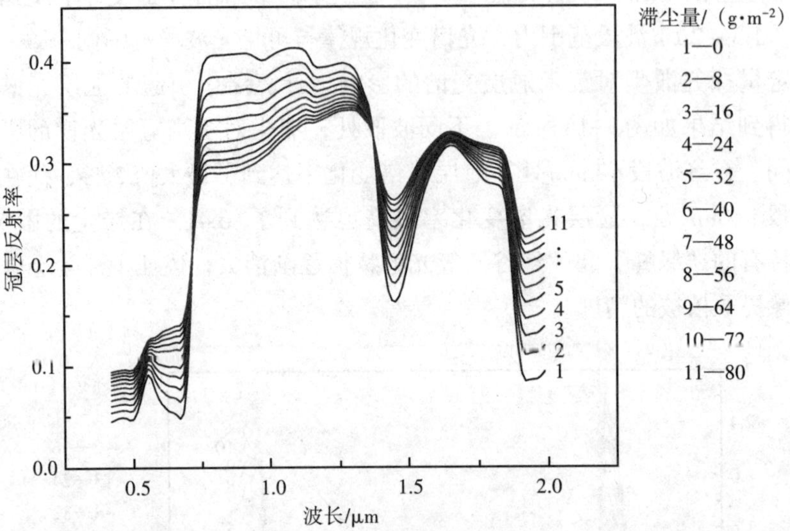

（a）仅顶层叶片有滞尘

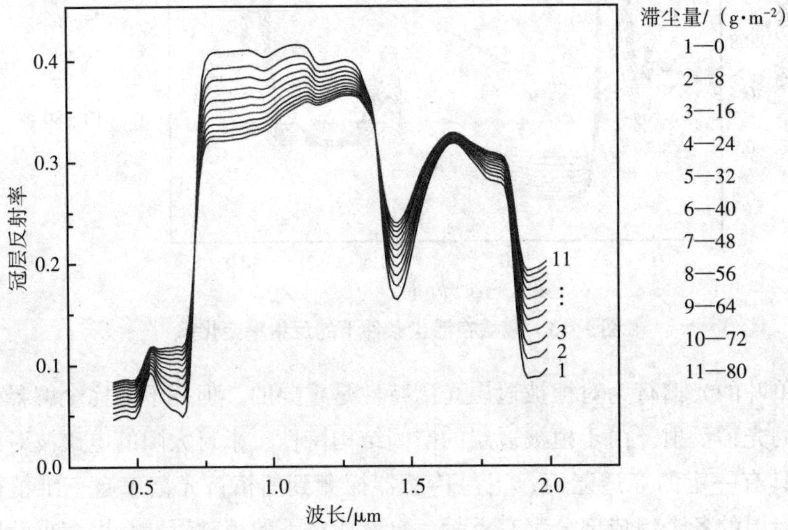

（b）仅中间层叶片有滞尘

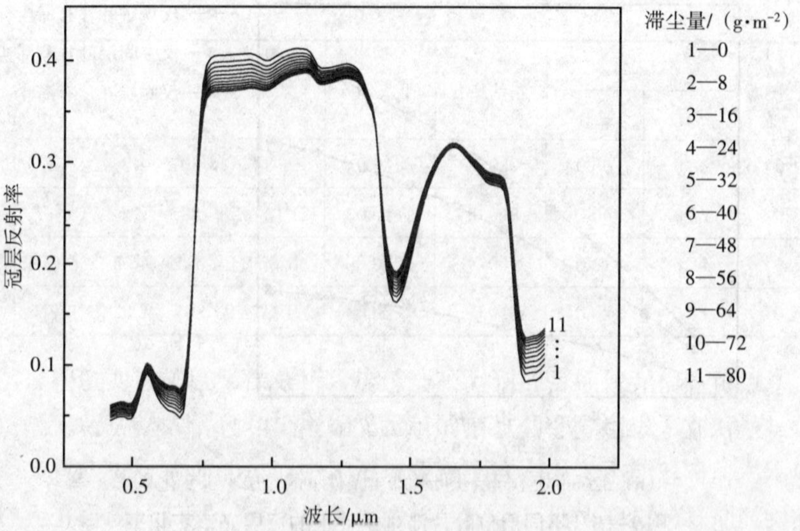

（c）仅底层叶片有滞尘

图9-14　不同层位叶片滞尘时的冠层光谱模拟结果

进一步直观地探究不同层位叶片滞尘对冠层光谱的影响，分别取626nm、840nm处不同滞尘量条件下的冠层反射率，计算其相比于无尘冠层反射率的变化率，得到的结果如图9-15所示。结果显示，各层叶片单独滞尘时冠层光谱的变化规律与三层叶片均有滞尘时一致。结合图9-14与图9-15可知，随着滞尘量增加，无论哪一层位叶片有滞尘，冠层光谱的变化率都逐渐增大，但是增大的幅度不同。626nm处，冠层光谱变化率最高可达1.5，而840nm处的冠层光谱变化率最大值为-0.28。

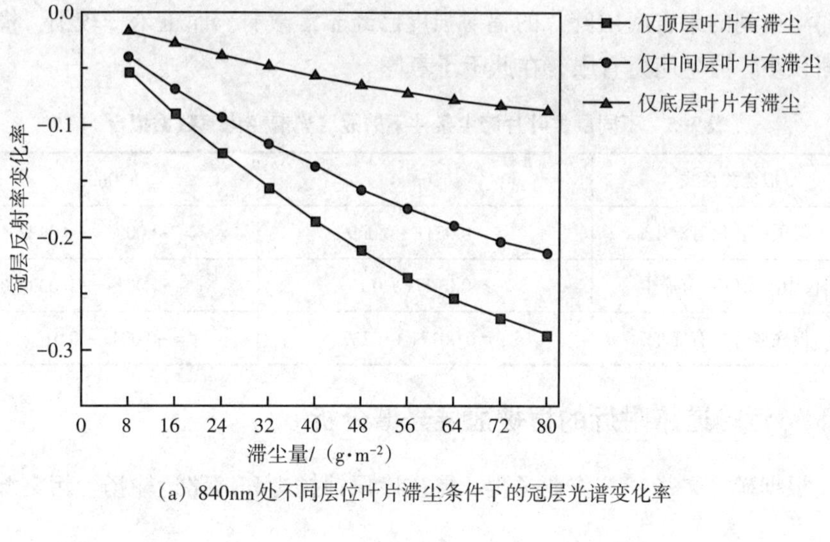

（a）840nm处不同层位叶片滞尘条件下的冠层光谱变化率

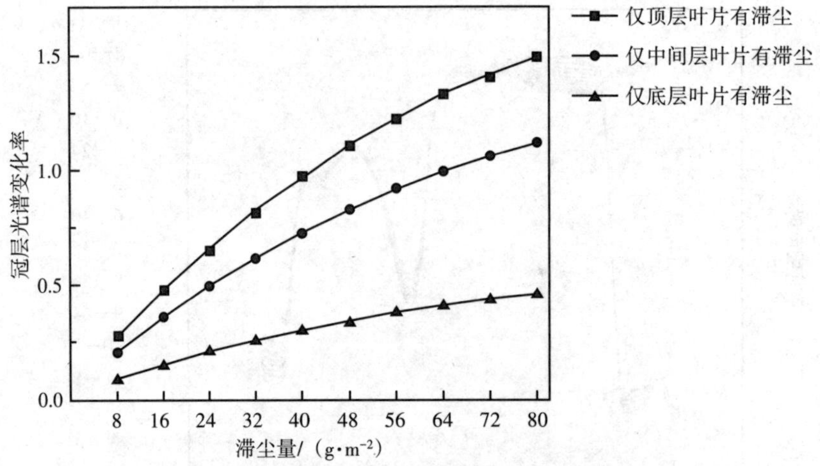

（b）626nm处不同层位叶片滞尘条件下的冠层光谱变化率

图9–15　不同层位叶片滞尘条件下的冠层光谱变化率

对不同层位叶片滞尘条件下的冠层光谱变化率数据进行拟合（见表9–5）。当仅冠层顶层叶片有滞尘时，冠层光谱的变化率大于仅中间层叶片有滞尘时冠层光谱的变化率，626nm处和840nm处光谱变化率的斜率分别达到了0.051与–0.0033。而仅底层叶片有滞尘时的冠层光谱变化率最小，626nm处和840nm处光谱变化率的斜率分别为0.0017与–0.001。在两个不同波段位置处，顶层叶片滞尘与中间层叶片滞尘的光谱变化率整体相差较小，但当仅有底层叶片滞尘时，冠层光谱变化率显著减小。产生上述现象的原因是太阳辐射穿透能力有限，到达底层叶片时已有很大部分的辐射能量被上面两层叶片反射和吸收，到达底层叶片的辐射能量上行时又被上面两层叶片阻碍，最后传感器探测得到的来自底层叶片的辐射强度已经非常微弱。而玉米秆较细，横截面面积小，滞尘能力有限，在此不予考虑。

表9–5　不同层位叶片滞尘条件下的冠层光谱变化率数据拟合

拟合关系式	626nm	840nm
仅顶层叶片有滞尘	$y = 0.051x + 0.069$	$y = -0.0033x - 0.0422$
仅中间层叶片有滞尘	$y = 0.0127x + 0.17$	$y = -0.0024x - 0.0324$
仅底层叶片有滞尘	$y = 0.0017x + 0.227$	$y = -0.001x - 0.0131$

9.2.4　运输道路附近的植被冠层光谱分析

根据矿区采场铲装作业扬尘、尾矿库风蚀扬尘和道路运输扬尘污染源的粉尘浓度空间分布特征可知，不论是水平方向还是竖直方向，均为道路运输扬尘造成的粉尘污染情况最严重。因此，针对道路运输实际场景，模拟并分析该条件下粉尘对作物冠层光谱的影响。以Landsat遥感影像为例，空间分辨率为30m。模拟距路旁30m、60m、90m处的玉米冠层光谱，分析道路运输扬尘对植被光谱的影响。据图9-16可知，滞尘的确使植被冠层光谱发生改变，具体表现为在可见光波段范围内，冠层反射率变高。0.75～1.3μm范围内则相反，随着滞尘量的增加，冠层反射率减小。1.3～2μm波段范围内，光谱变化情况与可见光波段内的光谱变化一致。而道路两侧距其距离越远，粉尘的污染程度越有限，光谱变化程度越小，但是不同距离处的植被冠层光谱从整体数值来看差异较小。

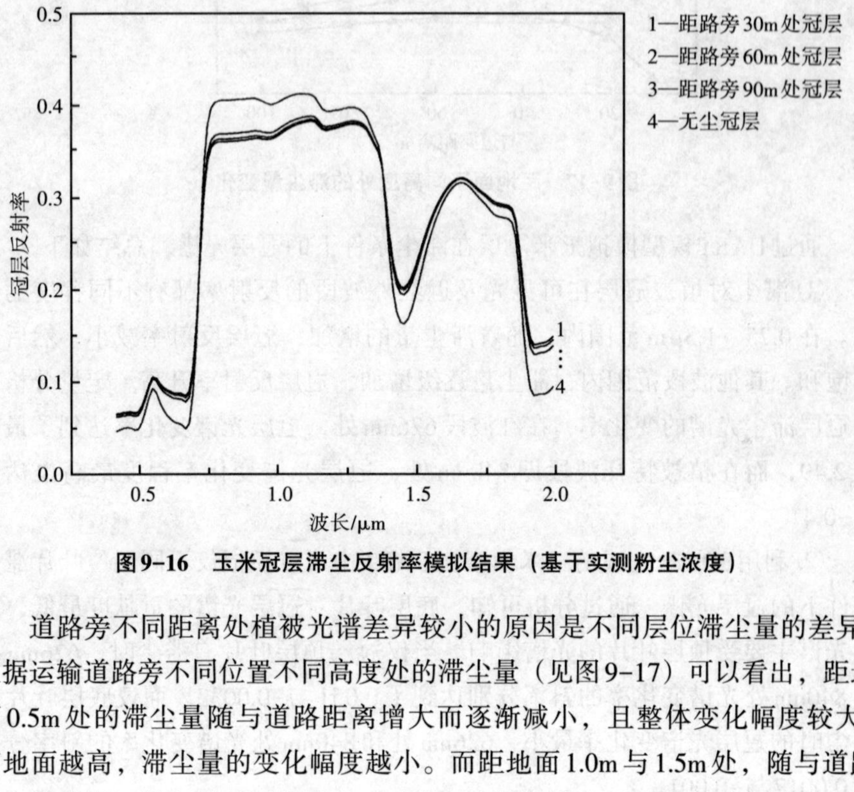

图9-16　玉米冠层滞尘反射率模拟结果（基于实测粉尘浓度）

道路旁不同距离处植被光谱差异较小的原因是不同层位滞尘量的差异。根据运输道路旁不同位置不同高度处的滞尘量（见图9-17）可以看出，距地面0.5m处的滞尘量随与道路距离增大而逐渐减小，且整体变化幅度较大。离地面越高，滞尘量的变化幅度越小。而距地面1.0m与1.5m处，随与道路距离的增大，滞尘量呈现先增大后减小的变化规律，这主要是汽车行进过程中的剪切力作用，使粉尘迁移轨迹呈抛物线趋势，导致一定高度位置处叶片滞尘量较为稳定。其中，顶层（1.5m）叶片处的滞尘量变化幅度最小。

不同高度处的叶片对冠层光谱均有贡献，但是对冠层光谱的影响程度不同。冠层底层叶片的滞尘量差异较大，但受电磁波穿透能力的限制，对冠层光谱的影响较为微弱。由于顶层（1.5m）叶片处的滞尘量相差较小，总体来说，道路旁不同距离处的滞尘对玉米冠层光谱的影响也就较小，因此模拟得到的运输道路两侧不同位置处的玉米冠层光谱相差较小。

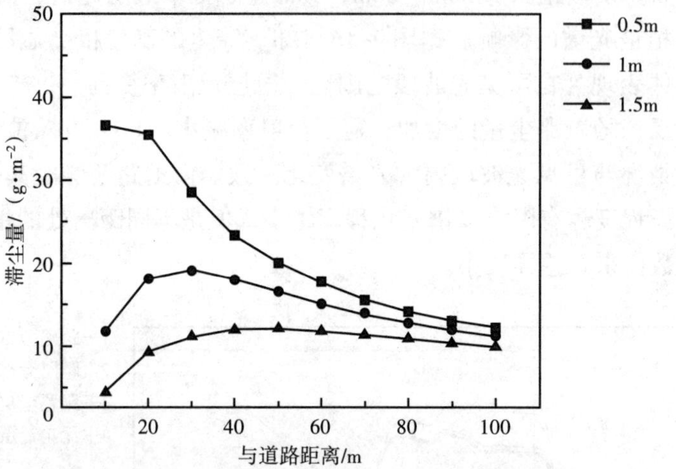

图9-17　距地面不同高度处的滞尘量变化

通过DART模型模拟玉米冠层在滞尘条件下的冠层光谱，总结如下。

① 滞尘对植被冠层在可见光及近红外波段的反射率都有不同程度的影响。在0.75～1.3μm范围内，随着滞尘量的增加，冠层反射率减小，然后趋于饱和。其他波段范围内，滞尘量逐级增加，冠层反射率升高。定量分析玉米冠层滞尘光谱的变化率，在红波段626nm处，冠层光谱变化率达到了最大值2.49，而在植被特征波段即840nm处，冠层光谱变化率程度最高也达到了-0.41。

② 利用3Dmax完成的玉米模型在DART中可以模拟仅不同层位叶片滞尘条件下的冠层光谱，通过分析可知，底层叶片对冠层光谱的贡献度最低，冠层光谱主要受顶层叶片的光谱影响。当仅冠层顶层叶片有滞尘时，626nm处和840nm处光谱变化率的斜率分别达到了0.051与-0.0033。而仅底层叶片有滞尘时的冠层光谱变化率最小，626nm处和840nm处光谱变化率的斜率分别为0.0017与-0.001。

③ 分析得到不同距离处玉米冠层顶层叶片滞尘量相差较小，从而导致距运输道路旁30m、60m、90m处的玉米冠层光谱差异较小，符合模拟结果。

9.3 滞尘对植被像元尺度光谱的影响与分析

植被覆盖度是指单位面积内植被地上部分（包括叶、茎、枝）在地面的垂直投影面积占统计区总面积的百分比。在遥感影像上，受空间分辨率与地物尺寸的限制，影像中多数像元均为混合像元，它记录的是其所对应的不同土地覆盖物类型的光谱响应特征的综合作用。当像元内植被覆盖度不同时，土壤裸露面积不同，土壤和植被光谱所占比例不同，最终得到的包含相同地类的像元光谱也存在差异。基于此，对滞尘在像元尺度上的植被光谱影响开展研究。

9.3.1 不同植被覆盖度下的像元光谱

遥感影像中的混合像元，其光谱由不同种类的端元光谱共同构成。像元内地物的混合方式主要包括整合式、聚合式、致密式三种，具体特征如图9-18所示。混合像元中包含了不止一种地物类型，要解译这些混合像元，不仅要知道其中包含的不同地物类别，还要探明不同类别地物在混合像元中所占的比例及其空间位置信息，这三者分别代表了对混合像元的定性、定量和定位处理。卫星传感器接收到瞬时视场角内的信息是各种地物光谱信息权重的和。在本小节的研究中，假定研究的混合像元对象仅包含土壤与植被两类端元。通过模拟不同植被覆盖度条件下的像元光谱，分析不同植被覆盖度时滞尘对像元光谱的影响。即以植被覆盖度和滞尘量为自变量，模拟并分析像元光谱对滞尘的敏感性。在本小节假定的情况下，粉尘既覆盖在土壤上，又落在植被冠层上，即滞尘使像元混合类型由整合式变为整合式与致密式同时存在。

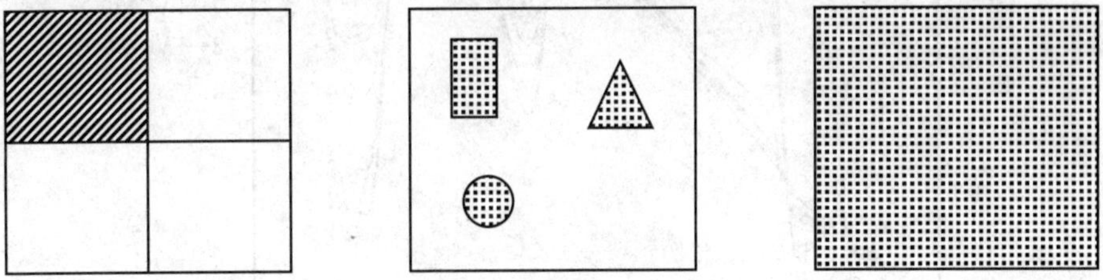

（a）整合式　（b）聚合式　（c）致密式

图9-18　像元混合方式

在DART中通过更改场景大小，设置植被覆盖度分别为100%、89%、

75%、51%、23%、13%、8%（见图9-19），模拟得到混合的像元尺度光谱响应如图9-20所示（均为无尘）。结果所示，植被覆盖度从100%开始降低时，在0.75～1.3μm波段范围内，反射率随植被覆盖度降低而减小，像元反射率逐渐向土壤的反射率特征变化。即当植被覆盖稀疏时，像元内的植被对像元平均反射率的贡献较小。当植被覆盖度小于等于0.23时，绿色植被典型的光谱特征基本消失，像元光谱已趋近于土壤光谱。不同植被覆盖度下植被像元反射率间的差异主要体现在0.75～1.3μm波段处反射率。

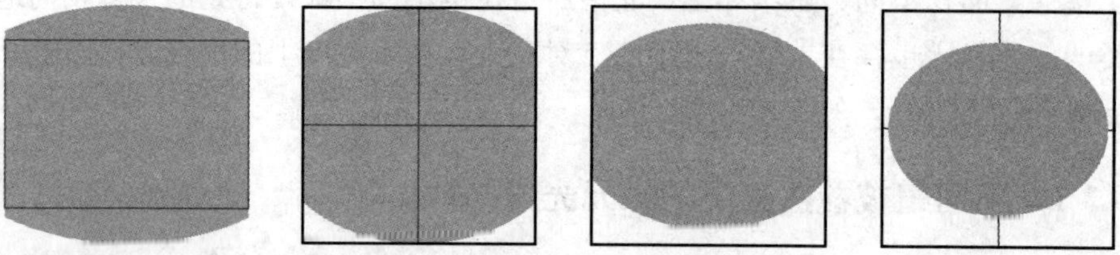

（a）植被覆盖度为100%　（b）植被覆盖度为89%　（c）植被覆盖度为75%　（d）植被覆盖度为51%

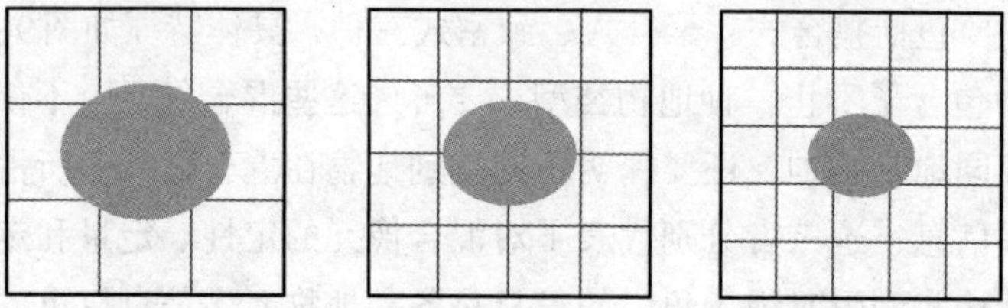

（e）植被覆盖度为23%　（f）植被覆盖度为13%　（g）植被覆盖度为8%

图9-19　像元内不同植被覆盖度示意图

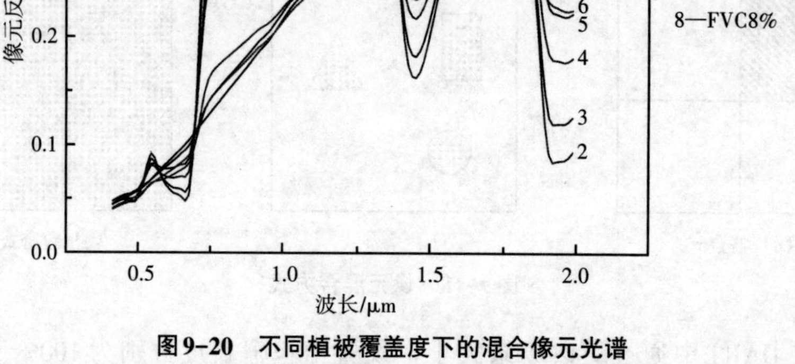

图9-20　不同植被覆盖度下的混合像元光谱

9.3.2 不同植被覆盖度下滞尘对像元光谱的影响

结合上文中模拟得到的不同植被覆盖度的混合像元光谱，分析不同植被覆盖度条件下，滞尘量变化对遥感像元尺度光谱的影响。当植被覆盖度小于23%时，像元光谱随植被覆盖度降低的变化程度已经较为微弱，选取植被覆盖度89%、75%、51%、23%的场景。模拟不同植被覆盖度条件下定量滞尘的混合像元光谱，结果如图9-21所示。

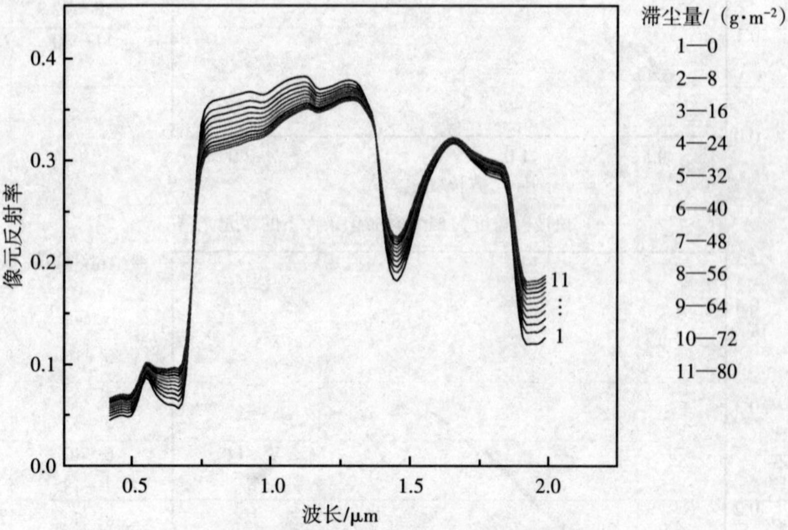

（a）植被覆盖度为89%时滞尘条件下的像元光谱

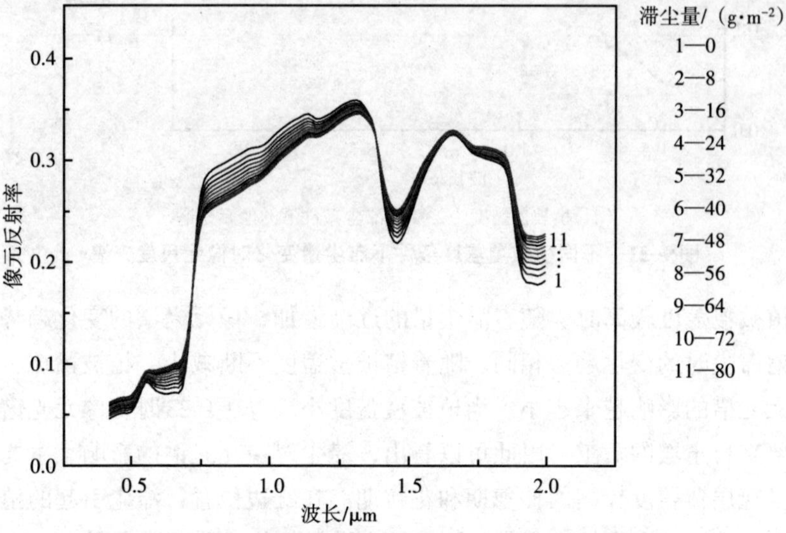

（b）植被覆盖度为75%时滞尘条件下的像元光谱

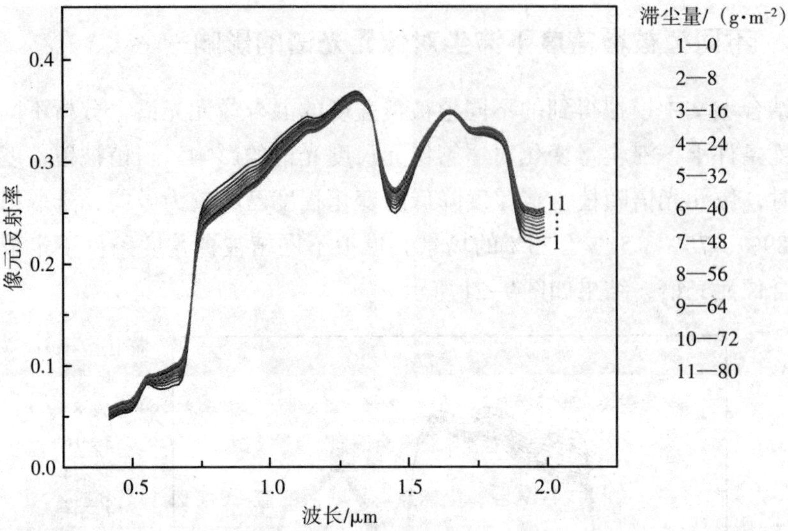

（c）植被覆盖度为51%时滞尘条件下的像元光谱

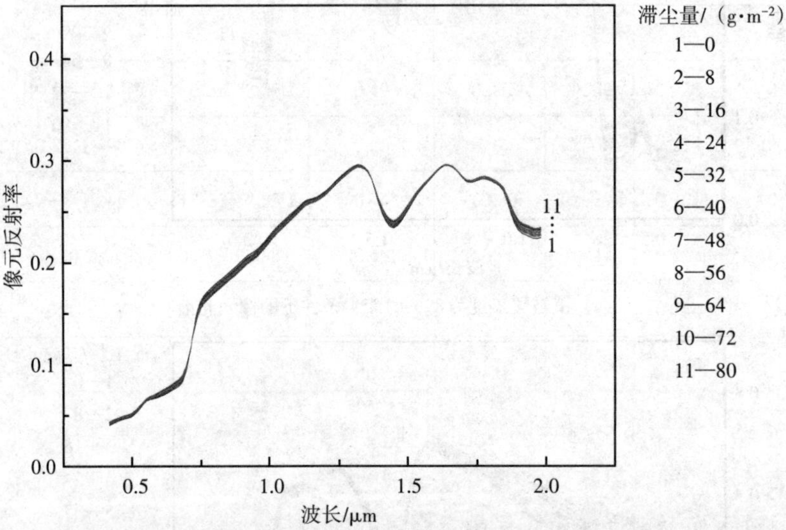

（d）植被覆盖度为23%时滞尘条件下的像元光谱

图9–21　不同植被覆盖度条件下滞尘量变化时像元尺度光谱

植被覆盖度较高时，随着滞尘量的逐渐增加，像元光谱的变化趋势与冠层光谱滞尘时的变化趋势相同。随着植被覆盖度不断减小，植被稀疏，滞尘对像元光谱的影响越来越小。当植被覆盖度小于等于0.23时，像元光谱的特征主要来自土壤的贡献。由此可以看出，滞尘对像元光谱的影响，主要体现在玉米冠层覆盖度较高的抽穗期和花粒期。在红边位置，滞尘引起的植被冠层及像元光谱基本不发生变化，即植被光谱红边位置不受滞尘影响。

反射率变化率可以反映出滞尘对像元反射率影响的程度，变化率大说明滞尘对像元反射率的影响程度大。基于模拟得到的像元反射率数据，计算相应反射率变化率（见图9-22）。从计算结果来看，可见光及1.3～2.0μm的波段范围内，滞尘使像元反射率呈正增长的变化；在0.74～1.3μm波段范围内，滞尘像元的反射率变化率为负值；在叶绿素强吸收位置，光谱变化率最高可达0.67；在1.4μm和1.9μm处附近的水吸收带，光谱变化率也达到了较高的数值。充分证明了植被表面的滞尘会显著改变植被光谱。

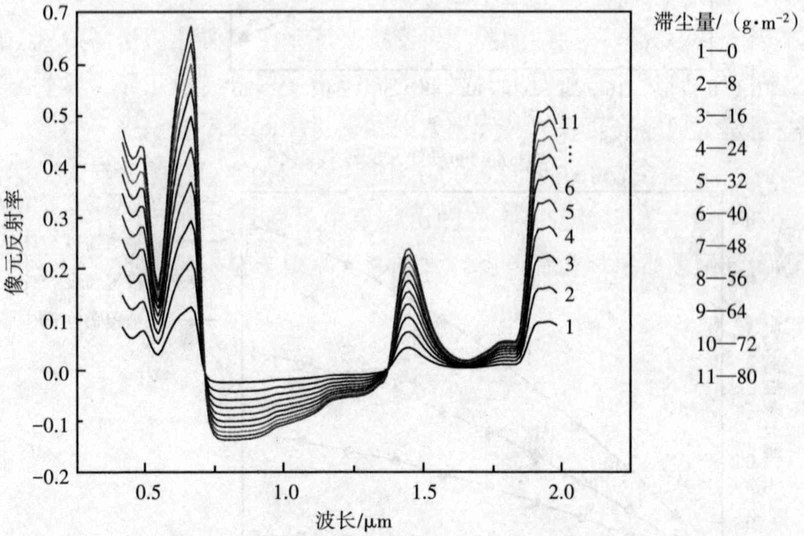

图9-22　不同滞尘量条件下的像元光谱变化率

定量分析不同植被覆盖度下滞尘对像元光谱的影响，取626nm与840nm处反射率，计算滞尘导致的像元光谱变化率（见图9-23、表9-6）。根据结果可知，植被覆盖度越高，像元光谱变化率越大，直观地体现出植被覆盖度越大，滞尘对像元光谱的影响程度越强这一特征。随植被覆盖度变化，不同波段的光谱响应程度存在差异。滞尘量为40g/m²时，近红外波段840nm处的光谱变化率为0.03～0.09，而可见光波段626nm处，光谱变化率可达0.05～0.38。通过对各光谱变化率的曲线进行线性拟合（见表9-6），发现随着植被覆盖度增加，像元光谱变化率的增长速率依次变大，在可见光波段，随植被覆盖度增加，像元光谱变化率的增长速率由0.0009变为0.0067，说明像元光谱变化率随着植被覆盖度变高而产生更明显的改变。

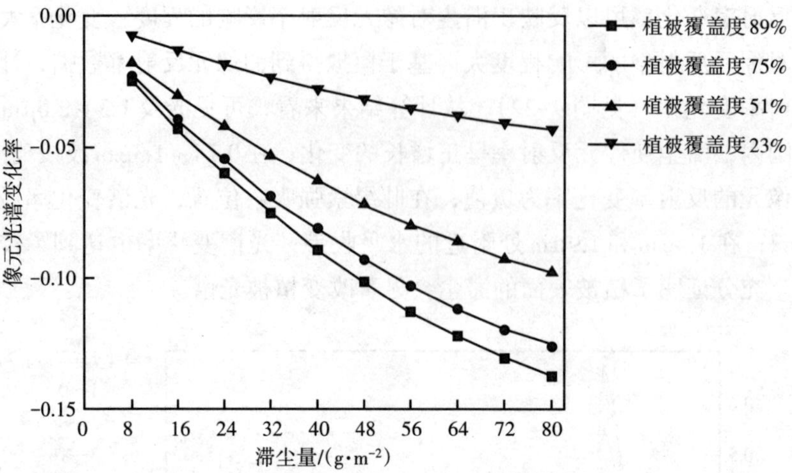

（a）840nm处像元反射率变化率

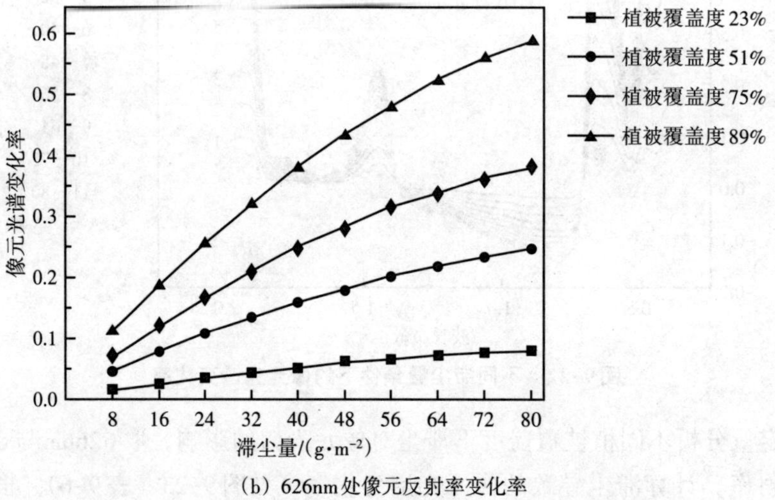

（b）626nm处像元反射率变化率

图9-23　不同植被覆盖度时滞尘条件下的像元光谱变化率

表9-6　不同植被覆盖度条件下的像元光谱变化率数据拟合

拟合关系式	840nm	626nm
植被覆盖度23%	$y = -0.0005x - 0.0066$	$y = 0.0009x + 0.0121$
植被覆盖度51%	$y = -0.0011x - 0.0148$	$y = 0.0028x + 0.0373$
植被覆盖度75%	$y = -0.0014x - 0.0191$	$y = 0.0043x + 0.0582$
植被覆盖度89%	$y = -0.0016x - 0.0209$	$y = 0.0067x + 0.0895$

植被覆盖度较低时，像元光谱主要的贡献端元为土壤。冠层、土壤、粉

尘的光谱特征如图9-24所示。

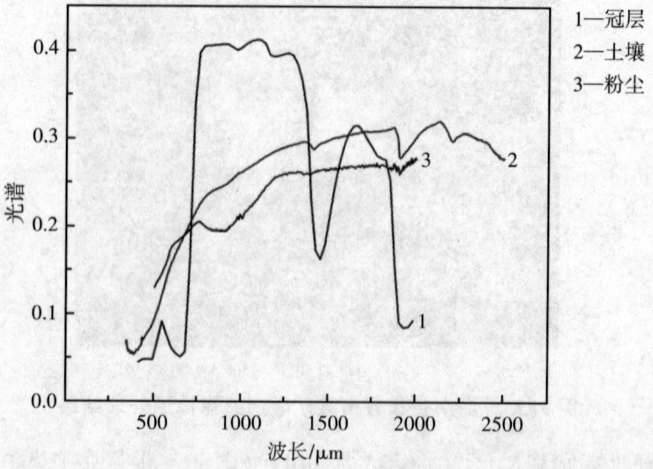

图9-24 实测冠层、土壤、粉尘光谱

可以判断，土壤光谱与粉尘光谱的最大值最小值较为接近，且走势差距相较于植被与粉尘光谱的差距而言较小。像元上存在相同滞尘量时，粉尘对土壤光谱的影响较为微弱，对植被冠层的影响显著。因此，像元尺度下滞尘对像元反射率的影响主要为滞尘对植被冠层的影响，受像元面积内植被覆盖度的影响。所以植被覆盖度越小，滞尘对像元光谱的影响越小。

9.3.3 基于遥感影像的验证

基于数值模拟方法分析了像元尺度的光谱滞尘效应，为了验证结果的正确性，确定其在遥感影像上应用的可行性，分别选择位于海南东方和河北宽城两个矿区的遥感影像进行对比验证。

（1）遥感影像数据预处理

海南省东方市位于海南岛西南部，有丰富的海洋油气资源。全市已发现金属矿产、非金属矿产、能源矿产和水气矿产4大类共21种。其中，金属矿产有金、银、铜、铅、锌、钛铁矿、锆英石等7种。以海南省东方市某矿区为例，选取2014年4月11日（雨后，无尘）及2014年5月28日（雨前，有尘），轨道号为125/47的两期Landsat 8影像，对其进行辐射定标处理，采用定标线性模型将图像的数字量化值*DN*转化为辐射亮度值。然后依据MODTRAN模型对Landsat 8 OLI数据进行大气校正，得到地表反射率（见图9-25），用于验证数值模拟的结果。

图9-25　海南省东方市某矿区遥感影像预处理结果

选择河北宽城某矿区2013年7月24日（雨前，尘量多）与2013年8月9日（雨后，尘量少），轨道号为122/32的两景Landsat 8影像进行辐射定标、大气校正等预处理（图9-26），用以验证基于数值模拟的结果。

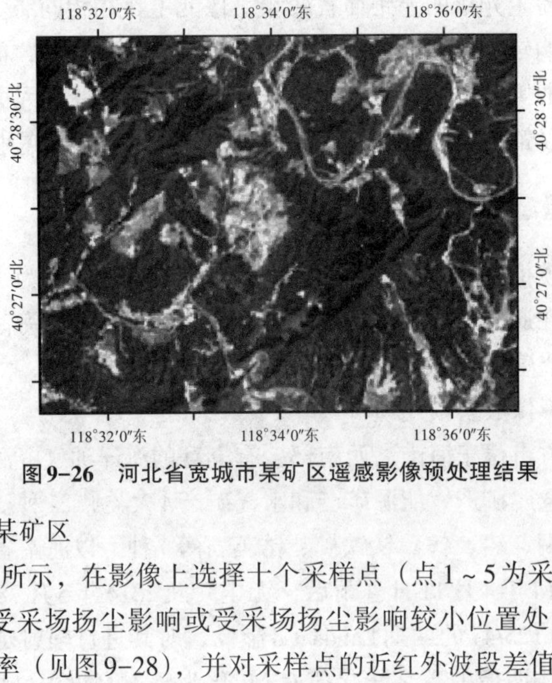

图9-26　河北省宽城市某矿区遥感影像预处理结果

（2）海南某矿区

如图9-27所示，在影像上选择十个采样点（点1～5为采场附近采样点，点6～10为不受采场扬尘影响或受采场扬尘影响较小位置处的采样点），提取其光谱反射率（见图9-28），并对采样点的近红外波段差值及*NDVI*差值进行统计与分析（见表9-7）。可见光波段范围内，滞尘植被像元反射率高于无尘植被像元反射率；在近红外0.75～1.3 μm范围内，滞尘使像元反射率降低。在1.3～2.25 μm波段之间，实际滞尘量造成的像元反射率变化的幅度较小，对反射光谱的影响相对微弱，但整体呈现随滞尘的出现反射率升高的现象。1.4 μm左右的水吸收带由于其波动较为敏感，在此不予考虑。上述结果与基于数值模拟得到的植被光谱滞尘效应一致。

图9-27　采样点示意图

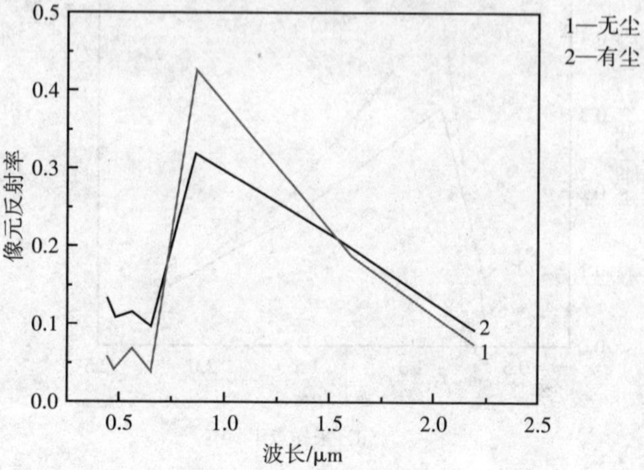

（a）采样点1

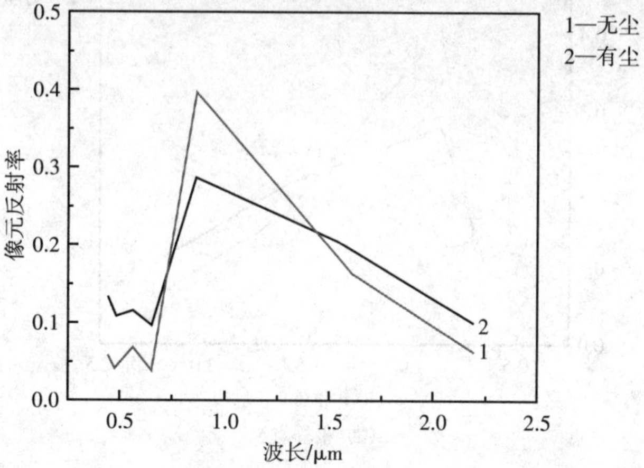

（b）采样点2

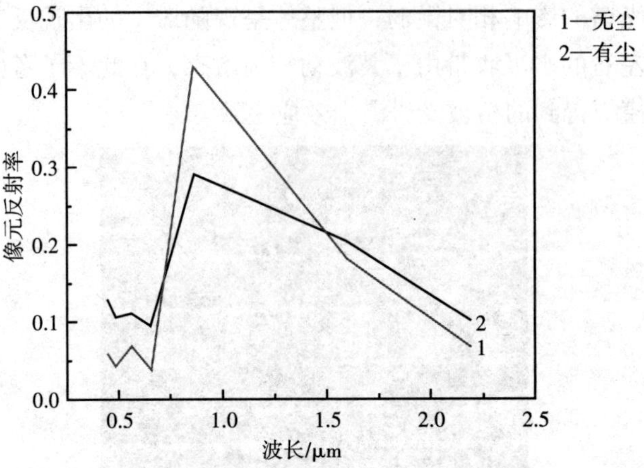

(c) 采样点3

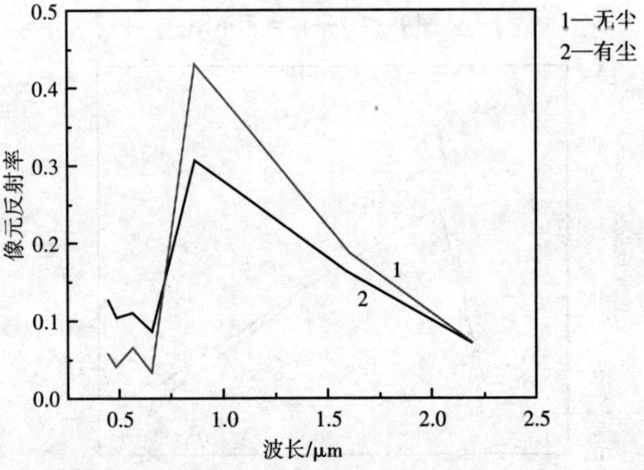

(d) 采样点4

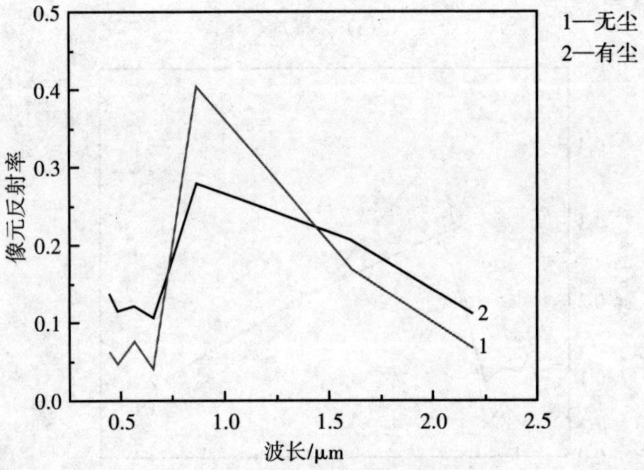

(e) 采样点5

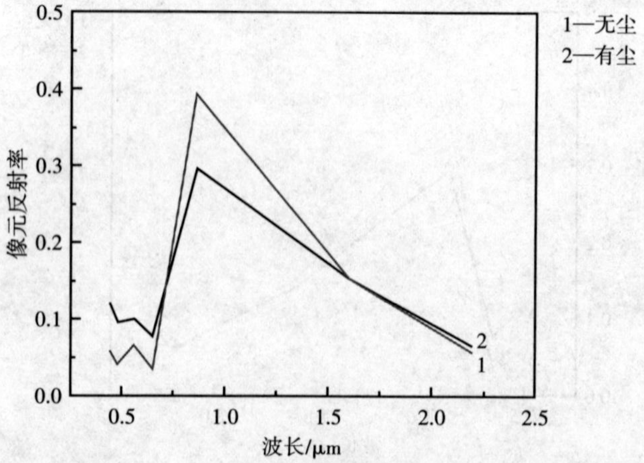

(f) 采样点6

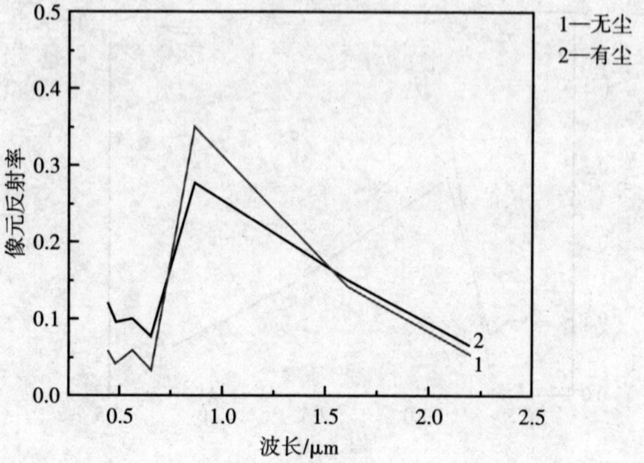

(g) 采样点7

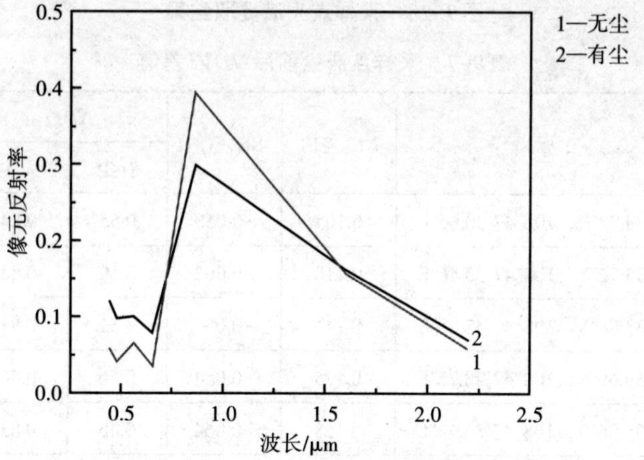

(h) 采样点8

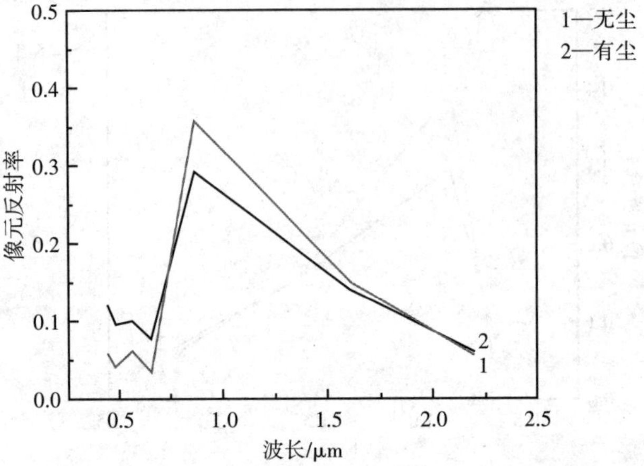

(i) 采样点9

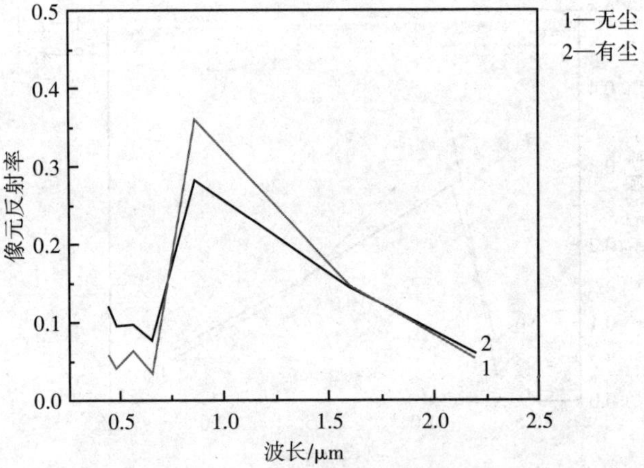

(j) 采样点10

图9-28 采样点光谱提取结果

表9-7 采样点滞尘前后*NDVI*差值

点号	坐标	NIR差值	Red差值	*NDVI*		*NDVI*差值
				有尘	无尘	
1	19°2′39.72″N，108°47′30.66″E	0.107	−0.058	0.55	0.84	0.29
2	19°2′35.92″N，108°47′33.46″E	0.110	−0.062	0.49	0.83	0.34
3	19°2′33.88″N，108°47′37.85″E	0.141	−0.057	0.51	0.84	0.33
4	19°2′39.69″N，108°47′28.72″E	0.125	−0.054	0.56	0.86	0.30
5	19°2′36.76″N，108°47′32.94″E	0.128	−0.064	0.46	0.83	0.37
6	19°1′58.60″N，108°49′26.84″E	0.048	−0.037	0.63	0.84	0.21

表9-7（续）

点号	坐标	NIR差值	Red差值	*NDVI*		*NDVI*差值
				有尘	无尘	
7	19°2′22.4″N，108°49′2.88″E	0.051	−0.039	0.66	0.85	0.19
8	19°1′55.84″N，108°49′36.51″E	0.048	−0.048	0.66	0.85	0.19
9	19°2′22.62″N，108°49′7.58″E	0.055	−0.041	0.61	0.84	0.23
10	19°2′15.38″N，108°49′2.72″E	0.063	−0.040	0.65	0.85	0.20

结合获取的该矿区影像分析，传感器观测到的目标像元信息可以认为是由植被端元所贡献的信息和土壤端元贡献的信息两部分组成。在对植被像元光谱滞尘效应进行验证的过程中，植被覆盖度这一因素不能忽略。对不同采样点像元进行统计归类，其植被覆盖度相差较小，且两期影像日期时间间隔短，不存在植被种类、生长情况发生大幅度变化的情况，可以认为矿区周边采样点的光谱变化仅受矿区开采影响。结果表明采矿区附近的采样点光谱变化幅度大于其他采样点。

归一化植被指数（*NDVI*）为近红外波段与可见光红波段数值之差和这两个波段数值之和的比值，在植被遥感中广泛应用，许多研究表明NDVI与LAI、绿色生物量、光合作用等植被参数有关。为了进一步直观地确定两期影像同一点位的光谱变化是受采矿造成的植被滞尘效应的影响，对遥感影像进行处理（见图9-29）。如图所示，以不受矿区影响的植被为对照组，矿区周边植被的NIR差值、Red差值及*NDVI*差值均大于对照组数据，因此可以认为露天采矿扬尘对周边植被光谱的影响与模拟结果一致。

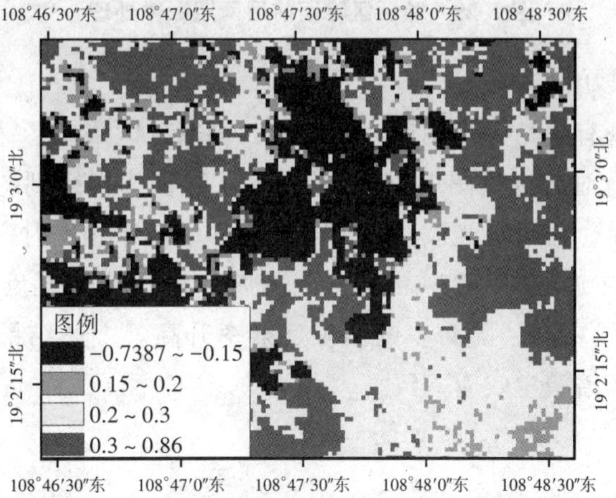

（a）NDVI差值图像

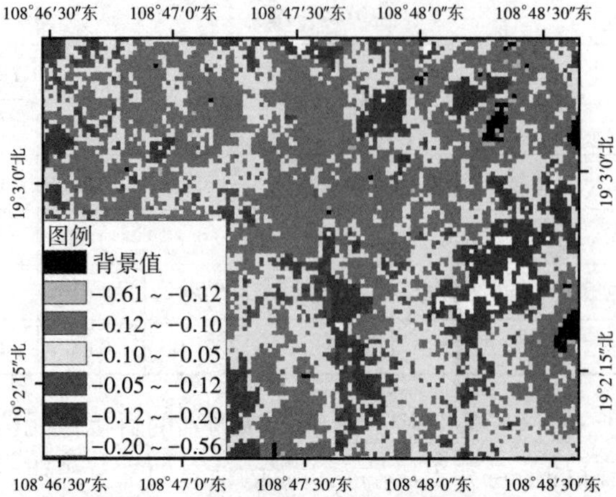

（b）NIR差值影像

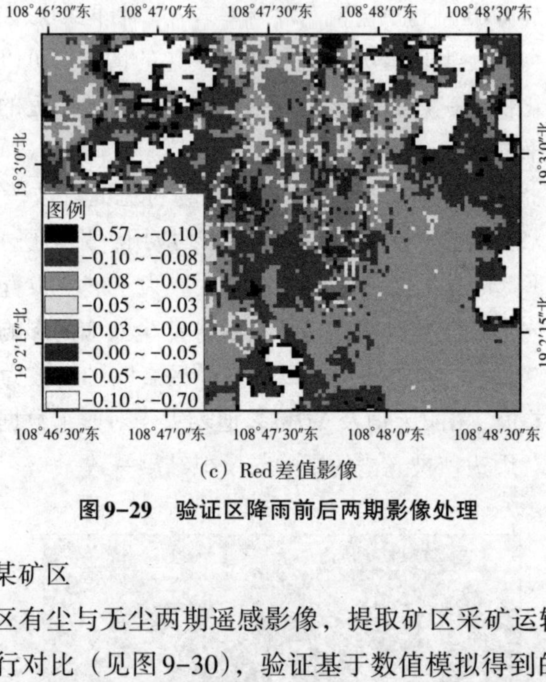

（c）Red差值影像

图9-29　验证区降雨前后两期影像处理

（3）河北某矿区

基于该矿区有尘与无尘两期遥感影像，提取矿区采矿运输道路周边的植被像元光谱进行对比（见图9-30），验证基于数值模拟得到的植被光谱滞尘效应。结果可见，在可见光波段范围内，滞尘植被像元反射率高于无尘植被像元反射率；在近红外0.75 ~ 1.3μm范围内，滞尘使像元反射率降低。在1.3 ~ 2.25nm波段之间，随滞尘的出现反射率升高。上述结果与基于数值模拟得到的植被光谱滞尘效应一致。

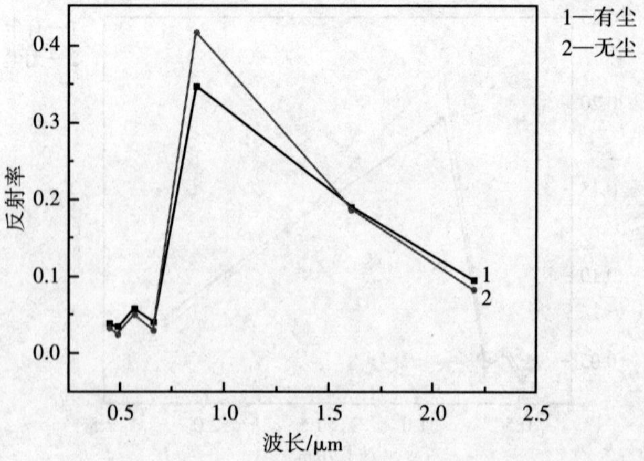

（a）采样点1

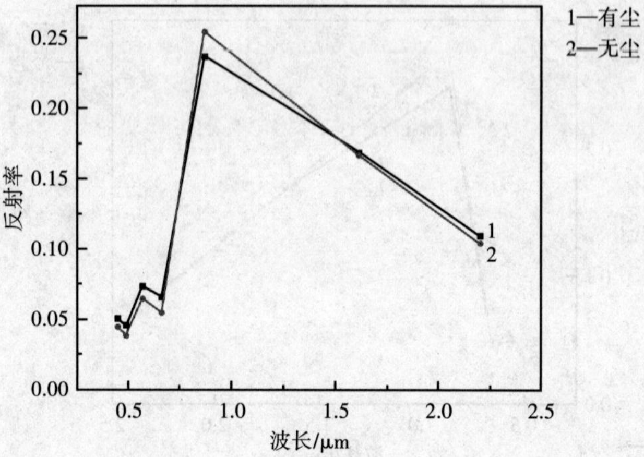

（b）采样点2

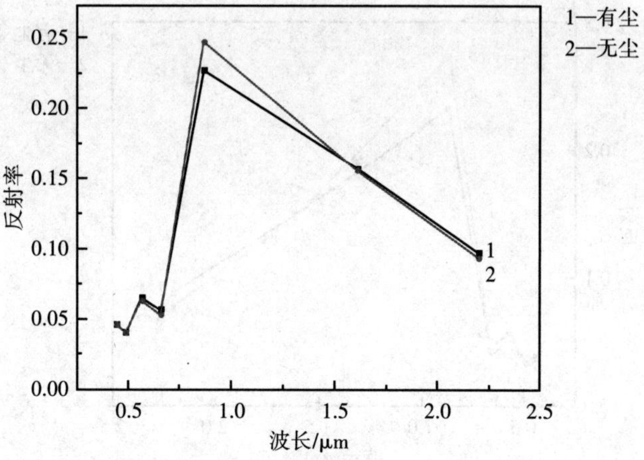

（c）采样点3

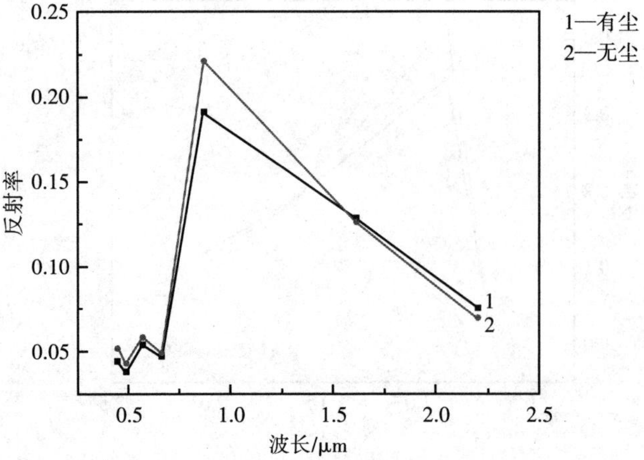

（d）采样点4

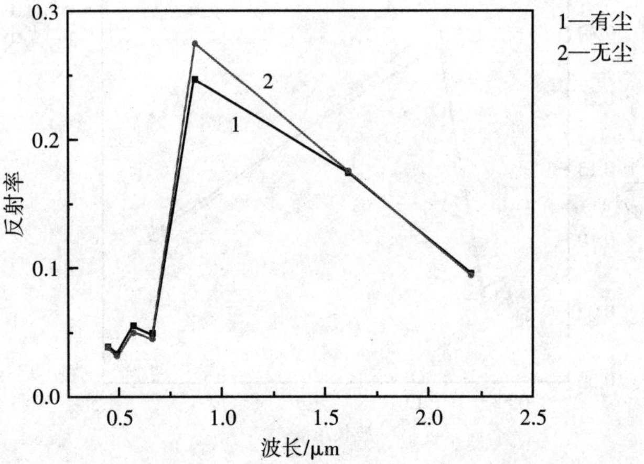

（e）采样点5

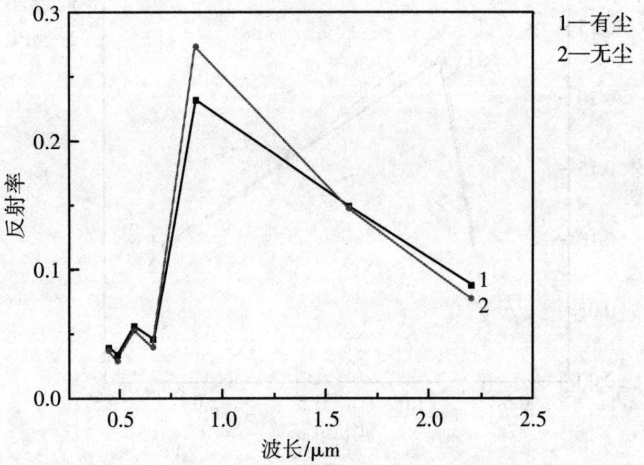

（f）采样点6

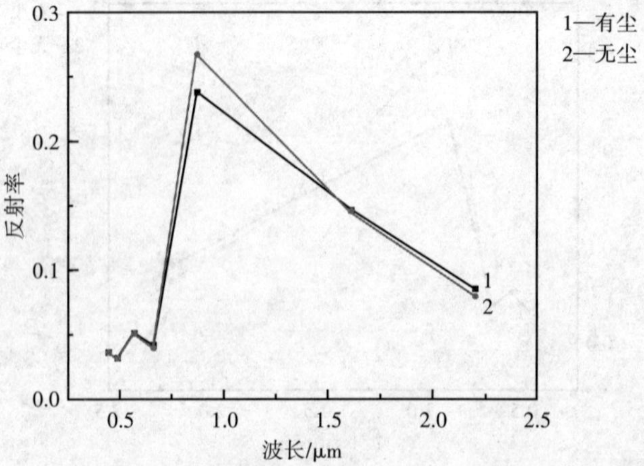

(g) 采样点7

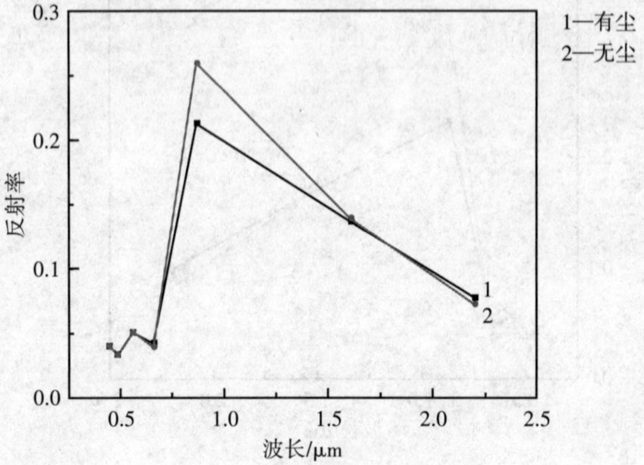

(h) 采样点8

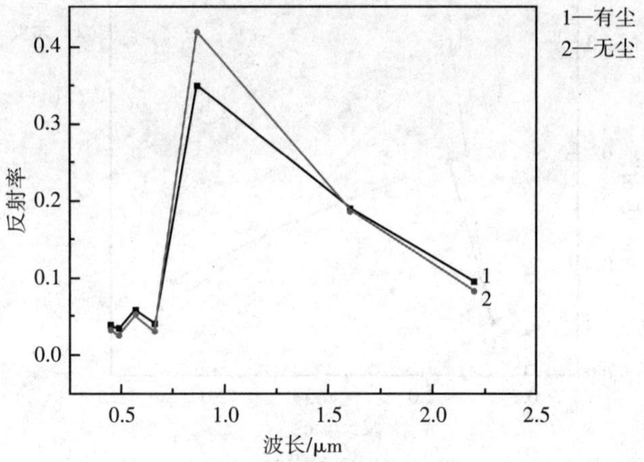

(i) 采样点9

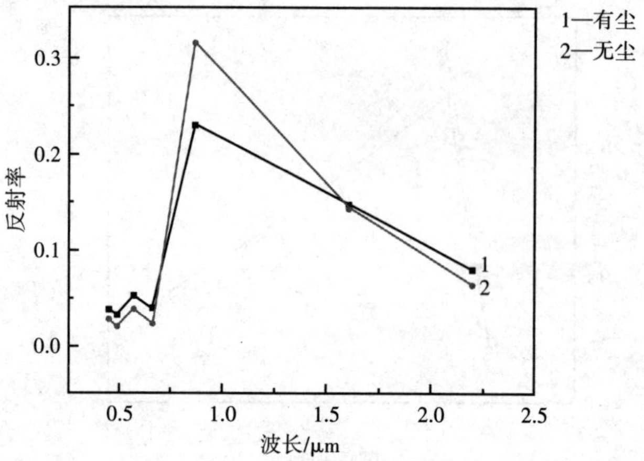

(j) 采样点10

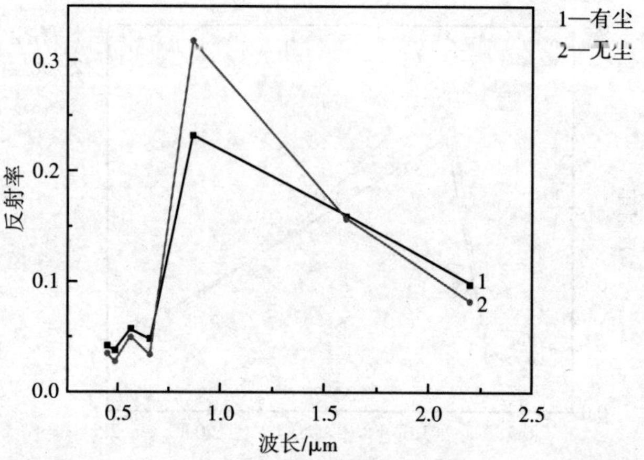

(k) 采样点11

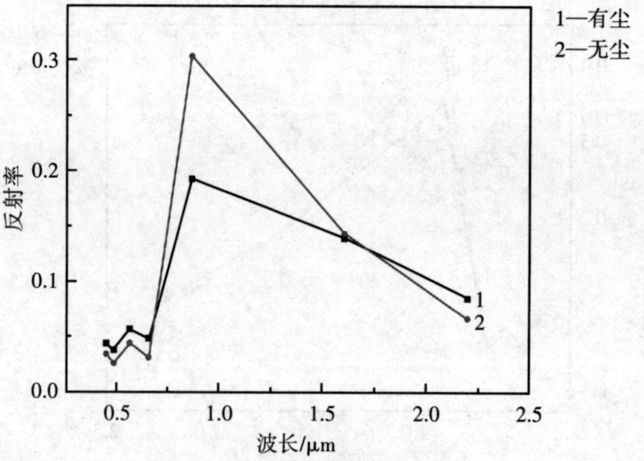

(l) 采样点12

图9-30 采样点光谱提取结果

将数值模拟分析的结果及遥感影像提取光谱进行对比分析（见表9-8），将不同像元依据植被覆盖度大小分为低、中、高三个等级，植被覆盖度范围小于0.4为低等级，植被覆盖度范围0.4～0.6为中等级，植被覆盖度范围0.6以上为高等级。

表9-8 采样点滞尘前后*NDVI*差值

点号	坐标	植被覆盖度	NIR差值	*NDVI*		*NDVI*差值
				有尘	无尘	
1	40°27′44.33″N，118°33′26.50″E	0.36	0.027	0.640	0.668	0.028
2	40°28′3.71″N，118°33′29.56″E	0.31	0.018	0.567	0.647	0.080
3	40°28′4.67″N，118°33′31.04″E	0.32	0.02	0.604	0.651	0.047
4	40°27′41.23″N，118°33′25.14″E	0.3	0.03	0.607	0.641	0.033
5	40°27′44.19″N，118°33′23.94″E	0.48	0.028	0.671	0.717	0.047
6	40°27′52.73″N，118°33′26.81″E	0.56	0.042	0.678	0.754	0.076
7	40°28′6.37″N，118°33′33.27″E	0.54	0.033	0.703	0.745	0.043
8	40°28′8.18″N，118°33′45.98″E	0.52	0.047	0.669	0.735	0.066
9	40°27′53.83″N，118°33′29.32″E	0.82	0.07	0.787	0.864	0.077
10	40°27′31.75″N，118°33′22.08″E	0.8	0.085	0.706	0.856	0.150
11	40°27′32.55″N，118°33′23.79″E	0.7	0.085	0.667	0.812	0.145
12	40°27′32.51″N，118°33′22.61″E	0.7	0.111	0.600	0.820	0.221

植被覆盖度等级越高，NIR波段反射率差值越大，相应计算出的NDVI差值越大，意味着植被光谱的变化程度越强。即当植被覆盖度变大，滞尘对像元的光谱影响程度越强。这与基于光谱模拟得到的结果一致。

在矿区运输道路两侧各选取三个紧邻像元（图9-31），提取其NIR差值与Red差值，计算有尘无尘条件时的像元NDVI值，结果见表9-9。

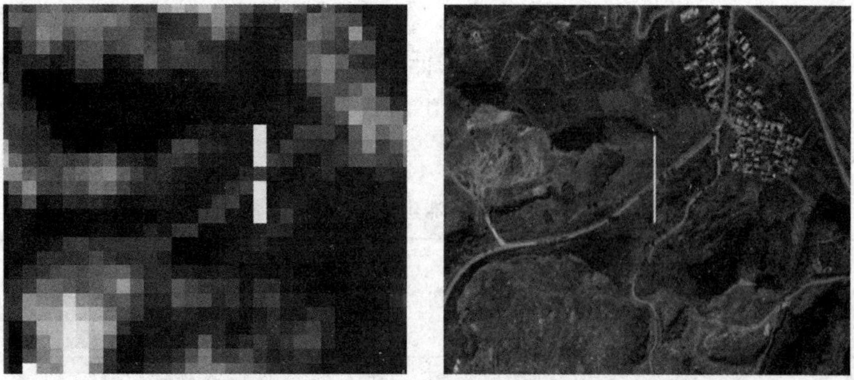

（a）遥感影像采样点示意图　　（b）高分辨率影像采样点示意图

图9-31　道路两侧采样点示意图

表9-9　道路两侧采样点滞尘前后*NDVI*差值

点号	坐标	植被覆盖度	NIR差值	*NDVI*		*NDVI*差值
				有尘	无尘	
北侧1	40°28′10.24″N，118°33′53.06″E	0.49	0.05	0.556	0.726	0.17
北侧2	40°28′10.98″N，118°33′52.87″E	0.65	0.02	0.758	0.794	0.036
北侧3	40°28′13.05″N，118°33′52.83″E	0.44	−0.033	0.729	0.701	−0.029
南侧1	40°28′9.11″N，118°33′52.64″E	0.69	0.034	0.744	0.811	0.067
南侧2	40°28′8.20″N，118°33′52.58″E	0.63	0.032	0.728	0.784	0.056
南侧3	40°28′6.95″N，118°33′52.41″E	0.78	0.023	0.805	0.846	0.042

在基于遥感影像对模拟结果进行验证时，由于矿区的矿产资源种类不同，开采的规模、产量不同，产生的粉尘物化性质也不尽相同，因此无法做定量的对比验证。但由两个矿区的两景影像中呈现出的光谱特征可知，滞尘条件下的像元光谱在各个波段范围内的变化，均符合本小节模拟得到的冠层及像元尺度光谱滞尘效应。根据海南某矿区的对比数据可知，植被覆盖度的不同导致滞尘对像元光谱的影响程度不同，与本小节模拟结果一致。且根据河北宽城某矿区关于道路运输扬尘的对比数据可知，本小节关于道路运输扬尘对植被冠层光谱的影响结果同样符合实际规律。

通过对像元尺度矿区污染源附近的植被光谱进行模拟，总结如下：

① 植被覆盖度降低，0.5 ~ 1.3μm波段范围内，反射率随植被覆盖度降低而减小。当植被覆盖度小于等于0.23时，像元光谱已趋近于土壤光谱。不

同植被覆盖度下植被冠层反射率间的差异主要体现表现在0.75 ~ 1.3μm波段处反射率。

② 滞尘对植被像元反射率的影响与滞尘对冠层反射率的影响相同，变化程度与像元内植被覆盖度有关。可见光及1.5 ~ 1.9μm波段范围内，滞尘使像元反射率呈正增长的变化；在0.75 ~ 1.25μm波段范围内，滞尘像元的反射率变化率为负值，在0.72μm处左右的叶绿素强吸收位置，光谱变化率最高可达0.65。

③ 不同植被覆盖度时，均呈现像元光谱变化率随滞尘量增加而增加的现象，且植被覆盖度越高，像元光谱变化率越大。但不同波段的光谱响应程度存在差异。通过对各光谱变化率的曲线进行线性拟合，发现随着植被覆盖度增加，像元光谱变化率的增长速率依次变大，在可见光波段，随植被覆盖度增加，像元光谱变化率的增长速率由0.0009变为0.0067。

④ 在两个矿区的两景影像中呈现出的光谱变化特征，在各个波段范围内，模拟得到的滞尘对植被像元光谱的影响均与滞尘对植被冠层光谱的影响结果一致。

10 煤矿地质三维建模软件系统的开发与实践应用

10.1 软件系统总体设计与功能

以前述章节理论研究为核心，结合现场人员需求与技术选型，开发煤矿三维地质空间建模软件（GeoMS3D）平台系统。该系统基于MFC单文档模式开发，软件功能采用菜单和工具条驱动。系统数据以三维空间数据组织存储，并在二维与三维实现可视化，二维以GDI与GDI+底层开发实现的矢量绘图系统为基础，实现多个矿山工程辅助设计模块；三维可视化系统则基于OpenGL搭建，实现模型建模、可视化及管理。

10.1.1 系统开发环境

实验系统、算法程序基于PC机Windows环境从底层开发，使用面向对象的程序开发语言Visual C++和三维图形应用程序接口OpenGL作为主要开发工具，采用SQL Server 2008作为后台主要数据库。Visual C++是Microsoft公司开发的基于C/C++的集成开发工具，是一种面向对象的程序设计语言，具有开发灵活、代码精练、运行速度快等特点。SQL Server 2008是一种基于服务器/客户的关系型数据库管理系统，它使用Transact-SQL语言传输请求和答复，具有图形化管理、编程接口丰富、多线程系统、良好的并发控制等特点。OpenGL作为一种高性能图形和交互场景处理的图形标准，在开发系统的通用性及显示效率、开发成本等方面具有很大优势，因此，简化了系统编程，较好地满足实验开发的要求。

10.1.2 系统运行环境

系统运行环境包含客户端和服务器端，客户端配置要求为CPU 1GHz、内存512MB、硬盘4G、显示器分辨率VGA及以上，系统要求Windows XP或Windows 7；服务器端使用IBM System x3650 M4机架式服务器（配有英特尔至强E5 CPU，8GB内存，1 TB硬盘及4端口千兆网卡），操作系统为Windows Server 2003系统。

10.1.3 系统功能设计

根据矿山实际需求梳理地质测量相关生产业务，将系统划分为十个功能模块，包括：断层管理、巷道管理、工作面管理、地层管理、钻孔管理、辅助决策分析、剖面管理、储量管理、石门见煤管理和地物要素管理。每个模块以空间、属性数据为核心，数据可视化和相关操作则根据需求在二维或三维平台下实现。软件中每个模块设计的典型功能如图10-1所示。

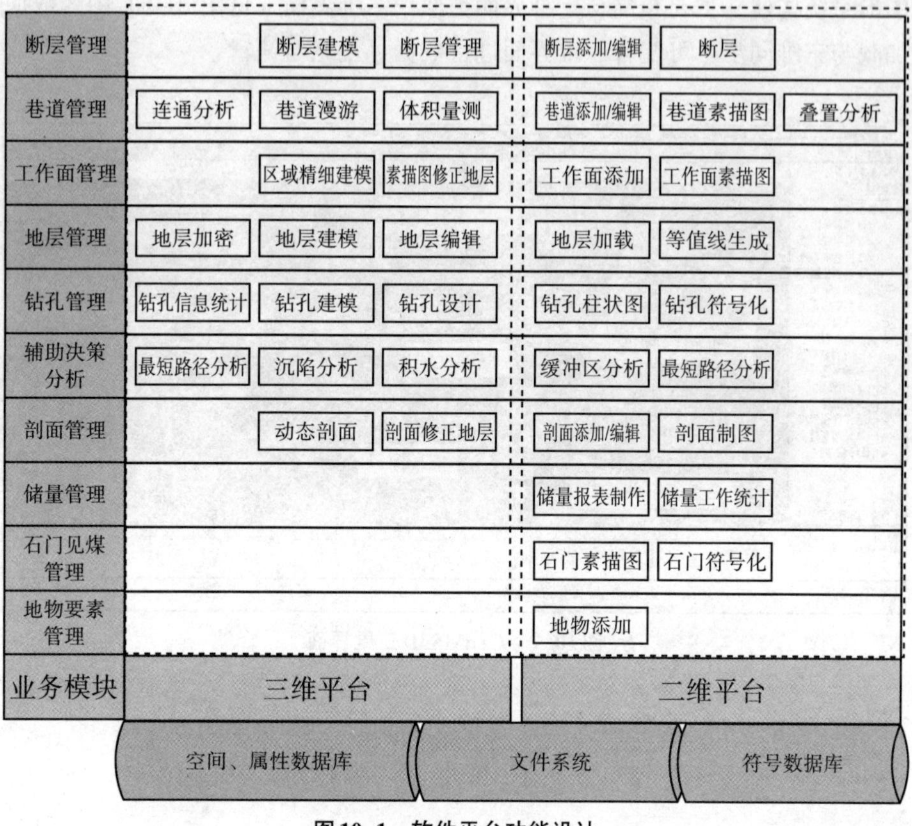

图10-1 软件平台功能设计

10.1.4 系统界面设计

系统界面是系统与用户进行信息交互的窗口，要求直观、友好、易于使用，在屏幕布局、格式和颜色上要力求简洁、恰当、统一。系统界面风格与Windows系统的总体界面风格相似，包括：视图区、工具条、控制栏、菜单条、状态条等。视图区是图形绘制显示的区域，同时是三维交互发生的地方，即用户通过在视图区点击移动鼠标来达到交互的目的。工具条是图形操作与模型应用命令的所在地，通过点取工具条上的按钮即可选择相应的操作与应用命令，按钮上的标识简单易懂。控制栏是信息反馈与可选功能的集中地，它是功能与信息都比较集中的地方。菜单条也是为用户提供命令选择的地方。状态条实时反映各种参数变化、各种当前数据状态及相关信息。

GeoMS3D的主界面为三维可视化界面（见图10-2）。三维视图展示已经加载的数据，树控件提供三维图层管理功能，菜单栏、工具条、状态栏、命令行等提供针对煤矿数据的三维操作；GeoMS3D的二维可视化界面基于矢量图形系统构建，主要布局与三维界面类似。二维界面（见图10-3）中的数据加载与三维同步，可配合三维界面进行数据可视化与编辑。

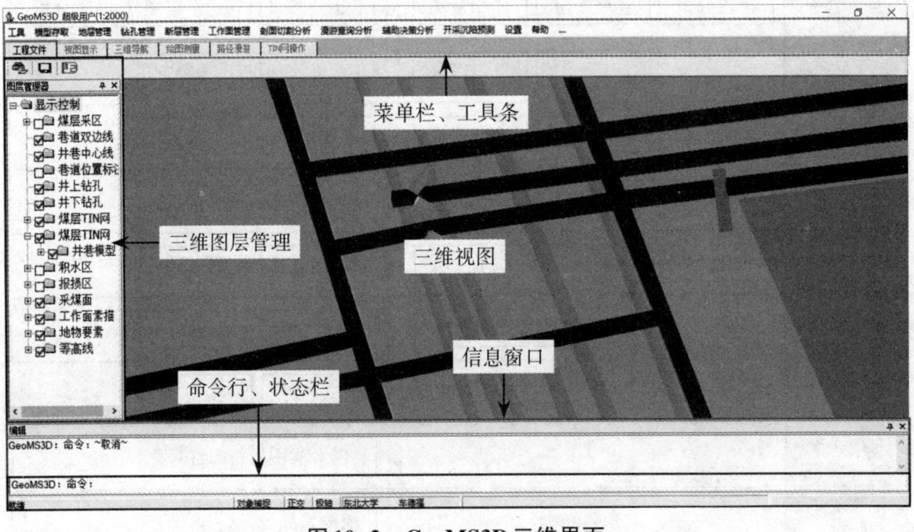

图10-2 GeoMS3D三维界面

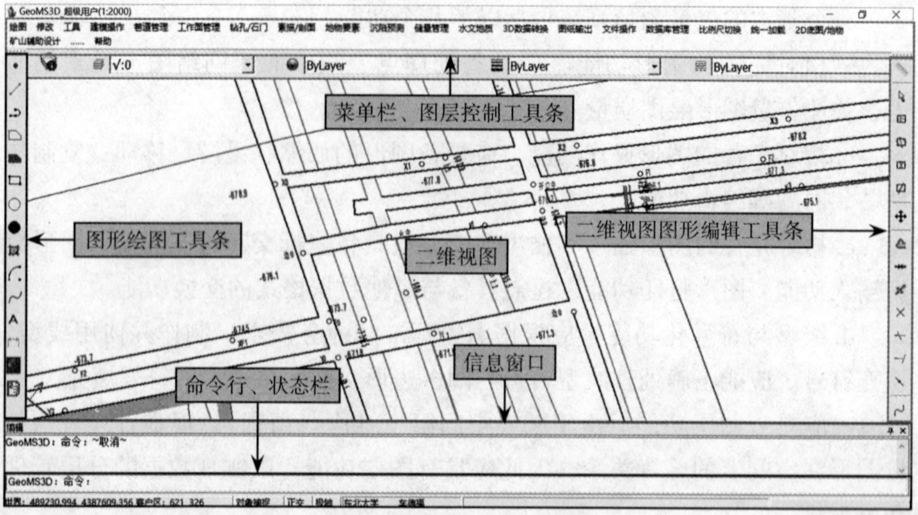

图 10-3 GeoMS3D二维界面

10.1.5 软件功能描述

（1）平台层功能模块

① 空间数据管理。

系统中的空间数据通过数据库和文件系统进行存储和管理。其中，系统主要数据都是用数据库进行管理，文件系统主要提供.dxf格式和自定义二维、三维空间数据格式的交换。

数据输入包括空间数据和属性数据两方面，空间数据可以通过鼠标、数据导入或空间数据提取的方式获取，属性信息通过键盘、数据导入或对话框界面录入。对于不满足建模数据格式的钻孔数据表等，可以通过对应表项之间的转换实现从原始数据到建模数据的转换。对于非钻孔数据源，可采用松散耦合的方式实现不同格式数据文件之间的转换。数据提取包括属性信息提取和空间信息提取两部分。空间数据的交互编辑利用前文介绍的三维空间交互技术对空间数据和属性数据进行增加、修改和删除等多种交互编辑操作，使地质建模数据源更丰富更合理。

② 二维图形编辑与可视化。

矢量图形系统是GIS的重要组成部分，也是GIS开发的重点和难点所在。不同领域的GIS矢量图形系统功能有差别，但都要求系统具有丰富的图形元素、丰富的线性、巨大的存储容量、完善的输入和输出功能、强大的地图编辑功能。

一个基本的矢量图形系统包括以下几个功能。

a. 相对完善的图形功能。应具备处理点、线、面、网络图形元素的能力，关注矢量图形绘图质量。

b. 相对完善的图形操作功能。应具备图形的放缩、漫游、移动、复制与粘贴、回溯等编辑功能。

c. 相对完善的图形输入和输出功能。应具备鼠标交互绘制功能、图形数据输入功能、图形打印功能。还需具备与其他数据格式的交换功能。

d. 线型与符号化功能。应根据国家标准和业务需求，制作并使用线型、填充符号。应能正确处理线型转折与凹多边形、嵌套多边形的符号填充。

e. 应具有图层功能。由于缺失空间第三维度（高程），很难直观表达矢量图形在空间上的叠置关系，因此应具有图层功能，以实现数据的分层管理和可视化。

f. 具有较高的容错能力和可恢复性。矢量图形系统设计要考虑图形绘制错误情况下的回溯和可恢复能力。

g. 应兼具高处理效率和大空间容量。矢量图形系统具有更高的可操作性，能够更简洁地添加、编辑数据，因而直接面向一线用户。因此，要求矢量图形系统能够具有高效率，及时响应用户操作，保证用户操作体验。此外，处理图形元素的容量应能够达到实用性要求。

此外，将二维矢量图形系统与三维建模平台相结合，并且将绑定后的系统应用于煤矿各业务逻辑层面，更要求具有二三维数据同步操作所需要的二三维属性绑定功能、模型投影/剖切功能、叠置数据处理等能力。

③ 三维地质建模与可视化。

除了地层和断层建模，煤矿的三维地质建模还包括井巷工程建模和模型集成，也在系统中进行了实现。其中，井巷工程三维建模基于巷道导线测量数据，生成巷道双边线，并使用“组件法”完成巷道模型单元创建与装配；模型集成主要包括地物、地形、地质体和工程的集成。

三维可视化系统主要包含模型静态查询，分层、分级显示；支持系统内导航漫游；同时支持TIN网操纵编辑功能，以实现对模型的精细化操作。

④ 二维空间分析。

二维空间分析包括拓扑分析、缓冲区分析、叠置关系分析、连通性分析、最短路径分析等功能模块。

拓扑分析可用于计算二维图形元素间的空间关系；缓冲区分析能够给定指定属性的影响范围；通过叠置分析可以很好地表达二维图形元素在空间的

压叠关系，可用于巷道等二维图形的表达；而连通性分析和最短路径分析则能为安全救援、避灾避险提供方法支持。

⑤ 三维空间分析。

三维空间分析包括坐标查询、距离量算、面积量算、体积量算、开挖量计算、属性查询、绘制等值线等功能模块。

利用本书开发的三维空间交互技术对已存在的节点、线段上的点、三角面上的点和地质体空间内任意点等三维坐标进行查询，并可以对其相关的距离、面积、体积、开挖量和属性进行量算与查询。绘制等值线是指对地质体表面、地质体、开挖体的整体或部分进行等值线的绘制，以多种方式对地质体及开挖体进行三维空间分析。

（2）业务层功能模块

① 巷道管理。

巷道管理主要功能包括测量数据库管理、巷道数据编辑与可视化、巷道名称标注、巷道统计分析等。

测量数据库的管理主要是管理导线，分为前后视距附合导线、前后视距导线成果以及支导线的管理；巷道数据编辑与可视化主要包括从测量数据生成巷道双边线、避灾硐室添加、三维模型创建等功能；巷道名称标注可以自动在二维和三维巷道对应位置添加地点文本说明；巷道统计分析可以给出多个边界约束条件下的巷道长度与体积。

② 地层与储量管理。

地层包括煤层和其他标志层（例如基岩、底面等），地层管理提供的主要功能包括地层建模、地层编辑与修正、地层信息查询和地层等值线构建等。

地层建模方法不再赘述；地层编辑与修正基于三维TIN网编辑功能，实现了地层的手动精细编辑；地层修正提供平面修正和剖面修正，可以根据二维平面数据或剖面数据反向修正三维地层；地层信息查询可实现地层的厚度、体积等基本信息查询；地层等值线构建可以从三维地层模型自动生成地层等高线、等厚线、两个地层之间的等间距线等，为二维制图和查看提供支持。

③ 断层管理。

GeoMS3D中按影响范围将煤层断层分为小断层（落差≤1.0m）与大断层（落差>1.0m）两种。小断层按位置又分为顶板小断层与底板小断层；大断层按来源又分为物探推测断层与素描实测断层。

断层管理主要提供断层数据录入与管理、二维断层绘制、断层推测等功能，可以辅助地质人员进行断层形态推测与出图。

④ 水文管理。

水文数据主要包括矿井涌水、钻孔水位、采空区积水、历年降水量资料/蒸发量等，系统在数据管理入库基础上，针对实际应用需求制定一些专业功能，如统计报表输出、采空区淹没分析、钻孔水位的可视化分析、矿井涌水预测及影响域分析等。

⑤ 地质辅助制图。

由于矿山二维图纸使用习惯根深蒂固，且图纸方便印刷查看，因此该系统针对二维地质辅助制图功能进行设计开发。基本思路是在数据库和三维模型的基础上提取和生成二维数据。例如，煤矿煤层工作面地质平面图的制图步骤是通过数据库提取边界、巷道、煤层、断层、钻孔等一系列空间及属性数据，然后通过算法实时生成二维矢量图形，如通过煤层和断层模型计算煤层等高线、为巷道双边线数据执行叠置分析、为选定煤层计算钻孔符号化位置。最后，通过标准制图功能，对选定的区域执行裁切、加图框图例等一系列操作，最终生成地质图形。

⑥ 地表变形预测。

“三下”采煤地表变形预计模块由数据管理、变形计算、图形处理、工作面设计、结果分析五个模块组成。实现同一煤层单一或多个工作面开采过程地表动态沉陷预测。开采沉陷预测结果采用多种方式输出，包括地表移动变形的下沉、倾斜、曲率、水平移动、水平变形等值线图，下沉盆地三维立体图、剖面图等。根据需要以文件形式存储、输出报表、图表等信息。

10.2 三维空间交互与可视化技术

三维空间交互技术是进行三维模型可视化分析研究的重点和难点，直接影响到对所建模型的理解、操作与应用分析。相对于二维空间而言，三维空间交互技术的实现非常复杂，如在二维空间的定位拾取操作只需根据光标位置简单计算落入附近区域的对象即可实现，而在三维空间则要进行消隐、三维裁剪和光线变换等复杂运算。三维交互技术的发展经历了三个阶段。最原始的是方式是使用对话框，由用户键入欲访问的三维信息，然后由系统给出相应结果。这种方式显然使用户感到十分不便，因此很快被第二种方式——二维交互定位方式取代，即在屏幕上只显示三维信息中的二维提取数据，用户则可利用鼠标直接在其上指定欲访问的信息。这一方式虽然较前一种方式在操作上方便了许多，但由于用户面对的始终是二维数据，对该点在三维数据场中的空间位置没有直观的感觉，仍具有很大的局限性。随着对三维交互技术的迫切需求，现已发展到直接三维交互定位方式。

10.2.1 空间交互技术

三维地质体建模、可视化与应用方面需要极强的人机交互功能。三维地质空间构模目标依次分为三维可视化、三维查询、三维分析和工程应用四个目标层次。三维地质空间构模的四个目标层次中，每一个层次都需要三维交互技术的支持，需要三个阶段中对话框、二维交互定位、直接三维交互技术的综合运用。通过对四个目标层次中需要的三维交互技术进行分析，可把三维地质建模中的三维交互技术分为空间几何变换与多模式显示、空间三维捕捉、空间任意点的选取三个层次。

（1）空间几何变换与多模式显示

空间几何变换是在三维交互环境中对地质模型的平移、放缩、旋转等交互技术，多种模式显示是指对地质体模型进行透明、线框、多色、贴纹理等模式显示。空间几何变换与多模式显示贯穿于三维地质空间构模的整个过程，在各个目标层次都需要地质体模型多种几何变换与多模式显示，从各个角度观察地质模型，如在三维查询和工程应用中需要不断地通过几何变换和多种模式显示确定空间选取和空间定位是否准确。

（2）空间三维捕捉

空间三维捕捉是指在三维交互环境中对地质体内的各构成元素的空间捕捉。如在三维地质建模方面，本书提出的煤矿三维地质建模方法强调从原始数据自动建模。但也可通过三维交互技术来删除、构建和编辑模型，以修正建模过程中出现的错误，融入建模者掌握的地质构造方面的知识，这个过程需要对地质体构成要素的多级捕捉，如对巷道、钻孔及钻孔上的节点、线段及线段上的点、三角面及三角面上的点进行捕捉等。

（3）空间任意点的交互选取

空间任意点的选取是指地质模型内或地质模型外空间内任意点的选取。空间三维捕捉与空间任意点的选取在交互功能上是不相同的，前者捕捉地质体模型中存在的元素如节点、线段、三角面和巷道中心线等，后者强调空间中任意点的选取，这个点不一定是地质模型存在的元素，无法用空间三维捕捉功能实现。空间任意点的选取在三维度量和工程应用方面具有重要的意义，如在地质体模型中设计一条巷道，可以采用空间任意点的选取功能实现在地质模型中直接交互设计巷道的中心线，而不必考虑中心点是否是地质体内的节点。

10.2.2 空间几何变换

（1）三维地质模型的平移

在三维交互环境对三维地质模型进行平移操作，主要是调用OpenGL的函数glTranslatef（m_xPan，m_yPan，0），m_xPan，m_yPan为相对原点x、y两个坐标的平移量。因为地质模型可以任意旋转，只要三个坐标轴方向任意旋转到与x、y两个坐标轴平行，都可以实现平移操作。实际操作中，可以通过记录鼠标屏幕上的平移量乘以某系数来确定m_xPan，m_yPan值。

（2）三维地质模型的缩放

调用OpenGL函数glTranslatef（0，0，z）实现模型的缩放，这种方法通过改变地质模型在观察坐标系中的位置，使之与观测点之间的距离增加或减少，从而使地质模型在显示平面的投影的大小发生变化，达到缩放的目的。这种方法不改变模型的坐标和形状，又与平移使用同一条命令函数，本书中系统就是采用这种方法实现地质模型的缩放的。

（3）三维地质模型的旋转

如三维地质模型需要沿固定轴旋转操作，仅需调用OpenGL函数glRotate{fd}（angle，x，y，z）就可以，但是三维地质模型的旋转操作通常需要对应沿任意轴的旋转操作。

鼠标只具有两个自由度，则不能提供沿任意轴旋转的能力。三维跟踪球是一种具有任意旋转能力的交互工具，它可以实现任意轴的旋转，因此利用鼠标器仿真三维跟踪球技术解决该问题。

10.2.3 空间三维可视化

（1）空间三维可视化操作

三维可视化操作主要实现空间模型显示与图形变换、剖切显示、虚拟漫游等。

图形变换包括平移、放大、缩小、旋转。借助三维交互技术，可以进行地质模型的揭层或某些层的单独显示。系统提供交互拾取两点剖切、交互拾取多点剖切和动态剖切三种剖切方式，另外还提供对剖切对象的选择，就是既可以对地质体剖切，也可以对开挖体剖切。虚拟漫游给予人们在虚拟世界中与地质模型交互的手段，可以在地质体表面或是开挖体内部自动或手动漫游，以获得地质构造信息。

（2）空间三维可视化模式

三维模型的显示和输出需要从不同角度、不同方位和不同距离观察地质构造三维模型的表面，通常加入光照模型、表面纹理等三维效果，以增强真实感。本书系统中的三维地质模型多模式充分发挥了OpenGL在颜色渲染和纹理映射方面的优势。

① 颜色渲染模式。

OpenGL有较强的颜色渲染能力，提供RGBA模式和颜色索引模式两种颜色渲染方式。本书采用RGBA模式，在此种颜色模式下，使用函数glColor4f（r，g，b，a）设置不同岩性的岩石用不同的颜色来表示，可以明显地看出不同岩石之间的关系。

② 纹理渲染模式。

利用OpenGL的纹理映射功能，实现地质体的纹理贴图，从纹理库中直接调用影像纹理或符号纹理贴于地质体表面，能够直观地反映地层的岩性，能够直接获得地质体的岩性种类、岩层之间的关系等。

③ 线框渲染模式。

线框模式可以观察各实体元素之间的耦合关系，可以看出地层、断层和开挖体三者之间的耦合关系，如进行工程设计则可以通过线框模式来观察正确与否。地质体以线框模式显示，只需要在绘制地质模型时调用OpenGL中函数glPolygonMode()，并输入参数GL_LINE即可。

在使用时可根据实际需求选择显示模式。颜色渲染模式虽然显示效果比较抽象，但可以根据模型颜色快速分辨所属类型；纹理贴图模式虽然显示效果较为真实，但其会增加CPU与GPU负担，若模型数据量较大，其渲染帧数会明显下降。

（3）空间三维可视化实例

① 可视化实例一：巷道可视化。

例如进行巷道可视化（见图10-4）时，三维井巷模型的可视化即提供颜色渲染模式和纹理贴图模式，用户可根据需求选择可视化模式。按照巷道模型底面、顶面、侧面分别计算纹理坐标。其中顶面和底面计算方式需要将顶面三角形坐标投影至Oxy平面，并为其建立局部坐标系，如图10-5所示。侧面纹理坐标计算则需要将投影面选择为垂直于Oxy并与巷道走向平行的平面。

（a）颜色渲染模式　　　　（b）纹理贴图模式

图10-4　巷道三维模型显示

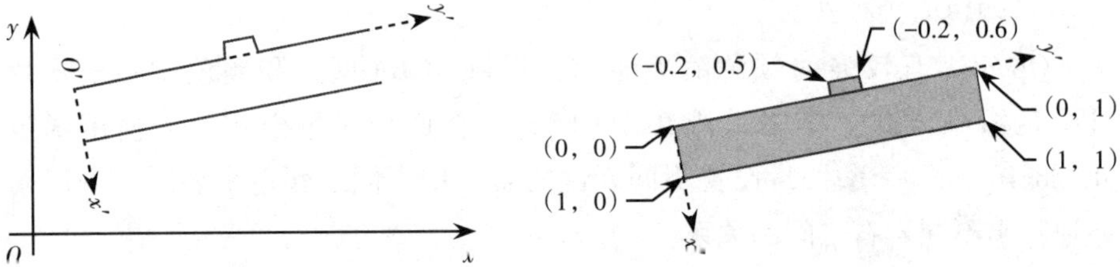

（a）纹理坐标系　　　　（b）纹理坐标

图10-5　巷道模型纹理坐标计算

② 可视化实例二：煤层可视化。

颜色渲染模式可直观依据颜色区分不同地层，效果如图10-6（a）所示；煤层TIN网贴上相应材质的纹理图后的渲染模式如图10-6（b）所示。其纹理坐标计算比较简单，直接将地层TIN网投影至Oxy平面，根据纹理图片宽度与高度计算其三角形角点纹理坐标。

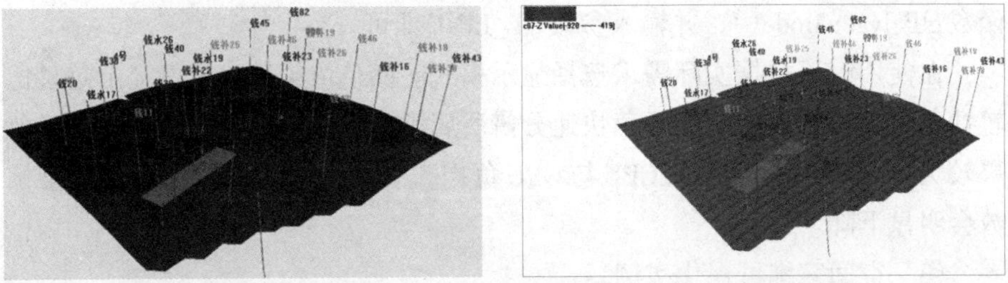

（a）颜色渲染模式　　　　（b）纹理贴图模式

图10-6　地层三维模型多模式显示

③ 可视化实例三：空间动态剖切。

三维动态剖切使用glew库的glClipPlane()函数实现，该函数接受一个剖切面编号（最多支持6个剖面），和一个长度为4的双精度类型数组（通过存储剖面方程系数［A，B，C，D］，可用于计算动态剖面$Ax+By+Cz+D=0$）。

动态剖面可通过二维选取剖面线，图10-7所示是通过同一条剖面线动态调整其位置获得的剖面结果。可用于观察地质结构、工程等三维可视化数据在空间剖面上的变化。

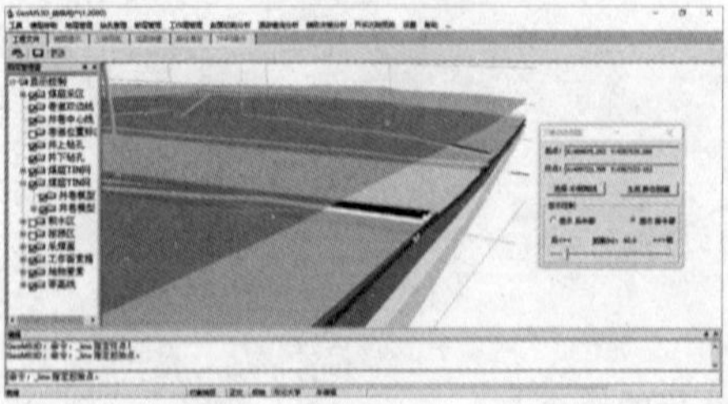
（a）位置1

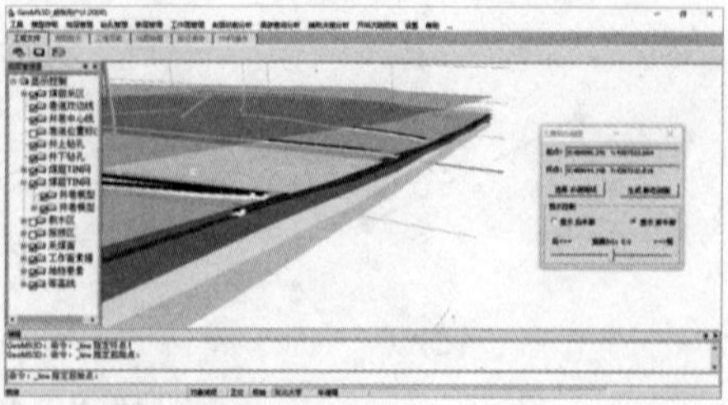
（b）位置2

图10-7　不同剖切位置三维动态剖切可视图

10.2.4　空间三维捕捉

（1）节点的空间三维捕捉

地质模型中存在的节点的捕捉对于三维交互建模和工程设计应用都具有重要的意义，利用OpenGL提供的函数实现对交互操作集的节点的灵活捕捉，具体的算法步骤如下。

利用上述交互操作集的方法，构建包含需要进行捕捉操作节点的交互操作集。从交互操作集中取一个节点，用OpenGL函数gluProject（）物体坐标系转换为窗口坐标系，设其转换后窗口坐标为wnode1。将wnode1转换屏幕类型的坐标设为node1（CPoint类型），求得node、node1两点之间的距离，设为s，如s小于预先设定某一小范围值φ，则该节点即被捕捉，否则继续判断。

（2）线段的空间三维捕捉

线段的三维捕捉的主要流程是求得鼠标点击屏幕上点与交互操作集内的线段两个端点转化的屏幕坐标而形成线段间的距离，如该距离小于预先设定的阈值φ，则该线段被捕捉，该线段以亮色显示标识该线段被捕捉。由此看出，如何求一个点与线段的距离是实现线段三维空间捕捉的关键。

二维屏幕上求点与线段的距离有6种情况，如图10-8所示，其中p是线段外的一个点，p_1和p_2是线段的两个端点，d为点到线段的距离。由于交互操作集中的线段很多，而且线段之间很多是连接在一起的，为了避免线段捕捉时捕捉线段的数目太多，规定仅当点在线段的投影在线段上时，如图10-8（a）~图10-8（f），计算点到线段的距离，进而判断该线段是否被捕捉到。

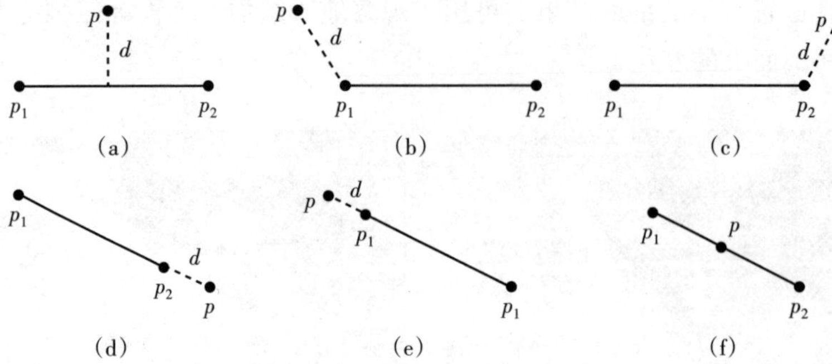

图10-8　点到线段的距离

具体操作算法分以下三步。

第一步：确定p点在以p_1、p_2为对角顶点的矩形内，这可以保证该点在线段p_1p_2上的投影在线段上。

第二步：根据计算几何知识，可以求得p点在线段p_1p_2上的投影点p_0的坐标。

第三步：求p、p_0两点之间的距离，就是p到线段p_1p_2之间的距离。

交互操作集内的三角形的空间三维捕捉的主要算法步骤如下。

第一步：利用上述构建交互操作集的方法，构建包含需要进行捕捉三角形的交互操作集。

第二步：运用上文介绍的平移、旋转、缩放、线框和关闭其他元素显示等方法，使要捕捉的三角形处于屏幕最容易捕捉的位置。

第三步：用鼠标点击需要捕捉的三角形内的位置，鼠标点击屏幕坐标设为node（CPoint类型）。

第四步：从交互操作集中取一个三角形设为T1，用OpenGL函数gluProject()将T1的三个顶点由物体坐标系转换为窗口坐标系，设其转换后的窗口坐标为wnode1、wnode2和wnode3，三个点围成的三角形为T2。

第五步：将wnode1、wnode2和wnode3转换为屏幕类型的坐标设为node1、node2和node3（CPoint类型），这三个点围成的三角形为T3，运用前面的方法判断node是否在T3内，如node在T3内，则将T2加入动态数组T内。

第六步：重复第四、第五步，直到交互操作集内所有的三角形都被判断。

第七步：寻找动态数组T内所有三角形的重心坐标z最小的三角形，设为T4，则T4就是交互操作集内要捕捉的三角形。

由于从第一步到第六步捕捉的三角形可能不仅一个，因此经过第七步将所有符合条件的三角排序，寻找离屏幕最近的三角形，所示捕捉后的三角形以醒目的颜色标示出。

（3）三角形面上点的空间三维选取

三角形面上点的空间三维选取的主要流程是：首先运用前文所述的方法捕捉需要选取点的三角形；然后生成拾取辅助直线；最后通过求解捕捉的三角形与拾取辅助直线求交而得到三角形面上需要选取点的坐标。图10-9所示为上述方法选取断层面上的三角面上的点，交互编辑断面表面的三角形，将建模者的地质构造方面的知识融入三维地质建模过程中。

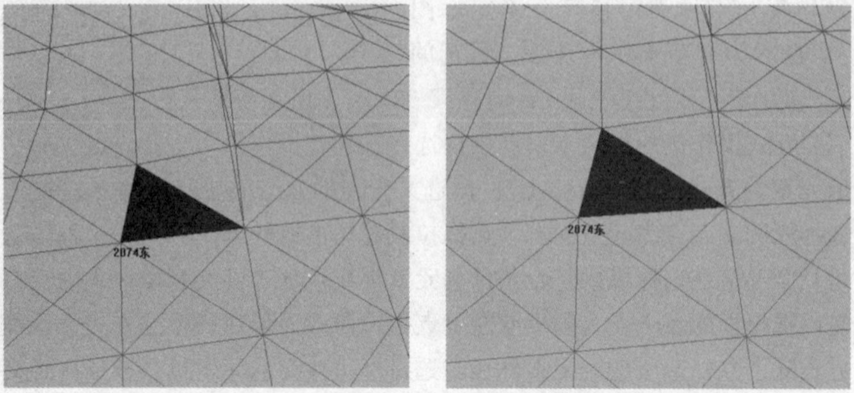

（a）　　　　（b）

图10-9　三角形面及面上点的选取

（4）三维空间交互操作集定义及捕捉

鼠标在桌面上的二维运动反映为光标在屏幕上的二维运动。当所处理的对象是二维形体时，光标的二维运动可以一一映射到二维形体上。但当交互所关注的对象是三维形体时，二维屏幕与三维形体之间的矛盾就会暴露出来，主要表现在两个方面：光标在二维屏幕上指示的一个点在三维场景中有无穷多个对应（即经过该点并与屏幕垂直的直线上的所有点）；光标只能在屏幕上做二维运动，而实际需要实现点在三维场景中的三维运动。以上两个矛盾提出了我们需要解决的两个基本问题：将对应于同一光标点的二维场景中的各点区分开来；将光标点在屏幕上的二维运动转化为点在三维场景中的运动。为此引入交互操作集的概念。

交互操作集：三维交互操作（主要是三维空间捕捉操作）前构造的三维操作的对象集，只有在交互操作集内的对象才有可能进行三维交互操作，而交互操作集外的对象不能进行三维交互操作。交互操作集内可以是节点、线段、三角面、钻孔、巷道等单独元素集合或是多种元素的混合集合，这样不但可以大大缩小操作对象范围，而且通过缩放、平移和旋转操作使操作对象到达方便操作的位置，关闭一些不相关交互操作集的元素的显示，从而提高三维交互操作（主要是三维空间捕捉操作）的效率和精度。交互操作集内的元素种类需要通过交互环境右侧信息提示提供交互操作集元素种类窗口交互确定。图10-10所示为交互操作集开关，可选的交互式操作集包括巷道中心线、管线、TIN网、模型与钻孔。

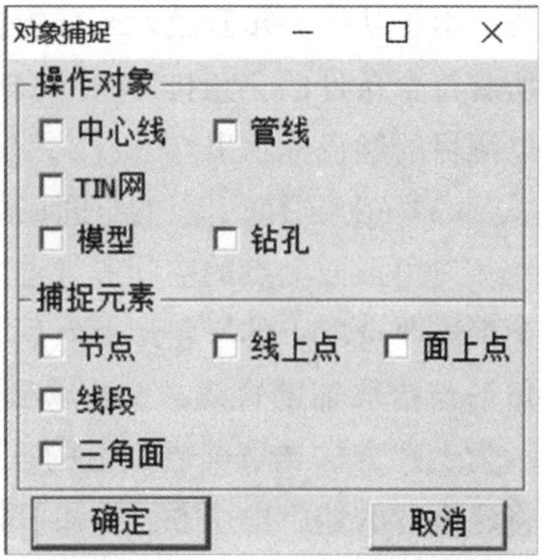

图10-10　交互式操作集选择界面

交互式操作集的构造本书提供框选方式。该操作是大多软件提供的一种选取元素的方式（如AutoCAD），框选又分左框选与右框选两种，左框选是以选择框的左上点为起点向右下点拖拉鼠标而形成的框选方式，这种框选方式是凡全部落在选择框内符合条件的元素都将被加入到交互操作集内；右框选是以选择框的右下点为起点向左上点拖拉鼠标而形成的框选方式，这种框选方式除了左框选所选的元素外，与选择框边相交的元素也会被加入到交互操作集内，右框选的范围要比左框选范围大。图10-11所示为两个交互操作集构建实例。

（a）选择巷道中心线　　（b）选择一段巷道模型

图10-11　三维交互式选择集实例

（5）三维空间任意点的交互选取方法

① 三维空间任意点的精确选取分析。

由于鼠标所捕捉到的计算机屏幕像点（x，y）与三维空间坐标（X，Y，

Z）不具备唯一对应关系，从而使得这项工作的难度大为增加。在所构建的三维地质模型中，通过计算鼠标所捕捉的二维屏幕点对应的三维空间直线与地质模型相交的一系列交点，从而获得由该直线穿越地层组成的辅助选取线段。通过设置滑块在辅助选取线段上自由移动，实现了三维地质模型中任意空间点的交互精确选取。

② 三维地质模型中辅助线段的建立。

获得选取直线后，即可计算直线与地质模型的交点，从而建立辅助线段。为提高求交效率，增强交互的实时性，这个过程可分为两步。第一步是先判断直线与三角形是否有交点；第二步是如果相交，再计算具体的交点。对于第一步，只需将空间三角形投影到屏幕，然后判断物体坐标系点Q（屏幕坐标系下的点P变换而成）在屏幕上的投影是否在三角形内。在二维坐标系下，判断一个点是否在三角形内可采用矢量面积法。经过第一步的判断后，如果一个空间三角形$T\{v_1, v_2, v_3\}$（v_1, v_2, v_3是组成该三角形的3个顶点）和选取直线有交点，则可根据空间直线与三角形的求交算法计算交点。其实现的伪代码如下：

```
//鼠标点击的屏幕点坐标保存在CPoint类型变量point中；
glGetDoublev求得模型矩阵、视图矩阵、投影矩阵；
gluUnProject将（point.x，point.y，0）及上述求得的各矩阵传给gluUn-
Project得到0的三维坐标；
gluUnProject将（point.x，point.y，1.0）及上述求得的各矩阵传给gluUn-
Project得1.0的三维坐标；
triangle=三角形链表头；
while（triangle!=三角形的链表尾）
{
for（三角形的三个顶点）
{用函数gluProject将三角形triangle的顶点转化为屏幕坐标保存在数组
p[i] 中；}
if（p[0]、p[1]、p[2] 组成的三角形包含点point）
{利用空间解析几何知识计算空间直线OO，与三角形triangle交点的三维
坐标，保存在坐标结构数组pickpoint [i] 中，该三角形三个顶点转化为屏幕
坐标的z坐标的平均值保存在数组z[i]中；}
```

经过上述计算，将得到一系列与地质模型的交点，称作交点集。与选取直线OO存在交点的三角形屏幕坐标的z值已保存在数组z[i] 中，z[i] 的大小代表在当前状况下三角形距离屏幕的远近，可以按照z[i] 的大小进行空间点的排序。

通过对交点集的排序，交点集中z[i] 最小的点就是离屏幕最近的点p_i，最大的点就是离屏幕最远的点p_j，$p_i p_j$为选取直线与地质模型求交后获得的线段，称为辅助线段。

③ 辅助线段滑块法的实现。

通过辅助线段的获得，可以计算出辅助线段上两端点p_i和p_j的三维物体坐标，设p_i的坐标为（x_i，y_i，z_i），p_j的坐标为（x_i，y_i，z_i），则在物体坐标系下从p_i到p_j三维坐标的变化是线性的（在屏幕坐标系则不一定）。通过设计一个滑块在辅助线段上自由移动，则可实现辅助线段上任意点的交互选取。设鼠标在辅助线段上滑动到某一点p_m（x_m，y_m，z_m），该点与p_i距离为d_m，则由空间解析几何知识可以求得p_m的物体坐标（x_m，y_m，z_m）为

$$\left.\begin{aligned} x_m &= \frac{d_m x_j + (d - d_m) x_i}{d} \\ y_m &= \frac{d_m y_j + (d - d_m) y_i}{d} \\ z_m &= \frac{d_m z_j + (d - d_m) z_i}{d} \end{aligned}\right\} \tag{10-1}$$

式中，d为辅助线段$p_i p_j$的长度，$d = \sqrt{(x_j - x_i)^2 + (y_j - y_i)^2 + (z_j - z_i)^2}$。

10.3 二维矢量图形系统关键技术

10.3.1 最小包含多边形快速生成

在矿山GIS矢量图形系统中，分析并建立图形数据间的拓扑关系是一项重要的基础工作。煤矿地质成图中通过对原始的线段、圆和圆弧等图形数据的分析构建闭合多边形，可以实现煤层地质区域标记、面域属性表达等功能。通常使用左转算法来生成闭合多边形。该方法从选定的初始节点和节点线段方位角，按照给定的搜索方向，在多边形最小角法则的约束下生成闭合多边形。但是早期的多边形生成算法多加入人工干预，这对数字化成图是不

利的。

近年来，许多学者基于左转算法，针对多边形的自动生成问题取得了一些成果。目前，针对多边形自动生成的算法，学者们主要从算法的时间复杂度和空间复杂度出发，对算法的效率进行优化改进。如梁晓文等提出的基于夹角变化趋势的多边形自动搜索和生成算法，李大军等提出的拓扑多边形自动构建的一种改进算法，张秀霞等提出的基于有向弧的改进多边形拓扑关系生成算法及申传庆等的多边形自动生成的一种改进算法等。

在这些方法中，基于方位角计算的拓扑多边形自动构建快速算法中使用的多边形最小角搜索法则和节点依次搜索算法中的查找多边形方法一致，都保证了生成多边形的最小性，但是会产生重复和无效的多边形；基于夹角变化趋势的多边形自动搜索和生成算法根据相邻弧段夹角和来判断多边形的搜索方向，实现每一多边形都是由左转算法生成，有效地判断了多边形的搜索方向，避免了无效多边形的生成；多边形自动生成的一种改进算法，在搜索多边形之前排除了悬挂节点、悬挂弧段和桥的干扰，提高了自动生成多边形的效率。这些算法在自动生成多边形及构建多边形之间的拓扑关系时排除部分干扰因素，有效提高了多边形自动生成的效率，但对应用于复杂图形下对多边形的快速选取及生成并不完全适用。

从改进算法实际应用效率出发，提出了一种最小包含多边形快速选取及生成算法。该算法基于左转算法，解决了复杂图形下最小包含多边形选取及生成过程中存在的问题。经过测试发现该算法可高效实现目标多边形快速生成。

（1）左转算法生成多边形

左转算法中主要根据节点和线段生成多边形。执行算法涉及的几个二维直角坐标系下的定义如下。

弧段：将初始线段在交点处打断后生成的线段。弧段各不相交，只在节点处相连。且弧段具有方向，p_{ij}与p_{ji}是两条位置相同、方向相反的弧段。

节点：弧段的端点。

算法的执行步骤如下。

第一步：建立节点和弧段之间的对应查找表。

第二步：随机选择起始点 p_0，有与 p_0 相连的弧段集合 $L_0=\{l_{0i}, i=0, 1, \cdots, m\}$。

第三步：从L_0中选择方位角最小的边L_{0k}为起始弧段。

第四步：若L_{k0}弧段为p_k点处具有最小方位角的弧段，则选择最大方位角弧段作为下一条边。否则，选择p_k点处L_{k0}次小方位角的弧段作为后续边。

第五步：重复第四步，直至回到p_0，并获得一个闭合多边形。

左转算法可以从矢量线段中生成多边形。但无法将其直接应用于目标最小包含多边形选取。首先，左转算法生成的多边形并不是最小包含多边形；其次，左转算法无法处理悬挂弧段（定义为仅节点处无其他相邻弧段的弧段）。

（2）基于左转算法的最小包含多边形生成算法

为将左转算法应用于最小包含多边形生成，提出以下4个优化点。

① 范围判断。指定初始范围，删除范围外的元素。

② 删除悬挂弧段，用以解决多边形生成失败问题。

③ 选择起始点。按节点与目标点距离，从近到远依次选择起始点。

④ 选择起始搜索弧段。根据目标点和当前起始搜索点的连线方位角确定起始搜索弧段。

基于上述优化，提出了基于左转算法的目标最小包含多边形算法流程，如图10-12所示。详细步骤如下。

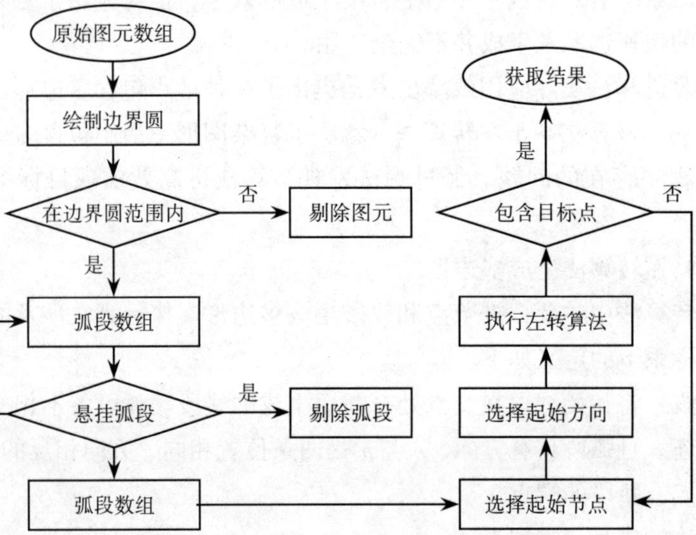

图10-12　多边形快速生成算法流程图

第一步：点选确定目标点P_t。以目标点为圆心，交互绘制圆确定边界范围，得到图元集合。

第二步：将数组内的图元打散为弧段，并加入弧段数组。

第三步：剔除所有悬挂弧段，以及所有删除后生成的新悬挂弧段。

第四步：计算所有弧段节点与目标点的距离，从小到大排序得到节点数组$P_s = \{p_{si}, i = 0, 1, \cdots, m\}$，选取距离最小节点为起始点$p_{s0}$。

第五步：设p_{s0}指向p_t的方位角为α。根据方位角从小到大排序p_{s0}处的n条弧段得到$L_s = \{l_{si}, i = 0, 1, \cdots, n\}$。若$\alpha$为$L_s$中所有弧段的最小方位角，则选择$L_s$中最大方位角的弧段作为起始边；否则，选择$L_s$中方位角$\alpha$的次小方位角的弧段作为起始边。

第六步：执行左转算法，得到闭合多边形。

若多边形包含选取点，返回该多边形，算法执行完毕；否则，依次选择P_s中节点作为起始点，重复第五步、第六步。

（3）算法分析及应用

① 算法时间效率分析。

第一步至第五步中每一步的时间复杂度及分析见表10–1。总时间复杂度为$o(n) + o(n2) + o(n) + o(n \times n\log n) + o(n\log n) = o(n2\log n)$。加上左转算法后的总时间复杂度$o(n2\log n)$。但是，第一步中通过绘制边界圆，选择的需要进行判别的图形个数可以远远小于初始图形个数；同样，第四步和第五步的优化步骤，也能提高实际的计算效率，使得n的数值较小，对计算时间及空间效率的提升具有重要意义。

表10–1　算法时间复杂度分析

步骤	时间复杂度	嵌套	时间复杂度分析
	单步	时间复杂度	
1		$o(n)$	遍历初始图形，得到边界圆内图元
2		$o(n2)$	图元相互求交并拆分打断，得到弧段数组
3		$o(n)$	遍历所有弧段，剔除悬挂弧段
4	$o(n)$	$o(n\log n)$	计算距离$o(n)$，排序$o(n\log n)$
5		$o(n\log n)$	计算方位角$o(n)$，排序$o(n\log n)$

② 多边形自动生成测试及分析。

为验证本书所设计算法实际应用效果，将以上算法在课题组研发软件GeoMS3D二维模块中加以编码实现，并以此为基础进行实际测试。程序中加载的所有矢量图元共有线段4776条，多段线836条，圆365个。其中R指向的区域即为自动选取多边形所在的区域。图10–13（b）为测试结果的局部效果图，圆心点O为选取点，圆C为辅助圆，获得目标多边形ABCD实际耗费时间为116ms，运行结果如图10-13所示。

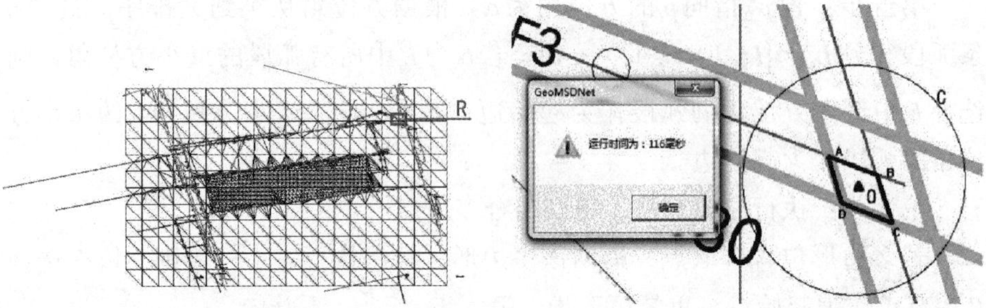

(a) 全部测试图元　　(b) 测试运行结果

图10-13　多边形自动生成测试

为增强数据可靠性，又分别进行了两次测试，运行时间均值约为116ms。之后，在同一个实验环境下加载不同的图形数目，又分别进行了多次实验，每次实验都是测试三次取其运行时间的均值，运行时间与图形数量的关系如图10-14所示。

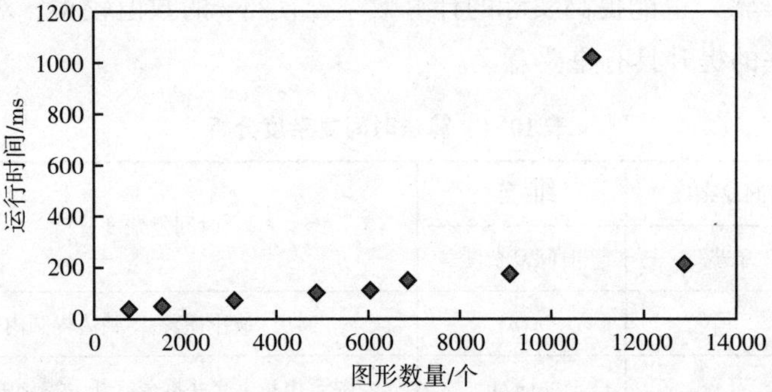

图10-14　图形数量对运行时间的影响

从图中可以看出，算法运行时间增长率随图形个数基本保持不变，因此在整个过程中$o(n1)$的增长理论上基本维持线性状态。在根据边界圆图形选取环节中，如果$n2$保持在一个较小的常数范围内，则$o(n23)$可近似视为在一定范围内的常数。该分析适用于大多数的二维场景。表中数据在图形个数为10925时出现不符合分析的运行时间，原因是此时选择的目标多边形区域为狭长区域，所以在第一步时绘制的边界圆较大，导致选入进行计算的图形数目$n2$的数值较大，因此后续的计算中$o(n23)$数值较大，主导了整个算法的运行时间。

③ 实例应用。

该算法在以GeoMS3D软件为平台开发的地质成图系统中实现，为煤层区域标记、地质属性填充等应用提供支持，图10-15所示为根据该算法模块生成的煤层报损区域多边形的填充显示。

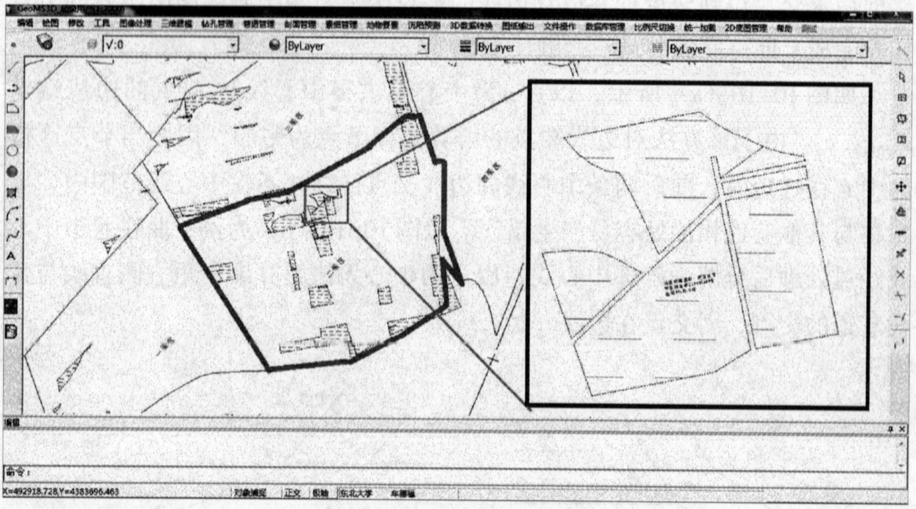

图10-15 煤层报损区域标记

10.3.2 双线圆弧巷道生成

巷道的三维建模和二维可视化都需要计算巷道双边线。为了建立巷道双边线模型，有的文献运用中心线偏移直线求交的方式获取边线端点，但由于碎部巷道的影响，计算端点时会出现错误；有的文献提出由中心线提取获得所有闭环后偏移生成双侧边线的“闭环法”等，但是由于井下巷道拓扑关系并不是理想化的线段相接，真实巷道中存在多线交汇、曲线巷道离散及碎部点等特殊情况，通过上述方法提取中心线闭环后，边线的偏移及建模单元装配在特殊情况下存在错误，将会导致巷道三维建模时出现表面冲突或非闭合现象。为解决此问题，在以中心线段为单位建立三维模型单元的基础上，采用算法连接非闭合单元，但增加了自动建模成本。

为解决上述问题，自动建立拓扑双边线，系统中实现了一种基于深度优先遍历的巷道双边线生成方法。该方法通过对抽象的巷道节点图进行深度优先遍历，将所有巷道中心线偏移出的初始双边线通过两次“划分-拼接”操作，从而获得二维巷道双边线图。该方法不仅适用于直线巷道，也适用存在曲线巷道、碎部巷道时的拓扑双边线的建立。

(1) 基于节点的巷道双边线计算方法

巷道双边线模型的建立首先需要对中心线进行两侧偏移操作，然后对得到的两侧原始边线进行拼接。基于节点的双边线偏移方法的原理是访问每个中心线节点，将每个节点相连的所有中心线按照方位角排列，并按照顺序依次前后求交，得到交点处巷道双边线的端点坐标。当中心线图中所有的节点计算完成，即可完成巷道双边线模型构建。

如图10-16（a）所示，以点p为中心可求得中心线l_1, l_2, l_3的边线端点p_1, p_2, p_3。由于该方法对边线端点的解算是以节点为中心，因此当节点连接的中心线过短时，前后两条中心线的边线交点往往并不在中心线范围内，导致在与其他巷道相接处容易产生错误。以图10-16（b）为例，曲线巷道中心线经过处理后分解为碎部中心线，以p_1为中心无法解算出内角一侧直线与弧线巷道的交点，因交点在边线s_2上。

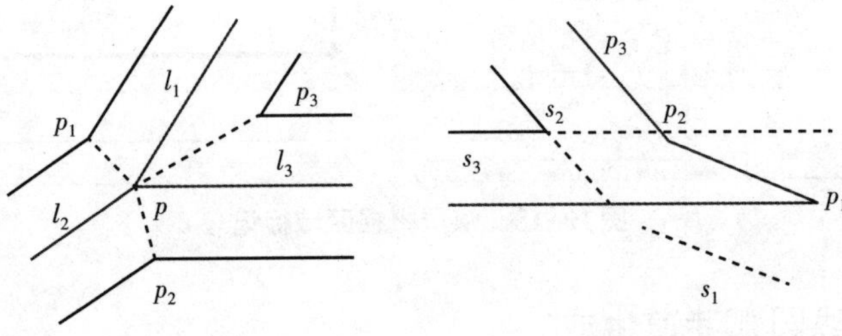

（a）节点p处边线端点计算　　（b）计算失败的情况

图10-16　基于节点的双边线计算方法

(2) 概念定义

为解决上述问题，通过对巷道导线拓扑关系进行抽象化，建立巷道中心线拓扑图，并在此基础上进行边线的偏移、拼接。因此，需给出如下定义。

巷道中心线拓扑图：以巷道中心线为路径，巷道中心线端点为节点，建立的无向图。

节点的度：表示节点处巷道的连通关系。度的大小代表连接的巷道段数目。

叶子节点：度为1的节点称为叶子节点，标志巷道在此处结束。

过渡节点：度为2的节点称为过渡节点，过渡节点处无多通关系。

进入路径：以前一访问节点为起点，访问当前节点时经历的路径称为进入路径。

前进路径：以当前访问节点为起点，访问下一节点所经历的路径称为前进路径。叶子节点处前进路径为进入路径的反向路径。下一节点选择方法：

对起点相连路径的方位角进行排序，选择进入路径的反向较大方位角（左侧）或较小方位角（右侧）相连的节点，即为下一节点。

闭环：从节点p开始，依次访问前进路径，访问n（$n \geqslant 3$）个节点再次到达p点完成一次遍历，若该次遍历中至少有3个节点且被访问次数小于其连接的路径数目，则该次遍历经过的路径被称为闭环。

完全闭环：闭环遍历中所有节点的被访问次数均小于其连接的路径数目，称为完全闭环。

（3）基于拓扑的圆弧巷道双边线计算方法

建立巷道中心线拓扑图后，从选定的点出发，按照深度优先原则遍历，将n条独立的边线线段按照规则分组，并拼接成m条多段线（$m \leqslant n$），此后再将其前后依次拼接，完成后得到完整的巷道双边线模型。其流程如图10–17所示。

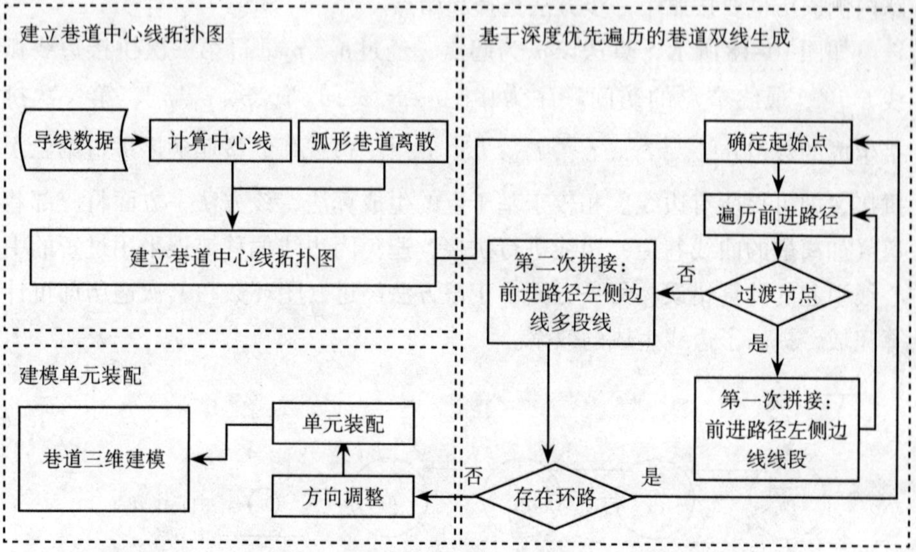

图10–17　基于深度优先遍历的巷道拓扑双边线自动生成方法流程图

深度优先遍历过程的描述：设$D = (V, A)$为有向图，其中$V = V(D)$和$A = A(D)$分别表示D的顶点集合和弧集合。

使用深度优先遍历执行该方法的步骤如下。

第一步：建立巷道中心线拓扑图。根据导线信息生成巷道中心线拓扑图，曲线巷道离散为碎部中心线。将所有的中心线向两侧平移生成初始巷道双边线（以下简称初始边线）。

第二步：选择起始节点。起始节点应优先选择非过渡节点，在完全闭环的情况下可选任意点作为起始点，并记录该点为p_0。

第三步：遍历节点及拼接边线。在每个节点处，始终访问前进路径的左（或右）侧初始边线。遍历到任意过渡节点时，将上一前进路径的原始边线入栈A；在非过渡节点处，将栈A中的原始边线进行第一次拼接，并记录每一段边线的来源中心线，得到的边线弧线入栈B。清空栈A，该非过渡节点设置为起始点，继续遍历过程。当遍历至起始点p_0时，结束首次遍历，同时将B中所有的边线弧线二次拼接。

第四步：闭环处理。根据条件$M > N-1$（M为图中边数目，N为图中点数目）可判断闭环的存在性，如条件成立，则存在闭环。当存在闭环时，在闭环内一侧，算法将不会被执行，因此需要对该情况进行判断，并通过二次（多次）执行第三步的遍历过程完成边线计算，直到所有的中心线节点访问次数不小于连接的中心线数目。需要注意的是，为避免碎部巷道的影响，环路内侧遍历也要按照第一步方法选择起始点。

如图10-18所示，算法以p_0为起点，经过p_1、p_2进行第一次拼接边线弧线$L_{p_0p_1p_2}$，最终节点的访问顺序为$\{p_0, p_1, p_2, p_3, p_2, p_4, p_2, p_1, p_0\}$，第一次拼接生成的数组$B\{L_{012}, L_{023}, L_{032}, L_{024}, L_{042}, L_{210}\}$中边线弧线按照顺序进行第二次拼接，即可得所有边线。相较于基于点的生成算法，该方法一方面将碎部巷道（如离散的曲线巷道）边线进行拼接，避免因边线偏移错误采用过短的中心线引起的计算错误；另一方面由于该方法经过（闭环数+1）次遍历即可计算完成，提高了边线生成的效率。

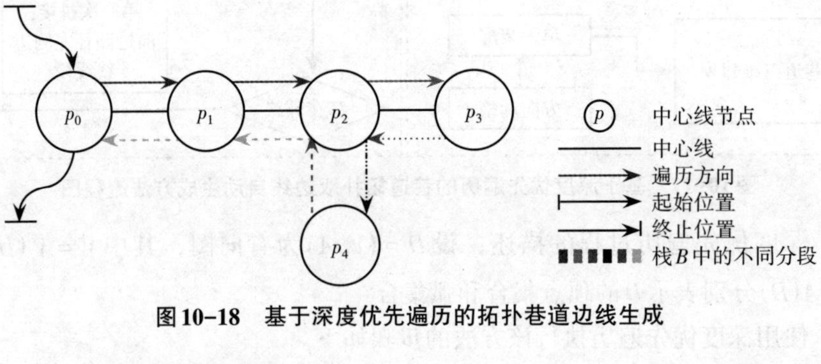

图10-18　基于深度优先遍历的拓扑巷道边线生成

（4）碎部巷道拐角处理

按照算法的执行顺序，在进行第一次“划分-拼接”时，一般情况下过渡节点两侧边线会通过求交合并。但是当在巷道拐角处出现碎部巷道时，内角、外角的边线求交方式并不相同，可能会出现部分碎步巷道的原始边线被舍弃的情况。因此，如何分辨并处理两侧边线合并问题是成功生成弧形边线的关键。在内角A（较小角）处，需要舍弃边线线段l_4，使用线段l_5与线段l_3拼接［见图10-19（b）］；外角B（较大角）处需延长线段l_1和l_2，并将其拼接在一起［见图10-19（c）］。

为实现两种情况的分别计算，设计如下判断方案：对线段l_1与l_2（或l_3与l_4）延伸求交点；如果存在交点，判断交点位置，拼接并添加下一段即可；如果不存在交点，使用中间角度求两段直线的交点，交点在延长线上，则保留并延长拼接，否则舍弃该段巷道线。

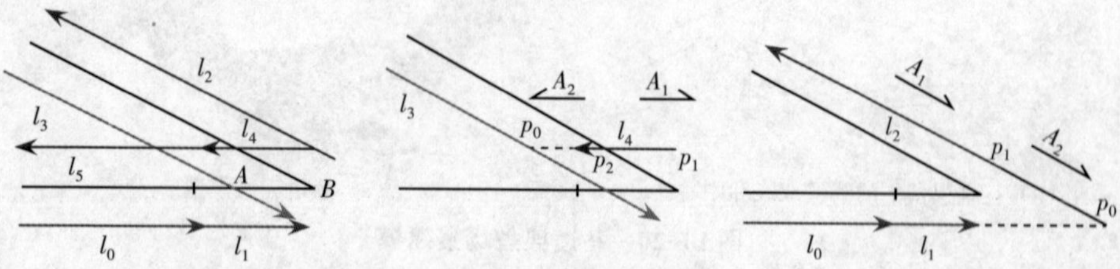

（a）两侧带拼接边线　（b）内侧带拼接边线　（c）外侧带拼接边线

图10-19　碎部巷道边线拼接示意

（5）应用实例及算法分析

选取图10-20（a）所示含有闭环和曲线巷道的典型场景进行建模正确性对比，分别使用基于节点的双边线偏移方法和本书方法进行巷道双边线构建，结果如图10-20（b）、（c）所示。从对比中可以看到，基于点的边线算法由于碎部巷道的存在，对曲线巷道相接处的处理出现错误［见图10-20（b）］。而本书所述算法可以通过第一次“划分-拼接”将碎部中心线合并，因此在执行第二次拼接过程时，可以避免边线拼接错误［见图10-20（c）、10-20（d）］。最终建立的含有环路及曲线巷道的三维模型如图10-20（e）所示。

算法采用深度优先遍历的思想，由于无向图中存在n个节点，m条路径，p个闭环，因此对节点访问的时间复杂度为$o(n-p)$。为生成双侧边线，每个路径的访问次数为两次，可知对路径访问的时间复杂度为$o(2m)$。节点间的邻接关系可以通过预先设立邻接表确定，所有路径方位角计算的时间复杂度为$o(m)$，同时在每个节点处需要对该节点相连路径的方位角排序，对完全图可以实现$o(n\log n)$的时间复杂度，因此理论时间复杂度为$o(2m)+o(n-p)+o(m)+o(n\log n)\rightarrow o(n\log n)$，而由于巷道中心线抽象出来的无向图远非完全图，因此实际执行次数在$o(n)$到$o(n\log n)$之间。

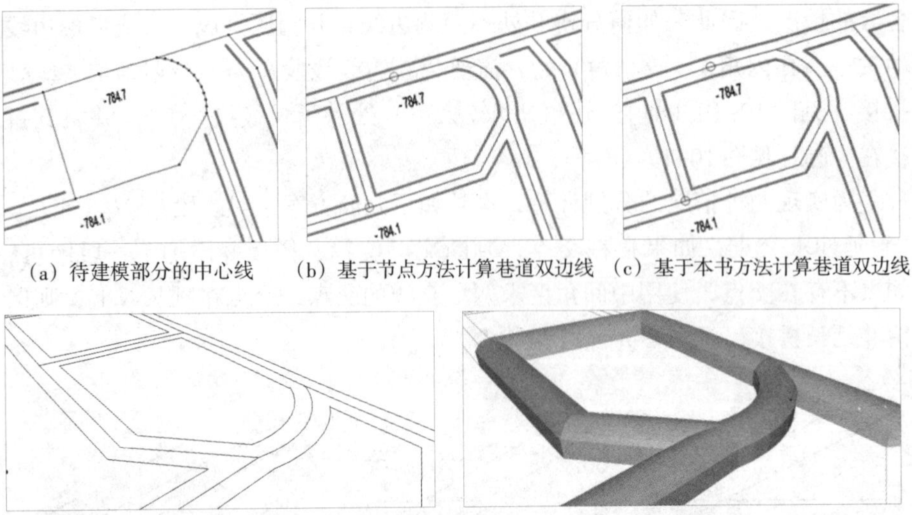

（a）待建模部分的中心线　（b）基于节点方法计算巷道双边线　（c）基于本书方法计算巷道双边线

（d）三维视角下的巷道双线和中心线　（e）巷道三维模型

图10-20　巷道典型场景建模

10.3.3　双线巷道叠置分析

以三维空间实体形式可视化的巷道模型在OpenGL中绘制时，可以通过执行深度测试表达其相互之间的空间关系。而将巷道以双边线的形式绘制在二维平面时，则需要处理巷道间的空间压叠关系，即根据不同巷道空间位置及高程判断应该在平面同一位置上显示哪段巷道。这种判别在岩巷和煤巷之间应用比较多，本系统通过设计叠置算法解决此问题。

（1）概念定义

① 实交点与虚交点。

将叠置分析问题归类于线段求交问题。为了便于算法设计，首先定义巷道边线线段间的实交点与虚交点概念。

实交点：两条线段的交点在两线段内部。

虚交点：两条线段的交点在其中一条线段的端点上。

如图10-21所示，线段l_1和l_2的交点A是实交点，而线段l_1和l_3的交点B是虚交点。定义实交点和虚交点，可以在计算线段交点、对线段进行截断时应用。实交点将线段隔断成两部分，而虚交点不分割线段。

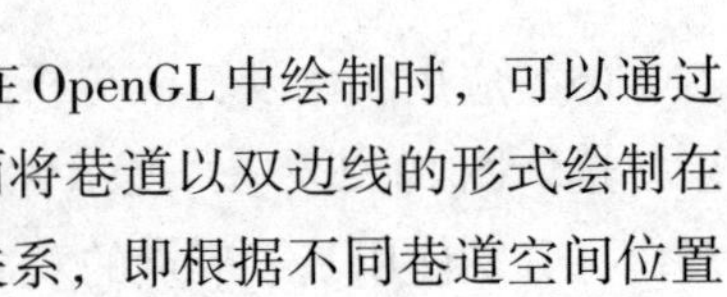

图10-21　线段间的实交点和虚交点

② 巷道边线与巷道域。

将叠置分析问题简化为线段求交、点与多边形包含关系判断问题。算法执行需要定义以下两个概念。

巷道边线l：指一段巷道延伸方向的侧边界线。每一段巷道包含两条边界线ll和lr。

巷道域s：一段巷道的轮廓。由两条边界线和其两端分别连接而成的闭合区域。多个相邻巷道段可合并成同一段巷道域。

（2）叠置分析算法

由此，设存在巷道域集合$S = \{s_i, i = 1, 2, 3, \cdots, n\}$和其对应的边线集合$L_left = \{ll_i, i = 1, 2, 3, \cdots, n\}$、$L\_right = \{lr_i, i = 1, 2, 3, \cdots, n\}$。可以定义叠置分析算法执行步骤如下。

① 打散所有巷道边线。

对LL和LR内所有线段集合$L = \{L_left, L_right\} = \{l_i, i = 1, 2, 3, \cdots, 2n\}$求交，并在实交点处打散获得$L' = \{l_i, i = 1, 2, 3, \cdots, m\}$。本书提出一种高效线段求交方法。算法步骤如下。

第一步：栈中弹出L最后一个元素l_i，并对l_i求取所有k条交线后得到交线集合$Li_intersect = \{l_i, i = 1, 2, 3, \cdots, k\}$和实交点集合$Ni_intersect = \{l_i, i = 1, 2, 3, \cdots, k\}$。

第二步：在交点处打断li和$Li_intersect$内所有线段分别得到$Li_divided = \{l_i, i = 1, 2, 3, \cdots, k + 1\}$和$Li_intersect_divided = \{l_i, i = 1, 2, 3, \cdots, 2k\}$。

第三步：从L内弹出$Li_intersect$，将$Li_divided$压入目标数组L'，将$Li_divided$压入L。

第四步：重复第一步至第三步，直至L无法继续获得实交点为止。

第五步：将L中所有剩余线段压入L'。

算法伪代码为：

```
Function：DivideAllLineSegment
while L is not empty：
    l_i = L->pop()
    L_i_intersect，N_i_intersect = GetIntersectingLines（l_i, L）
if N_i_intersect is empty：
    break
```

```
L_i_divided = DivideLines (l_i, n_i)
    L_i_intersect_divided = DivideLines (L_i_intersect, n_i)
    L->remove (L_i_intersect)
    L->push (l_i_intersect_divided)
    L′->push (l_i_divided)
L′->push (L)
```

此外，还需要获得与L'中线段相对应的原始边线（巷道域）编号$S_neighbor_index$，该数据以矩阵形式表示，矩阵每一元素$index$为二元取值，0代表相邻，1代表不相邻。

$$S\_neighbor\_index = \begin{bmatrix} index_{11} & \cdots & index_{1n} \\ \vdots & & \vdots \\ index_{m1} & \cdots & index_{mn} \end{bmatrix} \tag{10-2}$$

② 计算打散后的边线L'与巷道域S的关系。

对L'内的边线l'_i，可以找到与其相接的巷道域$S_neighbor_index[i]$，并将其合并成域s'_i，然后执行图10-22中的判断流程决定是否显示边线l'_i。当L'遍历完成后，叠置算法计算完成。

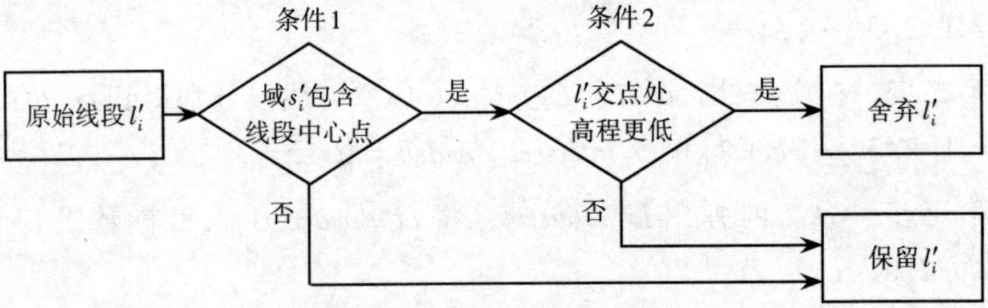

图10-22　边线显示判断流程

(3) 应用实例

以图10-23为例，图10-23（a）为原始边线和交点，图10-23（e）为打散后的线段和每个线段的中心点。图10-23（c）中，线段l_1的中心点为p_1，两个相接巷道域为s_1和s_2合并成巷道域s，图10-23（c）执行判断条件1，可知p_1位于s域外，则保留线段l_1，得到图10-23（d）；图10-23（f）线段l_2的中心点为p_2，相接巷道域为s_2，执行判断条件1可知p_2位于s_2域内，因此继续执行条件2，l_2端点$p_3(x, y, z_3)$和s_2边界上点$p_4(x, y, z_4)$见图10-23（g），判断结果如图10-23（h）所示。

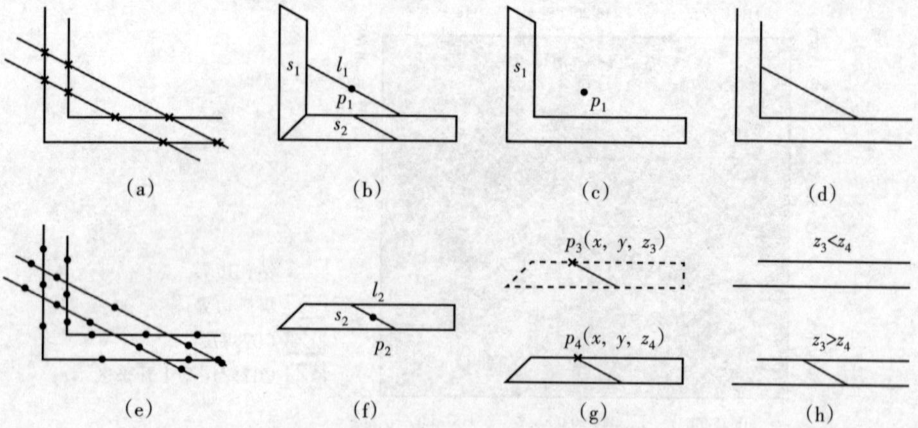

图10-23　叠置分析计算示意图

执行上述算法，可以完成巷道双边线二维可视化叠置分析操作。部分应用实例结果如图10-24所示。

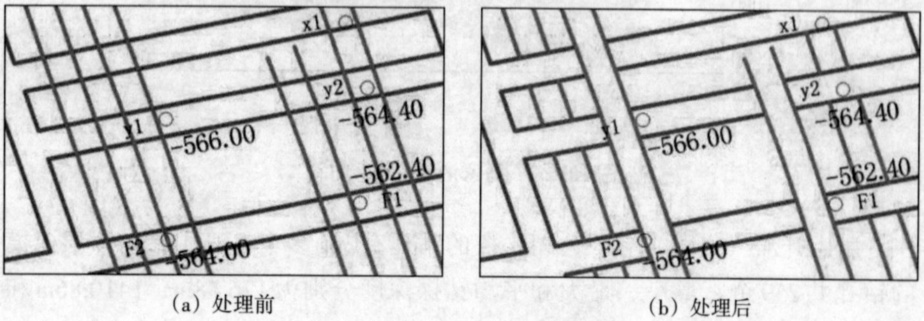

图10-24　巷道二维符号化

10.4　煤矿地质建模与分析应用典型案例

10.4.1　钱家营矿地质建模实例

钱家营煤矿位于中国唐山市东南15km处，面积88km²（见图10-25）。与西侧相比，该矿的地层倾角较小，通常为10°~15°，构造也较简单（见图10-26）。该油田的含煤地层属于上石炭统和下二叠统，基底地层是中奥陶统马家沟组的灰岩。含煤地层的总厚度约为500m，包含十层以上的煤，总厚度为19.79m，含煤量为3.96%。该煤矿的开采始于1989年，可采储量为6.89亿吨，年生产能力为400万吨。

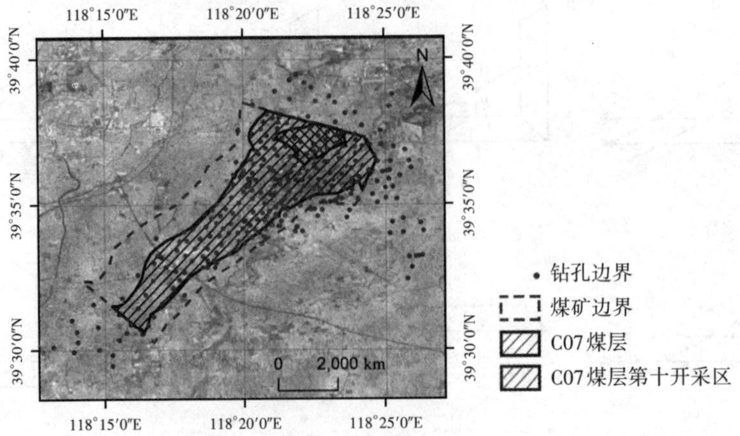

图10-25　煤矿位置及钻孔分布情况

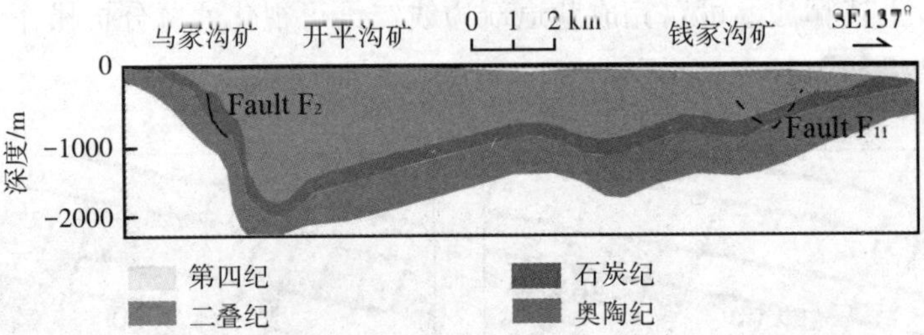

图10-26　马家沟矿-开平向斜

唐山开滦（集团）有限公司钻探的钻孔有300多个，其中参与煤层建模的钻孔共259个，最小、最大和平均钻探深度分别为176.48m、1410.86m和773.57m。设计勘探线的平均间距约为1km；该区域内有26个主要断层不相互切开，其中6个断层的落差范围在30～50m，7个断层的断层范围在10～30m，其他断层在10m以下。

（1）钻孔建模结果可视化

图10-27显示了该矿区所有的钻孔的三维可视化结果。井上钻孔三维建模时用六棱柱模拟其孔段，按地层属性为不同孔段设置颜色。

此外，该煤矿现在已经普遍进入深部开采阶段，伴随着深部地质条件日趋复杂，井下钻探在地质工作中发挥着重要作用。井下钻孔数据的可视化和数据提取对建立矿山三维煤层地质精细模型非常重要。矿山井下钻孔三维可视化效果如图10-28所示，该钻孔从巷道内部开挖，穿过三个煤层，其倾角范围为-90°～90°，并按地层属性设置不同孔段间颜色。

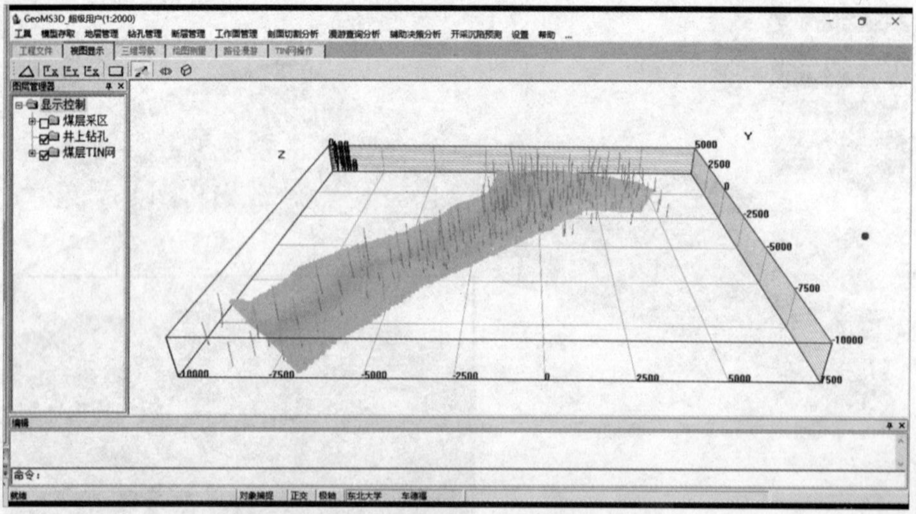

图10-27　钱家营煤矿钻孔三维可视化

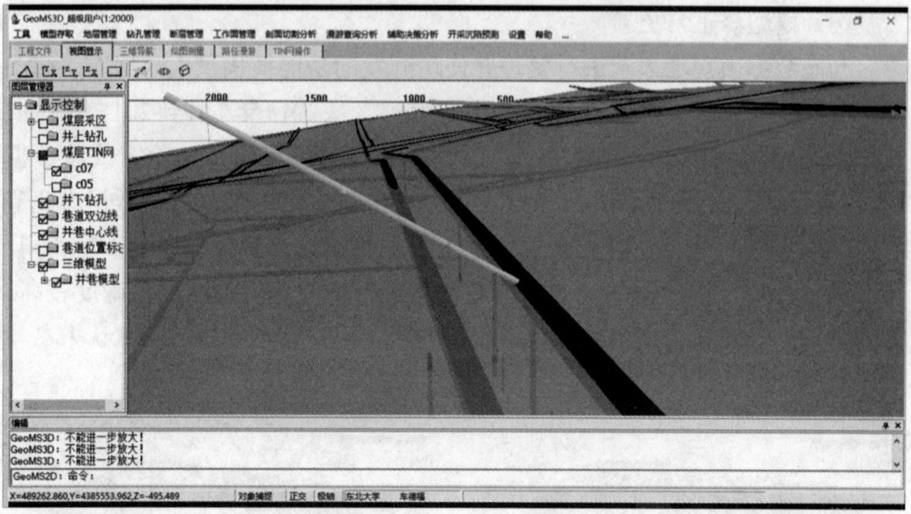

图10-28　井下钻孔可视化

（2）煤层建模结果可视化

在该煤田中，需要对5个稳定且易于开采的煤层进行建模，即C05，C07，C08，C09和C12。收集井上/井下钻孔数据、石门见煤数据、巷道/工作面素描数据中提取各煤层离散点数据（高程、厚度），建立钱家营矿区煤层及基岩三维模型。建模效果如图10-29所示。

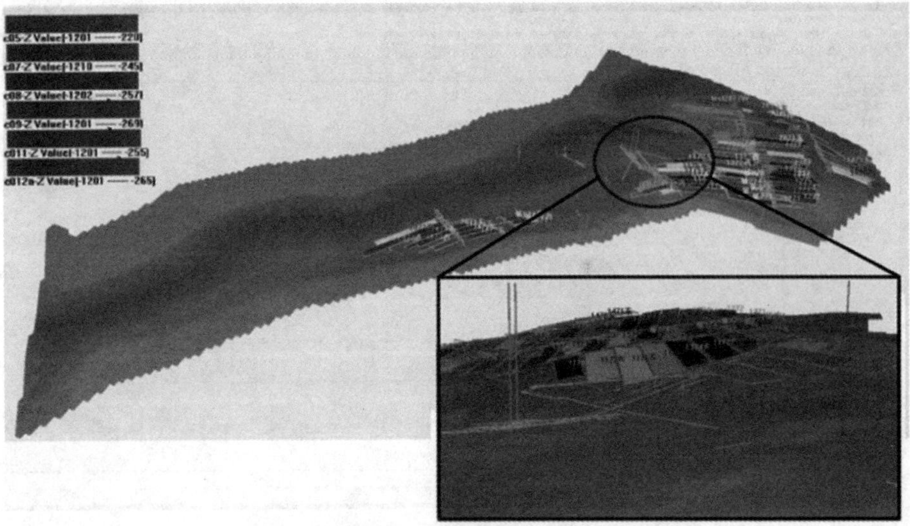

图10-29　所有煤层及相关工程建模效果图

（3）模型修正与更新

动态数据由现场人员进行整理并使用开发的功能模块录入数据库。如图10-30（a）所示，以7煤层2074工作面为例，从2014年7月到2015年3月，工作面范围内共新增点状数据（井下钻孔、石门见煤点）19个，线状数据（素描煤层线）82条，断层21条（其中可见断层3条），使用这些数据对此范围内的煤层进行修正。其中断层数据由于来源不同，其精确度也不尽相同。在开采过程中实测获得的、或由实测数据进行推断获得的断层精确度较高，需要进行断层建模；而由物探技术获得的断层由于其精度较低，默认未参与煤层分割。

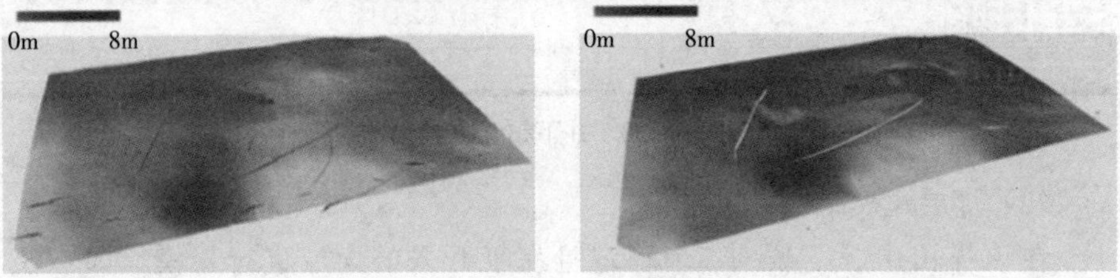

（a）修正前（厚度渲染）　　（b）修正后（厚度渲染）

图10-30　2074工作面修正过程

图10-30（a）、（b）所示为2074工作面修正前后的煤层模型，按照时间顺序加入的动态数据改变了该区域的高程及厚度趋势（见表10-2）。实测数据的合理运用，使得煤层模型与井下巷道等工程的结合更加接近实际情况，

在进行开采设计或工作统计的时候，可以获得更好的效果。

表 10-2　煤层属性随时间推进变化情况

模型状态（年/月）	静态模型（2014/5）	一期（2014/7）	二期（2014/9）	三期（2014/12）
平均高程/m	−634.5	−627.1	−626.2	−623.9
平均厚度/m	3.5	3.6	3.9	4.1

10.4.2　基于地质建模软件的空间分析实例

（1）采空区积水计算

矿井突水是煤矿五大灾害之一，给人民生命和国家财产造成了重大损失，预防矿井水害事故发生是煤矿安全生产工作的重中之重。2015年全国共发生水害事故15起、死亡64人，分别占全国煤矿事故数量和死亡人数的3.4%和10.7%。因此，矿井水害防治工作依然任重道远。

矿井涌水影响域分析主要为统计某一水平下涌水影响域内受影响的巷道情况，包括巷道长度与体积，当添加边界约束与高层约束时即可统计整个巷道的长度与体积。为了增加该功能的通用性，可任意添加一个或多个约束边界，巷道统计时只计算该边界约束内的巷道信息。图10-31所示为影响域分析情况。

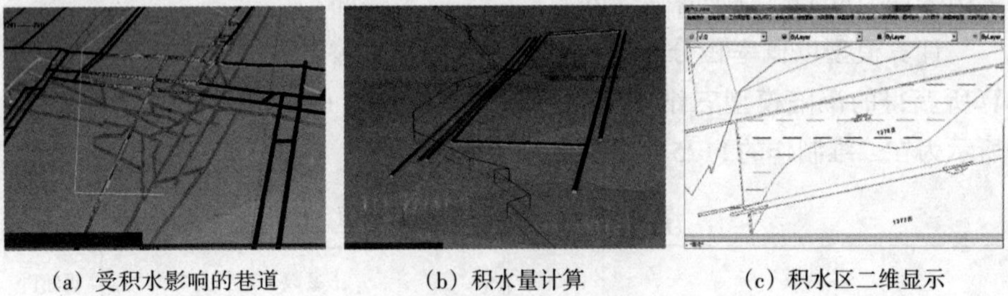

（a）受积水影响的巷道　（b）积水量计算　（c）积水区二维显示

图 10-31　涌水影响域分析、积水分析

采煤工作面内形成采空区是主要的水害事故透水水源。软件中针对采空区抽放水设计了煤层积水分析功能。可以计算指定区域的水位范围和积水体积，根据给出的抽放水位高程约束，便可计算采空区积水量，如图10-31（b）所示，图10-31（c）为积水区域在二维的显示。

（2）地表沉陷预测

矿山开采沉陷是一种严重的地质灾害，为了开采“三下”压煤的部分资源，同时又使地面上受保护的建（构）筑物保持原有的功能，维护地面上各种建筑物和生态系统的动态平衡状态，必须给出地下煤炭资源采出之后地表受到采动破坏的程度和影响范围的预计，即在煤炭开采之前根据采区地质采矿条件和地表移动理论事先预计出地表任意点受到的采动影响。这样就能够在煤炭开采之前和开采过程中，定量地预计出地面任意位置受到的开采影响程度，并且与建（构）筑物的临界变形值进行对比，分析出建（构）筑物将受到的采动损害等级，从而制定有效的防护措施。开展开采沉陷三维地学模拟与可视化技术研究并将地表沉陷现象以三维可视化方式表达出来，对于精细研究开采沉陷规律及控制开采损害具有重要意义，对解决煤炭安全生产、保护土地资源和矿区环境，促进社会的稳定与发展具有重大的现实意义和深远的社会意义，也是我国煤炭工业可持续发展不容忽视的课题。GeoMS3D将概率积分法和负指数函数法作为理论基础，开发了一套能够预测开采区地表沉陷移动变形的系统，使用时可根据矿区的实际地质和采矿条件选择合适的预计模型。

1125西工作面位于钱家营东北约436m，开滦集团钱家营矿12煤层一采区西翼，地表地势较为平坦，地面标高为15.6 ~ 19.1m，工作面标高为−446.5 ~ −516.2m。煤层的厚度变化在0.5 ~ 4.1m，平均厚度为3.1m，煤层厚度较为稳定，局部煤层较薄，煤层结构较为复杂，其倾角为10° ~ 18°，平均煤层倾角为12°。走向开采长度为492m，倾向开采长度为184m，煤层下山采深509m，上山采深为463m，平均采深486m。

计算模型以概率积分法为例，其计算模型的参数值如表10−3所示。计算所获得的沉陷模型三维可视化效果如图10−32（a）所示。图10−32（b）所示为在二维制作的1125西水平变形等值线图。

表10−3　沉陷计算实例参数值

参数	取值	参数	取值
煤层开采厚度m/m	3.1	水平移动系数b	0.4
煤层倾角α/(°)	12	主要影响角正切$\tan\beta$	1.2
走向长度L/m	492	上山主要影响角正切$\tan\beta_2$	2.0
倾向长度l/m	184	下山主要影响角正切$\tan\beta_1$	2.0
上山采深H_2/m	463	左侧（开切眼）拐点偏移距系数S_{01}	0.05

表10-3（续）

参数	取值	参数	取值
下山采深H_1/m	509	右侧（停采线）拐点偏移距系数S_{02}	0.05
平均采深H/m	486	下山拐点偏移距系数S_1	0.05
下沉系数q	0.89	上山拐点偏移距系数S_2	0.05
开采影响传播角系数θ/(°)	0.67		

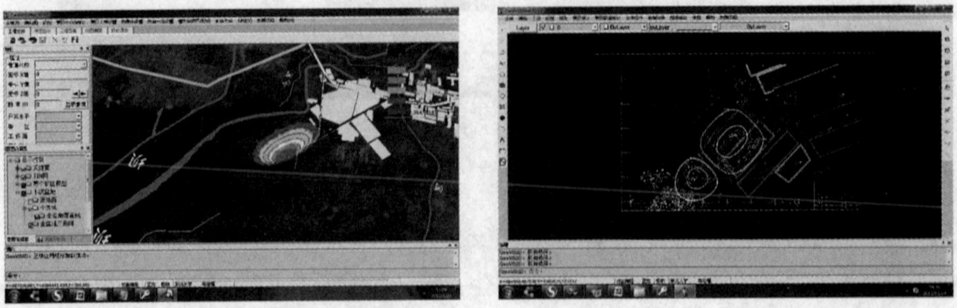

（a）三维　　（b）二维

图10-32　沉陷预测结果可视化

（3）虚拟钻孔设计

虚拟钻孔设计可用于对钻孔设计提供分析决策支持。为揭露断层的特征，包括产状、规模、断层带填充物的情况，并了解钻孔中岩性分布和特性，根据涉及的起点坐标、孔深、方位角和倾角对钻孔进行三维可视化，可预先观察钻孔与各煤层、地层、巷道等相交信息。利用已经建立的三维地质模型，在断层上盘设计了孔深为806.57m，方位角和倾角为74.05°和−59.27°的钻孔，设计穿透钻孔10m后终孔。设计钻孔的具体参数见表10-4。可视化效果如图10-33所示。

表10-4　钻孔设计参数

钻孔编号	开孔位置	方位角/(°)	倾角/(°)	孔深/m	开孔目的
		74.05	−59.27	806.57	揭露断层

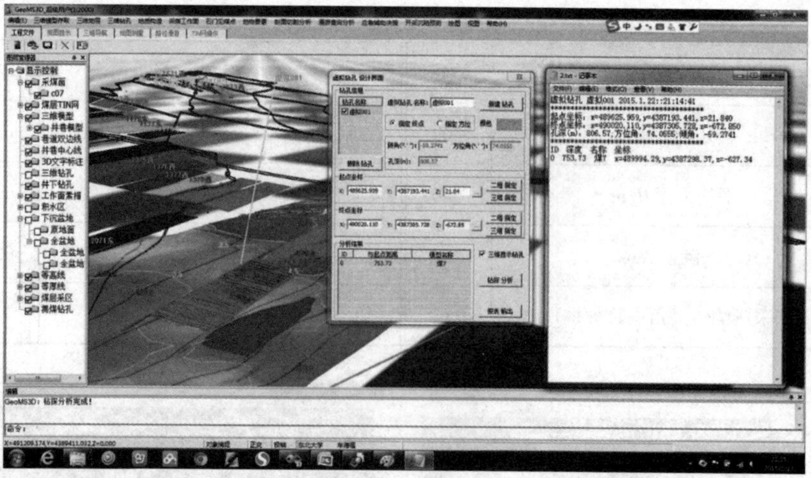

图 10-33　虚拟钻孔

（4）揭煤钻孔设计

煤与瓦斯突出严重威胁着煤矿的安全生产，其中石门揭煤在整个施工过程中危险性较高，又是其中的难点和生产规划的瓶颈工程。三维可视化设计可以在实际施工前对揭煤钻孔族与目标煤层底板空间位置进行定量分析，提供施工支持。

以钱家营矿 2074 工作面为例。在该工作面煤层体三维模型和巷道模型基础上根据抽采钻孔布置参数，由软件系统自动绘制底板穿层钻孔三维设计图。图 10-34 所示为该工作面多个揭煤钻孔设计方案三维可视化结果。

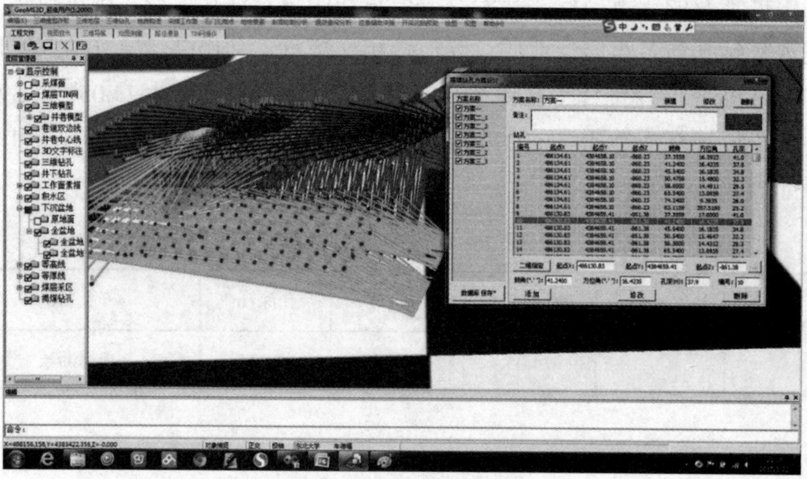

图 10-34　揭煤钻孔设计

参考文献

[1] 吴立新. 数字矿山技术 [M]. 长沙：中南大学出版社，2009.

[2] 李国清. 智能矿山概论 [M]. 北京：冶金工业出版社，2019.

[3] 王李管. 智慧矿山技术 [M]. 长沙：中南大学出版社，2019.

[4] 张国良，朱家钰，顾和和. 矿山测量学 [M]. 徐州：中国矿业大学出版社，2016.

[5] 赵兴东，徐帅. 矿用三维激光数字测量原理及其工程应用 [M]. 北京：冶金工业出版社，2016.

[6] 贾庆仁. 煤矿三维地质与巷道建模方法研究及应用 [D]. 沈阳：东北大学，2020.

[7] 杨欢. 基于离散曲率分析的露天矿三维点云特征变化检测算法 [D]. 沈阳：东北大学，2015.

[8] 安世缘. 无人机影像中露天矿台阶线提取与采剥量解算 [D]. 沈阳：东北大学，2021.

[9] 王植，安世缘，邹俊，等. 露天矿点云数据中台阶线提取 [J]. 东北大学学报（自然科学版），2021，42（9）：1323-1328.

[10] 马保东. 矿区典型地表环境要素变化的遥感监测方法研究：以神东矿区为例 [D]. 沈阳：东北大学，2014.

[11] 李雪欣. 基于三维辐射传输模型的多尺度植被光谱滞尘效应研究 [D]. 沈阳：东北大学，2020.

[12] CHE DEFU，LIANG A，LI X，et al. Remote sensing assessment of safety risk of iron tailings pond based on runoff coefficient [J]. Sensors，2018，18（12）：4373.